法学课程思政案例系列教材

丛书主编 夏锦文 李炳烁

民商法学
课程思政案例教程

尚清锋　姜海峰　主编

江苏大学出版社
JIANGSU UNIVERSITY PRESS

镇　江

图书在版编目(CIP)数据

民商法学课程思政案例教程／尚清锋，姜海峰主编
. -- 镇江：江苏大学出版社，2024.7
ISBN 978-7-5684-2122-5

Ⅰ.①民… Ⅱ.①尚… ②姜… Ⅲ.①高等学校-思
想政治教育-教案(教育)-中国 Ⅳ.①G641

中国国家版本馆 CIP 数据核字(2024)第 055664 号

民商法学课程思政案例教程

Minshangfaxue Kecheng Sizheng Anli Jiaocheng

主　　编/尚清锋　姜海峰
责任编辑/张小琴
出版发行/江苏大学出版社
地　　址/江苏省镇江市京口区学府路 301 号(邮编：212013)
电　　话/0511-84446464(传真)
网　　址/http：//press.ujs.edu.cn
排　　版/镇江文苑制版印刷有限责任公司
印　　刷/镇江文苑制版印刷有限责任公司
开　　本/718 mm×1 000 mm　1/16
印　　张/23.5
字　　数/430 千字
版　　次/2024 年 7 月第 1 版
印　　次/2024 年 7 月第 1 次印刷
书　　号/ISBN 978-7-5684-2122-5
定　　价/79.00 元

如有印装质量问题请与本社营销部联系(电话：0511-84440882)

丛书序言

夏锦文

　　"课程思政"的理念主要起源于 2016 年 12 月召开的全国高校思想政治工作会议。习近平总书记在这次会议上高瞻远瞩地指出："要用好课堂教学这个主渠道，思想政治理论课要坚持在改进中加强，提升思想政治教育亲和力和针对性，满足学生成长发展需求和期待，其他各门课都要守好一段渠、种好责任田，使各类课程与思想政治理论课同向同行，形成协同效应。"这段论述深刻地阐明了思想政治理论课与其他专业课程在高校思想政治教育工作中的任务分工，改变了人们长期存在的刻板印象——思想政治教育仅仅是马克思主义学院思政课的功能，仅仅是思政教师的职责。自此，"课程思政"理论逐步被高等教育界广泛接纳，课程思政实践逐步演化成专业课教师的自觉行动，包括法学在内的课程思政实践探索在全国各大高校如火如荼地展开。2020 年 5 月，教育部出台《高等学校课程思政建设指导纲要》，为课程思政建设和实践提供了指引。

　　法学专业承担着非常重要的课程思政任务，即以习近平法治思想为指引，从"培养什么人、怎样培养人、为谁培养人"这一根本问题出发，以新时代高素质法治人才培养为导向，将思想政治教育有机地融入法学专业课程的知识讲解和技能传授。法学专业也具有丰富的课程思政资源，例如法理学中的社会主义法治理念、中国法律史中的中华优秀传统法律文化、宪法中的时代精神和民族精神、民法中的诚实守信和意思自治原则、刑法中的实体正义和平等原则、刑事诉讼法中的程序正义和人权保障理念等。法学专业的教

　　序言作者为中国法学会法理学研究会副会长、江苏省法学会法学教育研究会会长、江苏省社科名家、国家教学名师。

师需要运用科学的方法，把这些课程思政资源发掘好、整理好、运用好。

近年来，江苏大学法学院在课程思政方面做了大量的工作，成果先后入选江苏省高校课程思政示范课程名单、江苏普通本科高校课程思政典型案例名单，承担江苏省教育科学"十四五"规划课题、江苏高校新文科研究与改革实践省级重点培育项目等课程思政研究课题。在此基础上，江苏大学法学院策划出版了"法学课程思政案例系列教材"。这套教材共5册，分别为《理论法学课程思政案例教程》《经济法学课程思政案例教程》《民商法学课程思政案例教程》《刑事法学课程思政案例教程》《纪检监察学课程思政案例教程》，共122个主讲案例。其中，《理论法学课程思政案例教程》涉及法理学、法史学、行政法与行政诉讼法等内容，《经济法学课程思政案例教程》涉及消费者权益保护法、反垄断法、劳动法、证券法、税法等内容，《民商法学课程思政案例教程》涉及《中华人民共和国民法典》中的总则、物权、合同、婚姻家庭、继承部分，以及公司法、破产法、保险法、票据法等内容，《刑事法学课程思政案例教程》涉及刑法总则和分则中的危害国家安全罪、危害公共安全罪、走私罪、金融诈骗罪、侵犯财产罪、贪污贿赂罪等内容。由以上内容可见，这套教材涵盖了目前法学专业教学中的大部分课程和大部分常见、常用的部门法，为其广泛应用奠定了坚实的基础。此外，江苏大学法学院基于近年来在纪检监察学领域的实践探索，组织编写了《纪检监察学课程思政案例教程》，该教材作为"法学课程思政案例系列教材"的分册之一，包含违反中央八项规定精神、违反党的六大纪律、职务违法、职务犯罪等方面的案例，是全国范围内具有首创意义的纪检监察学教材。

这套教材具有较强的实用性。体例上，主要以案例为单元，将法学知识与思政教育融入案例，每个篇章大体上分为"知识点提要""案例介绍""案例分析""课程思政解读""问题拓展讨论""阅读文献推荐"等部分。内容严格按照"马工程"教材所列知识点展开，既有根据核心知识点进行的课程思政案例解读及分析讨论，又有关于知识点的课外拓展。所以，这套教材能够与现在普遍使用的"马工程"教材配套使用。

前述内容即为"法学课程思政案例系列教材"出版之背景、理念、宗旨和丛书的内容、特点。我们将进一步致力于法学课程思政的理论研究和实践探索，不断挖掘法学教育中的课程思政资源，创新法学人才培养中课程思政的教学方法，为我国法学教育汇聚智慧和力量，为高水平法治人才培养拓展更广阔的发展空间。

前言

PREFACE

2014 年，上海教育改革试点工作中首先提出"课程思政"这一概念，强调将思想政治教育内容融入专业课程教学，从而实现立德树人这一根本任务。2016 年，习近平总书记在全国高校思想政治工作会议的讲话中指出："其他各门课都要守好一段渠、种好责任田，使各类课程与思想政治理论课同向同行，形成协同效应。"2020 年 5 月，教育部印发《高等学校课程思政建设指导纲要》，开篇提出"把思想政治教育贯穿人才培养体系，全面推进高校课程思政建设，发挥好每门课程的育人作用，提高高校人才培养质量"，明确强调课程思政建设在全面贯彻党的教育方针、推进落实立德树人根本任务中的重要地位。

在实施全面推进依法治国战略方案中，法学教育作为宣传习近平法治思想、弘扬中国特色社会主义法治的重要载体，承担着培育法治建设人才的重任。民法和商法同属私法，是社会主义市场经济最基本、最重要的法律，也是中国特色社会主义法律体系的七大部门法之一。民法和商法均是法学专业课程体系的核心课程，在法学本科专业课程体系和法律硕士专业课程体系中处于基础性地位。因此，民商法课程思政是法学专业课程思政建设的重要领域。

民商法蕴藏着丰富的思政元素。《中华人民共和国民法典》（以下简称《民法典》）第一条直接将弘扬社会主义核心价值观作为立法目的，这决定了在整个民商法教学中应以社会主义核心价值观为价值引领。民商法作为市场经济的基本法，以意思自治为基本理念，以人为本位，坚持平等、自愿、公平、诚信、公序良俗、绿色等基本原则，为人们的民事活动提供依据。民商法注重保护人民的人身权与财产权，体现了国家对人民的关怀，重视最广大人民群众的根本利益。《民法典》吸收了我国优良的传统道德规则、优秀的传统文化、善良风俗习惯等内容，为以公有制为主体、多种所有制经济共同发展、多种要素参与分配的基本经济制度提供了法律依据与制度保障，彰显了"道路自信、理论自信、制度自信、文化自信"。

在充分挖掘民商法丰富的思政元素的基础上，运用有效的课程思政方法，把思政教育全过程渗透于民商法课程教学之中，是增强民商法课程思政教育教学效果的关键。民商法源于现实生活，是实践性很强的应用型部门法学。因此，案例在民商法课程教学中处于重要地位。2021年1月19日，最高人民法院印发的《关于深入推进社会主义核心价值观融入裁判文书释法说理的指导意见》第二条指出："各级人民法院应当深入推进社会主义核心价值观融入裁判文书释法说理，将社会主义核心价值观作为理解立法目的和法律原则的重要指引。"这意味着组织学生学习民商事司法裁判文书是进行思政教育的重要途径。为此我们选取典型案例，通过挖掘裁判文书中所蕴藏的思政元素，在案例研习中循循善诱，将思政元素融入民商法学知识的传授之中。因此，我们编写了这本《民商法学课程思政案例教程》。在编写本书时，我们力求实现以下三点。

首先，选择案例力求典型。在选择典型案例时，遵循具有一定的学术研究价值与思政课程的教学价值两重标准，从民法总论、物权法、债权法、婚姻家庭继承法和商法五部分中选取典型案例，将其作为课程思政案例研习的对象。因为本书不是一本系统讲述民商法知识的教材，所以，编写者在选择案例时没有遵循民商法知识系统性的要求。

其次，编写体例力求创新。在教材体例上，我们依照知识、能力与思政三者兼顾的课程教学目标，选择将法学知识与思政教育融入案例，每个案例均包含知识点提要、案例介绍、案例分析、课程思政解读、问题拓展讨论等组成部分，力求在相关案例的研习中实现专业培养与思想政治教育的融合。

最后，编写力量配置力求全员。基于思政课程教育所体现的全员育人、全程育人、全方位育人的"三全育人"精神，民商法系的全体教师共同承担了本书的编写任务，根据个人所学特长认领了具体的编写任务。本书的执笔分工为：张洪阳，案例1和案例2；谈建俊，案例3和案例4；王哲桢，案例5；刘志阳，案例6和案例7；姜海峰，案例8-11；谢仁海，案例12和案例13；曾见，案例14-16；沈洁，案例17和案例18；林丽，案例19和案例20；

方晓霞，案例 21、案例 27、案例 28；彭亚媛，案例 22 和案例 23；尚清锋，案例 24、案例 25、案例 26、案例 29。全书由尚清锋和姜海峰统稿。在编写本书的过程中，我们践行民主、敬业、友善、和谐等社会主义核心价值观，这同样是一节典型的法学课程思政案例课。

虽然我们尽了最大努力，但受能力、精力等各种主观因素和客观因素的限制，本书难免存在不足之处，敬请各位专家、读者批评指正，以求后续改进。

目 录

CONTENTS

| 物权篇

| 债权法篇

总 论 篇

A Course on Ideological and
Political Cases in Civil and Commercial Law

公序良俗原则

案例 1：四川省泸州市张某英诉被告蒋某芳遗赠纠纷案

⚠ 一、知识点提要

公序良俗包括公共秩序与善良风俗两个方面。公序，即社会一般利益，包括国家利益、社会经济秩序和社会公共利益；良俗，即一般道德观念或良好道德风尚，包括社会公德、商业道德和社会良好风尚。

1986 年颁布的《中华人民共和国民法通则》（以下简称《民法通则》）第七条规定："民事活动应当尊重社会公德，不得损害社会公共利益，破坏国家经济计划，扰乱社会经济秩序"，是民事立法首次规定公序良俗原则。2020 年颁布的《中华人民共和国民法典》共提及公序良俗八次。《民法典》第八条规定："民事主体从事民事活动，不得违反法律，不得违背公序良俗"，此条规定将公序良俗确立为基本原则。《民法典》第一百四十三条规定："具备下列条件的民事法律行为有效：（一）行为人具有相应的民事行为能力；（二）意思表示真实；（三）不违反法律、行政法规的强制性规定，不违背公序良俗。"此条规定将公序良俗作为认定民事法律行为有效的必备条件之一。《民法典》第一百五十三条规定："违反法律、行政法规的强制性规定的民事法律行为无效。但是，该强制性规定不导致该民事法律行为无效的除外。违背公序良俗的民事法律行为无效。"可见，当存在损害国家利益、社会公益和社会道德秩序的民事法律行为，而又缺乏相应的强制性法律规定时，法院可依据公序良俗原则认定该行为无效。

（一）背俗无效规则的适用

《民法典》第一百五十三条确立了有关背俗无效的民事法律行为无效规

则，该规则将法律原则和法外的道德作为判断民事行为效力的依据。在考察合同效力时，应先考察其是否违反强制性规定，只有当不存在强制性规定时，才可适用背俗无效规则。也就是说，在能够以违法无效规则认定民事行为无效的情况下，应尽量避免使用背俗无效规则认定民事行为无效。

（二）背俗无效规则的常见情形

《民法典》并未明确规定公序良俗的范围，实际上亦不可能穷尽。因此，法院在依据公序良俗原则认定民事法律行为的效力时具有一定的自由裁量权。法院可分以下几种情况适用公序良俗原则认定民事行为效力。

1. 公序良俗对效力性强制性规定的识别

《最高人民法院关于适用〈中华人民共和国合同法〉若干问题的解释（二）》（以下简称《合同法司法解释（二）》）第十四条将《中华人民共和国合同法》（以下简称《合同法》）第五十二条第（五）项规定的"强制性规定"明确限于"效力性强制性规定"。《最高人民法院关于当前形势下审理民商事合同纠纷案件若干问题的指导意见》进一步提出了"管理性强制规定"的概念，指出："违反管理性强制规定的，人民法院应根据具体情形认定其效力。"在司法实践中，有的法官认为凡是违反法律法规强制性规定的合同均可以"损害公共利益"或"国家利益"的名义认定合同无效。针对这些法官动辄以违反法律法规的强制性规定为由认定合同无效，不当扩大无效合同范围的情形，最高人民法院作了明确规定，指出只有合同违反了管理性强制性规定，人民法院才可根据具体情形认定合同效力。有的法官则认为行政管理性质的强制性规定属于"管理性强制性规定"，不影响合同效力。2019年，最高人民法院发布的《全国法院民商事审判工作会议纪要》（以下简称《九民纪要》）指出上述望文生义的认定方法应予纠正。《九民纪要》第三十条指出："人民法院在审理合同纠纷案件时，要依据《民法总则》第153条第1款和《合同法司法解释（二）》第14条的规定慎重判断'强制性规定'的性质，特别是要在考量强制性规定所保护的法益类型、违法行为的法律后果以及交易安全保护等因素的基础上认定其性质，并在裁判文书中充分说明理由。"涉及金融安全、市场秩序、国家宏观政策等公序良俗的强制性规定，应当认定为"效力性强制性规定"，不可作为认定合同效力的依据。关于经营范围、交易时间、交易数量等行政管理性质的强制性规定，一般应当认定为"管理性强制性规定"。

2. 规章与公序良俗

根据《民法典》第一百五十三条的规定，规章这一层级的法律层级不能作为判定民事行为效力的依据，人民法院不得直接依据规章来判定民事行为的效力。然而，在违反规章且违反公序良俗的情况下，法院可依据公序良俗规则判定民事行为。为此，《九民纪要》第三十一条指出："违反规章一般情况下不影响合同效力，但该规章的内容涉及金融安全、市场秩序、国家宏观政策等公序良俗的，应当认定合同无效。人民法院在认定规章是否涉及公序良俗时，要在考察规范对象基础上，兼顾监管强度、交易安全保护以及社会影响等方面进行慎重考量，并在裁判文书中进行充分说理。"

（1）考察规范对象。即考察规章规范的对象究竟是交易行为本身，还是市场主体的准入条件，或者是对监管对象进行合规性监管。只有当规章的规范对象是交易行为本身，或者是市场主体的准入条件时，才可能影响合同效力。对监管对象的合规性要求，一般不影响合同效力。

（2）考察交易安全保护因素。主要是考察规章规范的是一方的行为还是双方的行为。如果规章仅规范一方的行为，在确定合同效力时，就要考虑交易相对人保护的问题。

（3）考察监管强度。如违反规章的行为只导致行政处罚，则监管强度较弱，一般不宜否定合同效力。如违反规章的行为可能构成犯罪，则监管强度较强，认定合同效力时需要将监管强度纳入考虑范围。

（4）考察社会影响。只有当违反规章的行为可能造成严重的社会后果时，才可以违背善良风俗为由认定合同无效。

3. 政策与公序良俗

此处的政策，主要是指各级各类行政机关发布的"红头文件"，不是通常所说的公共政策。在判断违反政策是否违背善良风俗时，要注意以下几点：

第一，要区分政策的层级与种类。政策有党中央的政策、国家政策、部门政策和地方政策之别。党中央的政策指的是党中央、中共中央办公厅等下发的各种"红头文件"。国家政策是指国务院、国务院办公厅，以及各部委联合下发的各种"红头文件"，如中央人民银行、银保监会、证监会等联合下发的《关于规范金融机构资产管业务的指导意见》，就属于国家政策的范畴。一般来说，违反党中央、国家政策的合同，可以被认定为违背公序良俗。违反部门政策、地方政策，如涉及社会公共利益的（如各地根据本地实际情况判定的"房屋限购"政策，或在抢险救灾和疫情防控等紧急情况下判定的政策等）合同，可以违背公序良俗为由认定合同无效。

第二，要区分政策的不同法律意义。若合同缔约时各种政策已经存在，此时考察违反政策主要是考察合同是否违背公序良俗，从而判断合同的有效性。若相关政策是在合同缔约后出台的，此时违反政策就不是考察合同是否有效的问题，而是要考察合同是否构成情事变更，从而导致因素变更或者合同解除的问题。

第三，要区分政策的规范对象。在考察违反政策是否违背善良风俗时，也要考察政策的规范对象究竟是禁止从事某类交易的行为，还是某一方主体的资格，或者是某一类交易的场所、时间、数量等，从而参照前述规则进行相应的判断。

4. 公序良俗与公共道德、社会人伦

轻微违背社会公共道德的民事法律行为并不必然构成民事法律行为的无效，如民事活动中轻微民事欺诈达成显失公平的协议或一方利用自身经济、技术等方面的优势与另一方达成交易的行为。对于严重违反社会公共道德和人伦的民事法律行为，社会公众普遍不能接受的民事法律行为，应认定为无效。

二、案例介绍

（一）基本案情介绍

本案是我国法院判决首次通过公序良俗原则来否定民事法律行为的效力，被部分网民称为"中国公序良俗第一案"，对公序良俗原则在具体个案中的适用有着重要意义。本案在当时被各媒体广泛报道，引起全国关注，是当时社会争议比较大的案件之一。尽管本案发生时间较早，审理的主要法律依据是已经废除的《民法通则》中关于公序良俗的规定，但是《民法典》仍延续了这一规定。因此，在当前的法律背景下本案仍然具有较高的参考价值。

蒋某芳与黄某彬于 1963 年 5 月登记结婚，婚后夫妻关系较好。因双方未生育，故收养一子（黄某，2000 年为 31 岁）。1990 年 7 月，被告蒋某芳继承父母遗产，取得原泸州市市中区顺城街的房屋，房屋面积为 51 平方米。

1995 年，该房因城市建设被拆迁，拆迁单位将位于泸州市江阳区新马路一套面积达 77.2 平方米的住房作为还建房安置给了被告蒋某芳，蒋某芳以个人名义办理了房屋产权登记手续。1996 年，遗赠人黄某彬与原告张某英相识后，二人便一直在外租房非法同居。2000 年 9 月，黄某彬与蒋某芳将蒋某芳继承所得的位于泸州市江阳区新马路的房产以 80000 元的价格出售给陈某，但约定在房屋交易中产生的税费由蒋某芳承担。2001 年春节，黄某彬、蒋某芳夫妇将售房所得款中的 30000 元赠与其子黄某。

2001 年初，黄某彬因患肝癌晚期住院治疗，于 2001 年 4 月 18 日立下书面遗嘱，将其所得的住房补贴、公积金、抚恤金和出售泸州市江阳区新马路住房所获款的一半 40000 元及自己所用的手机一部，赠与原告张某英。2001 年 4 月 20 日，泸州市纳溪区公证处对该遗嘱出具了（2000）泸纳证字第 148 号公证书。2001 年 4 月 22 日，遗赠人黄某彬去世，原告、被告双方即发生讼争。

原告张某英诉称：原告与被告蒋某芳之夫黄某彬是朋友，黄某彬于 2001 年 4 月 18 日立下遗嘱，将自己价值约 60000 元的财产在死亡后遗赠给原告。该遗嘱于 2001 年 4 月 20 日经公证机关公证。2001 年 4 月 22 日遗赠人黄某彬因病死亡，遗嘱生效，但被告控制了全部财产，拒不给付原告受赠的财产。现请求法院判令被告给付原告约 60000 元的遗赠财产，并承担本案诉讼费用。

被告蒋某芳辩称：黄某彬所立遗嘱的内容侵犯了被告的合法权益，遗赠的抚恤金不属于遗产范围，公积金和住房补贴属于夫妻共同财产，遗赠人黄某彬无权单独处理；遗赠涉及的售房款是不确定财产，该条款应属无效。此外，遗赠人黄某彬生前与原告张某英长期非法同居，黄某彬的遗赠属于违反社会公德的无效遗赠行为。请求法院判决驳回原告的诉讼请求。

经庭审质证，被告及其代理人对原告所举证据本身无异议，但对证据所证明的内容，对事实的客观性、真实性、合法性提出异议，认为遗赠人黄某彬所立遗嘱的内容侵犯了被告的合法权益，黄某彬无权处理其死后的抚恤金、公积金和住房补贴，黄某彬赠给原告张某英的售房款并不存在，故原告所举的公证遗嘱不能作为本案的定案依据。原告及其代理人对被告所举证据提出异议，认为被告所举证据只能证明其与黄某彬是夫妻。黄某彬与张某英即使存在非法同居关系，《中华人民共和国继承法》（以下简称《继承法》）也没有规定当遗赠人和受赠人有非法同居关系时，遗嘱就不成立，这不影响本案遗嘱成立。原告及其代理人认为，黄某彬与张某英即使有"不正当男女关系"，也应当另案处理，被告所举证据不能作为否定遗嘱成立的定案依据。

（二）争议焦点

本案的争议焦点为遗赠人黄某彬的遗赠行为是否违反了民法上的公序良俗原则，以及应当如何判定遗嘱效力。

（三）裁判结果

一审法院认为，遗赠人黄某彬于2001年4月18日立下书面遗嘱将其财产赠与原告张某英，并经泸州市纳溪区公证处公证。该遗嘱虽是遗赠人黄某彬的真实意思表示且形式上合法，但在赠与财产的实质内容上存在以下违法之处：（1）按照国家有关政策规定，抚恤金是死者单位对死者直系亲属的抚慰。黄某彬死后的抚恤金不是黄某彬的个人财产，不属于遗赠财产的范围。（2）遗赠人黄某彬的住房补贴、公积金属黄某彬与蒋某芳夫妻关系存续期间所得的夫妻共同财产，按照《继承法》第十六条和司法部《遗嘱公证细则》第二条的规定，遗嘱人生前只能在法律允许的范围内，按照法律规定的方式实施处分其个人财产或者处理其他事务，并在其死亡时发生效力的单方法律行为。遗赠人黄某彬在立遗嘱时未经财产共有人蒋某芳同意，单独对夫妻共同财产进行处理，侵犯了蒋某芳的合法权益，其无权处分部分财产，该行为应属无效。（3）泸州市江阳区新马路的住房，系遗赠人黄某彬与蒋某芳婚姻关系存续期间蒋某芳继承父母遗产所得，根据《中华人民共和国婚姻法》（以下简称《婚姻法》）第十七条第四项的规定，为夫妻共同财产。该房以80000元的价格卖给陈某，遗赠人黄某彬生前明确知晓此事，且蒋某芳缴纳了有关税费，并在2001年春节，黄某彬与蒋某芳共同将该售房款中的30000元赠与其子黄某用于购买商品房，对部分售房款已作处理，实际剩余的售房款并没有80000元。遗赠人黄某彬在立遗嘱时对该售房款的处理显然违背了客观事实。

综上所述，一审法院作出如下判决：遗赠人黄某彬的遗赠行为违反了法律规定和公序良俗，损害了社会公德，破坏了公共秩序，应属无效行为。原告张某英要求被告蒋某芳给付受遗赠财产的主张，法院不予支持。被告蒋某芳要求确认该遗嘱无效的理由成立，法院予以支持。依照《民法通则》第七条的规定，一审法院判决如下："驳回原告张某英的诉讼请求。案件受理费2300元由原告张某英负担。"

遗赠是一种民事法律行为，民事法律行为是当事人实现自己权利，处分自己的权益的意思自治行为。当事人的意思表示一旦作出遗嘱就成立，但遗赠人行使遗赠权不得违背法律的规定。且根据《民法通则》第七条的规定，民事行为不得违反公共秩序和社会公德，违反者其行为无效。本案中遗赠人黄某彬与被告蒋某芳系结婚多年的夫妻，无论从社会道德角度，还是从《婚姻法》的规定来讲，双方均应相互扶助、互相忠实、互相尊重。但在本案中，遗赠人黄某彬自1996年认识原告张某英后，长期与张某英非法同居，其行为违反了《婚姻法》第二条规定的一夫一妻的婚姻制度和第三条"禁止有配偶者与他人同居"，以及第四条"夫妻应当互相忠实、互相尊重"的法律规定，是一种违法行为。遗赠人黄某彬基于与原告张某英有非法同居关系而立下遗嘱，将其遗产和属被告所有的财产赠与原告张某英，是一种违反法律、公共秩序和社会公德的行为。本案被告蒋某芳忠实于夫妻关系，且在遗赠人黄某彬患肝癌晚期住院直至去世期间，一直对其进行护理照顾，履行了夫妻扶助的义务，遗赠人黄某彬无视法律规定，违反社会公德，漠视其结发夫妻的忠实与扶助，侵犯了蒋某芳的合法权益，对蒋某芳造成精神上的损害。在分割处理夫妻共同财产时，黄某彬应对蒋某芳进行损害赔偿，其却将财产赠与与其非法同居的原告张某英，实质上损害了被告蒋某芳依法享有的合法财产继承权，违反了公序良俗，破坏了社会风气。原告张某英明知黄某彬有配偶，仍与其长期同居，这种行为是法律所禁止的，也是违反社会公德和伦理道德的，侵犯了蒋某芳的合法权益，于法于理不符，法院不予支持。

二审法院认为，泸州市江阳区新马路的住房，系遗赠人黄某彬与被上诉人蒋某芳婚姻关系存续期间蒋某芳继承父母遗产所得。《婚姻法》第十七条规定："夫妻在婚姻关系存续期间所得的下列财产，归夫妻共同所有：（一）工资、奖金；（二）生产、经营的收益；（三）知识产权的收益；（四）继承或赠与所得的财产，但本法第十八条第三项规定的除外；（五）其他应当归共同所有的财产。夫妻对共同所有的财产，有平等的处理权。"该住房为夫妻共同财产。该房以80000元的价格卖给陈某，黄某彬生前明确知晓此事，且该80000元售房款还由蒋某芳缴纳了有关税费，并在2001年春节，黄某彬与蒋某芳共同将该售房款中的30000元赠与其子黄某用于购买商品房，对部分售房款已作处理，实际上并没有80000元。遗赠人黄某彬在立遗嘱时明确知晓此事，仍将不存在的 80000 元售房款的一半 40000 元遗赠张某英，显然违背了客观事实，系虚假行为。遗赠人黄某彬的遗赠行为，违反了法律规定，侵犯了蒋某芳依法享有的合法财产继承权。黄某彬与蒋某芳系合法夫妻，他们的婚姻关系受法律保护。《婚姻法》第二十四条规定："夫妻有相互继承遗产的权利。"夫妻间的继承权，是婚姻效力的一种具体表现，蒋某芳享有继承黄某彬遗产的权利。黄某彬与上诉人张某英长期非法同居，其行为既违背了社会伦理道德，又违反了《婚姻法》第三条"禁止有配偶者与他人同居"的法律规定，属违法行为。黄某彬在病重住院期间，所立的遗嘱违反法律规定，其将遗产和属于被上诉人的财产赠与与其非法同居的上诉人张某英的行为，实质上剥夺了其妻蒋某芳依法享有的合法财产继承权。因此，遗赠人黄某彬所立书面遗嘱，不符合遗嘱成立要件，应属无效遗嘱。遗嘱无效，其遗赠行为自然无效。

综上所述，二审法院认为遗赠人黄某彬的遗赠行为虽系黄某彬的真实意思表示，但其内容和目的违反了法律规定和公序良俗，损害了社会公德，破坏了公共秩序，应属无效民事行为。上诉人张某英要求被上诉人蒋某芳给付受遗赠财产的主张，法院不予支持。被上诉人蒋某芳要求确认该遗嘱无效的理由成立，法院予以支持。一审判决认定事实清楚，适用法律正确，依法应予维持。据此，依照《中华人民共和国民事诉讼法》（以下简称《民事诉讼法》）第一百五十三条第一款第一项之规定，二审法院作出判决："驳回上诉，维持原判。上诉案件受理费 1150 元由上诉人张某英承担。"

三、案例分析

本案属遗赠纠纷类案件，首先应当确定遗赠人黄某彬临终前立下书面遗嘱，将其财产赠与上诉人张某英这一遗赠行为本身是否具有合法性和有效性。遗赠是公民以遗嘱的方式将其个人合法财产的部分或全部赠给国家、集体或法定继承人以外的其他人，并于死后发生效力的法律行为。遗赠行为成立的前提是遗嘱，而遗嘱是立遗嘱人生前在法律允许的范围内，按照法律规定的方式处分自己的财产及其他财物，并于死后生效的法律行为。本案中遗赠人黄某彬立遗嘱时虽具有完全行为能力，遗嘱也系其真实意思表示，且形式上合法，但遗嘱的内容违反了法律和社会公共利益。遗赠人黄某彬对抚恤金和售房款的处理违背客观事实，超出了自己的处分权限。因此该遗嘱无效。

遗赠属一种民事法律行为，民事法律行为是指当事人在从事民事活动时有权依自己的真实意志来决定自己的行为，其行为不受其他因素的影响。但遗赠人按照遗嘱行使遗赠权时不得违背法律的规定。且根据《民法通则》第七条的规定，民事行为应当尊重社会公德，违反者其行为无效。本案中遗赠人黄某彬与被告蒋某芳系结婚多年的夫妻，无论从社会道德角度，还是从《婚姻法》的规定来讲，二人均应相互扶助、互相忠实、互相尊重。但在本案中遗赠人黄某彬自1996年认识原告张某英以后，长期与张某英非法同居，其行为违反了《婚姻法》第二条规定的一夫一妻的婚姻制度和第三条"禁止有配偶者与他人同居"，以及第四条"夫妻应当互相忠实，互相尊重"的法律规定，是一种违法行为。遗赠人黄某彬基于与原告张某英有非法同居关系而立下遗嘱，将其遗产和属于被告所有的财产赠与原告张某英，是一种违反法律、公共秩序和社会公德的行为。而本案中被告蒋某芳忠实于夫妻感情，且在遗赠人黄某彬患肝癌晚期住院直至去世期间，一直对其护理照顾，履行了夫妻扶助的义务。然而，遗赠人黄某彬无视法律规定，违反社会公德，漠视其结发夫妻的忠实与扶助，侵犯了蒋某芳的合法权益，对蒋某芳造成精神上的损害。在分割处理夫妻共同财产时，黄某彬本应对蒋某芳进行损害赔偿，但将财产赠与与其非法同居的原告张某英，实质上损害了被告蒋某芳依法享有的合法财产继承权，违反了公序良俗，破坏了社会风气。原告张某英明知黄某彬有配偶而与其长期同居生活，这种行为是法律所禁止的，且是社会公德和伦理道德所不允许的，侵犯了蒋某芳的合法权益，于法于理不符，法院不予支持。

公证是对法律事实的真实性和合法性给予认可。遗嘱行为属民事法律行为，因此，法律行为公证的条件就必须与民法上规定的民事法律行为成立的要件相符。遗赠人黄某彬所订立的将其遗产赠与上诉人张某英的遗嘱虽然经公证机关办理了公证手续，但因该遗赠行为本身违反了法律，损害了社会公共利益，因此属无效民事行为。《民事诉讼法》（1991年版）第六十七条规定："经过法定程序公证证明的法律行为、法律事实和文书，人民法院应当作为认定事实的根据。但有相反证据足以推翻公证证明的除外。"故泸州市纳溪区公证处作出的公证书依法不能产生法律效力，法院对此公证书不予采信。

本案涉及的《继承法》和《婚姻法》是一般法律，而《民法通则》是基本法律，依据《中华人民共和国立法法》（以下简称《立法法》）第五章之规定，上位法效力高于下位法效力。《民法通则》的效力等级在法律体系中仅次于《中华人民共和国宪法》（以下简称《宪法》），高于一般法律、法规和规章；一般法律、法规和规章若与《民法通则》规定不一致，应适用《民法通则》。加之《民法通则》是对我国民事法律基本制度的规定。故在审理民事案件，适用各法律、法规和规章时，应结合《民法通则》相关规定。遗赠行为作为民事法律行为的一种，除应当具备《继承法》所规定的有关构成要件外，还必须符合《民法通则》对民事法律行为的一般规定。

《民法通则》第七条明确规定"民事活动应当尊重社会公德，不得损害社会公共利益"，此即民法的公序良俗原则。作为现代民法的一项基本原则，公序良俗原则充分体现了国家、民族、社会的基本利益要求，反映了当代社会中居于统治地位的一般道德标准，就其本质而言，是社会道德规范的法律化。在现代市场经济条件下，公序良俗原则起着使社会道德观念对民事主体之民事行为进行内容控制的重要作用，在法律适用上有高于法律具体规则适用之效力。公序良俗原则包括的社会公德与社会公共利益，又被称为公共秩序和善良风俗。在确定公序良俗原则中社会公德或社会公共利益的法律内涵进行具体法律适用时，必须也只能通过不同历史时期法律具体规定所体现的基本社会道德观念和价值取向加以确定。因此，并非一切违反伦理道德的行为都是违反社会公德或社会公共利益的行为，但违反已从道德要求上升为具体法律禁止性规定所体现的维持现行社会秩序所必需的社会基本道德观念的行为则必然属于违反社会公德或社会公共利益的行为，依法应为无效民事行为。在本案中，遗赠人黄某彬与被上诉人蒋某芳系结婚多年的夫妻，本应按照《婚姻法》第四条的规定互相忠实、互相尊重，但黄某彬却无视夫妻感情和道德规范，与上诉人张某英长期非法同居，其行为既违背了社会道德标准，又违反了《婚姻法》第三条"禁止有配偶者与他人同居"的法律规定，属违法行为。黄某彬基于其与上诉人张某英的非法同居关系而订立遗嘱，将其遗产和属于被上诉人的财产赠与上诉人张某英，以合法形式变相剥夺了被上诉人蒋某芳的合法财产继承权，使上诉人实质上因其与黄某彬之间的非法同居关系而谋取了不正当利益。《民法通则》第五十八条规定"民事行为违反法律或者社会公共利益的无效"，因此，遗赠人黄某彬的遗赠行为应属无效的民事行为，无效的民事行为没有法律效力。

泸州遗赠案历经两审，引起了广泛讨论，争论的焦点主要集中在遗嘱本身的法律效力上，最大的分歧就是遗赠人和受赠人的婚外同居关系与遗嘱的关系。黄某彬将自己的财产遗赠给张某英的行为，是否违反了公共秩序和社会伦理道德？如果持肯定的立场，那么则意味着否定了当事人的遗嘱自由，破坏了私法自治的原则，打破了法律的稳定性；如果持否定的立场，那么则意味着肯定了黄某彬基于婚外同居关系作出的遗赠行为，该遗赠行为是有效的。从这个角度来看，如果法院判决黄某彬的遗嘱生效，那么遗产就会归张某英所有，将会是法律对不正当男女关系的姑息纵容，有悖于人们对公序良俗的理解，伤害大众的道德情感，挑战道德的底线和法律的尊严。因此，普通社会民众多数认为本案体现了道德对法律的良性影响。

但是理论界部分研究者对泸州市两级法院的判决持批评立场，认为这是用道德的宣判替代了法律的宣判，没有看到遗赠人和受赠人的婚外同居关系与订立遗嘱实际上是两个独立的行为。这些研究者认为黄某彬订立遗嘱的法律行为是有效的，不能因为遗赠人与受赠人之间存在的婚外同居关系，就判定遗嘱因违反公序良俗原则而无效。

四、课程思政解读

《民法典》以弘扬社会主义核心价值观为立法宗旨，维护公序良俗原则即为其重要体现。《民法典》通过维护社会公共秩序与善良风俗，用法治的力量引导人民群众向善。法律与道德的关系是良性互动的，公序良俗原则是社会主义核心价值观在《民法典》中的重要体现，离开了公序良俗，社会的健康发展就会成为空中楼阁。

在民事活动中尊重公序良俗、维护社会公共利益、弘扬社会主义核心价值观，是每一位公民从事民事行为所必须遵循的法律准则。随着《民法典》的颁布与实施，公序良俗将不再只是人们内心的道德评判标准，成为了判定民事行为效力的重要依据；其价值在于将道德伦理规范引入法律适用，起到扩充法律渊源、弥补法律漏洞的作用。

（一）公序良俗原则对构建良好婚姻家庭的引领作用

本案的重点在于是否应当适用公序良俗原则，本案的难点在于如何具体化善良风俗或社会公德。本案涉及两个行为：婚外同居与婚外遗赠。公序良俗原则的适用涉及三种情况：到底是婚外同居违反公序良俗，还是婚外遗赠违反公序良俗，或是婚外同居与婚外遗赠的结合违反了公序良俗。

从比较法的角度来看，德国民法学界的主流观点能为我们提供较好的参考。1965 年的一起德国情妇遗嘱案①，是德国民法处理此类案件的重大转折点，它标志着德国联邦最高法院基本立场的转变。通过这个案件，德国的法官与学者形成了延续至今的通说。该通说认为公序良俗原则评价的是法律行为，而不是事实行为。法律行为依行为人意思表示的内容而发生效力；事实行为依法律的规定直接产生法律后果。婚外同居是一个受道德约束的事实行为，婚外遗赠是一个法律行为。因此，对于此类案件，要将婚外同居与婚外遗赠区分开来，不能混为一谈。判决此类案件的依据不能是婚外同居，认为由婚外同居衍生出的婚外遗赠无效；而应该针对婚外遗赠，以婚外同居为事实材料，分析具体案件。公序良俗原则对民事主体所为的民事活动的审视应当限定于民事活动本身，而不应蔓延到民事主体的行为动机。

法律行为能被评价的是内容、目的、动机、时间、后果，离开了这些，就不存在法律行为，更不能对法律行为作出评价。其中，动机能否是评价的对象？从德国法院审理情妇遗嘱案的情况来看，他们是从最先察看法律行为的动机，到几乎不考虑，后又重新回到先前立场，最终又基于另因而不问动机的。批评者认为不应该追问行为人的动机，这种行为在试图切断行为与法律行为之间的因果联系。如果察看动机，行为与法律行为就产生因果联系，因为法律行为的动机常源于行为。可见，行为与法律行为两者并非问题的关键，动机才是。

从德国法院的实践看，此类案件的判决主要取决于社会对婚外不正当男女关系的道德评价，道德评价改变，法院判决随之改变。而泸州市两级法院及部分民众的观点显然与德国先前的主流观点一致：婚外不正当男女关系是不道德的，基于婚外不正当男女关系订立的遗嘱违背善良风俗因而无效。从法律行为的动机上看，可推定为基于婚外不正当男女关系订立的遗嘱的动机肯定不正当，无须分别是何种动机。

（二）公序良俗原则对完善社会治理的作用

公序良俗原则的明确规定，使得法律在规范人们的行为时不再仅限于法律的具体条文，而能够更全面地维护社会秩序。在处理民事纠纷时，公序良

---

① 邵建东. 德国民法总则编典型判例 17 则评析［M］. 南京：南京大学出版社，2005：217-239.

俗同样扮演着重要的角色。《民法典》第十条规定："处理民事纠纷，应当依照法律；法律没有规定的，可以适用习惯，但是不得违背公序良俗。"此条规定的目的是保障民事纠纷处理的公正性和社会的稳定性。法律和习惯是社会规范的两种不同表现形式，公序良俗是二者之间的纽带，确保了社会规则的统一性和权威性。

《民法典》中的公序良俗原则也体现在经济活动领域。《民法典》第八十六条规定："营利法人从事经营活动，应当遵守商业道德，维护交易安全，接受政府和社会的监督，承担社会责任。"这条规定要求企业家在进行经济活动时不能只顾追逐经济利益，也需要承担一定的社会责任。公序良俗原则能够规范企业的行为，对推动企业实现社会效益与经济效益的双赢有重要作用。

《民法典》第一百五十三条第二款进一步明确了违背公序良俗的民事法律行为将被认定为无效。这条规定体现了公序良俗原则在法律体系中的重要地位，保障了法律和社会道德的统一。

在现代社会，科技的进步和媒体的发展给人们的生活带来了巨大的影响。为了维护社会稳定和秩序，《民法典》还在一些具体领域明确规定了公序良俗原则的适用范围。比如，当研究者从事与人体基因、人体胚胎等有关的医学科研活动时，必须遵循法律，不得违背社会伦理道德，不得损害公共利益。这些规定保障了人民的生命健康不受损害，维护了社会安全。

不仅如此，公序良俗原则在维护姓名权、规范新闻报道内容、动物饲养损害责任等方面都发挥着重要作用。例如，自然人在选择姓名时不得违背公序良俗；新闻媒体在报道时要遵循事实，不得损害他人名誉，同时也要考虑内容与公序良俗的关联性；在动物饲养方面，除了要遵守法律法规，还要遵守社会伦理道德，以保障他人的生活和环境的和谐。

公序良俗原则是民法的重要原则，旨在确保法律与社会价值观的一致性，维护社会秩序。在法律实践中，公序良俗原则不仅弥补了法律规定的不足，还赋予了司法判决一定的灵活性。公序良俗已成为判定民事行为效力的重要依据，引导着公民在从事民事活动时遵守社会道德，弘扬社会主义核心价值观，维护公共利益，对促进社会的和谐发展发挥着重要的作用。

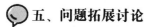**五、问题拓展讨论**

1. 公共秩序与善良风俗的含义是什么？在具体案件中应当如何对公共秩序与善良风俗加以判断？

2. 社会主义核心价值观与公序良俗原则之间的关系是什么？

3. 在法律行为的效力认定中，动机和目的是否能够适用背俗无效规则？

4. 司法判决是否要考虑社会公众的广泛认同？应当如何看待道德与法律的关系？

六、阅读文献推荐

1.《民法学》编写组：《民法学：上、下册》（第二版），高等教育出版社，2022 年。

2. 郑云瑞：《民法总论》（第九版），北京大学出版社，2021 年。

3. 李宇：《民法总则要义——规范释论与判解集注》，法律出版社，2017 年。

4. ［德］迪特尔·梅迪库斯：《德国民法总论》，邵建东译，法律出版社，2013 年。

5. ［德］卡尔·拉伦茨：《德国民法通论》，王晓晔、邵建东、程建英等译，法律出版社，2013 年。

6. ［瑞士］贝蒂娜·许莉蔓-高朴、耶尔格·施密特：《瑞士民法：基本原则与人法》，纪海龙译，中国政法大学出版社，2015 年。

7. 杨德群：《公序良俗原则比较研究》，中国社会科学出版社，2017 年。

8. 赵万一：《公序良俗问题的民法解读》，法律出版社，2007 年。

9. 于飞：《公序良俗原则——以基本原则的具体化为中心》，北京大学出版社，2006 年。

10. 董学立：《民法基本原则研究——在民法理念与民法规范之间》，法律出版社，2011 年。

诚实信用原则

案例 2：湖南王跃文诉河北王跃文等侵犯著作权、
不正当竞争纠纷案

！ 一、知识点提要

诚实信用原则是民法的基本原则，简称诚信原则，要求人们在民事活动中应当诚实、守信用，正当行使权利和履行义务。诚实信用原则是市场经济活动的一项基本道德准则，是现代法治社会的一项基本法律规则，是一种具有道德内涵的法律规范。

在民法中，诚实信用原则是一项重要的原则，常常被称为民法中的最高指导原则或"帝王规则"。在我国，《民法典》第七条规定："民事主体从事民事活动，应当遵循诚信原则，秉持诚实，恪守承诺。"诚实信用原则是民法最重要的基本原则之一，适用于整个民法领域，民事主体行使任何民事权利、履行任何民事义务，都应当遵守这一原则。

（一）诚实信用原则的功能

1. 确立行为规则的功能

诚实信用原则指导当事人正确从事民事活动。诚实信用原则作为一项广泛适用的民事行为规范，向当事人清晰地表明了什么行为受到法律保护，什么行为是法律所不容许的，应如何正确行使权利和履行义务，才不会对他人的合法权益和社会公共利益造成损害。诚实信用原则对当事人从事民事活动起着指导和规范的作用。

诚实信用原则在民法中具体表现为：第一，要求民事主体正当行使民事权利，禁止滥用权利，对他人造成损害。第二，忍受轻微妨害的义务。对于来自邻人的轻微的妨害，应当忍受。第三，以正当的方式履行义务。在合同对义务的履行没有作出明确规定的情形下，应当根据诚实信用原则履行义务。第四，情势变更原则。在合同订立后履行完毕以前，发生情势变更，导致当事人利益失衡时，符合法律规定条件的，应当允许当事人变更或解除合同。第五，附随义务的产生。在合同履行过程中，当事人应当依据诚实信用原则承担通知、协助、保密、忠实、告知、保护等附随义务。第六，禁止从违法行为中获利原则，即任何人不得通过违法行为获取不正当利益。诚实信用原则从民法中派生的具体规则不限于此，从发展趋势来看，必然会从诚实信用原则中产生更多的民法规则。诚实信用原则不仅适用于财产法领域，也广泛适用于对人身关系的调整。

2. 填补法律和合同漏洞的功能

诚实信用原则作为民法的一项基本指导原则，可以对当事人的法律行为进行裁量和判断，决定其法律效力及引起的法律责任，从而补充和完善已有的法律行为，使之更符合社会公正与公平。诚实信用原则不仅可以填补法律漏洞，而且可以填补合同漏洞。其填补合同漏洞的具体表现为：第一，合同的内容存在遗漏，即合同并没有对一些条款进行约定，如合同中缺少对质量条款的约定的，可以依据诚实信用原则填补该漏洞；第二，合同中约定不明确，或者约定前后矛盾的，可以依据诚实信用原则加以完善。

3. 平衡的功能

诚实信用原则不仅要平衡当事人之间的利益，而且要化解当事人的利益和社会利益之间的冲突与矛盾，即要求当事人在从事民事活动的过程中，要充分尊重他人的利益和社会的利益，不得滥用权利，损害国家、集体和第三人的利益。

案件的定性是适用法律的前提。现实生活中某些案件性质复杂，一时难以对其作出准确的法律判断。运用诚实信用原则对这些案件的案情进行分析，有助于发现其中的真伪善恶，对正确判定案件性质和适用法律，以及当事人权利义务的合理公平分配，都起着重要作用。法律不可能覆盖社会的方方面面，在司法活动中，将一般性的成文规定适用于各种不同的情况，可能导致个别案件裁决的非正义性。在当今社会主义市场经济的环境下，诚实信用原则一方面可以指导市场主体诚实信用地行使权利、履行义务，塑造市场主体的诚信精神；另一方面，可以赋予司法者一定的解释、补充和修正法律的自由裁量权，弥补已有法律的不足之处，为法治的进一步完善积累经验和创造有利条件。

4. 解释的功能

一般而言，法律条文都有一定的抽象性，在适用于具体案件时，有必要作细化的、有针对性的解释。以诚实信用原则为指导来解释法律，有助于维护法律的公平正义。这就是诚实信用原则在法律解释上的作用。如前所述，现有法律的滞后性与社会发展的变动性之间的矛盾，有时会使法律在适用上遇到难以准确裁量的困难，以诚实信用原则为准绳，可以对法律中不尽如人意之处进行合理的修正和补充，公平分配当事人的利益及责任，从而实现法律的公正与公平。

应当注意的是诚实信用与善良风俗的界限。诚实信用与善良风俗均属于道德准则，但二者存在和发生作用的领域不同。只要以诚实信用原则为市场经济活动中的道德准则，便不至于与公序良俗原则发生混淆。

诚实信用原则涉及两种利益关系，即当事人之间的利益关系和当事人与社会之间的利益关系。诚实信用原则的目标，是要在这两种利益关系中实现平衡。在当事人之间的利益关系中，诚实信用原则要求尊重他人利益，保证法律关系的当事人都能得到自己应得的利益，不得损人利己。当发生特殊情况使当事人之间的利益关系失去平衡时，应进行调整，恢复利益平衡，由此维持一定的社会经济秩序。在当事人与社会的利益关系中，诚实信用原则要求当事人不得通过自己的活动损害第三人利益和社会公共利益，必须以符合社会经济目的的方式行使自己的权利，履行自己的义务。

(二) 诚实信用原则的司法适用

1. 诚实信用原则的适用现状

从实践来看，适用诚实信用原则呈现两种趋势，一是适用范围的不断扩大，二是法律效力的不断增强。诚实信用原则由补充当事人意思的任意性规范，转变为当事人不能通过约定排除适用的强制性规范。

究其实质，是立法者通过规定诚实信用原则，授予法官自由裁量权，使之能够应付各种新情况和新问题。法官通过诚实信用原则进行扩张性解释，并依据其处理一些特殊案件，以实现个案处理结果公平、正义之目标，从而实现法律的实质性发展。

2. 诚实信用原则适用时应注意的问题

由于诚实信用原则可能成为法官自由裁量的基础，这对于法的稳定性和可预测性会构成威胁。诚实信用原则在具体适用时应注意：

在法律适用时，如果存在具体的法定规则，则需首先适用该规则；只有在法律适用于某种具体情况，而对合同当事人一方明显不公正的情况下，才能用诚实信用原则予以平衡。在这个意义上，诚实信用原则具有次位性。换言之，若无具体规定，但能够以类推适用等漏洞补充方法予以补充，也不得适用诚实信用原则；只有在以类推适用等漏洞补充方法仍不能解决问题时，才能适用诚实信用原则。

在虽无法律具体规定但有判例的情形中，如诚实信用原则与适用判例可以得出同一结论，则应适用判例而不适用诚实信用原则；如适用诚实信用原则与适用判例得出相反的结论，则应适用诚实信用原则而不适用判例。

 二、案例介绍

（一）基本案情介绍

原告湖南王跃文系国家一级作家，擅长撰写官场小说，在全国范围内享有较高知名度，其1999年创作的小说《国画》，被中华读书网评为"十大经典反腐小说的代表作"。2004年6月，原告湖南王跃文在被告叶国军经营的叶洋书社购买了长篇小说《国风》。该书定价25元，由被告华龄出版社出版，被告北京中元瑞太国际文化传播有限公司负责发行。该书封面的作者署名为"王跃文"，封三下方以小号字刊登的作者简介为："王跃文，男，38岁，河北遵化人氏，职业作家，发表作品近百万字，小说因触及敏感问题在全国引起较大争议。"发行商北京中元瑞太国际文化传播有限公司在给书商配发的该书大幅广告宣传彩页上，以黑色字体标注着"王跃文最新长篇小说""《国画》之后看《国风》""华龄出版社隆重推出""风行全国的第一畅销小说"等内容。湖南王跃文为调查《国风》一书作者及出版、发行情况，制止该书发行，共支付合理费用20055元。法院另查明：被告河北王跃文原名王立山，后改名为王跃文。在《国风》一书出版前，被告从未发表过任何文字作品。

原告湖南王跃文诉称：原告是国家一级作家，因自己的作品而在全国范

围内享有较高知名度，小说《国画》是原告于1999年创作的作品。2004年6月，原告在被告叶国军处购买了被告华龄出版社出版的长篇小说《国风》，该书作者的署名为"王跃文"。经原告调查，该书的作者真名叫王立山，是河北省遵化市人，文化程度较低，从事煤炭交易生意，不具备创作长篇小说的能力。其将自己姓名改为王跃文后，成为被告北京中元瑞太国际文化传播有限公司的签约作家。因此《国风》不是王立山创作的，只是他人利用王立山来假冒原告署名的作品。北京中元瑞太国际文化传播有限公司、华龄出版社和叶国军出版并出售了这一假冒原告署名的作品，严重侵犯原告的著作权，且对原告构成不正当竞争。原告请求判令四被告：（1）停止侵权，公开赔礼道歉；（2）四被告连带赔偿原告经济损失50万元，支付原告合理诉讼开支3万元；（3）被告承担本案诉讼费用。

原告湖南王跃文提交以下证据：

（1）小说《国画》复印件、互联网上对小说《国画》及其作者的评论，用以证明湖南王跃文具有的知名度和影响力；

（2）小说《国风》的宣传资料复印件，用此证明华龄出版社、北京中元瑞太国际文化传播有限公司及河北王跃文使用"王跃文最新长篇小说""《国画》之后看《国风》"等宣传词系有意识误导读者将该书作者当作原告；

（3）湖南省公安厅向河北省公安厅发出的公函，用此证明河北王跃文原名王立山，从事煤炭生意，在身份证遗失后更名为王跃文，与原告同名。

（4）票据，用以证明湖南王跃文为调查和追究侵权行为而开支的各项费用。

……

被告叶国军辩称："《国风》一书是从正规渠道进货的合法图书。作为经销商，本被告已尽必要的审查义务，不应承担责任。"

为支持其辩词，被告叶国军提交了《出版物征订发行委托书》，用以证明经销《国风》一书系合法销售。

被告河北王跃文辩称："公民有权决定和更改自己的姓名，我通过河北省遵化市公安局户籍管理部门批准登记后，使用'王跃文'为自己的法定姓名，完全符合法定程序；我以自己的姓名出版《国风》一书，是行使自己的著作权，与原告无关；原告起诉的是王立山，而本被告叫王跃文，故原告的起诉与本被告无关，我不应承担法律责任。"

为支持其辩词，被告河北王跃文提交以下证据：

（1）身份证和常住人口登记表复印件，用以证明河北王跃文使用的姓名是经合法程序取得的，《国风》署的是河北王跃文自己的名字，没有侵犯湖南王跃文的著作权；

（2）互联网上下载的报道文章，用以证明湖南王跃文在接受相关媒体采访及回答网友询问时，已明确表示知道《国风》不是他的作品，河北王跃文的身份证也非伪造。

被告北京中元瑞太国际文化传播有限公司辩称："本被告尊重原告，从未侵害原告的权益，原告的起诉没有事实根据；况且被告河北王跃文不是《中华人民共和国反不正当竞争法》（以下简称《反不正当竞争法》）界定的经营者，原告与被告之间不存在竞争关系。"

为支持其辩词，被告北京中元瑞太国际文化传播有限公司提交了《出版代理合同书》，用以证明北京中元瑞太国际文化传播有限公司是经河北王跃文授权，负责联络出版事宜，代理出版《国风》一书的，该公司的行为只是一种代理行为。

被告华龄出版社辩称："《国风》一书的著作权归北京中元瑞太国际文化传播有限公司所有，作者署名与作者身份证上的姓名一致。本被告认为，公民有权使用自己的姓名，有权以自己的姓名发表作品，这一权利受法律保护，因此才与著作权人签订了《图书出版合同》，出版《国风》一书。该书书号为7-80178-149X/1.10，是正规出版物。华龄出版社作为国家级出版单位，依照相关规定履行了出版者的审查义务，没有侵犯原告的著作权。原告的诉讼请求没有事实根据与法律依据，应当驳回。"

被告华龄出版社提交了河北王跃文于2004年4月26日向华龄出版社出具的《长篇小说〈国风〉出版授权书》及河北王跃文的身份证复印件、北京中元瑞太国际文化传播有限公司与华龄出版社于2004年5月20日就《国风》一书签订的图书出版合同、北京中元瑞太国际文化传播有限公司的营业执照复印件、选题申报表、原稿编审记录等证据，用以证明华龄出版社在出版《国风》一书时，已经履行了全部审查手续，充分尽到了出版者的合理注意义务。

（二）争议焦点

本案争议焦点为《国风》一书是否为假冒他人署名的侵权作品？发行

《国风》一书是否构成不正当竞争？

（三）裁判结果

法院认定被告河北王跃文、叶国军、北京中元瑞太国际文化传播有限公司、华龄出版社没有侵犯原告湖南王跃文的著作权，对湖南王跃文关于各被告应承担著作权侵权责任的诉讼请求，不予支持。河北王跃文撰写虚假的作者简介，北京中元瑞太国际文化传播有限公司制作虚假的广告宣传资料，华龄出版社不履行必要的监督审查职责，均违反了诚实信用原则，误导了消费者，构成对湖南王跃文的不正当竞争，依法应当承担赔偿责任。叶国军经销《国风》一书没有过错，不承担赔偿责任。湖南王跃文诉请判令河北王跃文、叶国军、北京中元瑞太国际文化传播有限公司、华龄出版社向其赔礼道歉，连带赔偿其 50 万元。赔礼道歉是人身权利受到侵害时，侵权人承担民事责任的方式。由于各被告的行为不构成侵犯著作权，故对此项诉讼请求不予支持。湖南王跃文提交的证据不能充分证明连带赔偿 50 万元的诉讼请求合理，赔偿数额需酌情确定。据此，湖南省长沙市中级人民法院于 2004 年 12 月 14 日判决：

（1）被告叶国军、河北王跃文、北京中元瑞太国际文化传播有限公司、华龄出版社立即停止对原告湖南王跃文的不正当竞争行为。

（2）被告河北王跃义、北京中元瑞太国际义化传播有限公司连带赔偿原告湖南王跃文经济损失 10 万元。

（3）被告华龄出版社对被告河北王跃文、北京中元瑞太国际文化传播有限公司的上述赔偿义务负连带赔偿责任。

（4）驳回原告湖南王跃文的其他诉讼请求。

上述第（2）、（3）项确定的给付义务，在本判决发生法律效力的 10 日内履行。

本案件受理费 10310 元，由原告湖南王跃文负担 1310 元，被告河北王跃文负担 3000 元，被告北京中元瑞太国际文化传播有限公司负担 3000 元，被告华龄出版社负担 3000 元。

三、案例分析

(一)《国风》一书是否为假冒他人署名的侵权作品

长沙市中级人民法院认为,《民法通则》第九十九条第一款规定:"公民享有姓名权,有权决定、使用和依照规定改变自己的姓名,禁止他人干涉、盗用、假冒。"《中华人民共和国著作权法》(以下简称《著作权法》)第九条规定:"著作权人包括(一)作者;(二)其他依照本法享有著作权的公民、法人或者其他组织。"《著作权法》第十条规定,著作权包括发表权、署名权、修改权、保护作品完整权、复制权、发行权等人身权和财产权。《著作权法》第十一条规定,著作权属于作者;创作作品的公民是作者;如无相反证明,在作品上署名的公民、法人或者其他组织为作者。《著作权法》第四十七条第八项规定,制作、出售假冒他人署名的作品的,应当根据情况,承担停止侵害、消除影响、赔礼道歉、赔偿损失等民事责任。被告河北王跃文原名王立山,虽在原告湖南王跃文成为知名作家后,将自己的姓名改为王跃文,但该改名行为符合法律规定。《国风》一书不是由湖南王跃文创作,署名为河北王跃文,各方当事人对这一事实均无异议。湖南王跃文没有相关证明,只是以河北王跃文是农民,文化程度较低且从事煤炭交易生意,不具备创作长篇小说的能力为由,否认河北王跃文是《国风》的作者,认为该书是他人利用王立山改名来假冒"王跃文"署名的作品,此理由不能成立。尽管在《国风》一书发表前,湖南王跃文已经成为知名作家,但没有任何法律规定禁止他人使用与知名作家相同的姓名。《国风》一书的作者署名"王跃文",是正当行使著作权中的署名权,不是《著作权法》第四十七条第八项所指的假冒他人署名,没有侵犯湖南王跃文的著作权。被告北京中元瑞太国际文化传播有限公司、华龄出版社根据与河北王跃文签订的协议,在手续合法、齐全的情况下出版、发行《国风》,亦不侵犯湖南王跃文的著作权。湖南王跃文关于由河北王跃文、北京中元瑞太国际文化传播有限公司、华龄出版社共同承担侵犯其著作权民事责任的诉讼主张,不能成立。

原告湖南王跃文在诉状中列王立山为被告,同时指出该被告的身份证号码为"×××",诉状所指向的标的物是《国风》。在公安机关的查询材料中,与"×××"这一身份证号码相对应的姓名是"王立山"。被告河北王跃文是从王立山改名而来,无论其姓名有何变化,其自称是《国风》一书作者的事实没有变化。因此，虽然湖南王跃文列王立山为被告，但河北王跃文欲以此为由辩称本案与其无关，该理由不能成立。

（二）发行《国风》一书是否构成不正当竞争

主审该案的长沙市中级人民法院认为，首先应当解决作家是否属于《反不正当竞争法》调整主体、双方当事人之间是否存在竞争关系的问题，其次才能认定本案是否存在不正当竞争。

《反不正当竞争法》第一条规定："为保障社会主义市场经济健康发展，鼓励和保护公平竞争，制止不正当竞争行为，保护经营者和消费者的合法权益，制定本法。"这说明《反不正当竞争法》的立法目的是维护公平的市场竞争秩序，因此凡存在竞争的商业化市场，都应该属于其调整范围。《反不正当竞争法》第二条规定："经营者在市场交易中，应当遵循自愿、平等、公平、诚实信用的原则，遵守公认的商业道德。本法所称的不正当竞争，是指经营者违反本法规定，损害其他经营者的合法权益，扰乱社会经济秩序的行为。本法所称的经营者，是指从事商品经营或者营利性服务（以下所称商品包括服务）的法人、其他经济组织和个人。"我国除了传统的商品流通市场外，还形成了文化市场、技术市场等新兴市场。在这些新兴市场中，竞争仍是市场主体调整关系的基本方式，因此应当用《反不正当竞争法》规范这些新兴市场中的竞争秩序。作者通过出售作品的出版发行权，从文化市场中换取等价物，这时的作品即成为作者经营的商品。《反不正当竞争法》第二条第三款没有将"经营者"限定于传统市场中的商品经营者或者营利性服务提供者。作者符合《反不正当竞争法》对竞争主体的要求，是文化市场中的商品经营者。在本案中，原告湖南王跃文是职业作家，以创作并发表作品的方式从文化市场中获取经济利益；被告河北王跃文亦自称作家，被告叶国军是经销图书的个体工商户，被告北京中元瑞太国际文化传播有限公司是图书《国风》的发行方，被告华龄出版社是专业出版机构。上述主体同在一个文化市场中活动，均在以自己的行为来分享从文化市场中产生的经济利益，因此各方之间存在着竞争关系，均属于《反不正当竞争法》调整的市场主体。北京中元瑞太国际文化传播有限公司关于湖南王跃文不是市场经营者，双方之间不存在竞争关系的抗辩理由，不能成立。

作为文化市场的经营者，作者往往通过在作品上署名，来传扬自己和自己的作品。选购图书时，作品题材和作者是消费者考虑的重要因素。知名作家在作品上的署名，已经成为图书的一种商品标识，发挥着指引消费者作出消费决定的重要作用。知名作家的署名一旦被借鉴、仿冒、攀附或淡化，就可能引导消费者作出错误的消费决定，从而影响到作家的正当权益，因此这些行为属于不正当竞争。原告湖南王跃文因创作系列官场题材小说而出名，《国画》是其创作的畅销图书。这些作品均以"王跃文"署名，该署名直接指向湖南王跃文，明示着作品提供者的身份。看到这个署名的消费者，无疑会联想起湖南王跃文创作的系列作品。这一系列作品已经在市场上享有盛誉，因此以"王跃文"署名的作品自然容易被消费者接受。在《国风》一书发行前，被告河北王跃文没有发表过任何作品。在此情况下，河北王跃文在《国风》一书的作者简介中，标榜自己"已发表作品近百万字，并触及敏感问题，在全国引起较大争议"，纯属虚假宣传。结合其改名行为，不难看出：河北王跃文所写的这一段虚假作者简介，目的就是要把《国风》一书与湖南王跃文联系起来，借湖南王跃文在文化市场上的知名度来误导消费者，从而达到推销自己作品的目的。被告北京中元瑞太国际文化传播有限公司明知《国画》与《国风》不是同一作者，湖南王跃文与河北王跃文不存在任何关系，仍在其制作的广告宣传资料中使用"王跃文最新长篇小说""《国画》之后看《国风》""风行全国的第一畅销小说"等词句，故意混淆两个王跃文、《国画》与《国风》的区别，目的是要攀附湖南王跃文的知名度，误导消费者购买《国风》一书。被告华龄出版社明知两个王跃文不同，却未对河北王跃文提供的作者简介内容进行审查，以致具有虚假信息并能引人误解的内容在该社出版的《国风》一书上发表；另外，华龄出版社虽将《国风》一书的发行工作委托给北京中元瑞太国际文化传播有限公司办理，但未对此项工作进行必要监督，使标有该社名称的虚假宣传资料流入市场，主观上对误导消费者的行为具有过错。《民法通则》第四条规定："民事活动应当遵循自愿、公平、等价有偿、诚实信用的原则。"河北王跃文、北京中元瑞太国际文化传播有限公司、华龄出版社的行为均违反了诚实信用原则，构成对湖南王跃文的不正当竞争，对河北王跃文、北京中元瑞太国际文化传播有限公司、华龄出版社不构成不正当竞争的抗辩理由不予采纳。被告叶国军从正规渠道进货，并在获取相关委托手续后才销售《国风》一书，作为一般图书经营者，叶国军已尽合理的注意义务，对本案的不正当竞争后果不具有主观过错，无须承担赔偿责任，但若叶国军继续销售《国风》一书，则是扩大不正当竞争损害后果，故应当停止销售。

《民法通则》第五条规定："公民、法人的合法的民事权益受法律保护，任何组织和个人不得侵犯。"《反不正当竞争法》第二十条规定："经营者违反本法规定，给被侵害的经营者造成损害的，应当承担损害赔偿责任，被侵害的经营者的损失难以计算的，赔偿额为侵权人在侵权期间因侵权所获得的利润；并应当承担被侵害的经营者因调查该经营者侵害其合法权益的不正当竞争行为所支付的合理费用。"

四、课程思政解读

本案的重点为与知名作家同名者出版作品是否构成不正当竞争，本案的难点是如何将诚实信用原则与《反不正当竞争法》的法律规定结合起来。

诚实信用原则作为市民社会必然的道德信条，关系着一个时代、一个国家的法律系统对人性的基本认识和基本态度，它在当代法律中的作用呈不断加强的趋势。诚实信用原则也因此成为当今世界具有特殊意义的法律问题。一般认为，诚实信用原则的基本含义是：当事人在市场活动中应讲信用，恪守诺言，诚实不欺，在追求自己利益的同时不损害他人和社会利益，要求民事主体在民事活动中维持双方利益，以及当事人利益与社会利益的平衡。

诚实信用原则作为民事立法的一种价值追求，本身不直接涉及民事主体具体的权利义务，其性质具有高度的抽象性，自然就会产生模糊性。诚信原则的内涵和外延因此也都不具有确定性。诚实信用原则要求，当法律与合同缺乏规定或规定不明确时，司法审判人员应依据诚信、公平的观念，准确解释法律和合同。由于诚实信用原则的功能在实践中凸显，其被奉为现代民法的最高指导原则。所有具体的民事立法均不得违反该原则或对该原则有所保留。它与公平原则有同等价值，不但是对意思自治原则的修正与必要限制，还衍生出众多下位原则，例如禁止权利滥用原则、情势变更原则等。它适用于合同的订立、履行和解释，扩及于一切权利的行使和一切义务的履行。

诚实信用原则是基本的商业道德，也是信用经济的基础。诚实信用原则要求人们秉持诚实，恪守承诺，这是维护正常的市场秩序的前提和基础。秉持诚实，是指当事人要真实、真诚。例如：在合同中，要如实披露相关订约信息，告知对方相关真实情况，不坑蒙拐骗，不欺诈他人。在物权的行使中，要秉持诚信，不得滥用物权。恪守承诺就是要严守契约和允诺。在法律上，诚实信用原则属于强制性规范，当事人不得以其协议加以排除和规避。

诚实信用原则是民法的基本原则，甚至被称为民法中的"帝王规则"。依据诚实信用原则，民事主体从事民事活动应当秉持诚实，恪守承诺，善意行使权利和履行义务。一般而言，诚实信用原则包含两方面内容：一是对待他人诚信不欺，二是对自己的承诺要信守不怠。

当前，我国诚信建设的任务依然艰巨。契约精神不足、合同欺诈、电信诈骗、金融诈骗、虚假广告、山寨产品、虚假诉讼、逃避债务执行等不诚信甚至严重失信的问题依然存在。在当前我国经济社会发展的特定时期，强调诚实信用原则的意义重大。

从司法适用的角度讲，诚实信用原则具有确立行为规则、填补法律和合同漏洞、衡平、解释、降低交易费用和提高效率的功能，是调整人与人之间的相对关系的最为主要的原则，是行使权利、履行义务时必须遵循的守则，是平衡当事人之间利益的要求。

一方面，在适用法律方面，诚实信用原则要求司法审判人员能够依据诚信、公平的观念正确解释法律、适用法律，弥补法律规定的不足。可见，诚实信用原则实际上给予了司法审判人员一定的自由裁量权，使其能够依据诚信、公平等观念适用法律，正确处理民事纠纷。

另一方面，诚实信用原则也是司法审判人员在解释合同时所应遵循的一项基本原则。确定行为规则、平衡利益、为解释法律和合同确定准则，是诚实信用原则所具有的三项基本功能。因为诚实信用原则体现了伦理道德的观念或正义的现实要求，所以诚实信用原则在适用时能产生这些特殊的作用。

需要注意的是，诚实信用原则在利益平衡方面有两种不同的作用：一是平衡当事人之间的利益，二是平衡当事人与社会之间的利益。当事人之间的利益冲突，可以按照诚实信用原则予以处理。例如，一方履行合同有轻微瑕疵，不影响对方的合同权利时，另一方请求解除合同的，原则上不予支持，但可以要求对方承担责任，如支付相应的违约金等。运用诚实信用原则平衡当事人之间的利益，是为了实现实质的公平和正义。尤为重要的是，在法律没有具体规定时，可以直接将诚实信用原则作为裁判案件的依据。

市场竞争基于民法上的诚实信用原则有序进行，但是不正当竞争行为违反了诚实信用原则，因此必须予以制止。不正当竞争概念最早出现在法国法院于1850年依照《法国民法典》第一千三百八十二条所作出的一项判决中，该条是关于一般侵权的规定："任何行为使他人受损害时，因自己的过失而致行为发生之人，对该他人负赔偿责任。"法国法院在第一千三百八十二条的基础上，提出了"不正当竞争"的概念，形成了制止不正当竞争的特殊侵权体系。民事侵权性是不正当竞争的本质特征之一，任何通过不正当手段获取的竞争优势，对于市场中的其他诚实经营者来说都是不公平的行为。如假冒他人注册商标、侵犯他人商业秘密，都直接构成对商标专用权人、商业秘密合法拥有人的合法权利的侵害。1896 年德国《反不正当竞争法》被认为是世界上最早的一部为制止不正当竞争行为所设立的专门法。德国于 1909 年对《反不正当竞争法》作了修改，其中最重要的修改便是加入了第一条一般条款："在商业交易中以竞争为目的而违背善良风俗者，可向其请求停止侵害和损害赔偿。"

我国于 1993 年通过的《反不正当竞争法》的第二条规定："经营者在市场交易中，应当遵循自愿、平等、公平、诚实信用的原则，遵守公认的商业道德。本法所称的不正当竞争，是指经营者违反本法规定，损害其他经营者合法权益，扰乱社会经济秩序的行为。本法所称的经营者，是指从事商品经营或者营利性服务（以下所称商品包括服务）的法人、其他经济组织和个人。"该条文不仅明确界定了不正当竞争的概念，还指明不正当竞争的概念来源于诚实信用原则。

从以上国内外竞争法的发展及规定可以得出以下几个结论：

第一，不正当竞争本身是一种发生在竞争领域的特殊侵权形态。这意味着适用《反不正当竞争法》保护的权益也可能同时受到《中华人民共和国侵权责任法》（以下简称《侵权责任法》）的一般条款的调整。厘清上述思想的重要性在于，当市场主体的利益被另一从事明显违背商业道德与诚实信用原则的行为主体侵犯时，即使双方确实不存在竞争关系而无法受到《反不正当竞争法》的调整，还是可以通过民法中的诚实信用原则寻求《侵权责任法》的保护。

第二，我国于 1993 年通过的《反不正当竞争法》第二条规定并没有严格将经营者限定在具有直接竞争关系的经营者之间，这就使法官在适用《反不正当竞争法》第二条时有很大的自由裁量权。

🗨 五、问题拓展讨论

1. 诚实信用原则的含义是什么？这一重要的法律概念是如何形成的？
2. 社会主义核心价值观中的诚信与民法上的诚信原则有什么联系与

区别？

    3. 成文法的局限是什么？应当如何通过基本原则来弥补这一局限性？

    4. 诚实信用原则与不正当竞争的概念有什么联系？

👍 六、阅读文献推荐

    1.《民法学》编写组：《民法学：上、下册》（第二版），高等教育出版社，2022 年。

    2. 郑云瑞：《民法总论》（第九版），北京大学出版社，2021 年。

    3. 李宇：《民法总则要义——规范释论与判解集注》，法律出版社，2017 年。

    4. ［德］迪特尔·梅迪库斯：《德国民法总论》，邵建东译，法律出版社，2013 年。

    5. ［德］卡尔·拉伦茨：《德国民法通论》，王晓晔、邵建东、程建英等译，法律出版社，2013 年。

    6. ［瑞士］贝蒂娜·许莉蔓-高朴、耶尔格·施密特：《瑞士民法：基本原则与人法》，纪海龙译，中国政法大学出版社，2015 年。

    7. ［德］莱因哈德·齐默曼、［英］西蒙·惠特克：《欧洲合同法中的诚信原则》，丁广宇、杨才然、叶桂峰译，法律出版社，2005 年。

    8. 徐国栋：《民法基本原则解释——诚信原则的历史、实务、法理研究》，北京大学出版社，2013 年。

    9. 褚凤：《诚信原则比较研究》，武汉大学出版社，2019 年。

    10. 董学立：《民法基本原则研究——在民法理念与民法规范之间》，法律出版社，2011 年。

欺诈

案例 3：陶某城、杨某艳与徐某、潘某娟、
欣居房地产公司确认合同效力纠纷案

⬡ 一、知识点提要

欺诈行为会侵犯他人的意志自由，破坏社会经济生活中的信任关系，是一种故意违法行为，应依法惩治。

（一）欺诈的含义

所谓欺诈，是指故意告知虚假情况，或者负有告知义务的人故意隐瞒真实情况，致使对方陷入错误而作出违背自己真实意思表示的行为。当事人由于他人故意的错误陈述，发生认识上的错误而作出错误的意思表示，即构成因受欺诈而为的民事行为。例如，一家首饰店售卖人造钻石，告诉买受人所售出的钻石是稀有的天然钻石，买受人信以为真，高价买入人造钻石。

民法上的欺诈不同于刑法上的欺诈。民法上的欺诈强调行为人意思受到的不当影响，以及欺诈人对被欺诈人意思自由的违法干涉；刑法上的欺诈则注重欺诈人获取财产利益的意图。即前者强调对被欺诈人意思自由的不当干涉，后者强调的是获得财产的非法犯意或"非法占有"①。从历史发展上看，在制订《德国民法典》第一草案时，立法者曾将民法上的欺诈与刑法上的欺诈等同对待，认为任何违反诚信并对他人造成损害的恶意欺诈都构成诈骗②。

---

① 陈兴良. 合同诈骗罪的特殊类型之"两头骗"：定性与处理 [J]. 政治与法律，2016 (4)：39-51.
② Mugdan. Die gesamten Materialien zum Bürgerlichen Gesetzbuch für das deutsche Reich [M]. Berlin：Decker, 1899：467.

而在制订《德国民法典》第二草案时，立法者认识到民法上的欺诈要件有与刑法上的欺诈要件不同的、"具有民法自身特点的故意概念或要件"①。基于此，民法上的欺诈与刑法上的诈骗被区分对待，民法上的欺诈在构成要件上更为宽松，只要有使他人陷入错误意思表示的故意即可，无须有造成他人损害的故意。与民法、刑法的上述区分相关，对法律视角下的欺诈还可以作更为细致的分类，如可以分为关于事实的欺诈和允诺欺诈，前者如出卖人故意隐瞒标的物的瑕疵而订立买卖合同并收取高价，后者指无履约的意思却声称将履行合同并作出承诺。②

(二) 欺诈的构成要件

欺诈具有如下构成要件：（1）欺诈人有欺诈的故意；（2）欺诈人在客观上有欺诈行为；（3）受欺诈人因被欺诈而陷入错误；（4）受欺诈人因被欺诈而作出意思表示。

首先，欺诈人有欺诈的故意。所谓欺诈的故意，是指欺诈人明知自己的陈述是虚假的，并会导致对方陷入错误认识，而希望或放任这种结果发生。欺诈中的"故意"，强调的是行为人有诱使对方作出错误意思表示的主观心态。就故意的类型而言，一般认为，无论是直接故意还是间接故意，均可构成欺诈。例如，在以沉默的方式隐瞒真实信息的情况下，行为人至少应认识到这样的可能性：若公开有关信息，相对人则不会作出相应的错误意思表示。另外，需要说明的是，就欺诈的构成而言，并不要求欺诈人明确知悉自己所陈述的信息是不真实的；只要欺诈人不确定有关信息的真实性，并对致使他人陷入错误持放任态度，即可构成欺诈。对欺诈故意的判断，可分为两个层次，一是表达内容的真实性，二是主观状态。例如：行为人明知自己将要破产不能兑现有关支票仍签发支票时，其是否有清偿能力为真实性考察的事项；其签发支票时是否知悉自身的不能清偿状态为主观状态考察的事项。③只要行为人进行了虚假陈述，行为人便具有欺诈故意。故意亦包括两个层

① Rösler H. Arglist Im Schuldvertragsrecht: Zum Schnittfeld von Vorsätzlicher Und Fahrlässiger Fehlinformation[J]. Archiv Für Die Civilistische Praxis, 2007, 207(4/5): 564-613.

② Ayres I, Klass G. Insincere Promises: The Law of Misrepresented Intent[M]. New Haven: Yale University Press, 2005: 3.

③ Ayres I, Klass G. Insincere Promises: The Law of Misrepresented Intent[M]. New Haven: Yale University Press, 2005: 52.

次：第一个层次是有使对方陷于错误的故意，第二个层次是有使对方依据其错误而作出相应的错误意思表示的故意。例如，商户明知其出售的商品不具有某种功能而向他人吹嘘该产品具有该种功能，此种情况可认为此商户具有欺诈的故意。

其次，欺诈人在客观上有欺诈行为。欺诈行为是对民事行为有关的重要事实故意所作的虚假陈述。欺诈人实施的欺诈行为，通常表现为以下几种：其一，虚构事实。其二，歪曲事实。其三，隐瞒事实。其四，存在告知义务时将错就错。欺诈可以是直接的，也可以是间接的；欺诈可以是直接针对相对人的，也可以是针对第三人的。通常而言，欺诈是积极的行为，消极不作为不构成欺诈。但是，根据法律、习惯或契约，行为人负有告知义务而行为人不予告知的，即构成沉默，此亦为欺诈行为。

再其次，受欺诈人因被欺诈而陷入错误。民法上的欺诈不同于刑法上的欺诈，没有欺诈未遂一说。如果欺诈人客观上实施了欺诈行为，但受欺诈人并没有因此陷于错误，则不构成欺诈。所谓错误，是指对合同内容及其他重要情况的认识有缺陷，包括民事法律行为内容的错误和民事法律行为动机的错误。例如：患者因误信对方的假药宣传而上当购买。需要注意的是，这种错误并不是被欺诈人自己的过失造成的，而是被欺诈人受欺诈的结果。

最后，受欺诈人因被欺诈而作出意思表示。即受欺诈人因欺诈发生了错误认识以后，基于错误的认识作出了意思表示，并实施了民事法律行为。①错误认识与意思表示之间应有因果关系。

(三) 欺诈的类型

按照表现形式，欺诈可以分为积极欺诈和消极欺诈。积极欺诈是指欺诈人以积极的言辞提供虚假情况，陷对方于错误的意思表示之中。例如神奇焕肤霜、电子增高仪等事件。在这些事件中，商家虚假宣传、无中生有、夸大其词，导致消费者美容变毁容、健身致伤残。消极欺诈，又称为不作为欺诈、沉默欺诈，是指欺诈人具有告知的义务，但其故意不告知或隐瞒，致使对方作出错误的意思表示。也就是说，行为人如果依照法律规定、诚信原则、交易习惯等负有告知义务而不告知，即构成欺诈。

---

① 谷昔伟."凶宅"买卖案件中合同和侵权请求权竞合的规范分析 [J]. 法律适用, 2023 (8)：52–61.

按照我国民法规定，欺诈可以分为涉两方当事人的欺诈和第三人欺诈。《民法典》第一百四十八条规定的是涉两方当事人欺诈的情况，也就是通常所说的欺诈："一方以欺诈手段，使对方在违背真实意思的情况下实施的民事法律行为，受欺诈方有权请求人民法院或者仲裁机构予以撤销。"《民法典》第一百四十九条规定的是第三人欺诈的情况："第三人实施欺诈行为，使一方在违背真实意思的情况下实施的民事法律行为，对方知道或者应当知道该欺诈行为的，受欺诈方有权请求人民法院或者仲裁机构予以撤销。"例如，甲骗乙说自己经销的是茅台酒，假一罚十，乙相信后以正品茅台酒的价格从甲处购买该酒，谁知瓶子里面灌装的是二锅头，这就是涉两方当事人的欺诈。而甲的好朋友丙骗乙说甲经销的酒是茅台酒，绝对真品，假一罚十，乙相信后，以正品茅台酒的价格向甲购买该酒，不料瓶子里面灌装的却是二锅头，这种情况则属于第三人欺诈。

（四）欺诈的效力

欺诈的效力是指受欺诈人因被欺诈而作出的意思表示的效力，这种意思表示的效力表现在以下两个方面。

1. 意思表示对当事人的效力

意思表示能否撤销应视情况而定。当欺诈人是法律关系的一方当事人时，表意人可以撤销意思表示，这是欺诈效力最常见的情况。当欺诈人是法律关系当事人之外的第三人时，则应根据该意思表示是否有相对人来视情况确定表意人是否具有撤销权。如果有相对人明知事实或者应当知道事实，则表意人可以撤销意思表示；如果没有相对人明知事实或者应当知道事实，则表意人不能撤销意思表示。如果是没有相对人的意思表示，则表意人可以撤销其意思表示。

2. 意思表示对第三人的效力

表意人因被欺诈而作出意思表示的，撤销权能否对抗第三人取决于第三人是否具有善意。对于第三人而言，受欺诈而为之的意思表示的撤销不得对抗善意第三人。善意第三人指不知表意人的行为发生法律上的利害关系的第三人。在有善意第三人时，受欺诈而为的意思表示并非不得撤销，但即便是撤销，其意思表示亦不因撤销而无效。

《民法典》对撤销权的行使作了时间上的限制。若当事人逾期不行使撤销权，撤销权就消灭了。受欺诈的当事人，自知道或应当知道撤销事由之日起一年内不行使撤销权，撤销权消灭。自民事法律行为发生之日起五年内没有行使撤销权的，撤销权也会消灭。

二、案例介绍

原告（反诉被告）陶某城、杨某艳向法院提出诉讼请求：（1）恳请法院依法确认原告、被告于 2022 年 6 月 23 日签订的房屋买卖合同真实有效；（2）判决被告立即向原告支付欠购房款 42 万元及违约金 13.6 万元；（3）本案的诉讼费和诉讼保全费由被告承担。被告（反诉原告）徐某、潘某娟辩称：第一，原告在出售房屋时隐瞒了房屋的重大情况，造成了反诉原告错误认知，如果原告没有隐瞒，反诉原告不会购买此"凶宅"。第二，本案房屋买卖合同系在原告故意隐瞒重大情况下以欺骗方式签订，所以反诉原告诉请法院撤销买卖合同。第三，本案的贷款银行知道此房屋的真实情况后停止贷款，该房屋买卖合同已经无法履行，应当予以撤销，反诉原告也不应向原告支付余下购房款，更不应当支付违约金，本案诉讼费用及保全费用应由原告承担。

被告（反诉原告）徐某、潘某娟提出反诉请求：（1）请求法院判令撤销反诉原告、被告于 2022 年 6 月 23 日签订的房屋买卖合同；（2）请求法院判令反诉被告协助反诉原告将房屋产权从反诉原告名下过户登记至反诉被告名下，房屋过户登记费用由反诉被告承担；（3）请求法院判令反诉被告返还购房款 26 万元，并自 2022 年 7 月 8 日起按年利率 3.7% 支付利息直至还清之日止；（4）请求法院判令反诉被告赔偿反诉原告房屋过户费用 46760 元；（5）请求法院判令反诉被告承担本案本诉及反诉的所有诉讼费用。

原告（反诉被告）陶某城、杨某艳辩称：（1）房屋买卖合同真实有效，并且此房屋已经过户到两反诉原告名下，请求法院依法驳回反诉原告的诉讼请求；（2）要求反诉原告支付剩余购房款及违约金，诉讼费、保全费、反诉费由反诉原告承担；（3）此房屋并非"凶宅"，反诉原告所称反诉被告之子在楼道出事不属实，孩子是在室外出事，与本房屋无关。

法院经审理认为，房屋买卖对于普通人民群众来说属于生活中较大额的交易，与房屋有关的相关信息应当予以披露。原告之子在涉案房屋居住期间坠楼身亡，虽然发生非正常死亡的事实在客观上未对房屋的实际使用价值产生影响，但众所周知，房屋发生过非正常死亡会给购房者带来负面的心理感受，此类房屋在实际成交时交易价值会降低，构成房屋的重大瑕疵，应属与房屋买卖合同订立有关的重大事项，也是卖方必须向买受方披露的事实。原告陶某城、杨某艳在与被告徐某、潘某娟签订房屋买卖合同时应明确告知这一瑕疵，但其并未如实向中介及购房人即被告披露该事实，违背了诚信原则和公序良俗，也与交易习惯不符，故被告（反诉原告）徐某、潘某娟以欺诈为由主张撤销 2022 年 6 月 23 日签订的房屋买卖合同，依法予以支持。合同被撤销后，因该合同取得的财产应当予以返还，故被告（反诉原告）徐某、潘某娟请求原告返还购房款 26 万元于法有据，法院依法予以支持。被告（反诉原告）徐某、潘某娟主张自 2022 年 7 月 8 日起按年利率 3.7% 支付已付购房款 26 万元的利息直至还清之日止缺乏法律依据，法院不予支持。被告（反诉原告）徐某、潘某娟在签订房屋购买合同前疏忽大意未主动了解房屋的基本情况，且在审理过程中自愿承担涉案房屋两次过户产生的一切费用系其对自己权利的处分（徐某、潘某娟已缴清第一次过户所有的费用）。故法院判处该房屋两次过户产生的一切费用均由被告（反诉原告）徐某、潘某娟自行承担。原告（反诉被告）陶某城、杨某艳诉请依法确认双方于 2022 年 6 月 23 日签订的房屋买卖合同有效及被告向其支付余下欠购房款 42 万元及违约金 13.6 万元于法无据，法院依法不予支持。

三、案例分析

在本案中，争议焦点在于何为"凶宅"？"凶宅"信息是否属于必要告知信息？若无特别约定，卖方是否有主动告知的义务？卖方不告知"凶宅"信息，是否构成民法上的欺诈？如果构成欺诈，属于什么类型的欺诈？如何依法判定此类案件？

（一）对"凶宅"的理解

何为"凶宅"？"凶宅"这个名词蕴含了两个概念，是"凶事"与住宅的结合，因此"凶宅"可以用文义解释为发生过"凶事"的住宅。对"凶宅"概念的理解，不同的地区、不同的人所持有的认识是大不相同的，应该从一般人的理解来界定"凶宅"的概念。通常人们认为，"凶宅"是屋内曾发生自杀、凶杀、意外等致人非正常死亡事件的房屋。

（二）"凶宅"信息是否应当告知

择善而居，趋利避害，是一种朴素的传统习俗。人们日常生活居住的房屋，不仅是一个独立的生活空间，也是人们家庭生活的必要载体，与家庭生活的点点滴滴息息相关，因此，人们总是尽可能地择吉地而居。一个发生过非正常死亡事件的房屋，显然与这样的善良愿望相违背。尽管属于"凶宅"的房屋未必有质量问题，但基于人们趋吉避凶的善良愿望，属于"凶宅"的房屋的交换价值也一定会受到影响。人们往往会因为房屋涉及非正常死亡事件而产生心理上的忌讳不愿购买，即使购买，一般也是建立在房屋价格有相当程度优惠的基础之上。

诚实信用原则是民法的基本原则，同时，诚信也是社会主义核心价值观的要求。当事人在订立合同过程中，应当遵循诚实信用原则，如实披露与订立合同相关的重要信息，不得故意隐瞒与订立合同相关的重要事实或提供虚假信息。房屋买卖系生活中重大的事项交易，出卖人对于与房屋有关的信息，特别是可能对合同订立产生重大影响的信息应当向买受人予以披露。

房屋中曾发生非正常死亡事件，虽然并不影响房屋的实际使用，但对于普通民众而言，该情形会对居住人的心理产生重大影响，按照民间风俗属于影响买受方购买意愿的重要信息，足以对买受方作出是否购买房屋的真实意思造成影响。因此，虽然法律法规没有明确规定在此类房屋交易中出卖方应当履行告知义务，但依据诚实信用原则和传统风俗，出卖方具有将非正常死亡事件向购房人如实披露、告知的义务。

（三）未如实告知"凶宅"信息是否构成民法上的欺诈

《最高人民法院关于适用〈中华人民共和国民法典〉总则编若干问题的解释》第二十一条规定："故意告知虚假情况，或者负有告知义务的人故意隐瞒真实情况，致使当事人基于错误认识作出意思表示的，人民法院可以认定为民法典第一百四十八条、第一百四十九条规定的欺诈。"

欺诈的构成要件包括：欺诈人有欺诈的故意、欺诈人在客观上有欺诈行为、受欺诈人因被欺诈而陷入错误和受欺诈人因被欺诈而作出意思表示。

对欺诈人来说，一是欺诈人主观上具有欺诈故意，即行为人明知自己的行为会使对方陷入错误认识，并且希望或放任这种结果发生的一种心理状态。欺诈人有使对方陷入错误并因此错误而为相应的意思表示的意图，包括有使受欺诈人陷于错误的故意，以及使受欺诈人依其错误而为一定的意思表示的故意。二是欺诈人实施了欺诈行为，包括作为的故意告知虚假情况，以及不作为的故意隐瞒真实情况两种方式。

对被欺诈人来说，一是被欺诈人因欺诈而产生错误认识。被欺诈人的错误非因自己疏忽大意，而是欺诈人的欺诈所致。二是被欺诈人因错误而为意思表示。意思表示是一种行为，是表意人将心理状态表示于外部的行为。错误与意思表示之间应有因果关系。也就是说，没有错误，受欺诈人就不会作出错误的意思表示。如果受欺诈人因欺诈而陷入错误，但未作出意思表示，则不构成欺诈。

本案中，对被告（反诉原告）徐某、潘某娟来说，购房是件大事，原告（反诉被告）陶某城、杨某艳应当如实披露与房屋有关的信息。原告之子在涉案房屋居住期间坠楼身亡，属于非正常死亡，尽管该事实客观上未对房屋的实际使用产生影响，但会给购房者带来负面的心理感受，构成房屋的重大瑕疵，属于与房屋买卖合同订立有关的重大事项，应当向买受方如实披露。原告陶某城、杨某艳在与被告徐某、潘某娟签订《房屋买卖合同》时没有如实披露该事实，违背了诚实信用原则和公序良俗，应该认定构成欺诈行为。

那么，本案中的欺诈属于哪种类型呢？原告（反诉被告）陶某城、杨某艳对发生非正常死亡导致的房屋重大瑕疵具有告知被告（反诉原告）徐某、潘某娟的义务，但其故意不告知，致使对方形成错误的认识，并基于此作出了错误的意思表示，按照表现形式原告（反诉被告）属于消极欺诈。本案当事人是买卖房屋双方，本案所涉民事法律行为属于《民法典》第一百四十八条规定的"一方以欺诈手段，使对方在违背真实意思的情况下实施的民事法律行为"。

（四）法律对"凶宅"买卖案中欺诈的规制

《民法典》第一百四十八条规定："一方以欺诈手段，使对方在违背真实意思的情况下实施的民事法律行为，受欺诈方有权请求人民法院或者仲裁机构予以撤销。"根据这条规定，欺诈人为当事人一方时，因受欺诈而作出意思表示的人可以撤销其意思表示，受欺诈人在违背真实意思的情况下实施的民事法律行为可以申请撤销。

本案中原告（反诉被告）陶某城、杨某艳以欺诈手段，使被告（反诉原告）徐某、潘某娟在违背真实意思的情况下签订了房屋买卖合同，被告

（反诉原告）徐某、潘某娟有权请求人民法院撤销房屋买卖合同。最终，湖北省黄冈市黄州区人民法院依照《民法典》第一百四十八条、第一百五十三条第二款、第一百五十七条的规定，作出了如下判决：（1）撤销原告（反诉被告）陶某城、杨某艳与被告（反诉原告）徐某、潘某娟于 2022 年 6 月 23 日签订的房屋买卖合同；（2）原告（反诉被告）陶某城、杨某艳于本判决生效之日起十五日内返还被告（反诉原告）徐某、潘某娟购房款 26 万元；（3）该房屋两次过户所产生的所有费用（包括但不限于中介费、契税、印花税、增值税、个人所得税等）由被告（反诉原告）徐某、潘某娟承担（徐某、潘某娟已缴清第一次房屋过户产生的所有费用，第二次房屋过户产生的所有费用凭票据据实结算）；（4）驳回原告（反诉被告）陶某城、杨某艳的诉讼请求；（5）驳回被告（反诉原告）徐某、潘某娟的其他诉讼请求。

四、课程思政解读

本案中，原告陶某城、杨某艳在与被告徐某、潘某娟签订房屋买卖合同时，没有如实向购房人即被告披露房屋存在原告之子在涉案房屋居住期间非正常死亡的重大瑕疵，违背了社会主义核心价值观的诚信准则，以及《民法典》的诚实信用原则、公序良俗原则和自愿原则，构成欺诈。

诚信即诚实守信，是人类社会传承千百年的道德传统，它强调诚实劳动、信守承诺、诚恳待人。诚信是社会主义核心价值观的基本要素，是个人精神层面的价值准则。诚信是人类社会的基本道德规范，不仅是市场经济运行的基本道德原则，也是公民基本的道德规范。诚信可以立身，可以安家，可以兴业，可以正风气。诚信是每个人的立身之本，也是为人处世最重要的德行。诚信，从小处着眼，是一个人的道德品质，是人之为人的根本，人无信不立。因此，我们要将"诚信"二字内化于心，外化于行，切实践行社会主义核心价值观。

《民法典》第七条规定："民事主体从事民事活动，应当遵循诚信原则，秉持诚实，恪守承诺。"本条是关于诚信原则即诚实信用原则的规定，是社会主义核心价值观在《民法典》中的重要体现。诚实信用原则作为民法最重要的基本原则，被称为民法中的"帝王规则"。诚实信用原则要求民事主体在从事民事活动时，无论是行使民事权利、履行民事义务，还是承担民事责任，都应该诚实待人，信守承诺。具体而言，民事主体应当从以下几个方面遵循诚实信用原则：民事主体在开展民事活动时即应当讲诚信，如实告知交易方相关信息，表里如一，不弄虚作假；民事主体在与他人建立民事法律关系后，应当信守诺言、恪守信用，按照自己作出的承诺行使权利、履行义务，言而有信；民事主体应当本着善意原则，互相配合，保护对方的合理期待与信赖；民事主体应该尊重他人的合法权益，尊重社会公共利益；民事主体应当善意行使权利，不得滥用权利；民事主体不得规避法律，不得故意曲解合同条款；等等。而本案中，原告陶某城、杨某艳故意隐瞒了房屋的重大瑕疵，没有如实告知被告徐某、潘某娟相关信息，违背了社会主义核心价值观的诚信准则和民法诚实信用原则。

本案原告陶某城、杨某艳与被告徐某、潘某娟订立房屋买卖合同违反了公序良俗原则。《民法典》第八条明确规定："民事主体从事民事活动，不得违反法律，不得违背公序良俗。"风俗系指某一区域社会文化中经长期演变形成的习惯、风俗、礼节及禁忌等的总称。"趋利避害，畏死乐生"是人的本性，再加上传统文化习俗的影响，生活中人们多少会有些"忌讳"。在东方传统文化作用下，人们会对"凶宅"产生恐惧和排斥的心理。择善而居、趋利避害，是人们对美好生活的向往。虽然我国法律并没有规定房屋出卖方应披露的信息必须包括"交易房屋是否存在非正常死亡的情况"，但公众对"凶宅"有忌讳心理是普遍的传统风俗，属于公序良俗。对于民众有所避讳的"凶宅"信息，出卖方应该主动告知。本案中，原告陶某城、杨某艳之子在涉案房屋居住期间非正常死亡，按民间风俗一般人会对这间房屋产生"忌讳"，被告徐某、潘某娟按民间习俗认为涉案房屋就是"凶宅"乃人之常情，而原告故意隐瞒"凶宅"信息向被告出售房屋的行为违背了公序良俗原则。

本案原告陶某城、杨某艳与被告徐某、潘某娟订立房屋买卖合同违反了自愿原则。《民法典》第五条规定："民事主体从事民事活动，应当遵循自愿原则，按照自己的意思设立、变更、终止民事法律关系。"自愿原则，在传统民法理论中多称意思自治原则，是指在法律允许的范围内，作出的表达和判断是自主自由的。如果压制对方的意思自由，诱导或迫使对方作出选择，这种情况下个人的表达或选择和个人的真实意愿不符，违反了自愿原则。法律应保障缔约当事人的意思决定自由，以使缔约当事人能基于其自由判断，作出自主决定及意思表示。

充分完整的缔约信息是缔约当事人享有意思决定自由的基础。在缔结合同过程中，缔约当事人之间如果对于会对合同的缔结或者内容产生重大影响的信息掌握出现明显差距时，会造成所谓"结构上不平等的谈判力量，使缔约当事人在事实上无法形成自由的决定，或者判断能力上发生障碍"①。告知义务有利于重塑缔约当事人间的缔约实力对等关系，从而有利于保障信息弱势方的意思决定自由，并促进自主决定及私法自治的实现。本案中，房屋内发生过非正常死亡事件属于缔约过程中的重要信息，"凶宅"信息足以对买受人是否作出购买此房屋的意思表示产生实质性影响。被告徐某、潘某娟如果知道标的房屋系"凶宅"，就不会选择与原告陶某城、杨某艳订立合同，或者至少不会以正常市场价格订立合同。在原告未告知"凶宅"信息的情况下，被告信赖标的房屋非为"凶宅"而决定同原告订立房屋买卖合同，是违背其真实意思的，从而损及其意思决定自由，违背了自愿原则。

五、问题拓展讨论

1. 何为欺诈？欺诈的构成要件有哪些？欺诈的法律效力如何确定？研究欺诈有何理论意义和现实意义？

2. 欺诈与错误、胁迫、侵权有何区别和联系？

3. 关于"凶宅"信息卖方有无主动告知的义务？如果卖方不主动告知，是否构成民法上的欺诈？司法实践对此是如何规制的？

六、阅读文献推荐

1. 《民法学》编写组：《民法学：上、下册》（第二版），高等教育出版社，2022 年。

2. 王利明：《民法总则》（第二版），中国人民大学出版社，2020 年。

3. 梁慧星：《民法总论》（第六版），法律出版社，2021 年。

4. 郑云瑞：《民法总论》（第八版），北京大学出版社，2018 年。

5. 王泽鉴：《民法总则》，北京大学出版社，2009 年。

6. 王泽鉴：《民法学说与判例研究》（第 1-8 册），北京大学出版社，2009 年。

---

① 梁慧星. 民商法论丛第 31 卷 [M]. 北京：法律出版社，2004：529.

7. 梁慧星：《民商法论丛》（第 1-72 卷），法律出版社、社会科学文献出版社，1994—2022 年。

8. 周枏：《罗马法原论》（上、下册），商务印书馆，2014 年。

9. ［德］卡尔·拉伦茨：《德国民法通论》，王晓晔、邵建东、程建英等译，法律出版社，2013 年。

10. ［德］迪特尔·梅迪库斯：《德国民法总论》，邵建东译，法律出版社，2013 年。

11. 黄薇：《中华人民共和国民法典总则编解读》，中国法制出版社，2020 年。

12. 许德风：《欺诈的民法规制》，《政法论坛》，2020 年第 2 期。

13. 郝廷婷：《出卖方故意隐瞒"凶宅"信息构成欺诈》，《人民司法（案例）》，2018 年第 29 期。

重大误解

案例 4：江某与常产公司、东方公司、江苏银行常州分行
房屋买卖纠纷案

! 一、知识点提要

（一）重大误解的含义

民事法律行为的核心是意思表示，意思表示分为内心意思和表示行为两个方面。通常情况下表示行为与内心意思是相符的，但是也存在内心意思和表示行为不一致的情况，这就产生了意思表示错误。国外法律规定了意思表示错误制度，我国法律针对意思表示错误规定了重大误解制度。

因重大误解而作出的民事法律行为指当事人在作出意思表示时，对涉及法律行为和法律后果的重要事项存在认识上的显著缺陷，并在此基础上实施的法律行为。当事人因自己的过错对合同的内容等发生误解而订立了合同，会直接影响到当事人的权利和义务。误解既可以是单方面的误解，也可以是多方面的误解。误解须符合一定条件才能构成并产生使合同撤销的法律后果。

大多数学者和法律从业者认为我国重大误解制度源于国外法中的意思表示错误制度，但对两者又有着不同的见解。国家重大人才工程项目人崔建远认为重大误解制度与错误制度内涵相同，均指表意人由于误认或不知，使得意思表示与其真意不一致①；华东政法大学法律学院教授杨代雄主张将重大

---

① 崔健远. 合同法总论：上卷 [M]. 2 版. 北京：法律出版社，2011：113.

误解改为错误，因为"误解"一词无法涵盖"表达错误"，表达错误纯粹为技术上的失误，而不是心中对某个事物的理解错误①；中国社会科学院学部委员梁慧星指出重大误解制度旨在维护合同双方利益平衡，重大误解概念经司法解释后已被法律从业者理解与掌握，在司法实践运用中并未出现不当，故可继续使用②；国家重大人才工程项目人张新宝则将重大误解理解为当事人作出错误意思表示的原因，即行为人对于与民事法律行为有关的重大事项产生错误认识，并基于该错误认识作出与自己的真实意思不一致的表示行为之情形③。

（二）重大误解的构成要件

构成重大误解必须具备以下几个要件：

1. 表意人对民事法律行为主要内容发生了重大误解

重大误解民事法律行为一方或双方当事人必须对其主给付义务产生根本性的认识错误，并导致民事法律行为成立，才能够被司法机构救济。也就是说，行为人发生的必须是重大的误解，如果仅仅是对民事法律行为的非主要条款发生误解，并且不影响民事法律行为的目的，以及双方当事人的权利和义务，则不构成重大误解。

判断"重大性"，域外立法和学说有的采用理性人标准，有的采用相对人可识别标准，还有的则是在理性人标准之上附加相对人可识别的要求。《德国民法典》第一百一十九条第一款中的"依合理的判断"是指从"不受固执、主观情绪以及愚蠢观念的影响"的理性人标准出发来加以判断④。对于第一百一十九条第二款中有关人或物的"交易上重要的"性质，主流学说认为应从纯粹客观的角度加以判断，即法律行为所追求的典型经济目的⑤。不过有学说认为还应考虑错误方实际表示出来的内容，以防止可撤销的错误范围过宽⑥。

---

① 杨代雄. 民法总论专题 [M]. 北京：清华大学出版社，2012：189.

② 梁慧星. 中国民法典草案建议稿附理由：总则编 [M]. 法律出版社，2013：260.

③ 张新宝.《中华人民共和国民法总则》释义 [M]. 中国人民大学出版社，2017：301.

④ 汉斯·布洛克斯，沃尔东·迪特里希·瓦尔克. 德国民法总论 [M]. 张艳，译. 北京：中国人民大学出版社，2014：180-181.

⑤ 卡尔·拉伦茨. 德国民法通论：下册 [M]. 谢怀栻，等译. 北京：法律出版社，2002：519，522.

⑥ 迪特尔·梅迪库斯. 德国民法总论 [M]. 邵建东，译. 北京：法律出版社，2001：582-583.

对"重大性"的判断标准我国学术界主要有三种学说。一是错误对象与重大不利后果结合说。该学说认为应从错误的具体对象和是否对当事人造成重大不利后果两个方面来衡量错误是否具有重大性。① 二是主、客观标准说。主观方面是指如果没有错误，表意人就不会作出该意思表示或只会作出显著不同的意思表示；客观方面是指如果没有错误，相同地位的理性人不会作出该意思表示或只会作出显著不同的意思表示。② 三是客观标准说。该学说认为"重大性"错误应基于缔约的经济目的，根据交易的客观标准予以判断。③ 在我国的司法实践中，关于误解是否重大，主要从两个方面来考察：其一，误解的内容，如对标的物本质或性质的误解可构成重大误解，对合同无关紧要细节的误解不构成重大误解。其二，误解是否对当事人造成了重大不利后果。如果当事人对合同的某种要素产生误解，但不因此而产生对当事人不利的履行后果，那么这种误解也不构成重大误解。

2. 表意人因为误解作出了意思表示

重大误解必须是行为人因误解而作出意思表示，即表意人的误解与其意思表示之间有因果关系。行为人产生误解的事实应与该行为相关，其意思表示是基于误解作出的，从而导致其内心真实意思与客观事实不相符。若未对相关事实产生误解，当事人可能不会作出意思表示，或者会作出其他意思表示。

3. 误解是由误解人自己的过错造成的

误解是误解人自己的过错造成的，而不是受他人的欺骗或不正当影响造成的。这是误解和欺诈、胁迫及显失公平的主要区别之一。通常情况下，误解都是表意人的过错造成的，即表意人不注意、不谨慎造成的。误解是误解人的非故意行为，如果表意人具有故意或重大过失，则行为人无权请求撤销。重大误解制度救济的对象是因自身陷入错误认识，作出与内心真实意思不符的外部表示的表意人。如果表意人因受到第三人影响作出错误意思表示，则不属于重大误解制度救济的范畴。表意人故意作出与内心真实意思不符的意思表示，则自行承担法律后果。如果表意人在订立合同时故意保留其真实的意思，或者明知自己已经对合同发生误解但仍然与对方订立合同，则

---

① 张新宝.《中华人民共和国民法总则》释义 [M]. 北京：中国人民大学出版社，2017：302.
② 王利明. 中华人民共和国民法总则详解 [M]. 北京：中国法制出版社，2017：639.
③ 朱广新. 合同法总则研究：上册 [M]. 北京：中国人民大学出版社，2018：289.

在此情况下不存在意思表示不真实的问题，不能按重大误解处理。

（三）重大误解的类型

根据当事人发生误解的不同情况，综合考虑当事人的状况、活动性质、交易习惯等各方面的因素，重大误解主要有以下几种类型：

（1）对合同性质的误解。合同的性质往往决定了合同当事人的权利义务。在对合同性质发生误解的情况下，当事人的权利义务将发生重大变化，因此对合同性质的误解属于重大误解。例如，将买卖合同误解为赠与合同，这在根本上改变了当事人的权利义务，严重违背了当事人的初衷。

（2）对对方当事人的误解。在即时清结的合同或不具有人身性质的合同中，对对方当事人的误解一般不构成重大误解，因为合同双方的权利义务不会因具体当事人的不同而发生重大改变，不会影响到合同的效力。但是在以对方当事人信用为基础的合同中（如信托、委托、寄存、信贷等），在以某种感情或特殊身份关系为基础的合同中（如赠与、无偿借贷等），或者在以对方当事人的特定技能为基础的合同中（如演出、加工承揽等），对方当事人的身份信息已经构成合同的主要内容，对方当事人的身份意义属于重大事项，则对对方当事人的误解属于重大误解。

（3）对标的物品种的误解。对标的物品种的误解属于对合同标的本身的误解，会造成合同目的落空，使误解者遭受重大损失，因此属于重大误解。

（4）对标的物质量的误解。标的物的质量直接涉及当事人订立合同的目的或重大的利益，因此对质量发生误解构成重大误解。如将赝品当作真迹、将合金当作纯金而购入，即属于重大误解。但仅对标的物的非主要功能或效用发生误解则不属于重大误解。

（5）对标的物数量、包装、履行方式、履行地点、履行期限的误解。上述误解如果涉及当事人订立合同的目的或重大利益，应当属于重大误解。

（四）重大误解的法律效力

我国《民法典》第一百四十七条规定："基于重大误解实施的民事法律行为，行为人有权请求人民法院或者仲裁机构予以撤销。"据此，当事人因重大误解而实施的民事法律行为，发生重大误解的一方行为人有权请求人民法院或者仲裁机构予以撤销。如果行为人不行使撤销权，不请求撤销该民事法律行为，该重大误解民事法律行为仍然有效。根据《民法典》第一百五十二条规定："当事人自知道或者应当知道撤销事由之日起一年内、重大误解的当事人知道或者应当知道撤销事由之日起九十日内没有行使撤销权"的，"撤销权消灭"。

被撤销的民事法律行为自始没有法律约束力。民事法律行为被撤销后，行为人因该行为取得的财产，应当予以返还；不能返还或者没有必要返还的，应当折价补偿；有过错的一方应当赔偿对方由此所受到的损失；各方都有过错的，应当各自承担相应的责任。

二、案例介绍

申诉人（一审原告、二审被上诉人）：江某

被申诉人（一审被告、二审上诉人）：江苏省常产拍卖有限公司（以下简称常产公司）

被申诉人（一审被告、二审上诉人）：常州东方拍卖有限公司（以下简称东方公司）

被申诉人（一审被告、二审上诉人）：江苏银行股份有限公司常州分行（以下简称江苏银行常州分行）

2009 年 8 月 18 日，江苏银行常州分行与常产公司、东方公司订立委托拍卖合同，拍卖其所有的常州市北大街 17 号中亚大厦 1-4 层房屋，并提供常州鲲鹏土地及房地产评估咨询有限公司（以下简称鲲鹏公司）作出的常鲲房估（2009）第 S53 号房地产估价报告。该报告载明："本次估价对象产权证登记面积为 4852m^2（含地下层），扣除地下层及门厅、电梯、楼梯等公共部分建筑面积后，本次评估暂测建筑面积为 3514m^2，分摊土地使用权面积为 440m^2，估价对象房屋及土地实际面积待房产测绘部门及土地管理部门实际测量后确定。"

拍卖前，常产公司、东方公司在《常州日报》上刊登拍卖公告，载明该拍卖房屋建筑面积约为 3600m^2，土地使用权面积为 440.8m^2（房屋、土地面积以权威部门实测面积为准），参考价 4000 万元。在拍卖会当天，常产公司、东方公司现场向竞买人发放了《拍卖目录》《竞买须知》《特别规定》等书面材料。其中，《特别规定》第一条写明："拍卖标的 1-4 层房地产，建筑面积约 3600m^2，土地面积约 440.8m^2。"第二条前半句写明："房屋和土地面积均是暂测使用面积（不含公用面积）。"江某作为竞买人参加了拍卖会，并最终以 4560 万元的成交价拍得诉争房屋，加上佣金 136.8 万元，合计支付金额为 4696.8 万元。

此后，江某委托常州市延陵房产测绘事务所有限公司（以下简称延陵测绘公司）对拍得房屋的面积进行了测量，测量后发现该房屋实际总转让面积为 3176m²。江某遂起诉至常州市鼓楼区人民法院，要求常产公司、东方公司、江苏银行常州分行返还其因诉争房屋面积大幅缩水而产生的购房款差价及相应拍卖佣金。

常州市鼓楼区人民法院根据江某的申请，委托常州市房产测绘中心对诉争房屋面积进行检测，测绘报告结论为：常州市北大街 17 号中亚大厦 1-4 层总建筑面积 3635.88m²，1-4 层总套内建筑面积 2961.62m²。

常州市鼓楼区人民法院经审理认为，诉争房屋总建筑面积 2961.62m²，加上墙体面积 54.14m²，合计面积为 3015.76m²。与拍卖公告等资料上载明的约 3600m² 建筑面积相比，测量的误差面积差高达 584.24m²，严重超出合理范围。故江某有权要求江苏银行常州分行返还缩水部分面积的价款，并有权要求拍卖人常产公司、东方公司按照诉争房屋实际面积重新确定佣金。常州市鼓楼区人民法院据此判决：常产公司、东方公司、江苏银行常州分行向江某交付常州市北大街 17 号中亚大厦 1-4 层房屋，并协助办理该房屋的产权过户手续；江苏银行常州分行向江某返还价款 7400533 元，常产公司、东方公司向江某返还佣金 222011 元。常产公司、东方公司、江苏银行常州分行不服一审判决，向常州市中级人民法院提起上诉。

常州市中级人民法院经审理认为，所拍房屋原本不存在房屋面积的品质瑕疵，但江苏银行常州分行、常产公司、东方公司对所拍房屋面积的表述错误或其提示与实际情况有较大差异，致使该所拍房屋形成房屋面积的品质瑕疵。江某可以要求撤销该拍卖行为、返还其相关支出费用，对无法返还的费用请求赔偿，但江某没有权利在要求继续取得诉争房屋所有权的同时，又以房屋面积缺少为由要求返还相应房屋面积拍卖款及拍卖佣金。鉴于江某坚持要求取得所拍房屋的所有权，二审法院遂驳回江某要求返还差额房屋面积拍卖款及相应佣金的诉讼请求。

江某不服二审判决，向江苏省高级人民法院申请再审。江苏省高级人民法院再审时另查明：二审宣判后，诉争房屋所有权于 2011 年 10 月 28 日过户登记到江某名下，房屋所有权证载明房屋建筑面积 3628.58m²。

江苏省高级人民法院经审理认为，诉争房屋因未经房屋测绘部门、土地管理部门分割测绘，拍卖时未能确定其准确面积，构成拍卖标的之瑕疵。根据《特别规定》第二条前半句所称"房屋和土地面积均是暂测使用面积（不含公用面积）"，结合鲲鹏公司评估报告对房屋面积的描述，让竞买人理解为"面积约为3600m²"是暂测使用面积（不含公用面积），而这种理解与拍卖标的的实际使用面积约3000m²相差较大，误差超出了合理范围。因此本案拍卖人、委托人不恰当履行瑕疵说明义务，可能影响到竞买人出价，从而影响拍卖结果。但因拍卖活动的特殊性，对买受人江某造成的差价损失并非简单根据房屋面积就能直接测算确定，而应通过撤销该拍卖结果，及时重新拍卖确定成交价格后才能确定最终拍卖成交价的差价。鉴于江某在一、二审中坚持要求取得房屋所有权，其主张直接按照所拍房屋使用面积差价返还拍卖款及佣金的诉讼请求不符合《中华人民共和国拍卖法》（以下简称《拍卖法》）和《合同法》的有关规定，对其他竞买人不公，不应得到支持。江苏省高级人民法院最终裁定：维持江苏省常州市中级人民法院（2010）常民终字第1356号民事判决。

三、案例分析

本案争议焦点为：拍卖合同中拍卖人、委托人不恰当履行瑕疵说明义务致使买受人造成损失是否构成重大误解，以及如果构成重大误解，当事人一方是否只能要求撤销该拍卖合同，而不能变更拍卖合同。

（一）原告主张的事实是否构成重大误解

结合重大误解的构成要件，分析本案原告主张的事实是否构成重大误解。

（1）重大误解必须是行为人因误解而作出意思表示。重大误解的构成要以意思表示的存在为前提，且意思表示是基于误解而作出的。即表意人的误解与其意思表示之间具有因果关系。如未对相关事实产生误解，当事人可能不会作出意思表示，或者作出其他的意思表示。这些相关事实包括行为的性质、对方当事人，或者标的物的品种、质量、规格、价格、数量等。本案中，原告江某根据常产公司、东方公司刊登在《常州日报》上的拍卖公告而参与竞买，但由于对《特别规定》第二条前半句中称"房屋和土地面积均为暂测使用面积（不含公用面积）"产生误解，最终以4560万元的成交价拍得诉争房屋，这种对房屋面积的误解与最终意思表示之间构成因果关系。

（2）行为人对民事法律行为主要内容发生了重大误解。根据我国法律规定，行为人对行为的性质、对方当事人，或者标的物的品种、质量、规格、价格、数量等产生错误认识，按照通常理解如果不发生该错误认识，行为人就不会作出相应意思表示的，人民法院可以认定为重大误解。如果错误认识发生在意思表示的主要构成内容上，并且错误认识与意思表示之间有因果关系，这种因果关系指的是一个通情达理的人没有产生错误认识就不会作出意思表示，即构成重大误解。在本案中，具有资质的权威房产测绘部门常州市测绘中心检测诉争房屋的总建筑面积为 2961.62m^2，加上墙体面积 54.14m^2，合计面积 3015.76m^2，与《拍卖目录》等资料上载明的约 3600m^2 的内容相比较，面积误差高达 584.24m^2，超出了合理范围。房屋面积是拍卖合同的主要内容，如此大的误差构成重大误解。

（3）重大误解是表意人自己的过错造成的，即其不注意、不谨慎造成的，而不是受他人的欺骗或本人故意造成的。在重大误解和欺诈的情况下，都存在着表意人的认识错误问题，合同履行的结果通常违背了表意人的真实意思而给表意人造成损失。但是，重大误解和欺诈存在着明显的区别。在重大误解的情况下，误解一方陷入错误认识是自己的过失造成的，并非欺诈的结果。在欺诈的情况下，受欺诈的一方陷入错误认识并不是自己的过失造成的，而是欺诈行为造成的。此外，重大误解应是表意人的非故意行为，如果表意人是故意的，则不构成重大误解。本案中，拍卖标的物存在面积品质瑕疵，这种瑕疵仅通过对拍卖标的物的外在观察往往难以发现，必须经权威认证机构出具相关测评结果才能发现。不能因为原告江某具有房地产从业的背景，就理所当然地推断其肯定不受《特别规定》第二条对所拍房屋面积表述的影响。因此，原告江某不存在主观故意或重大过失的行为。同样，也无证据表明委托人和拍卖人存在欺诈的情况。

综上所述，应当认定该拍卖合同存在重大误解。

（二）拍卖合同中如构成重大误解，是否只能要求撤销而不能变更

在《民法典》颁布之前，《民法通则》第五十九条规定，行为人对行为内容有重大误解的，一方有权请求人民法院或者仲裁机关予以变更或者撤销。《合同法》第五十四条规定，因重大误解订立的合同，当事人一方有权请求人民法院或者仲裁机构变更或者撤销。而《民法典》第一百四十七条规

定:"基于重大误解实施的民事法律行为,行为人有权请求人民法院或者仲裁机构予以撤销。"《最高人民法院关于适用〈中华人民共和国民法典〉总则编若干问题的解释》第十九条规定:"行为人对行为的性质、对方当事人或者标的物的品种、质量、规格、价格、数量等产生错误认识,按照通常理解如果不发生该错误认识行为人就不会作出相应意思表示的,人民法院可以认定为民法典第一百四十七条规定的重大误解。"行为人能够证明自己实施民事法律行为时存在重大误解,并请求撤销该民事法律行为的,人民法院依法予以支持;但是,根据交易习惯等认定行为人无权请求撤销的除外。具体到本案,按照现行法律规定,该拍卖合同因构成重大误解,当事人只能要求撤销拍卖合同而不能变更拍卖合同。而本案是在《民法典》颁布之前审结的,如果适用当时的法律规定是否也只能要求撤销拍卖合同而不能变更拍卖合同呢?

与一般的买卖合同相比,拍卖具有以下特殊性[①]:首先,拍卖是通过公开竞价从参与竞拍的不特定应价者中确定买方的,而一般买卖合同的买方和卖方是特定的。其次,拍卖是一种特殊的买卖方式,具有较大的风险,须遵守一定的交易规则和程序,而一般买卖合同的订立只需当事人之间达成意思一致即可。再其次,被拍卖的物品或财产权利的价值在竞拍成交之前并不完全确定,拍卖的物品或者财产权利的成交价值是竞拍者的最终出价而非拍卖物的固有价值,而一般买卖合同标的物或者财产权利是明码标价或者可以明确的。最后,在委托拍卖的场合,买卖是通过拍卖人的中介作用实现的,而一般买卖合同可以由当事人双方自行订立,无须中介机构或其他个人介入。

由此可见,拍卖是一种特殊的买卖行为,是以公开竞价的形式,将特定物品或者财产权利转让给最高应价者的买卖方式。在本案中,江某可以对合同内容存在重大误解为由申请法院或仲裁机构撤销该拍卖成交确认书,但不能据此请求变更拍卖合同,理由如下:

其一,拍卖标的的成交价并非其自身的实际价值,而是通过众多竞买人共同参与、公开竞价的方式给出的最高竞价得出的。如果允许变更成交价格,则对其他竞买人有失公平,有违拍卖活动所遵循的公平公正、诚实信用的原则。

其二,所有参与拍卖的竞买人对拍卖标的物的认识并非一致。在本案中

---

① 刘欣. 拍卖合同中重大误解的判定 [J]. 人民司法, 2014 (2): 47-50.

原告江某可以称发生重大误解，但不排除有竞买人并未对房屋的实际面积产生误解，也不排除有竞买人愿意在接受该拍卖房屋的面积瑕疵的基础上参与竞拍。因对拍卖合同发生重大误解便可对其予以变更，主张委托人、拍卖人返还因拍卖房屋面积不足而产生的相应拍卖款和拍卖佣金，虽然能让竞买人得到因重大误解而遭受的损失的补偿，但会影响其他竞买人成为买方的可能，最终损害委托人及其他竞买人的合法权益。

因此，无论是基于拍卖合同的特殊性，还是《民法典》的规定，当事人只能以重大误解为由向人民法院或仲裁机构申请撤销该拍卖合同。拍卖合同被撤销后，委托人、拍卖人可对拍卖房屋进行重新拍卖，江某可选择继续参加重新进行的拍卖活动公平参与竞拍，这样既可以使江某的合法权益免于因重大误解而可能遭受的损失风险，又可以保障委托人、其他竞买人的合法权益。而当事人以重大误解为由要求变更拍卖合同的，人民法院应当裁决不予支持。

四、课程思政解读

重大误解制度的设立，基于民法的意思自治原则、诚实信用原则和公平原则。

意思自治原则是现代民法的基石。意思自治的核心是当事人的自治，是自由实现的主要法律形式。意思自治原则是指各个主体根据其意志自主形成法律关系的原则。换言之，只要在法律秩序的框架内，意思自治行为（设立、变更、终止民事法律关系）形成的法律关系除了要基于当事人的意愿以外无须其他理由。在多种原因导致一方当事人意思表示存在瑕疵的情况下成立的合同，无论是大陆法系还是英美法系，均倾向于对其进行必要的矫正，以最大程度地确保民事主体的意思自治。《民法典》第五条规定："民事主体从事民事活动，应当遵循自愿原则，按照自己的意思设立、变更、终止民事法律关系。"自愿原则是意思自治的集中体现。意思自治以真实意思表示为实现法律效力的前提，民事主体非出于真实意愿的意思表示，比如在受欺诈、胁迫或者重大误解的情况下作出的并非本人真实意思表示的行为，则损害了民事主体按照自己的意思设立民事法律关系的自由，违反了意思自治原则，其法律效力存在瑕疵。《民法典》第一百四十七条规定的重大误解制度，为因自己造成但并非出于故意的意思表示提供了救济的机会。本案中，原告江某对拍卖的相关内容产生重大误解，从而作出有悖其真实意愿的意思表示，最终拍得诉争房屋，这种情况属于意思表示的不自由，违背了意思自治原则，应该得到允许行使撤销权的法律救济。当然，如果法院同意江某变更成交价，又是对其他竞买人意思自治的不公平，应撤销该拍卖结果，重新进行拍卖。

诚实信用原则是民法的基本原则。《民法典》第七条规定："民事主体从事民事活动，应当遵循诚信原则，秉持诚实，恪守承诺。"本案中，原告江某通过相关测绘机构对竞买房屋进行重新测量，才发现该房屋的实际面积与被告在《拍卖目录》等资料中载明的房屋面积严重不符。二审法院认为，诉争房屋本不存在房屋面积的品质瑕疵，但由于拍卖人、委托人对诉争房屋面积的表述发生错误，或者拍卖人的提示与实际情况有着较大的差异，致使诉争房屋存在面积品质瑕疵。再审法院经审理认为，诉争房屋因未经房屋测绘部门、土地管理部门分割测绘，拍卖时未能确定其准确面积，此为拍卖标的之瑕疵。委托人、拍卖人对该所拍卖房屋的错误表述是该瑕疵产生的主要原因。拍卖人在拍卖前提供的《拍卖目录》等书面资料中载明，所拍卖房屋建筑面积约为 $3600m^2$，其虽在《特别规定》的第二条中写明了所拍卖房屋面积为暂测面积，但其在拍卖过程中并未向竞买人强调并解释说明"$3600m^2$ 为暂测使用面积"。《拍卖法》第十八条规定："拍卖人有权要求委托人说明拍卖标的的来源和瑕疵。"拍卖人应当向竞买人说明拍卖标的的瑕疵。由于竞买人大多不具备相应的房地产从业背景，拍卖人仅在提供的拍卖资料中载明"$3600m^2$ 为暂测使用面积"，并不能视为已尽到对拍卖标的瑕疵的告知义务[1]。拍卖人未尽到对拍卖标的瑕疵的告知义务，违背了诚实信用原则。

公正即公平和正义，它以人的解放、人的自由平等权利的获得为前提，是国家、社会应然的根本价值理念。公正是人类文明进步的重要标准，是人类社会秩序的价值规范。把公正作为社会主义核心价值观在社会层面的价值取向之一，是社会主义的内在要求，是社会主义制度优越性的集中体现，是中国特色社会主义的核心价值追求。公平是公正的必要条件之一。公平分为相对公平和绝对公平。相对公平即法律上的公平，而绝对公平即价值追求的公平。公平不仅指社会制度及规则公平、收入分配公平，也包括人与人、人与社会之间利益关系的平衡。《民法典》第六条规定："民事主体从事民事

---

[1] 罗希. 违反拍卖标的瑕疵告知义务的法律效果 [J]. 法制与社会, 2019 (15): 72-73.

活动，应当遵循公平原则，合理确定各方的权利和义务。"公平原则是民法的一项基本原则，体现了民法促进社会公平正义的基本价值，对规范民事主体的行为发挥着重要作用。公平原则要求当事人在民事活动中应以社会正义、公平观念指导自己的行为、平衡各方的利益，用社会正义、公平观念来处理当事人之间的纠纷。公平原则的核心是民事主体从事民事活动时要秉持公平理念，公正、公允、合理地确定各方的权利和义务，并依法承担相应的民事责任。具体来说，民事主体享有均等的机会参与民事活动，实现自己的利益。同时，民事主体的权利和义务对等，既不能只享有权利而不承担义务，也不能只承担义务而不享有权利。公平原则旨在实现民事主体在民事活动中利益分配的均衡。判断民事活动是否违背公平原则，主要看该民事活动是否会导致当事人之间的利益失衡，除非当事人自愿接受，否则法律就应当作出适当调整。本案中，诉争房屋总建筑面积合计 3015.76m²，与《拍卖目录》等资料上载明的面积约 3600m² 的内容相比较，误差高达 584.24m²，超出正常合理范围。原告根据拍卖公告所述内容而作出参与竞买的意思表示，并拍得诉争房屋，但对《特别规定》第二条前半句中称"房屋和土地面积均为暂测使用面积（不含公用面积）"产生重大误解，致使其利益遭受巨大损失，违背了公平原则。撤销该拍卖结果，是对原告公平的法律救济。

五、问题拓展讨论

1. 何为重大误解？重大误解的构成要件有哪些？重大误解的法律效力如何确定？研究重大误解有何理论价值和现实意义？

2. 重大误解与欺诈、胁迫、侵权有什么区别与联系？

3. 司法实践是如何规制因重大误解而撤销拍卖合同的？

六、阅读文献推荐

1.《民法学》编写组：《民法学：上、下册》（第二版），高等教育出版社，2022 年。

2. 王利明：《民法总则》（第二版），中国人民大学出版社，2020 年。

3. 梁慧星：《民法总论》（第六版），法律出版社，2021 年。

4. 郑云瑞：《民法总论》（第八版），北京大学出版社，2018 年。

5. 王泽鉴：《民法总则》，北京大学出版社，2009 年。

6. 王泽鉴：《民法学说与判例研究》（第 1-8 册），北京大学出版社，2009 年。

7. 梁慧星：《民商法论丛》（第 1-72 卷），法律出版社、社会科学文献出版社，1994—2022 年。

8. 周枏：《罗马法原论》（上、下册），商务印书馆，2014 年。

9. ［德］卡尔·拉伦茨：《德国民法通论》，王晓晔、邵建东、程建英等译，法律出版社，2013 年。

10. 刘欣：《拍卖合同中重大误解的判定》，《人民司法》，2014 年第 2 期。

11. 武腾：《民法典编纂背景下重大误解的规范构造》，《当代法学》，2019 年第 1 期。

12. 罗希：《违反拍卖标的瑕疵告知义务的法律效果》，《法制与社会》，2019 年第 15 期。

民事责任与诉讼时效

案例 5：陈某华等 23 名投资人诉大庆联谊公司、
申银证券公司虚假陈述侵权赔偿纠纷案

! 一、知识点提要

本案例主要讲解的知识要点：一是民事责任概念和特征、民事责任的分类、民事责任承担方式；二是诉讼时效的概念、诉讼时效的类型、诉讼时效的效力。

（一）民事责任

《民法典》第一百七十六条规定："民事主体依照法律规定或者按照当事人约定，履行民事义务，承担民事责任。"也就是说，民事责任是指民事主体违反民事义务依法应承担的民事法律后果。民事责任具有以下特征：

第一，民事责任是违反民事义务的法律后果。民事义务具有法律上的约束力，其体现为义务人不履行义务而承担民事责任的法律现象。当民事义务主体违反民事义务致使他人的合法民事权益受到侵害时，就会产生民事责任。所以在民事审判实务中，界定民事义务和认定违反义务的事实，通常是确定民事责任的前提。

第二，民事责任具有补偿性。民事责任的主要功能就是通过强制义务主体履行义务，使权利主体的权利恢复到被侵害前的状态，补偿受害人所受到的损失，从而使失衡的关系恢复到应有的平等状态。

第三，民事责任具有强制性。民事纠纷中是否追究义务人的民事责任一般取决于权利人的意愿，即"不告不理"。当权利人主张权利，而违反义务的当事人不能自觉承担民事责任时，国家机关可以通过法定程序强制义务人承担责任。

第四，责任的承担以财产责任为主。承担方式是指法律强制民事主体承担民事责任的具体措施。在司法实践中，赔偿损失是《民法典》第一百七十九条第一款规定的十一种民事责任承担方式中最常用的民事责任承担方式。

在所有的民事纠纷中，最终的落脚点就是明确民事主体的民事责任。民事责任可以从不同角度进行划分。

1. 侵权责任与违约责任

侵权责任是指义务主体违反法定义务损害他人权利所应承担的民事责任。违约责任是指义务主体不履行合同约定义务所应承担的民事责任。违约责任的发生以合同关系的存在为前提，侵权责任则不以合同关系的存在为必要条件。在民事责任竞合即同一行为既构成违约责任又构成侵权责任的情形下，受害人有权请求对方承担其中一种责任。

2. 过错责任、无过错责任与公平责任

过错责任是以过错为责任要件的民事责任。以"无过错即无责任"为原则，即根据行为人对他人造成损害时是否有过错来决定其是否需要承担责任。当代民法采用以"注意义务"为核心概念的过错判断方法和过错推定方法，形成了过错标准客观化现象。

无过错责任是指不以过错为要件的民事责任，即在法律特别规定的情形下，只要对他人造成损害，行为人或对致害原因负有责任的人不论有无过错均应承担的特殊侵权责任。但是，为了公平分担风险，法律规定无过错责任可以因受害人或第三人的重大过错而免除或减轻。如此规定有助于促使事件的参与各方在有机会和能力避免事故的发生或损失扩大的情况下尽到自己的注意义务。

公平责任是指在侵权损害赔偿中，当受害人和行为人对损害的发生均无过错时，依法律规定由双方分担损失的情形。公平责任是特殊情况下法律规定的损失分配方法，而不是一种归责原则。如《民法典》第一百八十二条、第一百八十三条、第一千一百八十八条、第一千一百九十条都是关于公平责任的规定。

3. 财产责任与非财产责任

财产责任是指以一定的财产给付为内容，由责任人承担财产上的不利后果而补偿受害方所遭受损失的民事责任，如返还受害方财产、恢复原状、赔偿损失、支付违约金等。非财产损失是指责任人为补偿受害方的非财产利益损失而承担的不以财产给付为内容的民事责任，如停止侵害、排除妨碍、消除危险、赔礼道歉、恢复名誉等。民法上有同质补偿原则，因此在不同的民事纠纷案件中，依据《民法典》第一百七十九条第三款规定"本条规定的承担民事责任的方式，可以单独适用，也可以合并适用"，所以应根据案情性质和诉求内容适用不同类型的承担民事责任的（组合）方式。

4. 单独责任与共同责任

单独责任是由一个民事主体独立承担的民事责任；共同责任是两个以上民事主体共同实施违法行为，从而共同对所致损害承担的民事责任。

5. 按份责任与连带责任

按份责任是指共同责任人各自按自己的份额承担的责任，各责任人之间无连带关系；连带责任是指共同责任人中的任何一人均有义务就共同责任向权利主体承担全部的民事责任，即权利人有权请求部分连带责任人承担全部的民事责任。只有在法律有特别规定或当事人有特别约定时，共同责任人才承担连带责任。

民事责任的承担方式，是指行为人要承担法律上不利后果的方式，或者说是民事责任的具体表现。《民法典》第一百七十九条第一款规定了十一种民事责任承担方式，同时第二款规定了惩罚性赔偿。司法实践中常见的民事责任承担方式有：① 停止侵害；② 排除妨碍；③ 消除危险；④ 返还财产；⑤ 恢复原状；⑥ 修理、重作、更换；⑦ 继续履行；⑧ 赔偿损失；⑨ 支付违约金；⑩ 消除影响、恢复名誉；⑪ 赔礼道歉；⑫ 惩罚性赔偿。

（二）诉讼时效

首先，诉讼时效是指权利人在法定期间内行使请求法院保护其权利的请求权，义务人即有权提出拒绝履行抗辩的时效。我们应深刻理解诉讼时效的意义，重点把握诉讼时效的法定性特征：在诉讼时效中，诉讼时效期间不是当事人约定的期限，而是由法律直接规定的期限，权利人只能在法定期间内请求法院保护其民事权利；超过该期限的，当事人民事权利的法律效力就会受到一定的影响。① 常用的诉讼时效依法定划分为以下两种：一是普通诉讼

---

① 各国对于超过诉讼时效期间的法律效果均有不同规定，有抗辩发生说、实体权消灭说、胜诉权消灭说等立法例。

时效，是指由民事基本法规定的普遍适用于应当适用时效的各种法律关系的时效。《民法典》第一百八十八条第一款规定，普通诉讼时效期间为 3 年。此诉讼时效可适用诉讼时效中止、中断的规定，但不适用诉讼时效延长的规定。二是特别诉讼时效，是指民事基本法或特别法针对某些民事法律关系规定的时效。在我国现行民事立法中，特别诉讼时效的规定常散见于民事单行法中。依据《民法典》第十一条规定，特别法的规定应当优先适用，故特别法上的特殊诉讼时效规则亦应优先适用。

其次，在诉讼时效的适用范围上，其一，诉讼时效主要适用于债权请求权。依据《民法典》第一百八十八条第一款和第一百九十六条规定，债权的请求权包括合同之债、侵权之债、无因管理之债、不当得利之债。其二，不适用诉讼时效的请求权。依据《民法典》第一百九十六条规定："下列请求权不适用诉讼时效的规定：（一）请求停止侵害、排除妨碍、消除危险；（二）不动产物权和登记的动产物权的权利人请求返还财产；（三）请求支付抚养费、赡养费或者扶养费；（四）依法不适用诉讼时效的其他请求权。"其三，诉讼时效期间的计算。《民法典》第一百八十八条规定："诉讼时效期间自权利人知道或者应当知道权利受到损害以及义务人之日起计算。"具体而言，第一，权利必须在客观上遭受侵害；第二，从权利人知道或应当知道其权利遭受侵害之时起计算；第三，权利人知道或应当知道其权利遭受侵害还应当包括知道具体的义务人。

最后，诉讼时效的效力的意义。第一，诉讼时效期间届满的后果，《民法典》第一百九十二条规定："诉讼时效期间届满的，义务人可以提出不履行义务的抗辩。诉讼时效期间届满后，义务人同意履行的，不得以诉讼时效期间届满为由抗辩；义务人已经自愿履行的，不得请求返还。"对义务人而言，在时效届满后，其享有拒绝履行的抗辩权；对于权利人而言，时效届满后，权利人的实体权利和诉求均不消灭，权利人仍可以基于程序意义上的诉权向法院提起诉讼，只要符合起诉的条件，法院应当受理，而不得直接以时效期间届满为由驳回起诉或不予受理。第二，法院不得主动适用诉讼时效的规定。《民法典》第一百九十三条规定："人民法院不得主动适用诉讼时效的规定。"这既是《民法典》中私法自治原则的要求，又是司法裁判机关在私法领域中立的体现。

《民法典》第一百九十三条规定了职权禁用规则，即在当事人未主张时效事项的情形下，法院不得主动依职权适用时效规定。第一百九十三条"职权禁用规则"与第一百九十二条"抗辩权发生主义"实为同一规则依不同角度所作规定，因为既然时效届满仅直接产生抗辩权，则该抗辩权当然只能由当事人享有和行使，法院无权援引。

 **二、案例介绍**

（一）基本案情介绍

陈某华等 23 名投资人诉称：被告大庆联谊公司和被告申银证券公司因在证券市场实施虚假陈述行为，已经受到中国证券监督管理委员会（以下简称中国证监会）的处罚。大庆联谊公司于 1999 年 4 月 20 日发布的董事会公告中对其虚假陈述的事实不予否认。二被告的虚假陈述行为使原告在投资大庆联谊公司股票中遭受了损失，被告应当对给原告造成的损失承担赔偿责任。原告请求判令大庆联谊公司赔偿原告经济损失 960063.15 元，申银证券公司对此承担连带赔偿责任；由两被告承担本案诉讼费和诉讼成本费。

原告提交以下主要证据：（1）身份证明，用以证明 23 名原告的诉讼主体资格合法；（2）1997 年 4 月 26 日《中国证券报》上刊登的大庆联谊公司《招股说明书》、1997 年 5 月 20 日《证券时报》上刊登的大庆联谊公司《上市公告》、1998 年 3 月 23 日《中国证券报》上刊登的《大庆联谊公司 1997年年报》，用以证明虚假陈述事实；（3）2000 年 3 月 31 日中国证监会所作的证监罚字［2000］15、16 号《关于大庆联谊石化股份有限公司违反证券法规行为的处罚决定》《关于申银证券公司违反证券法规行为的处罚决定》（以下简称《处罚决定书》），1999 年 4 月 20 日、1999 年 11 月 26 日和 2000年 4 月 26 日大庆联谊公司发布的三次董事会公告，用以证明行政主管部门已经对二被告的虚假陈述行为进行了处罚，大庆联谊公司对其虚假陈述的事实不予否认；（4）上海证券登记结算公司黄浦代办处出具的股票交易记录单、关于原告经济损失计算方法的综合说明、经济损失计算表，用以证明原告方的经济损失和该损失的计算方法。被告的虚假陈述行为给原告投资股票造成了损失，侵犯了其民事权益，原告向黑龙江省哈尔滨市中级人民法院提起了诉讼。

被告大庆联谊公司辩称：第一，本案所涉虚假陈述行为是大庆联谊公司石化总厂以大庆联谊公司名义实施的；大庆联谊公司是在 1998 年 5 月 6 日才依法取得法人资格和营业执照的，不应对此前联谊石化总厂实施的违法行为承担民事责任。第二，中国证监会的处罚决定是于 2000 年 4 月 27 日公布的，1999 年 4 月 20 日大庆联谊公司的董事会公告，仅是对投资者进行风险提示。原告将这个日期作为大庆联谊公司虚假陈述行为的揭露日，不符合法律规定。第三，原告投资大庆联谊公司股票的交易损失，主要是系统风险及影响股价走势的多种因素所致，与大庆联谊公司被揭露的虚假陈述行为没有显而易见的因果关系。第四，原告既然主张其于 1999 年 4 月 21 日从大庆联谊公司董事会公告中知道了该公司存在虚假陈述行为，在其提起本案侵权之诉时，就超过了法律规定的两年诉讼时效期间，其诉讼请求不应得到支持。应当驳回原告的诉讼请求。

被告申银证券公司除同意被告大庆联谊公司的答辩理由外，另辩称：原告起诉的虚假陈述事实，包括《招股说明书》《上市公告》及其他所谓"侵权事实"，均系大庆联谊公司所为，依法应由实施欺诈者自行承担责任。对大庆联谊公司的虚假陈述，申银证券公司既不知晓也未参与。要求股票承销商和上市公司推荐人识别、查验和阻断这些制假造假现象，超出了申银证券公司的审核能力与义务。原告的诉讼请求应当驳回。

（二）裁判结果

本案经一、二审法院两次审理，法院一致查明：二被告发布的《招股说明书》中存在利润虚假、募集资金使用虚假等虚假信息，申银证券公司作为大庆联谊公司股票的上市推荐人和主承销商未尽到审核义务；2000 年 3 月 31 日，中国证监会以证监罚字〔2000〕15、16 号，作出《关于大庆联谊石化股份有限公司违反证券法规行为的处罚决定》和《关于申银证券公司违反证券法规行为的处罚决定》，认定大庆联谊公司有欺诈上市的行为，大庆联谊公司发布的 1997 年年报内容中存在虚假的信息；申银证券公司在为大庆联谊公司编制申报材料时，有将重大虚假信息编入申报材料的违规行为。原告陈某华等 23 人遭受的实际损失为 425388.30 元，其中 242349.00 元损失发生在大庆联谊公司实施欺诈上市虚假陈述行为期间。

哈尔滨市中级人民法院认为：本案是《中华人民共和国证券法》（以下简称《证券法》）施行前实施的证券虚假陈述行为引发的侵权纠纷，审理本案应当适用 1993 年 4 月 22 日国务院第 112 号令发布的《股票发行与交易管理暂行条例》和 2003 年 2 月 1 日起施行的《最高人民法院关于审理证券市场因虚假陈述引发的民事赔偿案件的若干规定》（以下简称《证券赔偿案件规定》）。

本案的第一点争议。《招股说明书》《上市公报》《大庆联谊公司1997年年报》都是联谊石化总厂以被告大庆联谊公司名义发布的。这些行为已被中国证监会认定为虚假陈述行为，并给予了相应的处罚，本案各方当事人对此均无异议。《证券赔偿案件规定》第二十一条规定："发起人、发行人或者上市公司对其虚假陈述给投资人造成的损失承担民事赔偿责任。"大庆联谊公司是上市公司和大庆联谊公司股票的发行人，大庆联谊公司的实际控制人联谊石化总厂以大庆联谊公司的名义发布虚假陈述，给原告陈某华等23名投资人造成损失，陈某华等人将大庆联谊公司列为本案被告，要求大庆联谊公司承担赔偿责任，并无不当。

本案的第二点争议。《证券赔偿案件规定》第十八条规定，投资人在虚假陈述实施日及以后，至揭露日或者更正日之前买入该证券，人民法院应当认定虚假陈述与损害结果之间存在因果关系。原告陈某华等23人购买了与虚假陈述直接关联的大庆联谊公司股票，并因此遭受了实际损失，法院应当认定大庆联谊公司的虚假陈述行为与陈某华等人遭受的损失之间存在因果关系。大庆联谊公司所举证据不足以否认这种因果关系，关于不存在因果关系的主张不予采纳。

本案的第三点争议。《股票管理暂行条例》第二十一条规定："证券经营机构承销股票，应当对招股说明书和其他有关宣传材料的真实性、准确性、完整性进行核查；发现含有虚假、严重误导性陈述或者重大遗漏的，不得发出要约邀请或者要约；已经发出的，应当立即停止销售活动，并采取相应的补救措施。"《证券赔偿案件规定》第二十七条规定："证券承销商、证券上市推荐人或者专业中介服务机构，知道或者应当知道发行人或者上市公司虚假陈述，而不予纠正或者不出具保留意见的，构成共同侵权，对投资人的损失承担连带责任。"据中国证监会《处罚决定书》的认定，本案存在两个虚假陈述行为，即大庆联谊公司欺诈上市虚假陈述和《1997年年报》虚假陈述。作为上市推荐人和主承销商，申银证券公司应当知晓，上市材料虚假必然对股票交易市场产生恶劣影响，因此应当对其真实性、准确性、完整性进行核查。申银证券公司未经认真审核，致使申报材料含有重大虚假信息，已经构成共同侵权，应当对投资人的损失承担连带责任。

本案的第四点争议。根据《证券赔偿案件规定》第五条的规定："投资人对虚假陈述行为人提起民事赔偿的诉讼时效期间，适用民法通则第一百三十五条的规定，根据下列不同情况分别起算：（一）中国证券监督管理委员会或其派出机构公布对虚假陈述行为人作出处罚决定之日……"中国证监会对本案所涉虚假陈述行为人作出的处罚决定于 2000 年 4 月 27 日公布。自此日起算，原告陈某华等 23 人提起本案侵权之诉时，并未超出法律规定的两年诉讼时效期间。

最终，二审法院维持一审法院的判决：

（1）被告大庆联谊公司于本判决生效之日起 10 日内赔偿原告陈某华等 23 人实际损失 425388.30 元；

（2）被告申银证券公司对上述实际损失中的 242349.00 元承担连带赔偿责任。

三、案例分析

本案通过一、二审两级法院的审理，两级法院根据双方当事人的诉求与答辩、抗辩，在调查事实的基础上均各自归纳出庭审中的争议焦点，主要有四点：第一，大庆联谊公司是否应对联谊石化总厂用其名义实施的虚假陈述行为承担民事责任。第二，原告的股票交易损失与虚假陈述行为之间是否存在因果关系。第三，申银证券公司应否对虚假陈述行为承担连带责任。第四，原告向法院主张权利是否超过诉讼时效期间。经一、二审两级法院审理裁判：本案应根据《证券赔偿案件规定》，上市公司的实际控制人以上市公司名义实施虚假陈述行为给投资人造成损失，投资人只起诉上市公司的，上市公司应当先行承担赔偿责任，然后向实际控制人追偿。证券承销商、证券上市推荐人知道或者应当知道上市公司虚假陈述而不予纠正或者不出具保留意见的，构成共同侵权，对投资人的损失承担连带责任。投资人以自己受到虚假陈述侵害为由，对虚假陈述行为人提起民事赔偿诉讼的，必须以有关机关的行政处罚决定或者人民法院的刑事裁判文书为依据。此类案件的诉讼时效，应当从有关机关的行政处罚决定或者人民法院的刑事裁判文书公布之日起算。

通过一、二审两级法院审理，一审法院清晰地归纳了该案双方的诉争焦点问题：权利人的利益是否受到损害？损害的原因是什么？导致损害的责任主体是谁？责任主体的责任大小怎么划分？权利人的合法利益是否受法律保护？对上述主要问题，一审法院在原告等人完成证明责任义务的基础上，查明了案件的法律事实，分析认定了双方当事人行为之间的因果关系，准确地认定了权利人所遭受的实际损失，以及各义务责任主体的责任关系和责任大小，最后依法审查并认定了权利人的诉求仍在法律规定的诉讼时效期限内。

针对败诉方即义务人的上诉，二审法院除审查一审材料和各方诉求，又着重分析认定了本案权利人利益损失的原因，以及是否还存在其他导致权利人财产损失的责任主体。二审法院还审查了一审法院对本案的法律适用的正确性、程序的正义性。二审法院在查明事实基础上结合相关法律规定归纳出的争议焦点基本和一审一致。

四、课程思政解读

（一）民事责任制度的价值剖析

法律责任是法学基本范畴之一，是法学理论和法律实践中一个极其重要的问题，也是现实法律运行操作中必须予以充分把握和高度重视的概念。可以说，全部法律规范和法律关系都是围绕权利、义务、责任这三个最基本的法律概念展开的。在民法中，民事法律关系由民事权利、民事义务和民事责任三者结合而成。权利、义务为法律关系之内容，责任是权利、义务实现的保障。民事权利、民事义务唯有与民事责任结合，民事权利才受到责任关系的保护。民事责任制度是民事主体违反民事义务的法律后果，是保障和维护民事权利的重要制度，其健全和完善，是国家步入法治、文明社会的必要途径。

《民法典》承继 1986 年颁布的《民法通则》体例优点，在总则编独立第八章规定民事责任。这便于人们理解和适用民事责任条款，教育人们自觉按民法规范设置的目标和行为模式行事，奠定了民事责任的独特地位，有利于民事责任在现代复杂社会条件下的独立发展。

本部分所引案件尽管发生于《证券赔偿案件规定》颁布之前，但在审理期间，均要依据民事基本法《民法通则》和《民事诉讼法》相关原则规定，以及《证券赔偿案件规定》审理。《证券赔偿案件规定》针对在证券市场领域发生的因虚假陈述引发的侵权赔偿案件，规定了裁判案件的原则、规则和方法。针对本案，分析要点如下：二被告的行为是否属于共同侵权？其行为与权利人的财物损失是否有因果关系？权利人主张诉权是否受到诉讼时效的法律保护？一、二审均在审理裁判过程中——解答了上述问题。

2022 年 1 月 21 日，最高人民法院发布《关于审理证券市场虚假陈述侵权民事赔偿案件的若干规定》，其作为一部统领我国资本市场民事赔偿制度的系统性法律规范，不仅是对《证券赔偿案件规定》的全面修订和完善，还是对近二十年来我国证券民事司法审判领域重大理论和实践问题的积极回应和系统总结，也是以完善资本市场制度供给、畅通投资者权利救济渠道为导向，构建具有中国特色的投资者保护机制的重大理论创新成果，是我国资本市场迈向法治化、成熟化进程的重要标志。

《关于审理证券市场虚假陈述侵权民事赔偿案件的若干规定》以强化资本市场制度供给、畅通投资者的权利救济渠道为导向，在立法理念上体现了追求个别性保护机制的基本定位、深化填补损害的基础功能、维护市场参与各方权责配置中的利益平衡，以及寻求体系化思维下相关机制良性互动的价值取向。在制度设计上，新司法解释从虚假陈述的认定、重大性及交易因果关系、过错认定、责任主体、损失认定、诉讼时效等方面对证券虚假陈述民事赔偿案件的法律适用问题予以系统总结，力求实现从证券虚假陈述行为的责任设定到赔偿机制的整个制度体系的重塑与规范。明确民事机制则是当证券市场发生侵害投资者权益的违法事件时，由投资者主动提出保护其权益的诉求，再由司法机关按照民事诉讼程序，通过民事裁判支持投资者的合法诉求以保护投资者权益。因此，民事机制实质是通过个案公正实现法律公正，通过支持个别投资者的合法诉求维护证券市场的整体秩序，通过投资者的主动参与实现证券市场的民主性和法治化。

《关于审理证券市场虚假陈述侵权民事赔偿案件的若干规定》深化填补损害基础功能的价值追求，是在制度安排公平合理的基础上，既使加害人承担责任，又使受害人的损害得以填补，从而实现投资者利益与相关市场参与主体负担之间的均衡。其目的是公正维护市场各方权责配置中的利益平衡。[1]

纵观整部《民法典》，从立法目的到基本原则再到法律规则，社会主义核心价值观贯穿始终。《民法典》第一条明确将弘扬社会主义核心价值观作为立法目的之一；《民法典》第三条至第九条所确立的法治、平等、自愿、公平、诚信、公序良俗、节能环保等基本原则与社会主义核心价值观高度契

---

① 陈洁. 虚假陈述民事赔偿制度的新发展理念及其规范实现 [J]. 法律适用，2022（3）：48-60.

合。这些原则是我国民法的基本原则，不仅是学理上的基本原则，还是民事法律规范，要求当事人在民事活动中应以社会正义、公平的观念指导自身行为，平衡各方利益，合理确定各方的权利和义务。平等、自愿、公平、诚信、公序良俗原则作为民法的基本原则，是贯穿民事活动和裁判的指导理念与基础，任何民事活动或民事案件的裁判都要遵循，但这些基本原则并不是裁判规范，当存在具体法律规则时，法院不得直接将这些原则作为裁判依据。民事责任体系旨在规定民事主体享有权利、履行义务、承担责任。这正是分配正义理念的目的，是一种道德规范的法律化。正义（也可叫公正）及其相应的行为有两类：一类是分配正义。分配正义考虑的是使每个人各得其所，根据每个人的实际情况分配权力、财富、荣誉。另一类是矫正正义。矫正正义不会考虑当事人的地位，只要一个人对另一个人造成了损害，就必须弥补该损害，不管是好人犯法还是坏人犯法，都应该受到惩罚。本案的裁判结果正体现出社会主义核心价值观在法律司法实践中的完美适用。

（二）诉讼时效制度的价值剖析

诉讼时效是一个既关乎实体又关乎程序的概念。诉讼时效制度的本质在于确认权利的界限，即在权利"保护-限制"相平衡的法律基本框架下，确立公权力对私权利提供救济的界限，从而达到督促权利人及时行使权利，稳定社会交易秩序和交易安全，合理配置有限的司法资源等目的。诉讼时效的价值取向应当是唤醒"权利上的睡眠者"，使权利人得到最大程度的保护。同时，为了避免出现因保护社会公共利益过度牺牲和让渡权利人权利的情形，诉讼时效的中断对于权利人与义务人之间的利益平衡，以及保护权利人行使权利，尤为重要。

在理论上，诉讼时效制度价值通说可概括为三个方面：第一，稳定社会法律秩序，维护交易安全；第二，作为证据代用，方便案件审理；第三，惩罚"权利上的睡眠者"，促使当事人及时行使权利。

诉讼时效制度的重要作用在于督促权利人及时行使其权利，使长期不行使权利的人丧失其权利。诉讼时效制度体现着多种价值：社会本位、义务本位和社会利益的价值；效益安全价值与个人本位、权利本位和个人利益价值。诉讼时效制度也存在着多种冲突：公平、正义价值的冲突；基于请求权人对义务人的权利义务关系而形成的旧秩序和权利人因长时间怠于行使权利而形成的权利处于休眠状态的新秩序之间的冲突。我国《民法通则》规定一般诉讼时效只有两年，目的主要在于通过对债权人限制性的规定，督促债权人及时行使债权，迅速实现债权，从而加快经济流转，也就是通常意义上讲的效益价值和对新秩序的倾向性维护。但是，诉讼时效制度设立的初衷绝非惩罚怠于行使权利的人，更不是保护不履行义务的债务人。诉讼时效可以保护已履行义务的债务人的合法权益，使其免遭举证困难带来不利的后果，但绝不能变相纵容不履行义务的债务人以逃避债务的履行来获取不当利益。虽然诉讼时效承认不履行义务的债务人可以因时效的完成而取得时效利益，但这也是基于保护公共利益的需要，通过价值利弊的权衡取舍而作出的无奈抉择。但在对公共利益的保护并无大碍的情况下，对权利人的保护当然应作为制度设计上必须考虑的重要因素，要尽可能避免对权利人利益的漠视，不能使该制度异化为义务人逃债的工具和保护伞。总之，诉讼时效作为民法中的一项制度，基于自身的功能，在设计时可以稍微偏向效益价值，但是不能与民法的公平正义价值相悖，位阶上公平正义价值是高于效率安全价值的。李开国教授针对我国诉讼时效期短的弊端发表过这样一段言论："如果你曾在法庭上见到权利人力求证明曾向义务人行使过请求权的着急的模样和义务人——否认的无赖嘴脸，权利人败诉时的愤慨和义务人胜诉时的洋洋自得，你就会深深地感到这个太短的普通诉讼时效，正在践踏着市民神圣的私权，正在蹂躏着人间的正义，正在强奸着对市民社会和市场经济最可贵的诚信。"

《民法通则》过短的诉讼时效期间没能为民事权利的保护提供足够的时间保障，在一定程度上"异化"为片面限制权利人充分行使权利的障碍。过短的诉讼时效期间使本该以维护公共利益为主要价值追求的诉讼时效制度，沦为恶意债务人逃避债务、规避责任的护身符，从而造成法律与道德的严重冲突。《民法典》第一百八十八条规定："向人民法院请求保护民事权利的诉讼时效期间为三年。法律另有规定的，依照其规定。"诉讼时效规定期间的延长显现出诉讼时效的真正价值在于保护私权和公平正义，是对权利人及时行使权利的唤醒，而不在于严格限制与惩罚。

本案中，如果简单地照搬旧的法律条文，并不能完全证明义务人享有诉讼时效的抗辩权。但《关于审理证券市场虚假陈述侵权民事赔偿案件的若干规定》针对资本市场的复杂性，当事人地位与信息的不平等性、差异性，以维护公平价值为支撑点，明确了诉讼时效期间计算的依据标准，从而维护了投资人的合法利益，也一定程度上有效地维护了全社会资本市场交易秩序。

可以看出，法律和政策在社会公共领域都具有刚性约束力，对培育和践行社会主义核心价值观有着重要的导向作用。要坚持依法治国和以德治国相结合，将社会主义核心价值观融入法治国家、法治政府、法治社会建设全过程，贯穿立法、执法、司法、守法各方面，为法律政策的制定和完善提供精神指引。要加快推进法律法规的立改废释，建立重大公共政策道德风险评估机制和纠偏机制，体现更加鲜明的价值导向，坚决捍卫正义，毫不含糊地惩治丑恶，保障善有善报、恩将德报的实现。要大力弘扬社会主义法治精神，切实增强全民法治观念、规则意识。要更好运用法治手段维护社会公共价值，解决道德领域的突出问题，捍卫英雄模范及其所代表的主流价值，发挥司法断案惩恶扬善功能，更好守护公平正义、弘扬美德善行，形成有利于培育和践行社会主义核心价值观的法治环境和制度支撑。

五、问题拓展讨论

1. 民事责任的承担与民事行为法律性质的认定有何内在关系？
2. 民事责任的承担需要具备哪些要件？
3. 诉讼时效期间的效力对于权利人和义务人有何影响？

六、阅读文献推荐

1. 《民法学》编写组：《民法学：上、下册》（第二版），高等教育出版社，2022年。

2. 朱庆育、高圣平：《中国民法典评注》（第一册），中国民主法制出版社，2021年。

3. 魏振瀛：《民法》（第八版），北京大学出版社、高等教育出版社，2021年。

4. 王利明、杨立新、王轶等：《民法学：上、下册》（第六版），法律出版社，2020年。

5. 梁慧星：《民法总论》（第六版），法律出版社，2021年。

6. 黄薇：《中华人民共和国民法典释义》，法律出版社，2020年。

7. 王泽鉴：《民法总则》，北京大学出版社，2009年。

生命权

案例6：谢某贵、王某梅等生命权纠纷案

⬡ 一、知识点提要

确定和保护自然人的生命权是《民法典》人格权编立法的主要目的，生命权制度是保护生命安全和生命尊严的重要制度。生命权制度的学习从理论上来看，由生命权的含义、构成要件、侵犯生命权的形式和法律后果等组成。

（一）生命权的含义

理论上，生命权指自然人享有的以维护生命安全和生命尊严为内容的权利。[①] 从我国的立法史来看，虽然我国的《民法通则》第九十八条规定了公民享有生命健康权，但是并没有从内容上对生命权和健康权作出区分，这容易导致误解和法律适用中的混淆。因此，《侵权责任法》立法过程中对生命权和健康权分别进行讨论，并在《侵权责任法》第二条第二款中作出了明确区分，将生命权和健康权分为两种不同的民事权利。《民法典》延续了《侵权责任法》的立法模式。

理论上，生命权可以从以下几个方面来理解：其一，生命权是自然人享有的最重要的人格权，是其他人格权的前提和基础，也是自然人从事一切活动的基本条件。其二，生命权是自然人所享有的权利，这一权利带有自然属性，这里排除了机器、动物、法人组织和非法人组织享有《民法典》中的生

---

① 黄薇. 中华人民共和国民法典人格权编解读［M］. 北京：中国法制出版社，2020：63.

命权。其三，从自然人享有生命权的时间来看，生命权贯穿自然人生命的始终。其四，从生命权的内容来看，自然人的生命权包括生命安全和生命尊严。其五，从生命权的保护来看，任何组织或者个人都不得侵害他人的生命权。其六，自然人对侵害自己的生命权有正当防卫的权利，保护生命权的正当防卫内容要大于保护财产权的正当防卫内容。其七，对于他人侵犯自然人生命权的行为，自然人或继承人享有请求排除妨碍、停止侵害、消除危险和赔偿损失的权利。

《民法典》人格权编规定了生命权的内容。《民法典》第一千零二条规定："自然人享有生命权。自然人的生命安全和生命尊严受法律保护。任何组织或者个人不得侵害他人的生命权。"《民法典》第一千零五条规定："自然人的生命权、身体权、健康权受到侵害或者处于其他危难情形的，负有法定救助义务的组织或者个人应当及时施救。"

（二）生命权的内容

关于生命权的立法，各个国家和地区分别采取有限制立法模式和非限制立法模式。《民法典》采取有限制立法的模式，将生命权的内容限定为生命安全和生命尊严两部分。

1. 生命安全

对于生命权的理解有两种理论：第一种理论是基于权利客体理论，从支配关系来谈权利内容，认为生命权是主体的支配利益；第二种理论则是基于生命安全的角度，认为生命权是对生命利益的维持。[1] 鉴于生命的特殊性，即使是有限支配理论也违背了生命伦理，将生命权理解为对生命依法支配，是对权利客体的误解，因此从支配角度来理解生命权并不恰当。生命权应当体现为对生命利益的维持，生命安全维护权是生命权的重要内容，具体包括禁止他人非法剥夺生命，在维护生命安全中采取相应保护措施或者排除侵害等。[2]

2. 生命尊严

生命尊严体现为对生命高质量的维护，这不仅体现在当生命受到威胁时

---

[1]　史尚宽. 债法总论 [M]. 北京：中国政法大学出版社，2000：146.

[2]　最高人民法院民法典贯彻实施工作领导小组. 中华人民共和国民法典人格权编理解与适用 [M]. 北京：人民法院出版社，2020：131.

有权采取相应的法律保护措施，还体现在当生命质量非常低下时，有权依照自己的意愿有尊严地离开。① 因此生命尊严不仅仅体现在生命的物质层面，还体现在生命的精神层面，体现在权利主体的价值观和世界观，以及在具体生活中如何贯彻自己的价值观和世界观之中。生命尊严主要涉及对生命过程的维护和对生命终结的决定，主要涉及自杀、献身和安乐死等问题。②

3. 生命权的民法救济

为更好地发挥生命权的功能，需要厘清侵害生命权的民法救济问题，这涉及侵犯生命权的构成要件，侵害生命权时民事救济的行使主体、行使方式、行使后果等问题。

（1）侵害生命权的构成要件

依据不同的原则，侵害生命权具有不同的构成要件，本部分重点以过错责任的构成要件展开分析，主要分为以下几个方面：

第一，需要存在一个侵权行为。对于侵权行为可以分为作为侵权和不作为侵权。作为侵权是积极地作出侵害他人权益的行为。作为侵害生命权可以分为不同的形式，常见的有枪杀、毒杀、暴力侵害、交通肇事、安全事故等形式。不作为侵权则是侵权人没有履行相应的义务导致侵害他人生命权的行为，比如医生拒绝救助病人、负有教育管理学生义务的幼儿园在教育管理中对幼儿疏于照管等行为。

第二，需要存在侵害生命权的后果。侵害生命权的损害后果可以表现为不同的形式，可能是威胁到生命安全和生命尊严，也可能是剥夺了他人的生命。鉴于生命权的特殊性，侵害生命权的一个特殊的结果是造成权利主体的死亡。

第三，侵权行为与损害后果之间的因果关系。侵害生命权的行为与损害后果之间应存在因果关系。对因果关系的判断具有不同的理论，比如必然因果关系说、相当因果关系说。我国立法中对因果关系并没有规定具体的界定标准，20世纪80年代盛行必然因果关系说，后来逐渐被相当因果关系说取代。③

第四，过错。过错可以分为故意和过失。故意是行为人明知自己的行为

---

① 马俊驹. 人格和人格权理论讲稿 [M]. 北京：法律出版社，2009：251.
② 谢鸿飞. 民法典评注人格权编 [M]. 北京：中国法制出版社，2020：92.
③ 程啸. 侵权责任法 [M]. 3版. 北京：法律出版社，2021：251.

必然会引起某种结果的发生，但是行为人仍然作出该行为的主观心理状态。过失指某行为可能会引起某结果的发生，但是行为人轻信能够避免结果的发生，或者是因疏忽大意没有预见某结果的发生，前者是过于自信的过失，后者是疏忽大意的过失。①

第五，违法性判断。需要对侵权人的行为进行违法性判断。在此判断过程中存在着违法阻却事由的分析，即正当防卫、紧急避险、不可抗力等违法阻却事由分析。

以上是过错归责原则下侵害生命权的基本要件，在此归责原则下，只有满足这些要件才可以认定某行为侵犯了他人的生命权。

除了过错责任原则外，还存在无过错责任原则，此时不需要对侵权人的过错进行认定，对此需要法律的明确规定。除此以外还有公平责任，此时是行为人和受害人之间都没有过错时的归责原则。

（2）生命权救济的行使主体

当发生侵害生命权的行为时，如何救济这一问题需要从以下两方面来分析：

当侵害生命权的行为正在发生，但是并未有导致剥夺生命权的结果时，生命权的权利主体行为人可以行使正当防卫、紧急避险等防止侵害的措施，也可以向公安机关、司法机关要求行为人停止侵害、排除妨碍、消除危险、赔礼道歉等。例如，当负有扶养或赡养义务的人遗弃自己生活不能自理的亲属时，法院可以要求行为人履行自己的扶养或赡养义务。

当侵害生命权的结果已经发生时，由于权利主体已经死亡，不能行使民事权利或诉讼权利，此时行使相应救济权利的主体为死者的近亲属或者继承人。《最高人民法院关于审理人身损害赔偿案件适用法律若干问题的解释》（以下简称《人身损害解释》）第一条规定："因生命、身体、健康遭受侵害，赔偿权利人起诉请求赔偿义务人赔偿财产损失和精神损害的，人民法院应予受理。"此处提到了"赔偿权利人"，依据该条第二款的规定，此处的"赔偿权利人"指死亡受害人的近亲属。

（3）赔偿义务的范围

《人身损害解释》第一条规定了权利人可以请求物质损害和精神损害赔偿。

---

① 程啸. 侵权责任法［M］. 3 版. 北京：法律出版社，2021：290.

物质损害指因侵权行为导致的被侵权人的物质方面的损失，主要涉及医疗费、误工费、护理费、交通费、住院伙食补助费、营养费、死亡赔偿金等。对于死亡赔偿金的计算，《人身损害解释》第二十九条规定："死亡赔偿金按照受诉法院所在地上一年度城镇居民人均可支配收入或者农村居民人均纯收入标准，按二十年计算。但六十周岁以上的，年龄每增加一岁减少一年；七十五周岁以上的，按五年计算。"

对于精神损害赔偿，《最高人民法院关于确定民事侵权精神损害赔偿责任若干问题的解释》（以下简称《精神损害赔偿解释》）第一条规定了死者近亲属的精神损害赔偿请求权，第五条则规定了精神损害赔偿具体的计算方式，即精神损害的赔偿数额根据以下因素确定：（1）侵权人的过错程度，但是法律另有规定的除外；（2）侵权行为的目的、方式、场合等具体情节；（3）侵权行为所造成的后果；（4）侵权人的获利情况；（5）侵权人承担责任的经济能力；（6）受理诉讼法院所在地的平均生活水平。

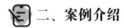 二、案例介绍

（一）基本案情介绍

2021 年 1 月 1 日 14 时许，郭某陪同宋某到谢某某家取行李箱，谢某某提议到竹溪县县城玩。郭某、宋某和谢某某遂出门一同在县城逛街。逛街期间，郭某电话邀约方某一起玩，方某当时正在县医院看望其同事，郭某、宋某、谢某某便到县医院找到方某，郭某、宋某、谢某某、方某等人乘车到县城"谭记鸭嘴王店"等地聚餐饮酒，从晚上 17 时左右直到第二天凌晨。谢某某酒醉后，郭某、宋某扶谢某某离开烤鱼店时，谢某某倒在餐桌旁地下，在郭某、宋某、方某和烤鱼店服务员的搀扶帮助下，郭某、宋某于 1 月 2 日 0 时 58 分 53 秒将谢某某搀扶着和方某、张某、陈某一起离开烤鱼店。众人在走到店外河堤人行道处时，谢某某身体不支躺在地上呕吐。方某劝其回家或在宾馆开房睡觉，谢某某不听，方某欲将谢某某拉起来，但拉不动，谢某某此时使劲挣脱方某并把方某摞倒在地，与此同时，谢某某站起后不慎坠落至河堤下，致身体多处受伤，其中最严重的是开放性颅脑损伤特重型伤害。

谢某某受伤后被送往十堰市太和医院住院抢救治疗 14 天后转回竹溪县人民医院住院抢救治疗，在竹溪县人民医院住院抢救治疗 11 天后于 2021 年

1月27日因救治无效致其脑死亡、呼吸循环衰竭而亡。谢某贵、王某梅因其子谢某某所受上述损伤共花医疗费用337637.95元。在谢某某治疗期间，方某、郭某、张某、陈某的法定监护人已分别向谢某贵、王某梅支付抢救费5000.00元，宋某的法定监护人已向谢某贵、王某梅支付抢救费4000.00元。

（二）裁判结果

一审法院经审理认为，依照法律规定推定行为人有过错，其不能证明自己没有过错的，应当承担侵权责任。二人以上分别实施侵权行为造成同一损害，能够确定责任大小的，各自承担相应的责任。二人以上共同实施侵权行为造成他人损害的，应当承担连带责任。被侵权人对同一损害的发生或者扩大有过错的，可以减轻侵权人的责任。无民事行为能力人、限制民事行为能力人造成他人损害的，由监护人承担侵权责任。监护人尽到监护职责的，可以减轻其侵权责任。有财产的无民事行为能力人、限制民事行为能力人造成他人损害的，从本人财产中支付赔偿费用；不足部分，由监护人赔偿。未成年人饮酒对身体状况、精神状态等极易产生危害，未成年人禁止饮酒已然成为社会共识。方某、郭某、宋某、张某、陈某作为共同饮酒人，应合理预见共同饮酒期间或饮酒后不安全因素造成他人或自身损害的可能性，在饮酒过程中对其他饮酒人负有相互照顾、提醒和劝勉的义务，对醉酒者负有看护、照顾和护送的义务，此护送义务包括将醉酒者安置在对其人身安全构不成威胁的环境下。方某、郭某、宋某、张某、陈某应当按照各自的过错承担责任。

二审法院审理认为，民事主体从事民事活动，应当遵循公平原则，合理确定各方的权利和义务。本案中，谢某某与方某、郭某、宋某、张某、陈某一起聚餐，聚餐当日谢某某大量饮酒，出现精神不振、意识不清的醉酒状态，并于当晚返家途中坠落至河堤下，导致重伤抢救无效死亡。谢某某作为限制民事行为能力人，事发当时已满16岁，对事物具有一定的辨别判断能力，其理应知晓连续大量饮酒致使醉酒后可能会发生危险，对于自身安全存在疏忽大意，主观过错明显。而与谢某某一同聚餐饮酒的方某、郭某、宋某、张某、陈某在事发当时均未成年，从查明的事实来看，在众人离开烤鱼店时，大家积极搀扶护送谢某某离开，尽到了一定的注意义务。虽然在聚餐时同伴有劝酒行为，但谢某某的死亡是由于其醉酒后坠落河堤导致全身多处重伤所致，并非直接源于醉酒而亡。谢某某对自身损害后果的发生具有重大过错，原审法院结合全案情况，根据行为人各自的过错程度，认定谢某某承担主要责任，方某、方某新、张某梅、郭某、郭某东、华某芬、宋某、宋某林、陈某、陈某强、张某、张某财承担次要责任的比例适当。谢某贵、王某梅的上诉理由于法无据，二审法院不予支持。

综上所述，上诉人谢某贵、王某梅的上诉请求不能成立，应予驳回；一审判决认定事实清楚、适用法律正确，应予维持。依照《民事诉讼法》第一百七十七条第一款第一项规定，判决如下：驳回上诉，维持原判。

三、案例分析

本案争议焦点为共同饮酒人的注意义务范围有多少。此处涉及多数人侵权中的责任认定问题。从案例来看，主要涉及多数人侵权的责任认定、未成年人责任确定、责任分担规则等问题。

（一）多数人侵权的责任认定

两人以上分别实施侵权行为造成同一损害，能够确定责任大小的，各自承担相应的责任。两人以上共同实施侵权行为，造成他人损害的，应当承担连带责任。被侵权人对同一损害的发生或者扩大有过错的，可以减轻侵权人的责任。无民事行为能力人、限制民事行为能力人造成他人损害的，由监护人承担侵权责任。监护人尽到监护职责的，可以减轻其侵权责任。有财产的无民事行为能力人、限制民事行为能力人造成他人损害的，从本人财产中支付赔偿费用；不足部分，由监护人赔偿。

（二）未成年人责任确定

未成年人饮酒对身体状况、精神状态等极易产生危害，未成年人禁止饮酒已然成为社会共识。本案谢某某醉酒后坠落河堤受伤而亡确实令人惋惜，但事发时谢某某系年满 16 周岁的限制民事行为能力人，其完全能够认识过量饮酒的危险性，在事发当天已聚餐喝酒两场且出现酒后不适的情况下，谢某某仍自愿加入当晚饭局，忽视了自身的安全，放任危险的发生而继续饮酒导致饮酒过量，具有较大过错，应负此事故的主要责任，其父母即谢某贵、王某梅作为法定监护人未尽到监护责任，应承担相应责任。方某、郭某、宋某、张某、陈某作为共同饮酒人，应合理预见共同饮酒期间或饮酒后不安全因素造成他人或自身损害的可能性，在饮酒过程中对其他饮酒人负有相互照顾、提醒和劝勉的义务，对醉酒者负有看护、照顾和护送的义务，此护送义务包括将醉酒者安置在对其人身安全不构成威胁的环境下。方某、郭某、宋某作为事发当天三次聚餐喝酒的共同饮酒人，明知谢某某在事发当天前两次聚餐饮酒后于当晚继续聚餐期间出现精神不振、意识不清或情绪失控状态，却未对谢某某尽到提醒、劝勉其停止饮酒的义务，在谢某某醉酒处于危险状态下未尽到将其送至亲人身边、医院或安全地方的义务，应由方某的监护人即方某新、张某梅，郭某的监护人即郭某东、华某芬，宋某的监护人宋某林承担各自相应侵权责任，从被监护人本人财产中支付赔偿费用；不足部分，由监护人赔偿。在事发当晚的聚餐中，方某劝谢某某饮酒，二人对饮并劝谢某某向共同饮酒人张某敬酒，故方某应承担比其他共同饮酒人更大的侵权责任即4%的民事侵权责任；郭某明知谢某某饮酒过量仍给其斟酒，应承担比共同饮酒人宋某更大的侵权责任即2.5%的民事侵权责任；宋某应承担比当晚共同饮酒人即张某更大的侵权责任即2%的民事侵权责任。张某、陈某在明知谢某某事发当晚聚餐期间出现精神不振、意识不清或情绪失控的醉酒状态后，二人未劝其停止饮酒，张某仍接受谢某某敬酒，陈某未与谢某某饮酒，二人同样亦未将处于醉酒危险状态下的谢某某送至亲人身边、医院或安全地方，故张某应承担比陈某更大的侵权责任即1.5%的民事侵权责任，陈某应承担比其他共同饮酒人较小的侵权责任即1%的民事侵权责任。张某、陈某应承担的该民事侵权责任，由其各自的监护人即张某财、陈某强分别承担各自相应赔偿责任，从被监护人本人财产中支付赔偿费用；不足部分，由监护人赔偿。各被告已付款项应从各自所负赔偿总额中予以扣减。

（三）责任分担规则

民事主体从事民事活动，应当遵循公平原则，合理确定各方的权利和义务。本案中，谢某某与方某、郭某、宋某、张某、陈某一起聚餐，聚餐当日谢某某大量饮酒，出现精神不振、意识不清的醉酒状态，并于当晚返家途中坠落至河堤下，导致其全身多处受伤，最终抢救无效死亡。谢某某作为限制民事行为能力人，事发当时已满16周岁，对事物具有一定的辨别判断能力，其理应知晓聚餐当日连续大量饮酒，致使自身醉酒后可能发生危险，对于自身安全存在疏忽大意，主观过错明显。而与谢某某一同聚餐饮酒的方某、郭某、宋某、张某、陈某在事发当时均未成年，从查明的事实来看，在众人离开烤鱼店时，大家积极搀扶护送谢某某离开，尽到了一定的注意义务。虽然在聚餐时同伴有劝酒行为，但是谢某某的死亡是因坠落导致全身多处重伤所致，并非因醉酒而亡。谢某某对自身损害后果的发生具有重大过错，一审、二审法院综合全案情况，结合各行为人的过错程度，认定谢某某承担主要责任，方某、方某新、张某梅、郭某、郭某东、华某芬、宋某、宋某林、陈某、陈某强、张某、张某财承担次要责任。

四、课程思政解读

《管子·明法解》中有言："法者，天下之程式也，万事之仪表也。""谢某贵、王某梅等生命权纠纷案"所涉及的课程思政元素至少体现在以下几个方面：一是如何通过该案所依据的法律规则来理解注意义务的价值；二是如何用注意义务的价值指导对现行共同侵权责任承担归责的理解与适用；三是如何用注意义务的价值来为制度的优化提供指引。

注意义务是人们交往中应尽到的对他人的生命、财产给予必要尊重的义务。注意义务可以分为法定的注意义务和约定的注意义务。注意义务一方面要求不对他人的权益作出侵犯，另一方面也要求在必要时对他人的权益进行保护，只有这样才能够保障社会秩序的有序进行。

第一，注意义务是诚实信用原则的体现。诚实信用原则是一项古老的道德戒律和法律原则。"诚者，天之道也，思诚者，人之道也"，诚信既是一个人的立身之本，也是一个国家、民族、集体的生存之基。诚实的人，才能心智清明，择善而从。"言必信，行必果"是亘古不变的人生哲理。因此，诚信原则是大陆法系民法中的基本原则，被称为"帝王规则"，也是现代各国民商法所规定的民商事主体在民商事活动中应当遵循的最基本原则。例如，《民法典》第七条要求"民事主体从事民事活动，应当遵循诚实信用原则，秉持诚实，恪守承诺"，是《民法典》对社会主义核心价值观之"诚信"在法律上的回应。诚信原则的要求，既体现在民事主体从事民商事活动时应秉持诚实、恪守承诺上，也体现在对当事人行为法律后果的失衡状态的调整上。诚信原则要求行为人在社会交往中应当关注他人的利益，避免自己的行为造成他人的权益损害，特别是当自己的先行行为使得他人陷入危险处境之中时，行为人需要采取必要的措施消除相应的危险。本案中死者因与其他人共同饮酒导致自己醉酒，这就使自己陷入了危险的境地，其他人应当尽到注意义务去帮助死者脱离危险状态，否则就违反了相应的注意义务。

第二，注意义务是公平原则的体现。东汉许慎在《说文解字》中记载，"法"的古体字是"灋"。"灋，刑也，平之如水，从水；廌，所以触不直者去之，从去。""灋"以水作偏旁，比喻"平之如水"，代表公平，衡量人们行为是否符合"公平"这个准绳。"灋"字中的"廌"，传说是一种头长独角、秉性公正的奇兽，故而"古者决讼，令触不值"，这反映了上古时代人们相信法是正直、正义的准则。因此，就词义而言，"法"是"公平"地判断行为的是非、制裁违法行为的依据。公平是法律的精髓和灵魂，是一切法律的永恒追求。基于私人自治，行为人参与社会交往有自主决定自己行为的权利。但是当行为人参与社会交往时，如果自己的行为致使他人陷入了不利境地，则有义务为了他人的利益安全使之脱离危险，以保障他人的生命财产安全，此时体现出社会公平。若一个人随意地参与社会交往，他的行为可能使他人陷入危险的境地。当一个人违反注意义务导致他人的损害时，侵权人应当承担相应的损害赔偿责任，只有这样才能弥补受害人的损失。

"坚持人民至上""生命至上""为人民服务"，人民二字重千钧，人民情怀深似海。从民法来看，对人民的重视首先体现为对人民的生命权的重视。生命权是《民法典》人格权法部分最重要的权利，生命权让人尊重生命、爱护生命，在生命权行使中要遵守自然人诚信行为的要求、社会主体之间存在形式公平平等与实质公平平等、交往安全与秩序之间的法律规范上存在张力，也要深刻理解生命权制度的法律规范背后平等、公平、诚信、和谐的社会主义核心价值观的蕴意，这种蕴意指导着生命权制度的理解适用与发展完善。

五、问题拓展讨论

1. 结合生命安全原则与社会秩序之间的平衡理念，谈谈你对《民法典》在侵犯生命权行为构成中所采用的模式有何评价。你认为是否有必要考虑行为人的主观因素？

2. 《民法典》对生命权内容的规定有何不足？如何改进？

3. 从社会主义核心价值观之公平与诚信的价值维度，谈谈你对《民法典》中有关侵犯生命权的行为规定的立法模式有何看法。

六、阅读文献推荐

1. 黄薇：《中华人民共和国民法典人格权编解读》，中国法制出版社，2020 年。

2. 史尚宽：《债法总论》，中国政法大学出版社，2000 年。

3. 最高人民法院民法典贯彻实施工作领导小组：《中华人民共和国民法典人格权编理解与适用》，人民法院出版社，2020 年。

4. 马俊驹：《人格和人格权理论讲稿》，法律出版社，2009 年。

5. 陈甦、谢鸿飞等：《民法典评注：人格权编》，中国法制出版社，2020 年。

6. 程啸：《侵权责任法》（第三版），法律出版社，2021 年。

健康权

案例 7：魏某与花某鸿生命权、健康权、身体权纠纷案

⚠ 一、知识点提要

确定和保护自然人的健康权是《民法典》人格权编立法的主要目的所在，健康权是自然人享有的以身心健康受法律保护为内容的权利。健康是维持自然人正常生命活动的重要前提，健康权是自然人重要的人格权。健康权制度是保护自然人身体健康和精神健康的重要制度。健康权制度的学习从理论上来看，由健康权的含义、构成要件、侵犯健康权的形式、法律后果等几个方面组成。

（一）健康权的含义

理论上，健康权指自然人享有的以维护身体健康和精神健康为内容的权利。[①] 但是民法意义上的健康并非指无疾病状态，而是以自然人的身体组成部分和身体的整体功能为内容的人格权。[②] 从我国的立法史来看，虽然《民法通则》第九十八条规定，"公民享有生命健康权"，但是并没有从内容上对生命权和健康权作出区分，这容易导致理解和适用中的混淆。鉴于此，我国在《侵权责任法》第二条第二款将生命权和健康权分列为两种不同的民事权利。《民法典》延续了《侵权责任法》的立法模式。

理论上，对于健康权的内容可以从以下几个方面来理解其含义：第一，健康权是自然人享有的最重要的人格权之一，是其他人格权的前提和基础，

---

① 黄薇.中华人民共和国民法典人格权编解读 [M]. 北京：中国法制出版社，2020：68.
② 张俊浩.民法学原理：上 [M]. 北京：中国政法大学出版社，2000：144.

也是自然人从事一切活动的基本条件。第二，健康权是自然人所享有的权利，这一权利带有自然属性，这里排除了机器、动物、法人组织和非法人组织享有《民法典》中的健康权。第三，从自然人享有健康权的时间来看，健康权贯穿自然人健康的始终。第四，从健康权的内容来看，自然人的健康权包括身体健康和精神健康。第五，从健康权的保护来看，任何组织或者个人都不得侵害他人的健康权。第六，自然人对侵害自己健康权的行为有正当防卫的权利，保护健康权的正当防卫内容要大于保护财产权的正当防卫内容。第七，对于他人侵犯自然人健康权的行为，自然人或继承人享有请求排除妨碍、停止侵害、消除危险和赔偿损失的权利。

《民法典》人格权编规定了健康权的内容。《民法典》第一千零四条规定："自然人享有健康权。自然人的身心健康受法律保护。任何组织或者个人不得侵害他人的健康权。"第一千零五条规定："自然人的生命权、身体权、健康权受到侵害或者处于其他危难情形的，负有法定救助义务的组织或者个人应当及时施救。"

(二) 健康权的内容

纵观世界各国和地区有关健康权的立法，它们对健康权的内容有不同的立法模式。《民法典》采取了列举立法的模式，将健康权的内容限定为身体健康和精神健康两大部分。

1. 身体健康

对于健康权的理解，法学界有两种理论：第一种理论是基于权利客体理论，从支配关系来谈权利内容，认为健康权是主体的支配利益；第二种理论则是基于健康安全的角度来理解健康权。[1] 鉴于健康的特殊性，即使是有限支配理论也违背了健康伦理，如果将健康权理解为对健康的依法支配，则是对权利客体的误解，因此从支配角度来理解健康权并不恰当。应当将健康权理解为对健康利益的维持，健康安全维护权是健康权的重要内容，具体包括禁止他人非法剥夺健康，在维护健康安全中采取相应保护措施或者排除侵害等。[2]

---

① 史尚宽. 债法总论 [M]. 北京：中国政法大学出版社，2000：146.
② 最高人民法院民法典贯彻实施工作领导小组. 中华人民共和国民法典人格权编理解与适用 [M]. 北京：人民法院出版社，2020：131.

2. 精神健康

在民法上，精神健康体现为对自然人精神状态的维护。从司法实践来看，对他人心理的侵害，只有在导致精神性疾病时才能够得到法院的支持。[①] 精神健康体现了物质方面的健康，体现了权利主体对于自己健康的价值观和世界观，以及如何在具体生活中贯彻自己的价值观和世界观。此时主要涉及对健康过程的维护和对健康终结的决定，主要涉及自杀、献身和安乐死等问题。[②]

3. 健康权的民法救济

为更好地发挥健康权的功能，需要厘清侵害健康权的民法救济问题，这涉及侵害健康权的构成要件，侵犯健康权时民事救济的行使主体、行使方式、行使后果等。

（1）侵害健康权的构成要件

依据不同的规则原则，侵害健康权具有不同的构成要件，本部分重点从过错责任的构成要件展开分析，主要分为以下几个方面：

第一，需要存在一个侵权行为。侵权行为可以分为作为侵权和不作为侵权。作为侵权是积极地作出侵害他人权益的行为。作为形式侵害健康权可以表现为不同的形式，常见的有暴力侵害、辱骂、诽谤、交通肇事、安全事故等。不作为侵害健康权则是侵权人没有履行相应的义务导致侵害他人健康权的行为，比如负有安全保障义务的商场疏于管理导致顾客因地面过滑而摔倒受伤。

第二，需要存在侵害健康权的后果。侵害健康权的后果可以表现为不同的形式。此时可能会损害他人的身体健康和精神健康，也可能已经损害了他人的身体健康和精神健康。

第三，侵权行为与损害后果之间要存在因果关系。侵害健康权的行为要与损害后果之间存在因果关系。对于因果关系的判断，法学界有不同的理论，比如必然因果关系说和相当因果关系说。我国立法中对于因果关系并没有规定具体的界定标准，20 世纪 80 年代盛行必然因果关系说，后来其逐渐被相当因果关系说取代。[③]

---

① 谢鸿飞. 民法典评注人格权编 [M]. 北京：中国法制出版社，2020：107.
② 谢鸿飞. 民法典评注人格权编 [M]. 北京：中国法制出版社，2020：106.
③ 程啸. 侵权责任法 [M]. 3 版. 北京：法律出版社，2021：251.

第四，过错。过错可以分为故意犯错和过失。故意犯错是行为人明知自己的行为必然会引起某种结果的发生，但是仍然作出该行为的主观精神状态。过失指某行为可能会引起某结果的发生，但是行为人轻信能够避免结果的发生，或者是因疏忽大意没有预见某结果的发生，前者是由过于自信造成的过失，后者是由疏忽大意造成的过失。①

第五，违法性判断。此时需要对侵权人的行为是否违法进行判断。在此判断过程中存在着违法阻却性事由的分析，即正当防卫、紧急避免、不可抗力等违法阻却性事由分析。

以上是过错归责原则下侵害健康权的基本要件，在过错归责原则下，只有满足以上判断才可以认定某行为侵害了健康权。

除了过错责任原则外，还存在无过错责任原则，也就是说，在有法律规定的情况下，即使行为人在主观上没有故意或过失，但基于公平观念，行为人对于受害人受到的损害仍然要承担赔偿责任。除此以外，还有公平责任，此时是行为人和受害人之间都没有过错时的归责原则。

（2）健康权救济的行使主体

当发生侵害健康权时如何救济，这一问题需要从以下两方面来分析：

第一，当侵害健康权的行为正在发生时，健康权的权利主体行为人可以采取正当防卫、紧急避险等防止侵害的措施，也可以向公安机关、司法机关要求行为人停止侵害、排除妨碍、消除危险、赔礼道歉等。比如，当环境污染企业连续排放有毒有害废气时，法院可以要求排污企业停止排放。

第二，当侵害健康权的结果已经发生时，《人身损害解释》第一条规定："因生命、健康、身体健康遭受侵害，赔偿权利人起诉请求赔偿义务人赔偿财产损失和精神损害的，人民法院应予受理。"依据该条第二款的规定，此处的"赔偿权利人"指因侵权行为或者其他致害原因直接遭受人身损害的受害人。

（3）赔偿义务的范围

《人身损害解释》第一条规定了权利人可以请求赔偿义务人赔偿财产损失和精神损害。

财产损失指因侵权行为导致被侵权人的物质方面的损失，主要涉及医疗费、误工费、护理费、交通费、住院伙食补助费、营养费、残疾赔偿金等。

---

① 程啸. 侵权责任法 [M]. 3 版. 北京：法律出版社，2021：290.

对于死亡赔偿金的计算方法，《人身损害解释》第二十五条规定："残疾赔偿金根据受害人丧失劳动能力程度或者伤残等级，按照受诉法院所在地上一年度城镇居民人均可支配收入或者农村居民人均纯收入标准，自定残之日起按二十年计算。但六十周岁以上的，年龄每增加一岁减少一年；七十五周岁以上的，按五年计算。受害人因伤致残但实际收入没有减少，或者伤残等级较轻但造成职业妨害严重影响其劳动就业的，可以对残疾赔偿金作相应调整。"

《人身损害解释》第二十八条规定："被扶养人生活费根据扶养人丧失劳动能力程度，按照受诉法院所在地上一年度城镇居民人均消费支出标准计算。被扶养人为未成年人的，计算至十八周岁；被扶养人无劳动能力又无其他生活来源的，计算二十年。但六十周岁以上的，年龄每增加一岁减少一年；七十五周岁以上的，按五年计算。"

对于精神损害赔偿，《精神损害赔偿解释》第一条规定了被侵权人的精神损害赔偿请求权。第五条则规定了精神损害赔偿具体的计算方式，即精神损害的赔偿数额根据以下因素确定：① 侵权人的过错程度，但是法律另有规定的除外；② 侵权行为的目的、方式、场合等具体情节；③ 侵权行为所造成的后果；④ 侵权人的获利情况；⑤ 侵权人承担责任的经济能力；⑥ 受理诉讼法院所在地的平均生活水平。

📋 二、案例介绍

（一）基本案情介绍

2022 年 5 月 23 日，怀有身孕的花某鸿在鞍山市铁东区某某小学南某某饺子馆门前人行道路行走时，魏某驾车在花某鸿背后鸣笛，双方遂产生争执，后花某鸿身体不适到鞍山市某某医院治疗，经诊断：花某鸿先兆流产。花某鸿共计住院三天，产生医疗费 1441 元。

（二）审判过程和裁判结果

一审法院认为，公民的生命健康权受法律保护。根据《侵权责任法》第六条"行为人因过错侵害他人民事权益，应当承担侵权责任"的规定，该案中魏某鸣笛导致孕妇花某鸿受到惊吓并入院治疗，故魏某应承担赔偿责任。

关于花某鸿要求赔偿医疗费的主张，依照《人身损害解释》第十九条"医疗费根据医疗机构出具的医药费、住院费等收款凭证，结合病历和诊断证明等相关证据确定。赔偿义务人对治疗的必要性和合理性有异议的，应当承担相应的举证责任"之规定。法院最终判决如下：（1）魏某于该判决生效之日起十日内赔偿花某鸿医疗费1441元、护理费300元、伙食补助费300元、交通费50元、轮椅租借费60元，共计2151元；（2）驳回花某鸿其他诉讼请求。如果魏某未按该判决指定的期间履行给付金钱义务，应当依照《民事诉讼法》第二百五十三条规定，魏某加倍支付迟延履行期间的债务利息。案件受理费减半收取25元，由魏某承担。

二审法院认为，依据《中华人民共和国道路交通安全法》（以下简称《道路交通安全法》）第四十七条规定："机动车行经人行横道时，应当减速行驶；遇行人正在通过人行横道，应当停车让行。机动车行经没有交通信号的道路时，遇行人横过道路，应当避让。"本案中，魏某作为机动车驾驶方未能遵循礼让行人的出行原则，且在孕妇因鸣笛受到惊吓后并未采取相应措施防止损害进一步扩大，而是再次鸣笛后与对方发生争吵，导致矛盾升级，其对损害结果的发生存在一定过错。同时，依据《民法典》第一千一百六十五条规定："行为人因过错侵害他人民事权益造成损害的，应当承担侵权责任。"第一千一百七十九条规定："侵害他人造成人身损害的，应当赔偿医疗费、护理费、交通费、营养费、住院伙食费等为治疗和康复支出的合理费用，以及因误工减少的收入。"本案中，双方当事人对出警登记表均表示无异议，出警登记表中明确记载，民警到达现场，了解情况，系当事人因车辆鸣笛与车主发生争吵，双方无肢体冲突。一审中，花某鸿提供了鞍山市某某医院出具的病历资料，该资料载明：经诊断，先兆流产。病程记录记载：告知不排除再次出现先兆早产，难免早产的可能。花某鸿在因鸣笛受到惊吓且与魏某发生争吵后两小时内随即入院治疗，根据日常生活经验判断，花某鸿的诊疗行为与魏某鸣笛争吵具有时间上的紧密性，出警登记表中记录的事件经过，以及入院时间、病历资料能够相互印证，花某鸿在怀孕期间因魏某鸣笛引发争吵、受到惊吓住院治疗的证据达到了高度盖然性的认定标准，花某鸿因魏某的侵权行为造成人身损害，魏某因此应当承担赔偿责任。故魏某主张其对于花某鸿的损害结果不承担赔偿责任，法院不予支持。关于魏某主张一审法院适用法律错误，程序违法，未对魏某陈述的事实进行质证一节，经核实，一审法院在审理过程中已就本案争议焦点组织质证，程序合法，双方当事人均在庭审笔录中签字确认，魏某的此项辩解，二审法院不予支持。

综上所述，魏某的上诉请求不能成立，应予驳回；一审判决认定事实清楚，适用法律正确，应予维持。

三、案例分析

本案争议焦点为魏某应否对花某鸿的损失承担赔偿责任。

（一）侵权人的过错认定

一般侵权需要判断侵权人具有一定的过错。此处的过错既包括故意，又包括过失。本案中，魏某驾车不礼让行人存在过错。魏某对鸣笛事实及花某鸿住院事实均予以认可，但根据花某鸿提交的证据并不能证明魏某驾驶车辆时存在异常鸣笛行为，也不能证明魏某存在鸣笛或其他侵权行为与导致花某鸿出现先兆流产之间存在因果关系。对于过错要件，该路段不是禁止鸣笛区域，魏某鸣笛是为了保证行车安全的正常操作，提醒行人小心避让，鸣笛是正常合理的行为，不一定具有过错。依据《道路交通安全法》第四十七条规定，机动车行经人行横道时，应当减速行驶；遇行人正在通过人行横道，应当停车让行。机动车行经没有交通信号的道路时，遇行人横过道路，应当避让。本案中，魏某作为机动车驾驶方未能遵循礼让行人的出行原则，且在孕妇因鸣笛受到惊吓后并未采取相应措施防止损害进一步扩大，而是再次鸣笛后与对方发生争吵，导致矛盾升级，其对损害结果的发生存在一定过错。

（二）加害行为与损害的因果关系认定

侵权行为与损害后果之间的因果关系判断是判断侵权责任的重要环节。从本案来看，魏某认为，对于因果关系要件，花某鸿提供医院病历和缴费单据证明了损害后果的存在，但没有就魏某鸣笛是造成花某鸿身体损害的主要原因提供证据予以证明，仅凭医院病历不能证明花某鸿的身体损害是由魏某鸣笛引起的。根据一般侵权纠纷证据分配规则，花某鸿应当承担举证不能的法律后果，故对其要求魏某赔偿损失的请求，依法不予支持。魏某认为，2022年5月份左右，魏某开车到鞍山市铁东区某某饺子馆准备停车，因花某鸿母亲站在魏某车左前方大概1米处，妨碍了魏某停车，魏某便鸣笛警示，花某鸿母亲没有礼让，魏某以为她没听到，就按了第二遍。花某鸿便回头与魏某争吵，还自行坐在马路上，但魏某自始至终没有和她争吵，更没有肢体接触。孕妇先兆流产有很多原因，可能和孕妇子宫畸形有关，也可能和内分泌异常有关，另外，如果孕妇有过多次流产史，同样会导致先兆流产。根据正常的生活经验，汽车笛声不会导致花某鸿先兆流产，且花某鸿无端动怒，不断呵斥魏某，自己坐在马路上等比起魏某鸣笛更可能导致先兆流产。法院审理认为，花某鸿在因鸣笛受到惊吓且与魏某发生争吵后两小时内随即入院治疗，根据日常生活经验判断，花某鸿的诊疗行为与魏某鸣笛引发争吵具有时间上的紧密性，出警登记表中记录的事件经过及入院时间、病历资料能够相互印证，花某鸿在怀孕期间因魏某鸣笛引发争吵、受到惊吓住院治疗的证据达到了高度盖然性的认定标准，花某鸿因魏某的侵权行为造成人身损害，因此魏某应当承担赔偿责任。

四、课程思政解读

欧阳修认为："法者，所以禁民为非而使之迁善远罪也。""魏某与花某鸿生命权、健康权、身体权纠纷案"所涉及的课程思政元素至少体现在以下几个方面：一是如何通过该案所依据的法律规则来理解注意义务的价值；二是如何用注意义务的价值来指导对现行共同侵权责任承担归责的理解与适用；三是如何用注意义务的价值来为制度的优化提供指引。

注意义务是人们交往中应尽到的对他人的健康、财产给予必要尊重的义务，一方面要求不对他人的权益作出侵犯，另一方面也需要在必要时对他人的权益进行必要的保护，只有这样才能够保障社会秩序的有序进行。注意义务具有三个层面：

第一个层面是普通人的注意义务。普通人的注意义务指在正常情况下，只用一般情景中的注意即可预见的情形。这种注意标准，应当采用客观标准，即将一般人在通常情况下能够注意到作为标准。如果在通常情况下，一般人也难以预见到，那么就尽到了注意义务，就不能认定当事人具有过失。例如，骑车时不遵守交通规则，在人行道上逆向行驶，导致撞倒在人行道上正常行走的行人，有违一般人的注意义务。因为这种侵害他人的后果，普通人凭常识就能预见。

第二个层面是应与处理自己的事务为同一注意义务。所谓自己的事务，包括法律上、经济上、身份上一切属于自己利益范围的事务。这种注意义务，应当以行为人平时处理自己的事务所尽注意义务为标准。判断这种注意义务需要适用主观标准，即行为人在主观上是否已经尽到了自己的注意义务。如果行为人证明自己在主观上已经尽到了注意义务，则认定其无过失。

第三个层面是善良管理人的注意义务。这种注意义务与罗马法中的善良家父之注意和德国民法中的交易上必要之注意是相当的，都是以交往中的一般观念，认为具有相当专业知识的人对于一定事件所用的注意作为标准，从客观角度加以认定。行为人有无尽此注意的知识和经验，以及他向来对于事务所用的注意程度，均不过问，只有依其职业斟酌，因此第三种注意义务比前两种注意义务要求更高。

上述三种注意义务，从要求上分为三个层次。普通人的注意义务是最低层次，与处理自己的事务为同一注意义务是中间层次，善良管理人注意义务是最高层次。

注意义务是诚实信用原则的体现。《管子·枢言》载："诚信者，天下之结也。""夫信者，人君之大宝也。国保于民，民保于信。非信无以使民，非民无以保国。"诚实信用是民商事主体在民商事活动中应当遵循的最基本原则，甚至被学者们称为民法中的"帝王规则"。例如，《民法典》第七条要求"民事主体从事民事活动，应当遵循诚实信用原则，秉持诚实，恪守承诺"，是《民法典》对社会主义核心价值观之"诚信"在法律上的回应。诚信原则既体现在民事主体从事民商事活动时应当秉持诚实，恪守承诺，也体现在对当事人行为法律后果的失衡状态的调整。诚信原则要求行为人在社会交往中应当关注他人的利益，避免自己的行为造成他人的权益损害。

注意义务是公民遵纪守法的体现。我国宋代名臣包拯认为："法令既行，纪律自正，则无不治之国，无不化之民。"当代社会是法治社会，要求公民必须遵守法律。本案中魏某驾驶机动车并未遵守《道路交通安全法》。《道路交通安全法》第四十七条规定："机动车行经人行横道时，应当减速行驶；遇行人正在通过人行横道，应当停车让行。机动车行经没有交通信号的道路时，遇行人横过道路，应当避让。"张居正认为："天下之事，不难于立法，而难于法之必行。"本案中，魏某作为机动车驾驶方未能遵循礼让行人的出行原则，未尽到相应的注意义务，因此可以认定魏某的行为存在违法性。

注意义务是正义原则的体现。《战国策·秦策》有言："法令至行，公正无私。"正义是法律的精髓和灵魂，是一切法律的永恒追求，平等是实现正义的基础和保障。基于私人自治，行为人参与社会交往有自主决定自己行为的权利。但是当行为人参与社会交往时，如果自己的行为致使他人陷入了危险境地，则有义务保障他人的安全，这是社会正义的体现。若一个人随意地参与社会交往，其行为可能会使他人陷入危险的境地，他人因此而遭受损失，则行为人应当承担相应的损害赔偿责任，只有这样，才能弥补受害人的损失。本案中魏某驾驶汽车违反了交通规则后并没有改正自己的错误，反而与被侵权人争吵，这是一种非常不文明的社会行为。只有当魏某为自己的违法行为承担必要的侵权责任后，才能够体现社会的公平与正义。

健康权是什么？如何理解其含义？这是《民法典》人格权编部分的重要问题。教师在授课的过程中，要具体辨析健康权与民法中其他人格权的区别，阐明健康权行使的条件、主体与法律后果，深刻揭示健康权与其他人格权之间的内在联系。教师要通过课程思政案例的代入，阐释健康权的含义、价值，让学生深入掌握健康权行使的条件、主体与法律后果。同时，教师在案例的阐释中要让学生了解健康权行使中自然人诚信行为的要求、社会主体之间存在形式公平平等与实质公平平等之分。健康权制度的法律规范背后有平等、公平、诚信、和谐的社会主义核心价值观的蕴意。这种蕴意指导着健康权制度的理解适用与发展完善。

在课堂设计中，课程思政案例的引入应当是"润物细无声"的。本案例的代入，应当放在健康权的概念、健康权行使的讲解过程中进行阐释，这样以案说法，帮助学生对教师所讲授的知识点产生兴趣并进而深入学习。具体的展开与分析主要有案例教学、课堂讨论、翻转课堂教学等。

正如恩格斯所指出的那样，民法乃是"以法律形式表现了社会经济生活条件的准则"，案例是一个个活生生的生活现实。在授课中运用案例教学，有助于激发学生的学习兴趣和热情，提高课堂教学效率和效果。

以案例讲解带动学生展开充分的课堂讨论，拓展其思维空间。在导入案例时使用参与式课堂活动的方法，让学生模拟原告、被告及法官的身份参与课堂讨论，结合案例分析讨论《民法典》第一千零四条、第一千零五条和第一千一百六十五条及《人身损害解释》《精神损害赔偿解释》等理解适用中所面临的问题及其应对策略，让学生在学习的过程中阐述自己的观点、倾听别人的表述与批评，启发自己的思考，得出自己的结论，养成独立思考的习惯。

五、问题拓展讨论

1. 结合健康保护与社会秩序之间的平衡理念，谈谈你对《民法典》在侵犯健康权行为构成中所采用的模式有何评价。你认为是否有必要考虑行为人的主观因素？

2. 《民法典》对健康权内容的规定有何不足？如何改进？

3. 从社会主义核心价值观之公平与诚信的价值维度，谈谈你对《民法典》有关侵犯健康权的行为规定的立法模式有何看法。

六、阅读文献推荐

1. 黄薇：《中华人民共和国民法典人格权编解读》，中国法制出版社，2020 年。

2. 史尚宽：《债法总论》，中国政法大学出版社，2000 年。

3. 最高人民法院民法典贯彻实施工作领导小组主编：《中华人民共和国民法典人格权编理解与适用》，人民法院出版社，2020 年。

4. 马俊驹：《人格和人格权理论讲稿》，法律出版社，2009 年。

5. 陈甦、谢鸿飞等：《民法典评注：人格权编》，中国法制出版社，2020 年。

6. 程啸：《侵权责任法》（第三版），法律出版社，2021 年。

物 权 篇

A Course on Ideological and
Political Cases in Civil and Commercial Law

物权请求权

案例 8：连某贤诉臧某林排除妨害纠纷案

⚠ 一、知识点提要

（一）物权请求权的含义与性质

物权请求权，指物权的圆满状态受到妨害或者有被妨害之虞时，物权人为了排除或预防妨害，请求对方为一定行为或不为一定行为的权利，包括物权的返还请求权，发生妨害除去请求权。

物权请求权是物权的效力，是物权的一部分，不能脱离物权而转让。反之，物权的转让本身也意味着物权请求权的转让。[①]

（二）物权请求权的范围

《民法典》中关于物权保护，共有七个条文，第二百三十三条关于物权纠纷的解决方式是一条宣示性规定。第二百三十四条关于物权确认请求权与物权的圆满状态受到妨害无关，因此不属于物权请求权，诉讼上为确认之诉，而非给付之诉，与实体法上的请求权无关。第二百三十七、二百三十八条规定关于不动产或者动产毁损时，修理、重作、更换或者恢复原状的请求权、物权被侵害时，损害赔偿请求权及其他民事责任的规定，均用"依法"二字加以限制，表明这两个条文本身不是构成物权请求权要件的条文，这两个条文涉及的主要是侵权责任的承担，其具体适用必须以《侵权责任法》为

---

① 见判决书：BGH MDR 2018, 225.

依据，当然在适用这两个条文时也可能涉及侵害物权的违约责任，如果要求承担违约责任，自然必须以违约责任的规定为基础。①

《民法典》第二百三十五、二百三十六条条文中规定的三项物权请求权：返还原物请求权、排除妨害请求权、消除危险请求权。这两条条文中请求权人均以权利人作为称谓，由于是物权保护这一章的规定，因此此处的权利人只能专指物权人，其他诸如债权人、占有人等不能适用这两条规定。

《民法典》第二百三十九条规定物权保护的方式可以单独适用，也可以根据权利被侵害的情形合并适用。《民法典》第一百七十九条第三款关于承担方式的规定可以单独适用，也可以合并适用。由于第二百三十五条、二百三十六条涉及的物权请求权，第二百三十七、二百三十八条涉及的债权请求权，二者更可能涉及的是责任竞合，因此大多数情况下人们选择其中一种请求权主张，而非简单的单独适用或合并适用的问题。

(三) 返还原物请求权

1. 含义

《民法典》第二百三十五条规定："无权占有不动产或者动产的，权利人可以请求返还原物。"据此，返还原物请求权指不动产或者动产被他人无权占有的，物权人可以请求无权占有人返还原物的权利。

2. 成立要件

(1) 请求权人是物权人

请求权人是物权人，权利行使之后，意味着物权人重新取得占有，也就是占有是物权的内容，因此该权利除了适用于所有权外，只能适用于权利内容涉及占有的物权，比如用益物权、质权、留置权。抵押权不适用该条。对于质权、留置权而言，如果所有人也可以请求无权占有人返还原物，自然也必须返还给质权人或者留置权人。所有权人返还原物请求权，罗马法上称为物的返还请求权（rei vindicatio）。

(2) 义务人是无权占有人

义务人必须是无权占有人，所谓无权，指相对于请求权人其没有占有的

① 《民法典》起草中有人建议删除这两个条文，起草者最后根据物权的保护这一章的规定，保留了这两个条文，但是加上了"依法"二字，表明两个条文非独立的请求权基础。参见黄薇.《中华人民共和国民法典》释义［M］.北京：法律出版社，2020：446.

本权，不管是物权还是债权。另外占有人如果相对于物权人依据彼此之间的合同就交付有拒绝履行的抗辩权时，不属于无权占有人，从而避免了当事人之间的合同安排，被物权请求权的行使所破坏。

义务人必须是占有人，即使其曾经是无权占有人，但是现在已经不是占有人，而是其他人，对其主张返还原物根本就没有意义。而如果占有的标的物在无权占有人手中灭失，此时涉及我国《民法典》第四百六十一条的关于占有人赔偿责任的规定适用，该条尤其保护善意占有人的利益。若原物已经灭失，则不存在适用返还原物请求权的问题。

无权占有人虽然不是现在的直接占有人，但是属于间接占有人，根据我国《民法典》第二百三十五条的规定，返还原物的间接占有也是返还原物，逻辑上物权人应该依然可以要求其返还间接占有的原物。不过有时会使得问题复杂化，因为即使所有人取得间接占有，占有媒介关系使得直接占有人依然是有权占有人，一方面，所有人有可能短时间内并不能取回原物，另一方面，可能因此又需要无权间接占有人就此进一步承担返还不能的责任，似乎没有必要。

比如，甲以所有权保留的方式出售保龄球道给乙，乙承租了丙的宾馆，将保龄球道安装于该宾馆，由于乙未能支付租金，丙解除了乙丙之间的租赁合同，而后丙又将保龄球道再次出租给丁，而乙又未能支付保龄球道的价款，甲如果向丙要求返还保龄球道的间接占有①，丙的间接占有返还之后，此时丁相对于甲就成为有权占有人，甲无法取得直接占有，从而又构成丙的返还不能，需要就返还不能承担责任，故此，承认甲对直接占有人丁返还原物的请求权即可。

（四）排除妨害请求权

1. 含义

根据我国《民法典》第二百三十六条规定："妨害物权或者可能妨害物权的，权利人可以请求排除妨害或者消除危险。"

2. 成立要件

（1）请求权人

同返还原物请求权。

---

① 见判决书：BGHZ 53, 29.

（2）义务人

义务人首先必须是妨害物权的人，妨害指以占有以外的方式，妨害物权人的权利的行使。妨害的形式有很多种，只要是妨害物权人的权利的行使，都有可能是妨害，比如环境污染、邻居住宅用途的改变等。

义务人必须是无权妨害人，与占有不同，物权人一般不会赋予他人以妨害的物权或者债权，是否是无权妨害，取决于物权人有无容忍义务，就不动产而言，尤其要看基于相邻关系的规则。物权的行使本身受到其他人权利的限制，在一定范围内物权人对于他人的妨害有容忍的义务，而不得要求排除。比如有人弹琴，有人吹笛子，有人唱歌，只要不是不合适的时间、不是整日整夜的妨害，此时就不能要求排除妨害，需要关上的可能不是别人家的窗子，而是你自己的窗子。

（五）消除危险请求权

1. 含义

消除危险请求权的含义可依据《民法典》第二百三十六条的规定："妨害物权或者可能妨害物权的，权利人有权请求排除妨害或者消除危险。"

2. 要件

（1）权利人

同返还原物请求权。

（2）义务人

义务人指造成妨害危险的人。

（3）排除妨害与消除危险

消除危险是妨害发生之前，为预防发生妨害，请求义务人须提前采取相应的措施。而妨害发生之后，如果是持续性的妨害，此时如果仅仅通过排除妨害还不能避免妨害的进一步发生，可能就需要同时行使排除妨害与消除危险请求权。比如，住宅小区一楼住宅被出租给他人开餐馆，楼上居民可以要求餐馆停止营业，以消除对自己的妨害，但是为避免该妨害继续发生的可能，消除危险请求权可以要求出租方解除与餐馆经营者的请求权，也就是餐馆不是暂停营业，而是终止营业。

二、案例介绍

原告为连某贤，被告为臧某林。本案的裁判要旨为：签订房屋买卖合同后出卖方应向买受人履行权利与实物的双重交付义务，在买受方已取得房屋产权而未实际占有的情况下，其仅仅基于物权请求权要求有权占有人迁出，法院应作慎重审查。若占有人对房屋的占有具有合法性、正当性，买受方应以合同相对方为被告提起债权给付之诉，要求对方履行交付房屋的义务或在房屋客观上无法交付的情况下承担相应的违约责任。①

原告连某贤因与被告臧某林发生排除妨害纠纷，向上海市浦东新区人民法院提起诉讼。

原告连某贤诉称：原告于 2011 年从案外人谢某忠处购得上海市浦东新区周浦镇瑞安路×弄×号×室房屋，后案外人谢某忠一直未履行交房义务，故原告于 2012 年 7 月 5 日诉至法院，要求案外人谢某忠履行交房义务，在审理过程中，法院依法追加被告臧某林共同参加诉讼，被告主张原告与案外人谢某忠所签订的房屋买卖合同无效，后未获支持。原告已合法取得系争房屋，现被告仍居住在系争房屋中，严重侵犯了原告作为物权人对物权正常权利的行使，故要求被告立即迁出上海市浦东新区周浦镇瑞安路×弄×号×室房屋。

被告臧某林辩称：上海市浦东新区周浦镇瑞安路×弄×号×室房屋属被告所有，被告未出售系争房屋，被告与案外人谢某忠之间的买卖关系属无效，故不同意原告连某贤的诉求。

上海市浦东新区人民法院一审查明：上海市浦东新区周浦镇瑞安路×弄×号×室房屋原系被告房屋拆迁后以补偿安置款购得，2008 年 8 月，系争房屋的权利核准登记至被告名下，房屋由被告及家人居住使用。2011 年 8 月 12 日，案外人李某以被告代理人的身份与案外人谢某忠就系争房屋签订《上海市房地产买卖合同》，约定房地产转让价款为 80 万元，同日，李某向相关部门递交了房产转移登记申请书，后系争房屋权利登记至案外人谢某忠名下。2011 年 10 月，原告与案外人谢某忠就上海市浦东新区周浦镇瑞安路×弄×号×室房屋签订了买卖合同，约定房地产转让价款为 110 万元，2012 年 4 月 5 日，系争房屋权利核准登记至原告名下。2012 年 7 月 5 日，原告起诉案外人

---

① 该案例刊登于 2015 年《最高人民法院公报》第 10 期。

谢某忠要求其将系争房屋交付原告，被告作为第三人申请参与诉讼，后法院判决，确认以被告名义与案外人谢某忠就上海市浦东新区周浦镇瑞安路×弄×号×室房屋订立的《上海市房地产买卖合同》无效；驳回原告要求案外人谢某忠将系争房屋交付原告的诉求；驳回被告要求确认原告与案外人谢某忠就系争房屋的买卖关系无效的诉求。原告以其已合法取得系争房屋，现被告仍居住在系争房屋中，严重侵犯了原告作为物权人对物权正常权利的行使为由诉至法院，要求被告立即迁出上海市浦东新区周浦镇瑞安路×弄×号×室房屋。

上海市浦东新区人民法院一审认为：财产所有权指所有人依法对自己的财产享有占有、使用、收益和处分的权利。侵占国家的、集体的财产或者他人财产的，应当返还财产，不能返还财产的，应当折价赔偿。本案中原告连某贤提供的证据，足以证明原告系上海市浦东新区周浦镇瑞安路×弄×号×室房屋的合法产权人，依法享有占有、使用、收益和处分的权利，被告现已非上述房屋的产权人，被告臧某林已无权居住使用上述房屋，故原告要求被告迁出上述房屋应予准许，但鉴于本案的实际情况，应给予被告一定的时间，另行解决居住问题。被告辩称系争房屋属原告所有，其并未出售系争房屋等意见，与事实不符，也于法无据，法院不予采信。

上海市浦东新区人民法院依照《民法通则》第一百一十七条第一款的规定，于2013年12月23日作出判决：

被告臧某林于本判决生效之日起两个月内迁出上海市浦东新区周浦镇瑞安路×弄×号×室房屋。

被告臧某林不服一审判决，向上海市第一中级人民法院上诉称：被上诉人连某贤与案外人串通骗取系争房屋产权证，臧某林对系争房屋享有所有权，请求二审法院依法改判驳回连某贤的一审诉请。

被上诉人连某贤辩称：原审判决正确，请求二审法院依法维持原判。

上海市第一中级人民法院经二审，确认了一审查明的事实。

上海市第一中级人民法院二审认为：

本案的争议焦点在于，当所有权与占有权能发生分离的情况下，买受人是否可以其为房屋所有权人基于返还原物请求权要求房屋内的实际占有人迁出。

第一，生效判决已确认案外人李某以被告臧某林代理人身份与案外人谢某忠就系争房屋所签订的买卖合同无效，即第一手的房屋买卖并非原始产权人臧某林之真实意思表示，该买卖合同对臧某林自始不发生法律效力，其从

2008 年 8 月起居住在系争房屋内，并占有、使用该房屋至今具有合法依据，故产权人连某贤在其从未从出售方谢某忠处获得房屋实际控制权的情况下，径行要求实际占用人臧某林迁出，法院不予支持。

第二，在第二手的房屋买卖交易中，被上诉人连某贤与案外人谢某忠签订了系争房屋的房地产买卖合同并支付了相应对价，该买卖合同已经生效，判决确认此买卖合同为有效合同，故对连某贤与谢某忠均具有法律约束力，双方均应依合同之约定履行相应义务。鉴于此，连某贤对系争房屋的权利应通过该房地产买卖合同的履行（包括房屋的权利交付以及实物交付）来实现。本案中，虽然连某贤已于 2012 年 4 月 5 日取得了系争房屋的房地产权证，完成了房屋的权利交付过程，但其自始未曾取得过系争房屋的占有、使用权。对此，连某贤应依据其与案外人谢某忠签订的房地产买卖合同之约定基于债权请求权向合同相对方主张权利。结合本案来看，由于第一手的买卖合同已被确认为无效，案外人谢某忠自始至终没有合法取得过系争房屋，而客观上无法向连成贤履行交付房屋的义务，故连某贤应向谢某忠主张因无法交付房屋导致合同无法继续履行的违约责任。

综上所述，上海市第一中级人民法院依据《民事诉讼法》第一百七十条第一款第二项，于 2014 年 3 月 13 日判决：

一、撤销上海市浦东新区人民法院（2013）浦民一（民）初字第 36805 号民事判决；

二、驳回连某贤要求臧某林迁出上海市浦东新区周浦镇瑞安路×弄×号×室房屋的诉讼请求。

本判决为终审判决。

三、案例分析

（一）本案案由

就该案件的案由来说，连某贤要求臧某林迁出诉争房屋，法院确定本案的案由为排除妨碍的做法是不完整的，该案至少包含了或者主要是返还原物纠纷。返还原物请求权和排除妨害（《中华人民共和国物权法》第三十五条规定："妨害物权或者可能妨害物权的，权利人可以请求排除妨害或者消除危险。"）请求权均是物权请求权，两者区别在于，后者所谓的妨害是以占有以外的方式妨害物权人行使其物权，本案中双方争议在于，臧某林是否能够继续以占有的方式妨害连成贤行使该物权，这里的请求权当然包含了返还原物请求权，而非仅仅是排除妨害请求权。

（二）本案的裁判摘要

就裁判摘要而言，其认为在签订房屋买卖合同后出卖方应向买受人履行权利与实物的双重实付，在买受方已取得房屋产权而未实际占有的情况下，其仅仅基于物权请求权要求有权占有人迁出，法院应作慎重审查。这种观点并无意义，如果认定物权请求权的行使对象是有权占有人，由于不具备义务人必须是无权占有人的适用条件，自然不能适用《中华人民共和国物权法》（以下简称《物权法》）第三十四条（公报没有明确说明有关裁判的法律依据，但是从其行文看，所涉及的依据就是与《民法典》第二百三十五条对应的当时的《物权法》第三十四条），无须再进行什么慎重审查。而如果认定其是《物权法》第三十四条意义上的无权占有人，自然就不存在向所谓的有权占有人主张物权请求权的问题。

（三）二审裁判理由和裁判结果的分析

就裁判理由和裁判结果来说，无论是事实认定还是法律适用，该案均是错误的。

依据《物权法》第三十四条（即《民法典》第二百三十五条），连某贤有权要求臧某林返还该房屋，因为适用该条规定的要件均已具备。

（1）连某贤已经取得了房屋的所有权，是《物权法》第三十四条意义上的权利人，二审裁判认为，连某贤不属于这里的权利人的理由是："虽然连某贤已于2012年4月5日取得了系争房屋的房地产权证，完成了房屋的权利交付过程，但其自始未曾取得过系争房屋的占有、使用权。产权人连某贤在其从未从出售方谢某忠处获得房屋实际控制权的情况下，径行要求实际占用人臧某林迁出，法院不予支持。"法院确实要求连某贤取得过对房屋的实际控制，取得过房屋的占有、使用权，也就是必须曾经取得过系争房屋的占有，才能向臧某林主张返还该房屋的物权请求权。这一看法，实际上要求连某贤必须曾经是占有人，这于法无据，《物权法》第三十四条的规定已经明确表明，法律并不要求请求权人是占有人，只要是物权人即可。

（2）臧某林是无权占有人，臧某林占有该房屋的依据是其享有的所有权，而连某贤取得该房屋所有权后，一屋不容二主，臧某林自然就丧失了所有权，臧某林不能再以所有权人的身份，对连某贤主张其是有权占有人。而臧某林与连某贤之间没有任何合同关系，也没有任何可以对抗连某贤的债权。法院认为："生效判决已确认案外人李某以被告臧某林代理人身份与案外人谢某忠就系争房屋所签订的买卖合同无效，即第一手的房屋买卖并非原始产权人臧某林之真实意思表示，该买卖合同对臧某林自始不发生法律效力，其从 2008 年 8 月起居住在系争房屋内，并占有、使用该房屋至今具有合法依据。"该案是连环买卖，即臧某林将房屋出卖给谢某忠，谢某忠将房屋再出卖给连某贤。臧某林和谢某忠之间的合同无效，使得谢某忠对臧某林负有因合同无效而产生的法律后果，在不涉及合同无效，物权变动也无效时（本案中合同虽然无效，连某贤已经取得了所有权，不涉及臧某林基于其所有权可以向谢某忠主张涂销错误的所有权登记等权利行使的问题，由于善意取得的成立，该请求权事实上也无法行使），该后果主要内容是债法效果，只能对谢某忠主张，不能因此赋予臧某林任何可以对抗连某贤的债权。对连某贤而言，臧某林并不是该房屋的所有人，没有可以对抗连某贤的债权。因此，法院认为臧某林占有、使用该房屋"至今具有合法根据"，也就是认为其是有权占有人，于事实无据。

 四、课程思政解读

本案涉及的所有权的物权请求权的行使，基于《民法典》第二百三十五和二百三十六条规定，支持原告对被告的返还原物请求权和排除妨害请求权，微观上看是为了保护所有人的权利，宏观上看，对于权利人的权利保护本身，也是社会主义核心价值观法治精神的要求。试想一下，一个人拥有所有权，却永远无从行使该所有权，法治的观念如何能够容忍该现象？

本案能够让学生们认识到严格以法律为准绳，以事实为依据的必要性，展示了将社会主义核心价值观融入司法实践过程中可能会出现的偏差。每个人都应该认真对待自己的权利，权利的行使本身是从个人角度对法治的维护。而当权利人行使权利时，司法机关以法律为准绳，以事实为根据的裁判，是公正司法的基本要求。

这不是说当事人在诉讼中不可以放弃自己的全部或者部分权利，接受法院的调解，而是说如果当事人依法行使权利，法院的首要职责是查明是否存在适用有关法律的案件事实，从而依据法律规定进行裁判。

党的二十大报告指出："努力让人民群众在每一个司法案件中感受到公平正义。"公平正义本身就要求司法裁判以事实为根据，以法律为准绳，避免恣意裁判。

五、问题拓展讨论

1. 若连某贤的请求权成立，如何保护臧某林的利益？

2. 谢某忠和臧某林之间的买卖合同无效，是否会影响连某贤的所有权取得？

3. 谢某忠和臧某林之间的买卖合同无效，谢某忠和连某贤之间的买卖合同是否无效？

4. 本案后续诉讼中，原告连某贤原本就已经将房屋抵押给银行以获取贷款支付涉案房屋价款，由于其未按期归还贷款，银行起诉要求其归还贷款，请问银行有无权利对臧某林占有的房屋行使抵押权？

六、阅读文献推荐

1. 《民法学》编写组：《民法学：上、下册》（第二版），高等教育出版社，2022 年。

2. 谢在全：《民法物权论：上、下册》，中国政法大学出版社，2011 年。

3. 刘家安：《民法物权》，中国政法大学出版社，2023 年。

4. 姜海峰：《物权法：规则与解释》，北京大学出版社，2022 年。

买受人的物权期待权与物权法定

案例 9：中国建设银行股份有限公司怀化市分行与中国华融资产管理股份有限公司湖南省分公司等案外人执行异议之诉案

! 一、知识点提要

（一）物权法定的含义

物权法定指物权的种类和内容，由法律规定（《民法典》第一百一十六条）。

1. 类型强制

物权法定，也被称为类型强制（Typenzwang，拉丁文 numerus clausus，数目上锁死的意思），狭义的物权法定就是指物权种类法定。

2. 类型固定

物权的内容法定，也是落实物权法定的必然要求，内容法定也被形象地称为类型固定（Typenfixierung），也就是如果选定了某个类型的物权，这个物权的内容就已经被法律确定，不能随意改变，因为如果内容可以任意改变，不免会发生挂羊头、卖狗肉的风险，也就是，当事人设定的物权内容与法律不一致，实际上创设了一个法律没有规定的物权，从而规避物权法定的要求。当然如前所述，就《民法典》地役权内容本身，允许当事人自由约定（《民法典》第三百七十二条），对这类物权法律很大程度上放松了所谓类型固定的要求，但是仍然要求该类物权具有役权的性质，即按照合同，利用他人不动产来提高自己不动产的效益。

（二）物权期待权

《民法典》没有明确规定物权期待权。物权期待权是最高人民法院司法解释创设的权利。《最高人民法院关于人民法院办理执行异议和复议案件若干问题的规定》（以下简称《执行异议和复议规定》）创设了两种买受人物权期待权。[①]

《民法典》第二十八条设立了普通买受人的物权期待权，规定："金钱债权执行中，买受人对登记在被执行人名下的不动产提出异议，符合下列情形且其权利能够排除执行的，人民法院应予支持：（一）在人民法院查封之前已签订合法有效的书面买卖合同；（二）在人民法院查封之前已合法占有该不动产；（三）已支付全部价款，或者已按照合同约定支付部分价款且将剩余价款按照人民法院的要求交付执行；（四）非因买受人自身原因未办理过户登记。"

《民法典》第二十九条设立了从房地产开发企业购买商品房自住的作为买受人的自然人的物权期待权，规定："金钱债权执行中，买受人对登记在被执行的房地产开发企业名下的商品房提出异议，符合下列情形且其权利能够排除执行的，人民法院应予支持：（一）在人民法院查封之前已签订合法有效的书面买卖合同；（二）所购商品房系用于居住且买受人名下无其他用于居住的房屋；（三）已支付的价款超过合同约定总价款的百分之五十。"

以上规定中，买受人虽然没有取得物权，但是已经取得占有并且所支付的价款超过了合同约定总价款的50%；或者案涉不动产属于买受人未来的唯一住房，事关其生存权的保护，上述司法解释创设了物权期待权，可以排除他人（包括其他物权人在内）强制执行，实际上赋予了买受人物权人的地位。对普通买受人而言，如果其取得占有在查封之前，但是取得占有的时间在他人取得抵押权之后，其是否依然可以排除他人执行，《物权法》上是否享有优先于其他物权人的地位，仍然存在疑问。

---

① 江必新，刘贵祥. 最高人民法院关于人民法院办理执行异议和复议案件若干问题规定理解与适用 [M]. 北京：人民法院出版社，2015：421，431.

二、案例介绍

（一）基本案情介绍

中国建设银行股份有限公司怀化市分行与中国华融资产管理股份有限公司湖南省分公司等案外人执行异议之诉案，刊登于《最高人民法院公报》2023 年第 6 期，该案的裁判要旨：一、执行异议之诉案件可参照适用《执行异议和复议规定》进行审查处理，同时需基于案件具体情况对案外人是否享有足以排除强制执行的民事权益进行实质审查。二、非消费者购房人能否排除抵押权人的申请执行，可基于双方权利的性质、取得权利时间的先后、权利取得有无过错，以及如何降低或者预防风险再次发生等因素，结合具体案情，对双方享有的权利进行实体审查后作出相应判断。

上诉人中国建设银行股份有限公司怀化市分行（以下简称建行怀化市分行）因与被上诉人中国华融资产管理股份有限公司湖南省分公司（以下简称华融湖南分公司）及原审第三人怀化英泰建设投资有限公司（以下简称英泰公司）、东星建设工程集团有限公司（以下简称东星公司）、湖南辰溪华中水泥有限公司（以下简称华中公司）、谢某健、陈某芳案外人执行异议之诉一案，不服湖南省高级人民法院（2020）湘民初 1 号民事判决，向最高人民法院提起上诉。

建行怀化市分行向一审法院起诉请求：（1）不得执行案涉房产；（2）确认华融湖南分公司对案涉房产的优先受偿权不得对抗建行怀化市分行。一审法院认为建行怀化市分行的诉讼请求不能成立，对其不予支持。

一审法院依照《民事诉讼法》（2017 年修正）第一百一十九条、《中华人民共和国企业破产法》第二十条、《最高人民法院关于适用〈中华人民共和国民事诉讼法〉的解释》（2015 年施行）第三百零六条、《最高人民法院关于建设工程价款优先受偿权问题的批复》第一条及第二条之规定，参照《最高人民法院关于人民法院民事执行中的查封、扣押、冻结财产的规定》（2005 年施行）（以下简称《民事执行查扣冻规定》）第十七条、《执行异议和复议规定》第二十七条及第二十八条，判决：驳回建行怀化市分行的诉讼请求。一审案件受理费 129800 元，由建行怀化市分行负担。

建行怀化市分行上诉请求：（1）撤销一审判决；（2）判令不得执行湖南省怀化市鹤城区迎丰西路英泰国际二期 2 栋 1-16 号房产（以下简称案涉

房产）；（3）确认华融湖南分公司对案涉房产的优先受偿权不得对抗建行怀化市分行；（4）本案一、二审诉讼费用由华融湖南分公司承担。

（二）案件事实

一审法院认定事实：2013年1月31日，英泰公司与建行怀化市分行签订《商品房买卖合同》，约定：英泰公司将其开发的案涉房产出售给建行怀化市分行；商铺面积438.5m²，单价38800元/m²，总计售价17013800元，相关税费1055891元；英泰公司应在2013年3月29日前，将该门面交付建行怀化市分行，并在交付之后30日内，将办理权属登记的资料报送产权登记机关备案；英泰公司承诺在交房后两年内办好房、地产权证。合同签订后，建行怀化市分行分别于2009年12月31日、2013年3月28日、2013年11月27日向英泰公司指定账户汇入订金及购房款1000000元、15163110.64元、500000元，并缴纳了相应的购房契税。2013年11月18日，建行怀化市分行与怀化英泰商城管理有限公司签订了《英泰国际物业管理合同》。2013年12月2日，建行怀化市分行向怀化英泰商城管理有限公司缴纳了23679元物业管理费。

2013年5月23日，华融湖南分公司与英泰公司签订《抵押协议》（编号：湖南Y1830015-6），约定英泰公司以其位于怀化市鹤城区迎丰西路的英泰国际项目二期未售商业地产在建工程及其分摊的土地为其所欠华融湖南分公司债务提供抵押担保。2013年5月27日，华融湖南分公司与英泰公司对案涉房产在怀化市房产管理局办理了在建工程抵押登记。

2014年9月19日，一审法院受理华融湖南分公司诉英泰公司、东星公司、华中公司、谢某健、陈某芳合同纠纷一案。2014年9月29日，一审法院作出（2014）湘高法民二初字第32-1号民事裁定，查封了英泰公司名下的案涉房产。2014年12月12日，一审法院作出（2014）湘高法民二初字第32号民事判决，判决解除华融湖南分公司与英泰公司签订的《债务重组协议》，由英泰公司向华融湖南分公司偿还债务9800万元及重组收益、违约金和律师代理费695431元，东星公司、华中公司、谢某健、陈某芳承担连带清偿责任。未按期履行清偿义务的，华融湖南分公司有权以英泰公司已办理抵押登记的房产3194.53m²、2709.09m²及相应土地使用权（房屋他项权证编号：怀房鹤他字第513003032号、怀房建鹤城字第313000033号）作为抵押物折价或者以拍卖、变卖该抵押物所得价款优先受偿。双方均未上诉，该判决生效。英泰公司未按期履行（2014）湘高法民二初字第32号民事判决所确定的清偿义务，华融湖南分公司向一审法院申请强制执行。一审法院执行立案后，于 2017 年 8 月 21 日作出（2015）湘高法执字第 22 号拍卖公告，拟拍卖（2014）湘高法民二初字第 32 号民事判决所确定的包括案涉房产在内英泰国际名下的多项房产，建行怀化市分行不服，向一审法院提出执行异议。2017 年 12 月 12 日，一审法院作出（2017）湘执异 75 号执行裁定，驳回了建行怀化市分行的异议请求。建行怀化市分行遂提起本案诉讼。

一审法院另查明，湖南省怀化市中级人民法院于 2018 年 6 月 5 日作出（2018）湘 12 破申 1 号民事裁定，受理英泰公司的重整申请；2018 年 8 月 29 日作出（2018）湘 12 破申 6 号、7 号民事裁定，受理东星公司、华中公司的重整申请；2019 年 11 月 16 日作出（2018）湘 12 执 204 号之一执行裁定，以英泰公司、东星公司、华中公司已进入破产重整程序为由，裁定中止（2014）湘高法民二初字第 32 号民事判决第一、二、三、四、五项判决的执行。

二审中，建行怀化市分行提出一审判决书中关于 2013 年 11 月 27 日向英泰公司支付的 500000 元不是购房款，是偿付英泰公司于 2013 年 4 月 25 日为其垫付的购房契税。建行怀化市分行对一审查明的其他事实无异议。华融湖南分公司对一审查明的事实无异议，对建行怀化市分行所述契税问题，请二审法院查明。英泰公司、东星公司、华中公司对建行怀化市分行所述契税问题予以认可，对一审查明的其他事实无异议。谢某健、陈某芳对一审查明的事实无异议。

二审法院另查明：

2013 年 1 月 31 日，英泰公司（出卖人）与建行怀化市分行（买受人）签订《商品房买卖合同》，双方就建行怀化市分行购买案涉房产事宜达成协议，总售价 17013800 元，税费 1055891 元。其中第六条关于购房款支付方式的约定：一次性付款，2013 年 3 月 22 日付清余款；第二十四条约定：本合同自双方签订之日起生效；第二十五条约定：商品房预售的，自本合同生效之日起 30 天内，由出卖人向当地房产管理局申请商品房预告登记。双方同时签订的附件四《费用收取补充协议》第一条关于办证费用的约定：甲方（英泰公司）负责为乙方（建行怀化市分行）代办房产证和土地使用权证，但乙方应提供必要的办证资料，并负责办证所需的各种税和费，下列是甲方为乙方办理房产证和土地使用权证代收款项：1. 税务代收费：房产交易契税按照总房款的 4% 收取，即 680552 元。2. 国土代收费：土地证工本费 10 元/证，土地权属调查费 100 平方米以下每宗 13 元，地基测绘费 312 元/证，合计

335 元。3. 房产代收费：所有权登记费 550 元/件，图纸利用费 100 元/幅，档案利用费 50 元/次，房屋维修基金为总房款的 2%，合计 340976 元。4. 两证代办费：总房款的 0.2% [依据怀市价（2009）34 号文件]，即 34028 元。以上四项费用合计 1055891 元。

2013 年 3 月 25 日，英泰公司针对案涉房产向建行怀化市分行开具金额为 17013800 元的《销售不动产统一发票》，载明款项性质为"售房款"。

2013 年 3 月 28 日、2013 年 11 月 27 日，中国建设银行股份有限公司湖南省分行（以下简称建行湖南省分行）分别向英泰公司支付 15163110 元、500000 元；建行怀化市分行原将该两笔款项作为其支付案涉房产的购房款，一审判决亦予以确认，各方对该事实均未提出异议。二审中，建行怀化市分行调整关于其付款的陈述，主张 2013 年 11 月 27 日向英泰公司支付的 500000 元不是购房款，系偿付英泰公司于 2013 年 4 月 25 日为其垫付的购房契税。英泰公司、东星公司、华中公司对建行怀化市分行所述契税事宜予以认可，但华融湖南分公司对此持有异议。一审判决认定的 2013 年 3 月 28 日向英泰公司支付 15163110.64 元应系笔误，实为 15163110 元。

2013 年 4 月 25 日，怀化市税务机关开具《税收通用完税证》，载明：税种为契税（非普通住房），纳税人为建行怀化市分行，计税金额为 12500000 元，税率为 4%，实缴税款金额为 500000 元。

2013 年 5 月 10 日，建行怀化市分行向英泰公司出具《关于申请安装三相电到户的函》，载明："我行购买的位于怀化火车站旁英泰国际裙楼的 1-16 号门面用于营业，因电气设备需要交流三相电，请贵公司安装到户为感！所产生的分摊费用本行自行承担。"

2013 年 11 月 29 日，英泰公司售楼部出具《英泰国际交房流程表》，载明："业主：建行怀化市分行；房号：1-16；面积 438.5（m²）。您好，您所购买的英泰国际商铺（公寓/写字间）现已具备交房条件，请按下列流程办理交房手续。"列表第一项售楼部一栏中，交接内容为："1. 核对客户身份；2. 核验'商品房买卖合同'、业主身份、复印身份证一份、联系地址及电话；3. 委托办理的应递交委托人授权书、被委托人身份证明"，向某林在该栏中签字；部门经办人杨某霞签字确认："该业主已交清房款及相关办证费用"；售楼部财务唐某签字注明："房款、办证费用未交齐"；销售部负责人黄某在该栏中签字，同时另注明："房款及办证费用由公司负责衔接。"

2013 年 12 月 6 日，怀化市公安局治安支队内保大队、怀化市公安局在

《金融机构营业场所安全防护设施建设工程审批表》上签署"同意专家组意见"并加盖公章；该审批表上载明专家组于同日出具的意见："该金融机构营业场所，符合国家、公安部 GA38（2004）安全设施建设验收防护标准，准予营业。"另一份未加盖任何印章也无人签字的《金融机构营业场所安全设施建设工程验收审批表》载明：开工日期为 2013 年 8 月 28 日，完工日期为 2013 年 11 月 25 日。

2022 年 4 月 22 日，英泰公司向二审法院出具《关于建设银行怀化分行是否提前交房的情况说明》，载明："因怀化英泰建设投资有限公司破产以后，相关售楼部经手的职工已经离职，经过时间比较长，如今无法核实建设银行怀化分行是否存在提前交房的情况。"

（三）裁判理由

最高人民法院认为，结合各方当事人的诉辩主张，本案二审争议焦点为：建行怀化市分行对案涉房产是否享有足以排除强制执行的民事权益。

1. 关于本案的法律适用问题

执行异议之诉源于案外人执行异议，系案外人对执行标的提出异议后被执行法院裁定驳回或者支持，案外人或者申请执行人不服该裁定而启动的权利救济诉讼程序。由此，执行异议与执行异议之诉具有一定的关联性和共通性，但二者分别属于不同的诉讼程序，其功能定位并不相同，对案外人民事权益的审查原则和审查标准也不尽一致。执行异议作为执行程序的一部分，更侧重于对执行标的上的权利进行形式审查，其制度功能在于快速、不间断地实现生效裁判文书确定的债权，其价值取向更注重程序效率性，同时兼顾实体公平性；而执行异议之诉作为与执行异议衔接的后续诉讼程序，是一个独立于执行异议的完整的实体审理程序，其价值取向是公平优先、兼顾效率，通过实质审查的方式对执行标的权属进行认定，进而作出案外人享有的民事权益是否足以排除强制执行的判断，以实现对案外人或者申请执行人民事权益的实体性权利救济。《执行异议和复议规定》作为执行程序中规范"执行异议和复议案件"的司法解释，原则上应仅适用于执行程序，但基于执行异议之诉与执行程序之间的关联性和共通性，在针对执行异议之诉具体审查标准的法律或者司法解释出台前，执行异议之诉案件可参照适用《执行异议和复议规定》的相关规定，对案外人享有的民事权益是否足以排除强制执行进行审查认定。但是，若《执行异议和复议规定》相关条款能否适用案涉纠纷在理论和实务中存在较大争议，当事人对此问题的认识亦存在较大分歧并各有理据的情况下，则不宜再参照适用该司法解释的相关规定处理案涉纠纷，而应回归执行异议之诉的本质，基于案件具体情况对案外人是否享有足以排除强制执行的民事权益进行实质审查，并依据《最高人民法院关于适用〈中华人民共和国民事诉讼法〉的解释》第三百一十条第一款关于"对案外人提起的执行异议之诉，人民法院经审理，按照下列情形分别处理：（一）案外人就执行标的享有足以排除强制执行的民事权益的，判决不得执行该执行标的；（二）案外人就执行标的不享有足以排除强制执行的民事权益的，判决驳回诉讼请求"的规定作出是否支持案外人异议请求的判断。

本案中，依据《执行异议和复议规定》第二十七条关于"申请执行人对执行标的依法享有对抗案外人的担保物权等优先受偿权，人民法院对案外人提出的排除执行异议不予支持，但法律、司法解释另有规定的除外"的规定，在抵押权人与购房人发生权利冲突时，抵押权应给予优先保护是一般原则，除非法律、司法解释另有规定。《最高人民法院关于建设工程价款优先受偿权问题的批复》规定，消费者在交付购买商品房的全部或者大部分款项后，对所购商品房享有的权益可以对抗建设工程价款优先受偿权和抵押权，以保护消费者的生存权。但是，由于建行怀化市分行并非商品房消费者，所购房产系用于经营，故其不享有商品房消费者基于生存权而具有的特殊保护权益。建行怀化市分行主张《执行异议和复议规定》第二十七条"但书"包括该司法解释第二十八条关于一般不动产买受人（非消费者）物权期待权可排除执行的规定，本案应适用该条规定进行审查，而华融湖南分公司则坚持认为《执行异议和复议规定》第二十七条"但书"不包括第二十八条，本案没有适用该条规定的余地，双方就各自主张提交了相应的依据和类案。为此，在法律、司法解释对此问题尚无明确规定的情形下，一审判决认为，本案不宜直接适用包括该司法解释第二十八条在内的其他条款的规定，有一定的理据，但一审判决未结合执行异议之诉的自身特点，对案外异议人和申请执行人所享有的民事权益进行实体比较并依法作出相应的判断，仅依据《最高人民法院关于建设工程价款优先受偿权问题的批复》的相关规定，认定建行怀化市分行不属于商品房消费者，即驳回其异议请求，适用法律存在一定瑕疵，二审法院予以纠正。

至于建行怀化市分行主张《最高人民法院关于人民法院民事执行中查封、扣押、冻结财产的规定》（以下简称民事执行查扣冻规定）第十七条应当作为本案审理依据的问题，因该规定是为"进一步规范民事执行中的查封、扣押、冻结措施"而制定的司法解释，其中第十七条关于"被执行人将其所有的需要办理过户登记的财产出卖给第三人，第三人已经支付部分或者全部价款并实际占有该财产，但尚未办理产权过户登记手续的，人民法院可以查封、扣押、冻结；第三人已经支付全部价款并实际占有，但未办理过户登记手续的，如果第三人对此没有过错，人民法院不得查封、扣押、冻结"的规定，系对第三人已经支付价款并实际占有但尚未办理产权过户登记的财产能否查封、扣押、冻结而进行的程序规定，并未涉及申请执行人与购买该财产的第三人对该财产权利的实质比较判断，以及第三人享有的民事权益能否排除强制执行的问题，并非当然适用执行异议之诉案件。

2. 关于建行怀化市分行对案涉房产享有的民事权益是否足以排除强制执行的问题

本案中，针对建行怀化市分行对案涉房产享有的民事权益是否足以排除华融湖南分公司申请的强制执行，可基于双方权利的性质，取得权利时间的先后，权利取得有无过错，以及如何降低或者预防风险再次发生等因素，结合具体案情，对双方享有的权利进行实体审查，比较何者占优，何者应优先保护，进而作出相应的判断。

一、二审法院认为，华融湖南分公司对案涉房产享有抵押权、建行怀化市分行对案涉房产享有物权期待权，均优先于一般债权；建行怀化市分行的签约行为在先，但其取得案涉房产物权期待权的时间晚于华融湖南分公司取得抵押权的时间；现有证据不能证明华融湖南分公司在设定抵押权过程中存在过错，而建行怀化市分行对于英泰公司的违约行为未积极采取相应措施，对案涉权利冲突和纠纷诉讼的发生，负有一定的过失责任；本案中，由建行怀化市分行承担不利后果有利于降低或者防范此类纠纷的再次发生。由此，华融湖南分公司对案涉房产享有的抵押权在本案中应优先于建行怀化市分行享有的物权期待权，一审判决未支持建行怀化市分行的异议，驳回建行怀化市分行的诉讼请求，并无不当，二审法院予以维持。

二审法院（2021）最高法民终534号民事判决，尽管参照适用了《执行异议和复议规定》第二十八条的规定，但同时也对董某容和华融湖南分公司就所涉房产享有的权利进行了实体比较，确认董某容购买并占有所涉房产在先，华融湖南分公司设定抵押权在后，华融湖南分公司在董某容购买并已实际占有的房产上设定抵押，未尽应有的审慎注意义务，具有过错，董某容对所涉房产享有的物权期待权应予优先保护。诚如前述，本案与（2021）最高法民终 534 号案的基本事实存在较大差异，建行怀化市分行主张基于同案同判的原则，本案应遵循（2021）最高法民终 534 号民事判决支持建行怀化市分行排除执行的诉讼请求，二审法院不予支持。

（四）裁判结果及裁判效力

综上所述，建行怀化市分行的上诉请求不能成立，应予驳回；一审判决认定事实基本清楚，适用法律虽有瑕疵，但结果正确，二审法院予以维持。依照《民事诉讼法》第一百七十七条第一款第一项、《最高人民法院关于适用〈中华人民共和国民事诉讼法〉的解释》第三百三十二条规定，判决如下：驳回上诉，维持原判。二审案件受理费 129800 元，由建行怀化市分行负担。该判决为终审判决。

三、案例分析

本案依据二审判决思路，确认作为房屋买受人的执行异议之诉的原告有物权期待权，而被告则有抵押权，并认为两者均优先于一般债权，至于两者之间的顺序，应该根据原告取得涉案房产物权期待权的时间和被告取得抵押权的时间先后顺序，根据权利在先的时间顺序原则，确定彼此之间的优先效力。法院确认原告实际占有案涉房产、对该房产享有物权期待权的时间应为 2013 年 11 月，而被告在 2013 年 5 月 27 日与英泰公司对上述抵押物在怀化市房产管理局办理了在建工程抵押登记，对上述抵押物享有的抵押权即依法设立。原告取得权利在后，顺序在后，被告的抵押权优先于原告的物权期待权。基于以上裁判理由，已经足以支持驳回原告请求的判决结果，不过判决还是从两个角度再次论证了驳回原告请求的合理性：一是被告作为抵押权人在办理抵押登记中没有过错，而原告没有根据约定及时办理预告登记有过错，使得卖方顺利完成了先卖后抵的违规操作；二是缺乏诚信的开发商往往利用信息不对称、卖方市场的优势地位，采取"一房二卖""先卖后抵（押）"等违规操作，损害在先购房人的合法利益，欺诈在后购房人或抵押权人，导致大量权利冲突及相应的纠纷诉讼。从预防纠纷的角度看，让在先购买却未采取约定的预告登记等措施造成纠纷的原告承担不利后果，有利于预防此类风险再次发生，符合公平原则。

　　就本案的判决本身确认作为普通买受人的原告的物权期待权，法院并未援用确立该期待权的《执行异议和复议规定》第二十八条，而是称："建行怀化市分行在依约支付了绝大多数购房款并实际占有所购房产的情况下，其基于合同享有的一般债权就转化为对该房产的物权期待权。"对照第二十八条可知，该条第三项要求原告"已支付全部价款，或者已按照合同约定支付部分价款且将剩余价款按照人民法院的要求交付执行"，支付大部分价款并不足以依据该规定成立物权期待权，就此来说，该判决突破了上述司法解释所规定的要件，其正当性可议。抑或是法院认为原告会拒绝法院要求其将剩余价款交付执行的请求，因为事实上还是要比较原告的权利和被告权利的先后顺序，可能交付的剩余款项一去不回，故认为此时不考虑这一安排。但无论如何，回避司法解释本身确立的物权期待权的成立要件，似乎并不妥当。

　　原告提出应当将《民事执行查扣冻规定》第十七条作为本案审理依据，法院不予认可，不过该规定排除执行的要件更为宽松，只要求"第三人已经支付部分或者全部价款"。虽然该规定的要件没有修改，但由于《执行异议和复议规定》颁布在后，基于新法优于旧法的逻辑，支付部分价款就可以排除执行的规定应该当然失效。

　　《执行异议和复议规定》第二十八条所涉及的时间点有取得占有时间和价款支付时间，该判决以取得占有时间为权利成立时间，原因可能是占有本身更容易被外人所知，故以此时间为依据。不过，物权期待权需要其具备全部成立要件方可成立，如果价款尚未全部支付，此时物权期待权尚未成立，那么应该将价款支付时间作为物权期待权的成立时间。

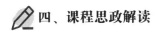

四、课程思政解读

（一）公平原则

　　裁判诉诸公平原则作为自己的裁判理由之一是本案的特点。如前所述，本案已经可以根据物权之间优先效力判断原则，也就是按照时间顺序原则进行裁判，再援用公平原则去论证，其必要性值得讨论。乍看起来似乎有画蛇添足之嫌，因为具体的制度设计本身，已经考虑了公平正义的理念，没有必要再次探讨。不过本案的实质是确立时间顺序原则本身的可适用性，由于司法解释只确立了物权期待权，并没有处理其与抵押权之间的顺序问题，所以法院用公平原则来论证此时适用时间顺序原则的妥当性，可以增加判决的说服力。

（二）司法解释与法治原则

中华人民共和国成立后，一段时期内没有完善的法律规定，法院裁判有时无法可依，为了解决这一问题，最高人民法院进行立法性司法解释是普遍现象。在社会主义法律体系已经建立的背景下，当法院裁判无法可依时，可以将司法解释作为直接的裁判依据。

本案中没有援用带有立法性质的物权期待权的司法解释作为依据，这是否符合法治原则值得讨论。

（三）同案同判与平等

社会主义核心价值观中的平等原则，对于法律适用而言，意味着同案同判。当案件事实情况相同时，平等原则要求不同的裁判的当事人受到平等对待，也就是同案同判。在当事人提出有关同案同判的要求并援引有关已决裁判的情况下，法院以裁判理由进行了认真的回应，指出案件彼此的不同，不存在"同案不同判"的问题。

五、问题拓展讨论

1. 物权期待权的司法解释的正当性是什么？
2. 买受人物权期待权与已经登记的抵押权的关系如何？
3. 司法裁判可以突破物权法定原则吗？

六、阅读文献推荐

1.《民法学》编写组：《民法学：上、下册》（第二版），高等教育出版社，2022 年。

2. 谢在全：《民法物权论：上、下册》，中国政法大学出版社，2011 年。

3. 刘家安：《民法物权》，中国政法大学出版社，2023 年。

4. 姜海峰：《物权法：规则与解释》，北京大学出版社，2022 年。

5. 江必新、刘贵祥：《最高人民法院关于人民法院办理执行异议和复议案件若干问题规定理解与适用》，人民法院出版社，2015 年。

房屋借名登记

案例 10：王某志与成都农村商业银行股份有限公司
簇桥支行、何某案外人执行异议之诉纠纷案

⚠ 一、知识点提要

《民法典》第二百零八条规定："不动产物权的设立、变更、转让和消灭，应当依照法律规定登记。动产物权的设立和转让，应当依照法律规定交付。"

该条规定的物权公示原则是《物权法》的基本原则之一，公示原则不仅适用于物权的变动，也适用于物权存在本身。事实上，正是因为物权的存在需要公示，物权的变动即物权的存在的变动也就需要公示。物权的存在需要公示是由物权的对世效力决定的，物权的权利人既然可以对抗一切不特定的人，那就需要他人能够认知其存在，有他人认知其存在的途径，这就要求物权的存在需要以一定的方式表现于外，能够为人所知，这就是所谓的公示。公示原则就是物权的存在与变动以一定的方式表现于外，从而能为人所知的法律原则。

就不动产来说，物权存在的公示手段是登记；就动产来说，物权存在的公示手段是占有。就不动产的物权变动来说，能够为他人察知的公示手段是登记的变动，公示手段还是登记本身；动产物权的变动，是占有的变动，也就是交付。

实践中，房屋的买受人作为借名人，由于各种原因，将自己的房屋登记在作为出名人的他人的名下。从上述规定看，此时房屋的所有权应该属于出名人，而非借名人。而出名人的债权人可能在执行程序中执行该财产。问题在于，借名人未支付任何房屋的对价，而有关的房屋通常也是由借名人占有使用。出名人的债权人强制执行该财产通常会遇到执行异议。

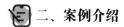 ## 二、案例介绍

（一）基本案情介绍

王某志与成都农村商业银行股份有限公司簇桥支行、何某案外人执行异议之诉纠纷案①的裁判要旨：案外人执行异议之诉案件中，判断案外人就执行标的所主张的民事权益是否足以排除强制执行，应当依据相关法律、司法解释对于民事权利（益）的规定，在对相关当事人关于执行标的的民事权利（益）的实体法性质和效力作出认定的基础上，通过对相关法律规范之间的层级关系、背后蕴含的价值判断，以及立法目的进行探寻与分析，并结合不同案件中相关当事人的身份职业特点、对于执行标的的权利瑕疵状态的过错大小，以及与执行标的的交易相关的权利行使状况、交易履行情况，进一步分析执行标的对相关当事人基本生活保障与秩序追求的影响等具体情况，综合加以认定。

上诉人王某志因与被上诉人成都农村商业银行股份有限公司簇桥支行（以下简称成都农商行簇桥支行）、何某案外人执行异议之诉纠纷一案，不服四川省高级人民法院（2018）川民初112号民事判决，向最高人民法院提起上诉。

王某志上诉请求：（1）撤销一审判决；（2）依法改判确认四川省成都市锦江区佳宏路A房产归王某志所有；（3）依法改判何某协助王某志办理房屋产权变更登记手续；（4）依法改判停止对四川省成都市锦江区佳宏路A房产的执行，并解除查封措施；（5）本案一、二审诉讼费由成都农商行簇桥支行、何某共同承担。事实和理由：（1）王某志对案涉房屋享有物权期待权。首先，王某志与何某之间虽未形成严格意义上的房屋买卖关系，但王某志与何某、陈某平实际经营的湖南湘潭市雨湖区三羊开泰服饰连锁湘潭店（以下简称服饰店）签订了劳动合同，服饰店自愿有偿购买案涉房屋，并将房屋作为福利提供给王某志，王某志基于相关合同约定取得了对案涉房屋的

---

① 案号为（2019）最高法民终370号，判决书全文刊登于《最高人民法院公报》2021年第7期。

物权期待权。其次，王某志与服饰店签订的《劳动合同补充协议》和《说明》中关于案涉房屋购房款和银行按揭款归还的约定已经在实际履行过程中进行了变更，该房屋实际由王某志购买，服饰店在支付首付款时仅仅支付了其中很少一部分款项，绝大部分首付款由王某志支付。再其次，在 2009 年6 月 13 日与四川南欣房地产开发有限公司（以下简称南欣公司）签订的《商品房认购协议》中，买受人为王某志、何某，说明房屋系王某志购买，只是由于劳动合同的约定暂时登记在何某名下，但实际并非由何某购买。（2）案涉房屋未过户登记到王某志名下，王某志对此没有过错。王某志在服饰店注销后多次与何某沟通房屋过户事宜，何某等人也认同王某志已经履行了劳动合同约定的义务，但由于当时案涉房屋仍存在银行按揭贷款尚未还清且双方约定的 10 年劳动期限未届满的情况，故未在 2014 年办理过户登记。后王某志因女儿读书，为提前办理过户，于 2017 年 7 月 31 日将剩余按揭款246161.83 元全部归还，但案涉房屋在尚未过户给王某志前就被法院查封。故一审法院认定王某志在 2014 年服饰店注销后并未就案涉房屋的所有权、过户等问题与何某进行协商属于事实认定错误。综上所述，王某志享有排除法院保全查封的民事权益。

成都农商行簇桥支行辩称：（1）王某志未与何某就案涉房屋签订《买卖合同》或建立任何能够发生物权变动的法律关系。案涉房屋的所有权人为何某，服饰店对案涉房屋不享有所有权。服饰店与王某志签订的劳动合同、补充协议等仅表明王某志与服饰店建立了劳动关系，其权利义务关系不能及于何某及何某名下的案涉房屋。（2）购买房屋的价款并非王某志全额支付，若王某志支付的价款超出约定应当由其承担的范围，其对服饰店享有债权请求权。案涉房屋未完成产权变更登记系因王某志未履行完毕劳动合同约定的服务年限，其对房屋不享有稳定的物权期待权，不满足取得房屋所有权及办理过户登记的条件。王某志不符合《执行异议和复议规定》第二十五条至第二十八条规定的可以排除执行的情形。（3）若王某志的权利受到侵犯或服饰店违约，其应当向侵权人主张赔偿或者要求服饰店承担违约责任。综上所述，王某志不享有排除法院保全查封案涉房屋的权益，一审法院认定事实清楚，适用法律正确，应予维持。

何某辩称：王某志与服饰店签订的劳动合同属实，服饰店注销后，王某志在其他门店继续履行了劳动合同，案涉房屋系王某志应得的福利房，如果王某志没有履行满 10 年劳动合同，服饰店不可能将房屋给王某志。

王某志向一审法院起诉请求：（1）确认四川省成都市锦江区佳宏路 A 房屋归属于王某志所有；（2）判令何某协助王某志办理房屋产权变更登记手续；（3）停止对四川省成都市锦江区佳宏路 A 房产的执行，并解除查封措施；（4）诉讼费用由成都农商行簇桥支行、何某共同承担。

（二）案件事实

一审法院认定事实：2008 年 12 月 2 日，王某志与服饰店签订《劳动合同书》，约定服饰店为发展需要，聘请王某志为部门经理。《劳动合同书》主要内容如下。第一条，合同类型和期限：本合同为有固定期限的劳动合同。合同期限自 2009 年 1 月 1 日起至 2018 年 12 月 31 日止。第二条，工作内容和工作地点：服饰店安排王某志从事部门经理工作。工作地点在湖南湘潭市。第四条，劳动报酬：经双方协商一致，王某志的工资为每月 2500 元。同日，双方签订《劳动合同补充协议》一份，约定因发展需要，服饰店自愿为王某志提供一套住房作为福利。《劳动合同补充协议》主要内容：第一条，服饰店同意，在王某志与其签订 10 年以上有固定期限的劳动合同并实际履行的条件下，服饰店无偿提供给王某志一套住房。此项待遇是服饰店额外的、有条件地为王某志提供的特殊待遇，与王某志的劳动报酬及正常的福利待遇无关。第二条：服饰店为王某志购买住房的时间在 2009 年内；住房建筑面积 110 平方米；住房位置：成都市三环路附近；住房款支付形式为按揭。第三条，住房款支付方式：（1）房屋以公司指定人员的名义办理房屋产权证和土地使用权证，办理费用由服饰店承担。（2）首付房款由服饰店支付 50%，王某志支付 50%，王某志在服饰店工作满 10 年时，服饰店将王某志支出的首付房款一次性支付给王某志。（3）房屋按揭款的支付：① 服饰店每月支付 50%，王某志支付 50%；② 当年的按揭款先由王某志全额支付，次年元月份服饰店一次性支付给王某志上一年度服饰店支付的按揭部分，今后按揭款的支付均按此支付办法类推；③ 合同期满后，所有房屋按揭款支付完毕后 30 日内，服饰店将王某志所承担的按揭款部分一次性结算给王某志。（4）服饰店提供给王某志的福利住房为建筑面积 110 平方米的房屋。对房屋建筑面积超过部分的处理：超出部分的房屋面积之房款，由王某志承担并一次性支付给服饰店。如果房屋面积不足 110 平方米，服饰店只按实际面积结算，不补差给王某志。第四条，房屋权属约定：（1）住房的房屋产权证和土地使用权证，以及购房发票等与该房屋有关的所有手续由服饰店保管，待王某志按约定履行完劳动合同及补充协议约定的义务后，服饰店将房屋过户给王某志，王某志才取得该房屋所有权；（2）本合同签署后房屋购买之时，王某志取得的是对该房屋的使用权，即王某志必须在现有工作岗位（或经调整后的更高层次工作岗位）正常工作10年以上，才能取得房屋的所有权。在合同约定的王某志工作期限届满之前，王某志对房屋只享有使用权和出租收益权，对房屋不享有处置权，不得转让、抵押、赠与。

2009年6月13日，王某志、何某作为买受人与南欣公司签订《商品房认购协议》，主要内容：由王某志、何某认购南欣公司开发的比华利国际城1期B房屋。建筑面积为129.48平方米，单价为4850元/平方米，房屋总价为602082元，定金3万元。

2009年6月13日，王某志用个人银行卡支付了3万元定金。案涉房屋的首付款为292082元，服饰店实际支付11万元，王某志实际支付182082元。此后，以何某名义在中国农业银行开设账户，每月支付了按揭款。王某志举示的证据显示，何某前述账户的按揭款来源系由王某志或者其配偶汤某家从2009年开始存入何某账户。2017年7月31日，王某志的配偶汤某家通过其银行内扣的方式将剩余按揭款246161.83元全部归还。

2010年10月9日，案涉房屋登记在何某及其配偶鲜某章名下。2017年8月24日，何某和其配偶离婚，约定房屋归何某所有，并完成变更登记，房屋登记在何某名下。2010年10月至2011年1月，王某志对案涉房屋进行了装修。

一审法院另查明：2017年8月2日，成都农商行簇桥支行因与陈某平、周某海、彭某能、何某、眉山市旗胜建材有限公司保证合同纠纷一案，申请在1.1亿元范围内，查封陈某平、周某海、彭某能、何某、眉山市旗胜建材有限公司的财产。

2017年8月23日，一审法院作出（2017）川民初85号财产保全裁定，在1.1亿元的范围内，查封了包括案涉房屋在内的36套房屋。2018年2月5日，王某志作为案外人对保全案涉房屋提出执行异议，以其是案涉房屋的实际所有人为由，要求解除对房屋的查封。2018年8月16日，一审法院作出（2017）川民初85号之三民事裁定，驳回了王某志的异议；该裁定书于2018年8月30日送达给了王某志。2018年9月5日，王某志提起了本案诉讼。

服饰店的个体工商户营业执照显示其经营者姓名为马某忠。王某志在诉讼中陈述，服饰店于2014年年底注销。

二审认定如下事实：2008 年 12 月 2 日，服饰店（甲方）与王某志（乙方）签订的《劳动合同补充协议》第十一条约定：如果甲方公司因各种意外情况发生，迫使甲方无法再维持经营，公司解散时，本合同继续履行（即任何一个股东都有权要求乙方继续履约至合同期满）。

2009 年 7 月 26 日，服饰店（甲方）与王某志（乙方）签订《说明》一份，此《说明》载明："合同"到期半年内，甲方将该房屋过户到乙方名下。首付款甲方支付 11 万元，乙方支付 13 万元，房贷 10 年内还清。每年甲方按"合同"约定，支付乙方 50% 的按揭款时，由乙方打收条给甲方。收条必须有甲、乙双方签字，甲方代表为陈某平或何某，乙方为王某志本人。

2018 年 1 月 28 日，服饰店的代表陈某平出具《情况说明》，《情况说明》载明：服饰店于 2014 年注销，王某志与该店签订的劳动合同所涉及的劳动年限已经临近 10 年，该店赠送给王某志的比华利国际城住房已经属于王某志所有，王某志自己交纳了全部按揭款，公司出资部分是公司对王某志工作的福利奖励。

二审法院审理中，王某志陈述，2009 年 6 月 13 日《商品房认购协议》中载明的"比华利国际城 1 期 B 房屋"即后来被法院查封的四川省成都市锦江区佳宏路 A 房屋。

（三）裁判理由

王某志向一审法院起诉请求：① 确认四川省成都市锦江区佳宏路 A 房屋归属于王某志所有；② 判令何某协助王某志办理房屋产权变更登记手续；③ 停止对四川省成都市锦江区佳宏路 A 房产的执行，解除查封措施；④ 诉讼费用由成都农商行簇桥支行、何某共同承担。

一审法院依照《民事诉讼法》第六十四条、第二百二十七条，《最高人民法院关于适用〈中华人民共和国民事诉讼法〉的解释》第三百一十一条，《执行异议和复议规定》第二十八条规定，作出判决：驳回王某志的诉讼请求。一审案件受理费 10700 元，由王某志负担。

最高人民法院认为，根据当事人的上诉请求、答辩意见、有关证据，并经当事人当庭确认，本案二审争议焦点为：① 王某志对案涉房屋是否享有所有权；② 王某志是否就案涉房屋享有足以排除保全查封的民事权益。具体分析如下：

1. 关于王某志对案涉房屋是否享有所有权的问题

《物权法》第九条规定："不动产物权的设立、变更、转让和消灭，经依法登记，发生效力；未经登记，不发生效力，但法律另有规定的除外。"也就是说，对于基于法律行为发生的不动产物权变动而言，除了需具备合法有效的法律行为之外，完成不动产登记亦属物权变动生效的要件。本案中，案涉房屋属于不动产，故依法应当办理所有权转移登记，登记完成后方发生房屋所有权变动的效力。而该房屋虽系由王某志、何某作为买受人与南欣公司于 2009 年 6 月 13 日签订《商品房认购协议》购买，但房屋所有权现仅登记在何某一人名下，因此，王某志主张对案涉房屋享有所有权，没有事实和法律依据，二审法院不予支持。

2. 关于王某志是否就案涉房屋享有足以排除保全查封的民事权益的问题

最高人民法院认为，《最高人民法院关于适用〈中华人民共和国民事诉讼法〉的解释》第三百零九条规定："案外人或者申请执行人提起执行异议之诉的，案外人应当就其对执行标的享有足以排除强制执行的民事权益承担举证证明责任。"因此，案外人执行异议之诉制度制定的目的，就是解决案外人是否有权排除对执行标的的强制执行的问题。

对此问题的评判，应当以法律、司法解释中对民事权利（益）的规定为依据展开。而现行法律、司法解释对案外人执行异议之诉的规定主要阐明了原则，不够具体，尤其是对于法律、司法解释规定的"足以排除强制执行的民事权益"的类型、范围及条件，不仅法律没有明确规定，适用于民事诉讼程序的有关司法解释也没有明确具体的规定，仅有适用于强制执行程序的《民事执行查扣冻规定》《执行异议和复议规定》等司法解释进行了不完全的列举和规定。因此，在当前对案外人执行异议之诉案件的审理中，对案外人就执行标的所主张的民事权益是否足以排除强制执行，可以参照《民事执行查扣冻规定》《执行异议和复议规定》等司法解释的有关规定加以审查；同时，又不应完全拘泥于上述适用于强制执行程序的司法解释的规定，案外人所享有的民事权益即使不在上述司法解释规定的情形之内的，亦未必不能够排除强制执行。对于案外人排除强制执行的主张能否成立，应当在依据法律、司法解释对于民事权利（益）的规定认定相关当事人对执行标的的民事权利（益）的实体法性质和效力的基础上，通过对相关法律规范之间的层级关系、背后蕴含的价值，以及立法目的的探寻与分析，结合不同案件中相关当事人的身份职业特点、对于执行标的的权利瑕疵状态的过错大小，与执行标的交易相关的权利行使状况、交易履行情况，乃至于进一步探寻执行标的对于相关当事人基本生活保障与秩序追求的影响等具体情况，综合加以判断。

二审法院认为，案涉房屋系王某志履行劳动合同应当获得的劳动报酬的组成部分，现其已经按照劳动合同的约定履行了相应义务，相较于成都农商行簸桥支行基于何某应当履行保证责任而享有的保证债权，王某志对案涉房屋权利的合理期待应当予以保护，故其请求排除人民法院依据（2017）川民初85号财产保全裁定而对案涉房屋作出的保全查封，二审法院予以支持。

此外，对于王某志主张的由何某协助其办理案涉房屋权属转移登记的请求，二审法院认为，根据《民事诉讼法》和《最高人民法院关于适用〈中华人民共和国民事诉讼法〉的解释》关于执行异议之诉的规定，执行异议之诉所要解决的是相关当事人之间的民事权益在强制执行程序中的冲突问题，除根据法律、司法解释的规定，案外人同时提出的确认权利的诉讼请求因与民事权益的认定密切相关而可在执行异议之诉中一并审理并裁判外，案外人在执行异议之诉中同时提出的要求被执行人继续履行合同、协助办理权属转移登记、交付标的物或支付违约金等给付内容的诉讼请求，因与排除强制执行的诉讼目的无关，故不属于执行异议之诉案件的审理范围，也不宜合并审理。因此，本案中王某志提出的有关何方协助办理案涉房屋产权转移登记的请求，不属于本案审理范围。

（四）裁判结果

综上所述，最高人民法院认为王某志的上诉请求部分成立。依照《民事诉讼法》第一百七十条第一款第二项、《最高人民法院关于适用〈中华人民共和国民事诉讼法〉的解释》第三百一十二条规定，判决如下：① 撤销四川省高级人民法院（2018）川民初112号民事判决；② 不得查封四川省成都市锦江区佳宏路A房产；③ 驳回王某志的其他诉讼请求。一审案件受理费10700元，二审案件受理费10700元，均由成都农村商业银行股份有限公司簸桥支行负担。该判决为终审判决。

三、案例分析

本案中二审法院的判决思路，首先基于登记的原因，否定执行异议申请人对执行标的享有所有权。然后又从四个角度认定了执行异议申请人有足以排除强制异议的权益：一是申请人就房屋权利源于其劳动合同关于报酬的约定，而执行申请人对于该房屋的执行是基于对于房屋所有人的保证债权形成，不存在基于房屋权属的信赖；二是作为报酬的对于房屋的权利应该优先于执行申请人的保证债权，符合法律保障劳动者获得劳动报酬权利的基本精神；三是房屋没有在买卖之时登记于异议申请人名下，是基于报酬分期支付方式的安排，不是一般意义上的借名买房，也不具有违法性和不当性，异议申请人不具有法律上的可责难性；四是并非由于执行申请人的原因导致案涉房屋在法院查封前未转移登记到其名下。

由于法院首先认定了借名登记下所有权归属于出名人，出名人的债权人就出名人拥有所有权的财产申请执行，也就不足为奇。如果要支持借名人的执行异议，就必须为其找到整个判决的法律适用的逻辑。根据《执行异议和复议规定》第二十八条规定："金钱债权执行中，买受人对登记在被执行人名下的不动产提出异议，符合下列情形且其权利能够排除执行的，人民法院应予支持：（一）在人民法院查封之前已签订合法有效的书面买卖合同；（二）在人民法院查封之前已合法占有该不动产；（三）已支付全部价款，或者已按照合同约定支付部分价款且将剩余价款按照人民法院的要求交付执行；（四）非因买受人自身原因未办理过户登记。"该条规定强调未登记过户必须不是由买受人造成的，明确此时买受人的债权优先于对执行申请人的保护。法院直接援用该条解释的第四项作为上诉判决理由，而判决理由的前两点也是重在说明此时出名人的权益优先于作为执行申请人的保证债权人的理由。

这种判决思路是比较谨慎的，这种因为劳动报酬而作出借名登记安排的事情本身也是比较罕见的，并不能一般意义上得出借名人可以排除出名人的债权人的执行。借名登记如果涉及违反有关限购等规定，甚至涉及前述裁判理由第三点，就会使得借名人具有可责难性，从而导致此时不能排除强制执行。

就借名登记时借名人的地位来说，主要有两种观点：一种是借名人为所有人，登记为可以更正登记的错误登记，此时作为借名人基于所有人身份自然可以排除出名人的债权人的强制执行①；另一种是借名人为债权人，出名人为所有权人，借名人只能根据约定要求出名人转移所有权，在该债权未实现时，此时出名人的债权人自然可以对出名人拥有所有权的财产强制执行，

① 杨代雄. 借名购房及借名登记中的物权变动 [J]. 法学, 2016 (8)：26-37.

借名人无权排除该执行。①

就第一种观点而言，一方面存在与公示原则相冲突的问题，另一方面，如果是更正登记则是可以随时进行的，但是事实上当事人通常会约定恢复借名人登记义的具体时间，以获得税收的减免，甚至于由于诸如外国人限购的原因，可能也很长时间无法进行这种恢复性的登记。而就第二种观点来说，出名人并未对所涉房屋支付任何对价，却可以在强制执行程序中用以履行自己所负担的债务；同时作为出名人的债权人在不存在对于该登记归属的信赖时，仍然可以通过强制执行借名登记的财产而受到保护。这些均不符合公平正义的理念。

以上两种观点均有不足之处。事实上还有第三种观点。就是认为借名登记时在借名人和出名人之间成立信托，以借名人为委托人和受益人，以出名人为受托人的信托。② 而《中华人民共和国信托法》（以下简称《信托法》）第十七条明确确认了信托财产独立于受托人财产的特性，信托人的债权人原则上不得对信托财产进行强制执行。也就是说，尽管受托人受托取得借名登记的财产所有权，但是该财产独立于受托人的其他财产，除非是设立信托前债权人已对该信托财产享有优先受偿的权利，或者是受托人处理信托事务所产生债务，以及信托财产本身应担负的税款，受托人的其他债权人不得就信托财产进行强制执行。基于这一思路的法律适用就其结果而言，首先认可了上述第一种观点对于登记效力的确认，但是避免了第一种观点无视借名协议关于恢复借名人身份的约定的效力，其次该观点也避免了第二种观点明显不公平的法律适用结果。

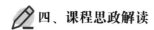

四、课程思政解读

借名人就借名登记的财产的执行异议实质是：对于登记的财产除了登记

① 赵龙，林型茂，阮梦凡.借名买房合同不能排除强制执行 [J].人民司法，2020（17）：107-111.
司伟.借名买房排除强制执行的法律规则基于学说与案例的分析与展开 [J].法治研究，2021（4）：32-46.
② 窦冬辰.借名买房中信托关系的法律发现 [J].西部法律评论，2017（3）：11-21.
何宝玉.信托法案例评析 [M].北京：中国法制出版社，2016：189-193.
该处涉及的观点出自章某虹（美籍华人）诉谭某玲委托合同纠纷案，当事人明确以信托协议进行了借名买房的活动，海淀区人民法院和北京市第一中级人民法院认可信托协议的效力。

的权利归属名义的出名人，借名人从未就取得登记财产付出任何对价，而出名人的债权人对于这种登记上的权利归属（登记在出名人名下）也无任何信赖可言，也就是其作为债权人不存在以下信赖：对于该财产属于可以用来作为确保其债权实现的责任财产没有任何信赖可言，结果却可以通过执行程序确保自己的债权实现，使得借名人执行财产的权利丧失，从而遭受损失。不管其法律适用的逻辑如何，这种适用结果本身就是有失公平的。平等正义是社会主义核心价值观中社会层面的价值取向，这种有失公平的法律适用结果会违背这一取向。当然，如果这确实是现有法律适用的必然结果，在修改法律前，基于法治原则，还是要遵循这一结果。不过正如上文分析所见，借名协议下成立自益信托时，此时基于《信托法》的明文规定，仍然有避免这一不公平结果发生的余地。

 五、问题拓展讨论

1. 借名登记属于可以更正登记的登记错误吗？

2. 为什么物权可以排除强制执行？为什么有些债权可以排除强制执行？

3. 英美法系认为，消极信托，也就是受托人除了形式上代持所有权而没有任何其他管理义务时，此时所有的权利均归属于受益人，从而不成立信托。如何评价这一看法？这种看法对于借名人物权人地位说有什么启发？

4. 在借名人与出卖人订立的房屋买卖合同中，借名人对于出卖人有无责任履行付款义务。

六、阅读文献推荐

1. 《民法学》编写组：《民法学：上、下册》（第二版），高等教育出版社，2022 年。

2. 谢在全：《民法物权论：上、下册》，中国政法大学出版社，2011 年。

3. 刘家安：《民法物权》，中国政法大学出版社，2023 年。

4. 姜海峰：《物权法：规则与解释》，北京大学出版社，2022 年。

5. 赵廉慧：《信托法解释论》，中国法制出版社，2015 年。

建筑物区分所有权

案例 11：高某清、戴某晴与张某清、
袁某萍房屋买卖合同纠纷案

⬢ 一、知识点提要

建筑物区分所有权指业主对建筑物内的住宅、经营性用房等专有部分享有所有权，对专有部分以外的共有部分享有共有和共同管理的权利（《民法典》第二百七十一条）。业主就是房屋的所有权人。建筑物区分所有权由三部分组成：对专有部分的专有权；对共有部分的共有权；成员权，即作为小区成员参与小区共同管理的权利。

实践中仅就专有部分的所有权进行登记，物权变动形式上也仅以专有部分的专有权的处分出现，但毫无疑问，这三部分权利是一个整体，专有部分的专有权的转让自然引起其余两个部分的权利的转让（《民法典》第二百七十三条第二款）。这是建筑物区分所有权的三部分内容不可分性的体现。

主物和从物是两个相对的概念，从物指非主物的成分，从属于主物，有辅助主物之效用而同属于一人的物。主物和从物必须同属于一人，若不属于一人，比如租户在所租房屋安装的空调，就不属于房屋的从物，而关于租期届满后空调的处理，则是需要通过合同约定或者合同解释处理。从物不能是主物的成分，比如大多数房屋装潢已经是房屋的一部分，而不只是房屋的从物。

确立主物从物关系的意义在于，主物的命运决定从物的命运，《民法典》第三百二十条规定："主物转让的，从物随主物转让，但是当事人另有约定的除外。"对主物进行其他处分（比如抵押）时，从物也应该随之抵押，对此《民法典》没有明文规定，但是可以类推《民法典》的规定得出此结论。另外，该规定只涉及物权变动，但是该规定也使得从物和主物一起成为买卖合同的标的。就买卖合同而言，就从物根据《民法典》第五百九十八条规定，基于该条规定，出卖人也负有移转从物所有权和交付从物的义债法上的义务。

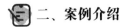 **二、案例介绍**

（一）基本案情介绍

高某清、戴某晴与张某清、袁某萍房屋买卖合同纠纷案刊登于 2021 年《最高人民法院公报》第 8 期。该案原告为高某清、戴某晴，被告为张某清、袁某萍。裁判要旨：业主的建筑物区分所有权包括对专有部分的所有权、对共有部分的共有权和共同管理权，且这三种权利具有不可分离性。业主转让房屋时，其基于共同管理约定所享有的共有部分专有使用权也应当一并转让，既有的共同管理约定对继受取得业主权利的房屋受让人继续有效，房屋转让人应当协助将其独占使用的共有部分交付于受让人。其所谓的建筑物区分所有权三种权利具有不可分离性就是所谓的不可分性。①

原告高某清、戴某晴因与被告张某清、袁某萍发生房屋买卖纠纷，向江苏省南京市江宁区人民法院提起诉讼。

原告高某清、戴某晴诉称：2016 年 2 月 21 日，原告与被告张某清、袁某萍签订房屋买卖合同，向被告购买了山水方舟雅苑 X 幢 A 室房屋。2020 年，因城市文明建设，原告得知单元的全体业主于 2007 年 8 月即对单元地下室进行了分隔，分隔出的 7 号小地下室归 A 室业主使用。但被告未向原告告知该情况，也未向原告交付 7 号小地下室，而是继续占有使用。2020 年 9 月 2 日，原告、被告因 7 号小地下室的使用问题发生纠纷，后经人民调解委员会调解未果。故原告诉至法院，请求确认 7 号小地下室归原告使用，判令被告腾空并交付 7 号小地下室，支付此前占有使用 7 号小地下室的费用（自 2016 年 8 月 1 日起，按 400 元/月的标准计算至 7 号小地下室实际交付之日止）。

---

① 姜海峰. 物权法：规则与解释［M］. 北京：北京大学出版社，2022：105-106.

被告张某清、袁某萍辩称：① 根据被告与开发商之间的商品房买卖合同约定，A 室的单元地下室不计入公共分摊面积，不属于业主共有部分。② 开发商交付房屋半年后，被告才接到讨论分隔单元地下室的通知，当时小区住户要求均分，但根据单元地下室的结构不能均分，只能隔成大小不等的小间地下室，大家以抽签的方式取得使用权，被告抽到了 7 号小地下室，并支付了分隔费 676 元。因此，7 号小地下室不是房屋附属设施，与 A 室房屋没有关系，被告可以单独进行处置。③ 原告购房后房价大幅上涨，原告购房半年的溢价超过被告购房 10 年的溢价，双方合同虽仅约定违约金 2 万元，但被告并没有违约不卖房，被告履行合同没有违约行为。综上所述，原告、被告的房屋买卖合同没有约定 7 号小地下室转让给原告，请求驳回原告的诉讼请求。

（二）案件事实

江苏省南京市江宁区人民法院一审查明：

2016 年 2 月 21 日，被告张某清、袁某萍（甲方）与原告高某清（乙方）及案外人南京存房房地产经纪有限公司（丙方）签订《存量房交易合同》，约定甲方将南京市江宁区东山街道宏运大道 2199 号山水方舟雅苑 X 幢 A 室房屋出售给乙方；建筑面积 125.05 平方米，套内建筑面积 111.14 平方米，分摊面积 13.91 平方米；房款 198 万元。合同签订后，高某清付清了房款，张某清、袁某萍协助其办理了过户手续，房屋所有权、土地使用权分别于同年 3 月 29 日、4 月 1 日变更登记至高某清、戴某晴名下，张某清、袁某萍于同年 5 月 11 日将房屋实际交付与高某清、戴某晴。

2006 年 6 月 25 日，被告张某清、袁某萍与南京宏发房地产开发有限公司签订《商品房买卖契约》，购得山水方舟雅苑 X 幢 A 室房屋。2007 年 8 月，A 室所在单元全体业主共同委托小区物业服务单位对单元地下室进行了分隔，按照单元总户数 12 户共分隔出 12 小间，并依序进行编号，通过抽签的方式确定使用人。其中 7 号小地下室由 A 室业主使用，张某清、袁某萍支付了分隔费 676 元。张某清、袁某萍出售房屋时未告知高某清、戴某晴7 号小地下室情况。

2020 年 8 月 24 日，原告戴某晴、高某清通知被告张某清、袁某萍于月底前腾空 7 号小地下室。后张某清、袁某萍未予腾空，戴某晴、高某清更换了 7 号小地下室门锁，双方因此发生争执。2020 年 9 月 2 日，经南京市江宁区东山街道人民调解委员会调解，戴某晴、高某清将地下室钥匙交给了张某清、袁某萍，双方并同意通过诉讼途径解决地下室的使用争议。现张某清、袁某萍仍有杂物存放于 7 号小地下室。

一审法院审理中，原告高某清、戴某晴为证明因被告张某清、袁某萍占有使用 7 号小地下室的损失，提供了从房产中介"贝壳"App、"我爱我家"App 下载的地下室租赁广告，证明与 7 号小地下室面积大小相似的地下室的租金为 600 元/月左右。张某清、袁某萍质证认为租金的真实性无法确认。

(三) 裁判理由

江苏省南京市江宁区人民法院一审认为：原告高某清、戴某晴与被告张某清、袁某萍签订的《存量房交易合同》不违反法律、行政法规的强制性规定，合法有效。当事人应当按照约定全面履行自己的义务。当事人应当遵循诚实信用原则，根据合同的性质、目的和交易习惯履行通知、协助、保密等义务。

(1) 关于涉案地下室是否属于业主共有部分的问题。法律规定，建筑区划内的其他公共场所、公用设施和物业服务用房，属于业主共有。本案中，A 室的单元地下室并不属于建筑物区分所有权中业主专有部分，而是建筑区划内的公用设施，属于业主共有部分。并且 A 室所在单元在构造上、功能上具有相对独立性，该单元的地下室能够单独使用，与该单元的业主具有使用上的利害关系，因此该单元的地下室属于该单元全体业主共有。7 号小地下室系从 A 室的单元地下室分隔出来分配给 A 室业主单独使用的共有部分，其性质仍属于业主共有。张某清、袁某萍辩称：7 号小地下室不属于业主共有部分及其二人可自行处置的意见，缺乏事实和法律依据，法院不予采纳。

(2) 关于被告张某清、袁某萍是否应将 7 号小地下室交付原告高某清、戴某晴的问题。法律规定，业主对共有部分享有共有和共同管理的权利。业主转让建筑物内的住宅、经营性用房，其对共有部分享有的共有和共同管理的权利一并转让。法院认为，从维护小区公共秩序和业主利益的角度来说，业主转让专有部分时，不仅其对共有部分享有的共有和共同管理的权利一并转让，而且其基于业主共同管理约定所享有的共有部分专有使用权也应当一并转让，既有的共同管理约定对继受取得业主权利的房屋受让人继续有效，房屋转让人应当协助将其独占使用的共有部分交付于受让人。本案中，张某清、袁某萍基于共同管理合意独占使用 7 号小地下室，张某清、袁某萍向高某清、戴某晴转让 A 室房屋，7 号小地下室的独占使用权应当一并转让，张某清、袁某萍应当协助将 7 号小地下室交付于高某清、戴某晴。因此，对于高某清、戴某晴要求确认 7 号小地下室归其二人使用，以及要求张某清、袁某萍腾空并交付 7 号小地下室的诉讼请求，法院予以支持。张某清、袁某萍辩称房屋买卖合同没有约定转让 7 号小地下室，他们不应当向高某清、戴某晴交付 7 号小地下室的意见，缺乏事实和法律依据，法院不予采纳。

（3）关于原告高某清、戴某晴主张的占有使用费如何认定的问题。法律规定，当事人一方不履行合同义务或者履行合同义务不符合约定的，应当承担继续履行、采取补救措施或者赔偿损失等违约责任。本案中，被告张某清、袁某萍拒绝向高某清、戴某晴交付 7 号小地下室构成违约，高某清、戴某晴有权要求张某清、袁某萍赔偿损失。双方对 7 号小地下室的交付期限未作约定，高某清、戴某晴可以随时要求张某清、袁某萍履行，但是应当给予张某清、袁某萍一定的准备时间。高某清、戴某晴 2020 年 8 月 24 日要求张某清、袁某萍于月底前腾空并交付 7 号小地下室，张某清、袁某萍未及时履行义务，因此占有使用费应从 2020 年 9 月 1 日起计算。综合考量 7 号小地下室的性质、面积、用途等因素，酌定按 180 元/月的标准计算。鉴于张某清、袁某萍取得 7 号小地下室使用权时支出了相应费用，为减少当事人的诉累，法院确定截至 2020 年 12 月 22 日的占有使用费与张某清、袁某萍支出的费用相抵，张某清、袁某萍无须再支付该期间的占有使用费。

（四）裁判结果及裁判效力

综上，江苏省南京市江宁区人民法院依照《合同法》第六十条和第一百零七条（即《民法典》第五百零九条第一和第二款、第五百七十七条）、《物权法》第七十条、第七十二条、第七十三条（即《民法典》第二百七十一条、第二百七十三条、第二百七十四条）的规定，于 2020 年 12 月 30 日作出判决：

（1）南京市江宁区东山街道宏运大道 2199 号山水方舟雅苑 X 幢 A 室的单元地下室中的 7 号小地下室归原告高某清、戴某晴使用；

（2）被告张某清、袁某萍于本判决发生法律效力之日起十日内腾空并将南京市江宁区东山街道宏运大道 2199 号山水方舟雅苑 X 幢 A 室的单元地下室中的 7 号小地下室交付于原告高某清、戴某晴；

（3）被告张某清、袁某萍于本判决发生法律效力之日起十日内向原告高某清、戴某晴支付占有使用费（自 2020 年 12 月 23 日起，按 180 元/月的标准计算至被告张某清、袁某萍将南京市江宁区东山街道宏运大道 2199 号山水方舟雅苑 X 幢 A 室的单元地下室中的 7 号小地下室交付于原告高某清、戴某晴之日止）；

（4）驳回原告高某清、戴某晴的其余诉讼请求。

一审法院宣判后，双方当事人均未上诉，一审判决已发生法律效力。

三、案例分析

本案诉由是合同纠纷，也就是违约责任的承担问题。问题是有关合同对所涉小地下室交付义务并无约定。法院的分析思路是，有关地下室属于建筑区划内的公共设施，属于业主共有，区隔后虽然由被告单独使用，没有改变其性质，根据《物权法》第七十三条（《民法典》第二百七十四条），仍然属于业主共有。而根据《物权法》第七十二条第二款（即《民法典》第二百七十三条第二款），共有部分的权利应当随着被告就专有部分的所有权转让而一并转让。不可分性的规定涉及共有部分权利归属的规定，另一方面也涉及就独立使用的共有部分被告交付的合同义务，被告没有履行，应该依据《合同法》第一百零七条（即《民法典》第五百七十七条）承担包括继续履行、赔偿损失在内的违约责任。

四、课程思政解读

从前文对于本案法律适用的分析来说，从形式上看，有关判决结果均有相应法律条文作为依据，体现了社会主义核心价值观中社会层面的法治价值取向。

需要注意的有以下几个问题：

（一）法律规定的引用位置本身

本案作为公报案例，在裁判理由部分没有对于法律适用的说明，并没有直接说明所引用法律条文的序号，而是用"法律规定"四字代指有关法律条文。这是我国裁判文书中比较普遍的现象，算是一种习惯做法。其做法主要原因应该是避免重复。因为裁判结果部分必须引用具体的法律条文序号，裁判理由中如果已经引用，形式上看起来有些重复。事实上，这种避免重复的习惯做法并不可取，理由如下：

（1）裁判文书中的裁判理由部分仅使用"法律规定"四个字，而不直接指明其所援用的具体的法律条文，会降低判决文书的可读性和裁判整体的严肃性。当事人及其他裁判文书的读者在看裁判理由时，毫无疑问会想知道"法律规定"四字具体指什么条文。而要了解这些条文，他们不得已只能根据裁判结果所援引的法律条文序号的提示，从裁判理由所提及"法律规定"的内容中寻找相关条文，也就是需要使用跳跃性猜测阅读，需要不断地从裁判理由跳到裁判结果本身援用的法律条文来猜测"法律规定"四字所指的法律条文。

（2）条文序号的重复出现并不是法条引用的重复。裁判理由本身需要说明根据案件事实，基于什么法律规定对原告的诉讼请求作出支持或者驳回的处理。而后判决结果中再次引用裁判理由所依据的条文，构成对裁判理由中法律适用的总结，而非重复。如果依然坚持认为这种总结构成重复，那么，从某种角度来说，需要避免的并不是裁判理由部分的重复，而是重复引用裁判结果中的法条。从形式上看，在裁判结果中用"综上"二字，足以概括裁判结果中所引用的法律条文。当然，这种所引条文本身的概括，形式上也确实重申了依法裁判的事实本身，强化了裁判的严肃性，在裁判结果的总结中重申裁判理由中所引用的条文号，一定程度上是基于判决严肃性的必要重复。

（二）地下室共有部分的地位的认定法律依据上的问题

裁判理由中提到关于涉案地下室是否属于业主共有部分的问题。法律规定（《物权法》第七十三条第三句，即《民法典》第二百七十四条第三句）：建筑区划内的其他公共场所、公用设施和物业服务用房，属于业主共有。本案中，A室的单元地下室并不属于建筑物区分所有权中业主专有部分，而是建筑区划内的公用设施，属于业主共有部分。

以上法律适用的逻辑是：地下室不是业主专有部分，而且是有关条文中提及作为共有部分的"公共设施"，所以地下室是业主共有部分。这一逻辑并不能直接用来表明被告下述抗辩不成立：根据被告与开发商之间的商品房买卖合同，A室的单元地下室不计入公共分摊面积，不属于业主共有部分。此处的抗辩是既然没有纳入公共分摊面积，该地下室就不是业主共有部分的"公共设施"。

《房屋测量规范》（GB/T 17986.1—2000）附录 B《成套房屋的建筑面积和共有共用面积分摊》规范 B3.1 指出：共有建筑面积的内容包括地下室，但不包括独立使用的地下室、作为人防工程的地下室。

为何合同约定不将单元地下室计入公共分摊面积，基于上述测量规范，应该有拟作为独立使用的地下室处理的可能。事实上，单元地下室最后也基于抽签结果成为各个业主的独立使用的地下室。就此来说，此时的地下室并非共有部分，而是业主的专有部分。

（三）作为专有部分的地下室处置问题

既然是专有部分，援用《物权法》第七十二条第二款（即《民法典》第二百七十三条第二款），共有部分的权利应当随着被告就专有部分的所有权转让而一并转让，从而认定被告负有交付义务就是不妥当的。

独立使用地下室独立于原告的建筑物区分所有权，当然可以独立处分，比如业主在拥有建筑物区分所有权期间，根据他人请求，单独将地下室转让给其他业主，基于合同自由是没有任何问题的。但是本案焦点在于，根据买卖合同，被告已经将建筑物区分所有权转让给原告，此时其能否坚持只转让了建筑物区分所有权本身，而没有转让其对于地下室的权利的义务？

首先，必须确定此时地下室和建筑物区分所有权之间的关系。从地下室使用上来说，有辅助建筑物区分所有权的行使的作用，有地下室的建筑物区分所有权人的利益享有更为完善和优越。因此，地下室独立于作为建筑物区分所有权客体房屋本身的独立建筑物，与该房屋之间存在主物和从物的关系。

其次，主物从物关系的确立的意义在于，主物的命运决定从物的命运，《物权法》第一百一十五条（即《民法典》第三百二十条）规定："主物转让的，从物随主物转让，但是当事人另有约定的除外。"基于该规定，除非有特别约定，否则主物房屋转让的，从物地下室也应该随之转让。就本案而言，当事人并未对地下室的转让本身有特别约定，因此原告也取得对于地下室的权利。从合同作为负担行为的角度而言，被告负有交付地下室的义务。也就是说，该规定使得从物和主物一起成为买卖合同的标的。就本案而言，就作为从物的地下室，根据《合同法》第一百三十五条（即《民法典》第五百九十八条），基于买卖合同，被告负有交付该地下室的义务。

总之，就裁判本身确定被告有交付地下室的义务而言，这一裁判结果值得支持，但是裁判理由及裁判依据援引不当。

(四) 关于地下室取得成本与被告损失赔偿义务的抵销问题

被告在取得地下室专有权时，支付了分隔费 676 元。根据法院认定，由于被告未及时履行交付地下室的义务，应该以支付占有使用费的方式承担赔偿损失的责任。鉴于被告取得 7 号小地下室使用权时支出了相应费用，为减少当事人的诉累，原告占有使用费请求权与被告支出的费用相抵，被告无须再支付该期间的占有使用费。这一裁判无异于认为，原告作为买方，在取得从物的权利及其占有时应该额外支付被告取得从物的成本。这一解释似乎并没有法律依据。既然从物是主物买卖合同的一部分，从物和主物作为买卖合同的标的的整体，应该认为主物买卖合同价款包括了取得从物所有权的对价，买方不应该对从物本身的取得再次支付相应的对价，这种理解才是对于涉及从物的主物买卖合同的双方当事人的意愿的正常理解。设想一下，甲乙买卖带有车库的房屋，车库是甲从开发商处取得，甲支付了 20 万元，是不是乙作为买方基于买卖合同取得房屋时，还要就车库本身再额外支付 20 万元呢？当然不行。也就是说，没有特别约定，当事人转让的就是主物从物。一体转让的房屋及车库，所约定的价款自然也是针对主物和从物的对价，不存在额外再承担卖方取得从物的成本问题。

五、问题拓展讨论

1. 建筑物区分所有权的专有部分和共有部分的确定标准是什么？

2. 能够认为就建筑物区分所有权的业主而言，不属于专有部分的均是共有部分吗？请结合以下司法解释进行思考：

《最高人民法院关于审理建筑物区分所有权纠纷案件具体应用法律若干问题的解释》第三条规定："除法律、行政法规规定的共有部分外，建筑区划内的以下部分，也应当认定为民法典第二编第六章所称的共有部分：(一) 建筑物的基础、承重结构、外墙、屋顶等基本结构部分，通道、楼梯、大堂等公共通行部分，消防、公共照明等附属设施、设备，避难层、设备层或者设备间等结构部分；(二) 其他不属于业主专有部分，也不属于市政公用部分或者其他权利人所有的场所及设施等。建筑区划内的土地，依法由业主共同享有建设用地使用权，但属于业主专有的整栋建筑物的规划占地或者城镇公共道路、绿地占地除外。"

3. 如何从物债二分角度理解建筑物区分所有权不可分性和主物从物处分同命运的规则？

4. 如果有关的共有部分，根据卖方安排、物业规划或者业主约定，由某个业主独立使用，此时是否改变其共有部分的性质？

六、阅读文献推荐

1. 《民法学》编写组：《民法学：上、下册》（第二版），高等教育出版社，2022 年。

2. 陈华彬：《建筑物区分所有权》，中国法制出版社，2011 年。

3. 谢在全：《民法物权论：上、下册》，中国政法大学出版社，2011 年。

4. 刘家安：《民法物权》，中国政法大学出版社，2023 年。

5. 姜海峰：《物权法：规则与解释》，北京大学出版社，2022 年。

债权法篇

A Course on Ideological and
Political Cases in Civil and Commercial Law

违约金调整

案例 12：源亿（北京）网络科技有限公司
与北京某某大学计算机软件开发合同纠纷案

⚠ 一、知识点提要

违约金制度是保障债务实现的一项重要制度，《民法典》及相关司法解释皆对其作出了有关规定。下面重点介绍违约金的性质、违约金的功能、违约金的调整规则等几个方面。

（一）违约金的性质

我国违约金的司法调整规则尤其是酌减违约金的规则，以及违约金是否能够与损害赔偿并用的规则，均是以违约金的性质判断理论为基础而构建的。因此，有必要对违约金的性质进行清晰的界定。学界对违约金的性质仍存在很多争论，但我国司法实践对违约金的性质已形成一个较为普遍的认识，即违约金制度以赔偿性（或者补偿性）违约金为主，以惩罚性违约金为辅。赔偿性违约金又称损害赔偿额预定性违约金，是当事人对损害赔偿额的预估值。惩罚性违约金是依当事人约定或依法律规定对违约方的一种惩罚，违约方在给付违约金后就可免除赔偿责任。赔偿性违约金避免了守约方请求损害赔偿时需要证明损害和因果关系，减轻了当事人的举证负担。赔偿性违约金某种程度上相当于替代履行，守约方请求赔偿违约金后，一般情况下不能再次请求违约方履行债务或者对不履行予以损害赔偿。① 尽管对违约金性

---

① 韩世远. 合同法总论 [M]. 北京：法律出版社，2018：825.

质类型的区分讨论颇多，但学界却始终未能形成令人信服的区分标准。现今主要的代表学说有三种，分别是责任并行说、损失比较说和目的说。① 责任并行说将违约金是否能和其他违约责任并用作为区分标准，排斥强制履行或者损害赔偿的违约金是赔偿性违约金，反之则是惩罚性违约金。② 损失比较说认为违约金赔偿性与惩罚性的区分需要比照违约金与实际损失的数额大小，如果约定的违约金高于实际损失，则违约金体现惩罚性质，如果约定的违约金低于实际损失，则违约金体现赔偿性质。③ 目的说则认为违约金性质应当根据当事人签订合同时对违约金条款的主观目的判断。违约金性质以当事人约定为准，约定不明的可以依据交易习惯和行业惯例来确定，如果最终仍无法确认，应当推定为赔偿性违约金。④

需要说明的是，"补偿为主"，体现在违约金的金额应以债权人实际损失为参照，不能偏离过巨；"惩罚为辅"，体现在包含了惩罚性和补偿性的整项违约金可以高于但不能过分高于实际损失（如一般不高于实际损失的30%），或者指具有惩罚性质的违约金部分不能过分高于补偿性质的违约金部分。⑤

（二）违约金的功能

违约金的功能在于免除守约方对损失的举证责任。在合同双方没有约定违约金的情况下，如果守约方主张法定的损失赔偿，就必须提供充分的证据证明对方违约产生的实际损失。而在双方约定违约金的情形下，守约方可以直接主张违约金，而免于承担对其损失的举证责任。正是因为违约金的主要性质在于补偿，才衍生出了违约金的调整问题。

（三）违约金的调整规则

《民法典》第五百八十五条第二款规定："约定的违约金低于造成的损失的，人民法院或者仲裁机构可以根据当事人的请求予以增加；约定的违约金过分高于造成的损失的，人民法院或者仲裁机构可以根据当事人的请求予

① 谢鸿飞. 合同法学的新发展 [M]. 北京：中国社会科学出版社，2014：497.
② 韩世远. 违约金的理论争议与实践问题 [J]. 北京仲裁，2009（1）：24-25.
③ 崔文星. 关于违约金数额调整规则的探讨：以合同法第一百一十四条为中心 [J]. 河南省政法管理干部学院学报，2011（2）：77-84.
④ 孙瑞玺. 论违约金的性质：以合同法第114条为视角 [J]. 法学杂志，2012（4）：38-45.
⑤ 罗昆. 违约金的性质反思与类型重构：一种功能主义的视角 [J]. 法商研究，2015（5）：100-110.

以适当减少。"这就是《民法典》规定的违约金调整规则。《民法典》第五百八十五条第二款确定的违约金调整规则具有强制性、规范性，若允许通过意思自治事先排除违约金调整规则的适用，不利于平衡保护当事人的合法权益，有违公平正义。违约金调整规则是对当事人在违约金领域的意思自治进行适当限制的强制性规范，不能允许当事人通过意思自治进行事先排除。当事人事先约定放弃违约金调整请求权后，当事人任何一方向人民法院请求调整违约金的，人民法院原则上应予以准许并依法进行处理。

第一，违约金数额增减的理念基础在于赔偿性违约金作为赔偿损失额的预定，虽然不要求其数额与实际损失数额完全一致，但也不宜使两者数额相差悬殊，否则会使违约金责任与赔偿损失的一致性减弱乃至丧失，而使两者的差别增大，以至成为完全不同的东西。因此，违约金的数额过高或过低时允许调整是适宜的。第二，违约金的数额与损失额应大体一致。这是商品交换的等价原则的要求在法律责任上的反映，是合同正义的内容之一，是《合同法》追求的理想之一。既然如此，违约金的数额过高或过低时予以调整，就有其根据。① 第三，《关于当前形势下审理民商事合同纠纷案件若干问题的指导意见》第六条明确提出，在当前企业经营状况普遍较为困难的情况下，对于违约金数额过分高于违约造成损失的，应当根据《合同法》规定的诚实信用原则、公平原则，坚持以补偿性为主、以惩罚性为辅的违约金性质，合理调整裁量幅度，切实防止以意思自治为由而完全放任当事人约定过高的违约金。根据最高人民法院《关于当前形势下审理民商事合同纠纷案件若干问题的指导意见》第七条提出的调整违约金的权衡标准，"人民法院根据合同法第一百四十二条第二款调整过高违约金时，应当根据案件的具体情形，以违约造成的损失为基准，综合衡量合同履行程度、当事人的过错、预期利益、当事人缔约地位强弱、是否适用格式合同或条款等多项因素，根据公平原则和诚实信用原则予以综合权衡，避免简单地采用固定比例等'一刀切'的做法，防止机械司法而可能造成的实质不公平"。该条揭示了在合同约定违约金之后，法官依据职权调整的判断规则。

《民法典》第五百八十五条第二款规定："约定的违约金低于造成的损失的，人民法院或者仲裁机构可以根据当事人的请求予以增加；约定的违约金过分高于造成的损失的，当事人可以请求人民法院或者仲裁机构予以适当

---

① 史尚宽. 债法总论 [M]. 台北：荣泰印书馆股份有限公司，1978：499.

减少。"这条规定清楚地表明，判断违约金数额不适当的比较基准是违约方对守约方造成的实际损失。

合同履行程度也是对当事人之间违约责任的重要判断标准之一。对合同履行情况的考虑主要可区分两种情形：第一，如果合同履行瑕疵较为轻微，即不存在重大违约行为，比如违约时间很短，可以适当调整违约金数额。第二，如果合同部分履行对债权人意义不大，即因违约导致的未履行部分对债权人的利益影响更大时，则应审慎酌减违约金数额。换句话说，履约程度达到30%的合同与履约程度达到90%的合同，双方承担的责任与义务其实已经根据合同的履行程度发生了改变。该标准通常是出现在货物买卖合同之中，分期履行的货物，已经交付30%出现违约行为和已经交付90%出现违约行为，对守约方造成的损失势必不同，因此可以根据合同的履行程度进行适当的调整。

当事人的过错也是违约损失的重要判断标准之一。主要可分为三种情形：第一，债务人的主观过错程度较小或者债权人亦存在过错时，可以适当调整减少违约金数额。第二，当违约方的行为属于恶意违约时，违约金的调整应当体现对恶意违约的惩罚。第三，在违约方与守约方均有过失时，违约金调整不应过多体现惩罚性质。虽然当事人的过错不是违约责任的构成要件，但也是法院认定是否调整违约金及调整的幅度的重要标准。违约方因为主观的过错行为（恶意违约、违反契约精神等）违约，例如房屋买卖合同中，因为房屋价格突然上涨，卖家违约不再卖房，与因为卖家过失等原因造成房屋损毁导致的履约不能之间的当事人的过错程度是不同的，因此在调整违约金的数额时，需要根据当事人的过错程度进行区分。

预期的利益与当事人的缔约地位之间是存在关联性的。预期利益实现的可能性较大时，酌减违约金应当更为审慎。此时，应当考虑债权人的一切合法利益，而不仅仅是财产上的利益。另外，在调整违约金数额时，还应当考虑当事人是否为商事主体、双方的交易是否为商事交易。如果属于商事主体从事的商事交易，在认定违约金过高或者过低时，应当更为谨慎。而在经营者与消费者之间以格式合同为载体的交易关系中，如果债务人是消费者，此时当事人缔约地位的强弱、是否适用格式合同等因素，是适用违约金酌减规则应当考虑的因素。这两点可以作为同一标准来判断双方当事人约定的违约金的合理性。双方当事人在合同之中是否体现了平等的权利和义务，是否要承担相同的违约责任，是不是平等的违约责任，也是法官判断约定违约金的高低与否、是否应当进行调整的重要标准。

因此，总结来看，是否要调整违约金的数额，应当先以当事人之间的约定为准，一般而言不予调整。司法实践中可以根据个案的情况，以《关于当前形势下审理民商事合同纠纷案件若干问题的指导意见》第七条、《合同法司法解释（二）》第二十九条、《民法典》第五百八十五条为依据进行调整，但是应当明确调整的权衡在于合同的意思自治的自由与利益的均衡之间的平衡。

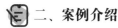 二、案例介绍

（一）基本案情介绍

源亿（北京）网络科技有限公司（以下简称源亿公司）与北京某某大学于 2020 年 10 月 29 日签订《智能制造平台软件（CNC 功能模块）开发驻场合同》，约定源亿公司为北京某某大学开发软件，但是北京某某大学却无视合同约定多次违约。北京某某大学逾期支付尾款长达 18 天，增加了源亿公司用工风险和员工的不稳定性，构成合同违约，违约金 9 万元。北京某某大学多次变更需求，变更不同种类的技术人员，增加了源亿公司的人力成本，造成多个人员闲置的亏损，构成合同违约，违约金 9 万元。且北航未经源亿公司允许，未向源亿公司支付猎头费用，私自跟源亿公司的技术人员合作，要求其入职北京某某大学，损害源亿公司利益，造成与源亿公司原定一年的合作期提前终止，同时导致源亿公司另外一个项目无法实施被迫终止。故源亿公司向法院请求判令北京某某大学向源亿公司支付违约金 180000 元；并向源亿公司支付各种损失和合理支出 50000 元，包括人力资源损失 45000 元及招聘提成费 5000 元。

北京某某大学辩称：涉案合同约定的违约金数额明显过高，应当调整。在涉案合同履行过程中，北京某某大学仅存在迟延支付合同尾款的违约行为，且现已支付完毕，不存在因北京某某大学的违约行为对源亿公司造成重大损失的情况。因此，原审法院依法调减迟延支付的违约金不存在适用法律错误。

一审法院认为本案的争议焦点是北京某某大学是否完全履行合同义务。二审法院则认为争议焦点是：（1）北京某某大学是否存在违约行为；

（2）若北京某某大学构成违约，一审法院酌减违约金是否合理。

（二）裁判理由和结果

根据涉案合同的约定，北京某某大学的主要合同义务为支付技术服务费，源亿公司主张北京某某大学长期迟延支付尾款构成违约。根据北京某某大学提交的银行回单记录，其于2020年12月17日支付给源亿公司尾款，但涉案合同约定的尾款支付期限为2020年11月30日，北京某某大学逾期付款行为构成违约。涉案合同第九条第二项和第三项是违约金条款，《民法典》第五百八十五条第一款规定："当事人可以约定一方违约时应当根据违约情况向对方支付一定数额的违约金，也可以约定因违约产生的损失赔偿额的计算方法。"因北京某某大学逾期付款，源亿公司有权依据合同第九条第三项的约定要求其支付相应的违约金。北京某某大学认可其存在逾期付款行为，但主张合同约定的9万元违约金数额过高。依据《民法典》第五百八十五条第二款的规定，原审法院综合考虑涉案合同的履行过程，酌情确定北京某某大学应当支付给源亿公司违约金45000元。源亿公司另主张北京某某大学违反了涉案合同第九条第二项的约定，但在案证据不足以证明北京某某大学存在单方面终止项目、未完整履行一个月用工周期的行为，故对该主张不予支持。关于源亿公司主张的北京某某大学存在多次变更需求而违约的问题，其提交的一部分证据显示了当事人双方在涉案合同履行期届满之后对后续合作的沟通过程，并不能证明北京某某大学存在违反涉案合同的行为；另一部分显示了合同履行过程中更换驻场人员的交流过程，依据涉案合同第二条第四项的约定，甲方有权利更换符合其需求和标准的外包人员，故这一部分证据也不足以证明北京某某大学在履行期限内提出违反约定的换人要求。因此，北京某某大学并不存在因为变更需求而违约的行为。

基于此，北京知识产权法院于2021年11月25日作出（2021）京73民初568号民事判决：北京某某大学向源亿（北京）网络科技有限公司支付违约金45000元。源亿公司不服原审判决，提起上诉。最高人民法院于2022年9月8日作出（2022）最高法知民终340号判决：驳回上诉，维持原判。

三、案例分析

本案的争议焦点是北京某某大学是否存在违约行为；如其构成违约，法院酌减违约金是否合理。

（1）关于北京某某大学是否存在违约行为的认定。《最高人民法院关于适用〈中华人民共和国民事诉讼法〉的解释》第九十条规定："当事人对自己提出的诉讼请求所依据的事实或者反驳对方诉讼请求所依据的事实，应当提供证据加以证明，但法律另有规定的除外。在作出判决前，当事人未能提供证据或者证据不足以证明其事实主张的，由负有举证证明责任的当事人承担不利的后果。"根据涉案合同的约定，源亿公司向北京某某大学提供技术驻场开发服务，北京某某大学向源亿公司支付技术服务报酬9万元，即分别于协议签订后5个工作日内支付给源亿公司预付款76500元、于2020年11月30日支付尾款13500元。北京某某大学于2020年12月17日支付尾款构成迟延履行，双方对此并无异议。

（2）关于涉案合同约定的履行期限的认定。根据涉案合同第一条，涉案合同技术服务时间为2020年11月9日至2021年12月8日，共计一年零一个月，但是涉案合同第二条、第九条均约定技术服务期限为一个月。本案中，双方当事人对于涉案合同的履行期限存在争议。根据《民法典》第四百六十六条、第一百四十二条第一款的规定，当事人对合同条款的理解有争议的，应当按照合同所使用的词句，结合相关条款、行为的性质和目的、习惯及诚信原则，确定合同中有关意思表示的含义。涉案合同在技术服务期限、服务质量期限要求、违约责任所涉用工周期的条款中均约定了一个月的期限，同时涉案合同明确约定了北京某某大学向源亿公司支付技术服务报酬及支付方式的条款，该条款显示技术服务费总额为9万元、由北京某某大学分期支付给源亿公司等内容，结合当事人双方依此确定权利义务及北京某某大学履行支付技术服务报酬的情况，能够明确双方当事人行使涉案合同权利、履行涉案合同义务的期限为一个月。虽然涉案合同第一条第五项载明的技术服务时间为2020年11月9日至2021年12月8日，但合同中没有写明相应的技术服务费金额、支付期限等内容。因此，认为涉案合同的履行期限为一个月，并无不当，源亿公司主张北京某某大学存在单方面终止项目、未完整履行一年用工周期的行为，缺少事实依据。

（3）关于源亿公司主张北京某某大学存在多次变更需求的违约行为的认定。根据涉案合同第二条第四项约定，源亿公司按照北京某某大学的需求和标准提供外包人员，对不能满足北京某某大学要求的外包人员进行更换。在合同履行过程中，双方就技术服务需求的变更及驻场人员的更换进行多次协商沟通并达成合意，系双方在原有合同基础上对技术服务需求的变更与调整，不能依此认定北京某某大学存在违约行为。

"司法酌减"原则在国内司法实践中普遍适用。《民法典》第五百八十五条第二款规定："约定的违约金过分高于造成的损失的，人民法院或者仲裁机构可以根据当事人的请求予以适当减少。"最高人民法院对违约金相关问题处置的司法实践指导意见中也明确，"司法酌减"的规则是借助诚实信用原则矫正滥用合同自治的机制。当然，在司法机关调整裁量幅度、作出关于违约金的裁决前也会综合考量其他因素：（1）合同履行情况；（2）当事人的过错程度；（3）是否适用格式合同；（4）各方是否已/将从交易或合作中获取任何利益；（5）各方对合作或交易投入的资金和资源；（6）违约方是否及时针对瑕疵行为采取补救措施；（7）守约方是否会通过违约金的判罚而获利；等等。针对本案中原审法院酌减违约金是否合理的争议焦点，最高人民法院判决认为，当事人主张约定的违约金过高请求予以适当减少的，人民法院应当以实际损失为基础，综合考量合同的履行情况、当事人的过错程度、预期的利益等因素，根据公平原则和诚实信用原则予以衡量，并作出裁决。本案中，源亿公司未能提供证据证明其受到的实际损失，且其所主张的因技术人员招聘、闲置而耗费的人力、物力、财力损失均系其履行涉案合同义务时的正常投入，属于应自行承担的运营成本。源亿公司也未提供证据证明北京某某大学迟延十几天支付尾款给其造成重大损失，涉案合同约定的违约金数额相当于涉案合同约定的技术服务报酬总额，该数额明显高于北京某某大学迟延付款给源亿公司造成的损失。基于此，最高人民法院判决维持经原审法院酌减后的违约金数额。

此外，对违约金惩罚性和赔偿性功能认知的差异也会极大影响法官对调整违约金的判断，对违约金惩罚性功能的"偏爱"将会使法官尽量不调或者少调违约金，如在金昌某某工业气体有限公司与甘肃某某环保科技股份有限公司加工合同纠纷一案中，法院以"违约金的作用在于维护合同交易，提高合同履约率，是对合同履行的一种担保，具有一定惩罚性"为由，对甘肃某某环保科技股份有限公司调整案涉违约金的主张不予支持。① 而在无锡某某影视文化有限公司与东阳某某影视娱乐有限公司民间借贷纠纷一案中，法院则以"违约金以填补损失为目的，在已全额支持本案合同投资收益率约定的

---

① 参见（2022）最高法民再 77 号判决书。

情况下，合同逾期违约金的计算标准过分高于东阳某某公司的实际损失"为由，适当调整了违约金。①

因此，法院会以公平和诚实信用维度为纲领，从意思自治、举证责任、过错程度、法律关系类型、违约金的惩罚性和赔偿性等一个或者几个维度决定是否调整违约金，以及相应的调整幅度。但是，从违约金调整的具体司法实践来看，现行法律虽然对违约金的调整有一定的原则规范，但并未形成统一的裁判标准，该方面的司法实践也形态各异，甚至相互矛盾，法官自由裁量权空间非常大。

造成上述问题的主要原因为：一是违约责任形态各异，违约金调整涉及的因素也较为繁杂，技术上很难在立法时进行细致的量化；虽然违约金的调整有一定的法律依据，但法律条文过于抽象，只能赋予法官较大的自由裁量权，这会导致具体裁判的形态各异，甚至不同案件的裁判结果相互矛盾。二是违约金制度理论上的争议及理论和实务的脱节客观上助长了司法裁判的混乱，而司法实践中常以实际损失和约定的违约金数额之大小，判断该违约金为赔偿性违约金还是惩罚性违约金，与其说是一种理论，不如说是对实际发生的损害结果的描述，且过分强调违约金的赔偿性功能将违背常人的公平正义观，也会在事实上造成鼓励违约，而对惩罚性功能的过分强调也会造成实质上的不正义。三是很难严格通过分配实际损失的举证责任来调整违约金。

四、课程思政解读

"源亿（北京）网络科技有限公司与北京某某大学计算机软件开发合同纠纷案"所涉及的课程思政元素体现在以下几个方面：一是如何通过该案所依据的法律规则来理解违约金调整规则的价值；二是违约金调整规则的价值如何用于指导对现行违约金调整规则的理解与适用；三是如何用违约金调整规则的价值来为制度的优化提供指引。

违约金调整规则构成之法理关键，在于维护当事人之间的利益平衡，鼓励市场交易，促进合同目的的实现。在本案中，人民法院以实际损失为基础，兼顾合同的履行情况、当事人的过错程度及预期的利益等综合因素，对当事人主张减少过高的违约金的诉求予以采纳，一定程度上平衡了社会

---

① 参见（2021）京民终 633 号判决书。

利益。

（1）违约金调整规则是诚实信用原则的体现。诚实信用原则作为民事法律中的一项基本原则，不仅适用于公法，而且适用于私法。与西方发达国家一样，我国《民法典》中也包含了与诚实信用原则相关的内容。诚实信用原则是影响合同签订、履行、变更、解除及终止等目标顺利实现的关键因素。合同签订双方必须严格地按照法律法规赋予自己的权利，履行自己应该承担的义务。只有严格地遵循诚实信用的原则，才能确保自身的合法权益不受侵害。实务中，因该条法律规则的存在，不少当事人之间签署的违约金条款，往往成为一种形式上的"震慑"工具，实际上并不能达到约定的惩罚性违约金的效果。究其原因，违约金虽有惩罚性违约金、补偿性违约金两种，但除知识产权侵权案件、产品侵权案件、环境侵权案件确定了惩罚性违约金外，一般性合同纠纷案件的违约金仍主要以填平损失为准，这直接导致实务中法院在判决是否支持违约金、支持多少违约金时，往往以守约方因违约方的违约行为遭受的实际损失金额为重要参考标准之一。若违约金超出可证明的损失金额，则会参照实际损失金额予以调减。例如，生活中常见的借贷关系中，违约金参照利息调整；房屋租赁合同纠纷中，违约金参照有限的租金损失、物品损失、搬迁损失等调整。在该案中，涉案合同约定的违约金数额相当于涉案合同约定的技术服务报酬总额，该数额明显高于北京某某大学迟延付款给源亿公司造成的损失。因此，法院综合考量源亿公司的实际损失、涉案合同的履行情况、当事人的过错程度等因素，酌减违约金并无明显不当。

相反，若在违反诚实信用原则的前提下，违约金可不予调整。2021年11月9日最高人民法院发布第30批共6件指导案例，其中指导案例166号北京某某贸易有限公司诉北京某某重工有限公司合同纠纷案中，明确了在当事人双方就债务清偿达成和解协议，并约定了解除财产保全措施及违约责任的情形下，违约方主观恶意明显、严重违反诚实信用原则不履行和解协议，人民法院对和解协议违约金诉讼中请求减少违约金的请求是否支持的问题。本案例根据公平原则和诚实信用原则明确了人民法院可不调整违约金的情形，对于有效防范当事人规避执行、"假和解、真逃债"等行为，保护遵守协议方受损害的合法利益，引导当事人诚实守信，具有积极意义。

（2）违约金调整规则是公平和平等原则的体现。由公平原则衍生而来的合同正义是违约金酌减的重要依据。公平原则是民事活动的目的性评价，也就是说从行为本身和过程很难评价法律关系是否违背公平原则，而主要从结果上予以评价。如果从裁判结果上看违约金数额客观上造成了当事人之间利益的过分失衡，那么除非当事人在诉讼中自愿接受该违约金数额，否则法官极有可能会调整违约金。一方面，如果当事人在合同中约定的违约金条款显失公平，违约金数额过分"高于"或者"低于"违约所造成的损失额，那么为保障合同双方的利益不因违约行为而遭受重大损失，司法机关在当事人依法申请调整违约金时，会界定守约方的实际损失，在综合考量其他因素的基础上，适当调整违约金的数额。另一方面，债务人往往过于信赖自己的履行能力而低估了承担高额违约金的风险，当债务人无法依约履行合同清偿债务时，便会在经济上面临极为窘迫的状况，因此倘若约定的违约金金额不受限制，则每个当事人都有可能在经济上遭受毁灭性的惩罚。首先，违约金的预定性特征要求法律应当适当宽恕债务人承担的难以预见的危险或者针对债务人的过错惩罚。其次，基于结果公平原则虽然不能要求债务人承担的违约金数额与债权人的实际损失额完全相当，但两者也不能差距过大。最后，在谈判力量显著失衡的情况下，经济上的强者往往压迫经济上的弱者签订对其极其苛刻的违约金条款。契约自由的背后体现的是当事人利益平衡的思想，双方都能从合同中获得相对应的利益而不得不成比例地承担损失。公平和诚实信用维度在违约金调整方面发挥着总纲的作用，公平和诚实信用维度属于法律原则，而法律原则的适用天然具有鼓励法官裁量和释法的特性，因此，很多情况下，法官引用公平和诚实信用原则并未对依据这两个维度调整违约金的理由进行说理，仅泛泛而论约定的违约金违反公平和诚实原则，如在上海某某家电维修有限公司与上海某某商场维修有限公司特许经营合同纠纷一案中。法官并未对调整违约金的具体理由和推导逻辑进行说明。不过从整体上看，双方当事人的地位、订立合同时的情形、损害结果、违约行为会对该维度的判断起到重要的参考作用。

（3）调整违约金的其他重要理论依据。一是契约自由原则。契约自由原则在整个私法领域具有重要的核心地位，违约金是双方当事人经过平等谈判、理性博弈、反复磋商而达成的合意，是债权人与债务人充分实现意思自治的有效途径，只要不违反法律强制性、禁止性规范，原则上就应排除司法干预。二是公序良俗原则。公序良俗原则是指公共秩序和善良风俗，是公共利益和社会公德的有机结合。公序良俗原则为法院审慎酌减过高的违约金提供了法理依据，避免了确认违约金全部无效或全部有效的极端偏颇。除上述原则之外，禁止权利滥用原则、商事交易的便捷和效率原则也是违约金调整的重要理论依据。

五、问题拓展讨论

1. 《民法典》关于违约金调整的规定是否存在不足？如果存在不足，应如何完善？请谈谈自己的看法。

2. 从社会主义核心价值观中的公平与诚信的价值维度观察，谈谈你对《民法典》中违约金调整规则的立法模式有何看法。

3. 《民法典》并没有对违约金的计算方式进行明确规定，这导致在司法实践中违约金的计算方式存在着很大的不确定性。对此，你有什么建议？

六、阅读文献推荐

1. 《商法学》编写组：《商法学》（第二版），高等教育出版社，2022 年。
2. 崔建远：《合同法》（第七版），法律出版社，2021 年。
3. 杨立新：《债法》（第三版），中国人民大学出版社，2022 年。
4. 崔建远：《合同责任研究》，吉林大学出版社，1992 年。
5. 韩世远：《合同法总论》（第四版），法律出版社，2018 年。
6. 王洪亮：《债法总论》，北京大学出版社，2016 年。
7. 王利明：《合同法研究》，中国人民大学出版社，2015 年。
8. 姚明斌：《违约金论》，中国法制出版社，2018 年。
9. 王泽鉴：《损害赔偿》，北京大学出版社，2017 年。

债权人代位权

案例 13：中国银行股份有限公司汕头分行
与广东发展银行股份有限公司韶关分行、
第三人珠海经济特区安然实业（集团）公司代位权纠纷案

⚠ 一、知识点提要

债权人代位权是合同保全制度的重要组成部分，该制度意在维护债权人交易安全和债务人意思自由之间的平衡。债权人代位权的学习从理论上来看，包括债权人代位权的概念、债权人代位权构成要件、债权人行使代位权的方式、债权人行使代位权的效力等几个方面。

（一）债权人代位权的概念

债权人代位权，又称间接诉权，是指债权人依法享有的为保全其债权，以自己的名义行使属于债务人权利的实体权利。当债务人怠于行使属于自己的债权或者与该债权有关的从权利而危及债权人的权利实现时，该债权人可依债权人代位权，以自己的名义行使债务人怠于行使的债权或者与该债权有关的从权利。[1] 债权人代位权着眼于债务人的消极行为，该消极行为就是怠于行使属于自己的债权或者与该债权有关的从权利。债权人行使代位权是指债权人为保全其债权而代债务人行使其权利。债权人代位权在性质上为基于债权人的债权而发生的实体法上的权利，其内容在于行使债务人的权利[2]，借以保护债务人的责任财产，而非扣押债务人的财产权利或就收取的财产有

---

① 杨立新. 论债权人代位权 [J]. 法律科学（西北政法学院学报），1990（4）：68-70.
② 邱聪智. 新订民法债编通则：下 [M]. 北京：中国人民大学出版社，2004：303.

优先受偿权，不是诉讼法上的权利。当然，债权人代位权虽名曰权利，但实质上是权能，是债权人的债权的效力表现，是债权的一项权能。此外，它也不是债权人对于债务人或第三人的一般的债权请求权。一般的债权请求权，是债权人请求债务人为特定行为（作为或者不作为）的权利，而传统民法上的债权人代位权并无使债权人直接请求次债务人（债务人的义务人）清偿并使自己的债权优先受偿的效力。《民法典》关于债权人代位权的规定，未涉及债权人直接请求次债务人清偿并使自己的债权优先受偿的效力，债权人代位权也不是固有意义上的形成权，债权人代位权行使的效果，是使债务人与第三人之间的法律关系发生变更，这虽与形成权相似，但债权人代位权不是依债权人一方的意思表示而形成法律上的效力和次债务人履行（对债务人的）义务的法律效果的，而恰恰是债务人（对次债务人）所享债权的效力表现。只不过此次行使该债权的主体不是债务人这个本来的债权人，而是债权人这个代位权人。所谓债务人与次债务人之间的债权债务关系发生变化，其实并未超出债务履行、债权实现的范畴，即债的关系的框架假如非从法律关系形成的角度观察不可的话，那么该法律关系的形成也不是债权人代位权的直接效力，而是代位权使债权人可以依赖债务人的权利而向次债务人主张。债权人代位权不是固有意义上的形成权，而是以行使他人权利为内容的法定权能。因此，债权人在行使代位权时应尽善良管理人的注意义务。债权人代位权并非固有意义上的形成权，还因为行使债权人代位权，但并不见得奏效。当债务人由于种种原因而未清偿时，仅凭债权人一方的意思表示，债务人与次债务人之间的法律关系是断然不会发生变更的，而固有意义上的形成权的行使，必定会形成一种法律关系，这不依相对人同意与否、配合或反对、作为或不作为而转移，由此显现出债权人代位权与固有意义上的形成权的差异。总之，债权人代位权属于债权的对外效力，是从属于债权的特别权利，或者说是债权的一种法定权能，无论当事人是否约定，债权人都享有债权人代位权。[①]

（二）债权人代位权构成要件

债权人代位权一般包括三个构成要件。第一，债务人享有对于第三人的权利，即债务人对其相对人的权利，若债务人享有的权利与第三人无涉，则

---

① 崔建远. 合同法 [M]. 7 版. 北京：法律出版社，2021：121.

不得成为债权人代位权的行使对象。此处所谓债务人对相对人享有的权利，包括"债权或者与该债权有关的从权利"（《民法典》第五百三十五条第一款正文前段）。此处的债权包括：基于合同产生的债权、缔约过失场合的损害赔偿请求权、不当得利返还请求权、基于无因管理产生的债权、基于单方允诺产生的债权、可由他人代为行使的侵权损害赔偿请求权、相邻关系中的损害赔偿请求权、因违约或不履行其他债务而产生的损害赔偿请求权、违约金支付请求权等。需要注意的是，已经超过诉讼时效的债权也应被允许，道理在于：如果允许债权人代位，特别是获得胜诉判决或裁决的话，则更有利于债务人。但是，专属于债务人自身的权利不得由债权人代位行使（《民法典》第五百三十五条第一款但书）。所谓专属于债务人自身的债权，一般包括基于扶养关系、抚养关系、赡养关系、继承关系产生的给付请求权和劳动报酬、退休金、养老金、抚恤金、安置费、人寿保险、人身伤害赔偿请求权等权利。所谓债权的从权利，指该债权所产生的利息债权和担保权等权利。此处的担保权是指诸如抵押权、质权、留置权、请求保证人承担保证责任，以及实现定金、押金、保证金等担保的权利。撤销权、解除权、抵销权、债权人撤销权、受领权实为债权的权能，不属于债权的从权利。不过，因其与债权结为一体，故可将之纳入债权的范围，允许债务人的债权人代位行使。最后，《最高人民法院关于审理建设工程施工合同纠纷案件适用法律问题的解释（一）》第四十四条规定："实际施工人依据民法典第五百三十五条规定，以转包人或者违法分包人怠于向发包人行使到期债权或者与该债权有关的从权利，影响其到期债权实现，提起代位权诉讼的，人民法院应予支持。"第二，债务人怠于行使债权影响债权人到期债权的实现。债务人怠于行使债权，且该行为影响债权人到期债权的实现，是债权人行使债权人代位权的前提要件之一。传统民法认为，这个要件说明债权人有行使代位权的必要。所谓行使代位权的必要，是指债权人的债权存在不能依合同内容实现的危险，因而有代位行使债务人的权利以满足债权的现实必要。《民法典》第五百三十五条规定，"因债务人怠于行使其债权或者与该债权有关的从权利，影响债权人的到期债权实现的"，这是指债务人不履行其对债权人的到期债务，又不以诉讼方式或者仲裁方式向其债务人主张其享有的具有金钱给付内容的债权，致使债权人的到期债权未能实现。至于原因如何可以不予考虑，对此法律亦未要求债权人就此承担举证责任。而且债务人怠于行使其权利的行为需对其债权人的到期债权造成不能实现的危险。债务人怠于行使其到期债权，对债权人造成损害，债权人有保全债权的必要，这是构成代位权行使要件的实质性条件。当然，债务人怠于行使其到期债权有无故意、过失或其他原因，对代位权的行使并不产生影响。第三，债权人行使代位权的范围应当以债权人的债权为限。这个要件是对债权人行使代位权的一个法律约束。债权人行使代位权的目的是保全自己的债权，因此只有当自己的债权存在不能实现的危险时，才能行使代位权。但是债权人行使代位权是有一定限度的，即债权人行使代位权的范围不能超过其债务人享有的债权，如果超过了其对债务人的债权而行使代位权，就是对债务人权利的损害，因为债务人对超过自己债务的部分有权自主处分而不受任何人干涉。

（三）债权人行使代位权的方式

《民法典》第五百三十五条规定，债权人必须以向人民法院提起诉讼的方式行使代位权。法律规定债权人代位权制度的目的，是在假设债务人没有把其对相对人的债权及从权利让与债权人，以及债务人没有指示相对人直接向债权人履行债务的情形下，赋予债权人请求债务人的相对人直接向自己履行债务的权利。债权人行使代位权是否符合法律规定，需要裁判者审查和认定。债权人必须通过诉讼方式行使代位权。否则，债务人直接向债权人履行债务就缺乏合同或法律依据。此外，债权人须以自己的名义向人民法院提起诉讼。债权人就其对债务人享有的债权，为了能够从债务人的相对人处得到清偿才提起代位权诉讼，债权人不是债务人的代理人，是原告。因此，债权人须以自己的名义，而不是以债务人的名义提起诉讼。

（四）债权人行使代位权的效力

债权人行使代位权的效力，包括代位权诉讼过程中限制债务人相关权利行使，人民法院认定代位权成立后引起相关当事人权利义务变化，以及债权人接受债务人的相对人履行后相关权利义务终止的效果。从法理上讲，债权人提起代位权诉讼，是依法取代债务人，代替债务人行使对相对人享有的债权及与该债权有关的从权利。既然债务人的权利被债权人代位行使，那么，在代位权诉讼过程中，债务人不能就其对相对人享有的权利作出转让、免除、抵销等处分行为。即便债务人作出了处分行为，也不能对抗债权人。《民法典》第五百三十七条规定："人民法院认定代位权成立的，由债务人的相对人向债权人履行义务，债权人接受履行后，债权人与债务人、债务人与相对人之间相应的权利义务终止。"该规定表明，人民法院认定债权人代位权成立后，债权人、债务人及债务人的相对人之间的权利义务会发生相应的变化，即对于人民法院判决确认的债权人代位行使的权利，债权人有权要求债务人的相对人直接向自己履行，债务人的相对人负有向债权人履行的义务，债务人对相应的权利不能再向相对人主张，债务人的相对人不再承担向债务人履行债务的义务。债权人依据判决接受债务人的相对人的履行后，债权人与债务人、债务人与债务人相对人之间相应的权利义务终止。另外还需补充说明一点，依据《民法典》第五百三十七条规定："人民法院认定代位权成立的，由债务人的相对人向债权人履行义务"，在债务人存在对多个债权人不能或无法履行债务情形下，行使代位请求权诉讼的债权人，在代位权成立后，相比于债务人的其他债权人，实际上就获得了债权优先受偿的权利。根据传统民法理论，债权人代位权的行使应采用"入库规则"：债权人在获得代位权胜诉以后，债务人相对人清偿的财产需先归入债务人，而后再由债务人在其所有债权人之间进行分配。而我国为了解决长期存在的"三角债"、执行难等问题，并没有采用传统民法理论的"入库规则"，而是确立了全新的代位权实行规则"直接清偿规则"，即代位债权人可以直接接受相对人的清偿。但是，债权人并非在任何情况下都能取得这种优先受偿的效果。依据《民法典》第五百三十七条规定："债务人对相对人的债权或者与该债权有关的从权利被采取保全、执行措施，或者债务人破产的，依照相关法律的规定处理。"在这种情况下，债权人并不能获得债权优先受偿的权利。

二、案例介绍

（一）基本案情介绍

1995 年 8 月 17 日，广东发展银行曲江支行（以下简称广发行曲江支行）与中国银行南澳支行（以下简称中行南澳支行）签订一份编号为 95-08-001 的《拆借合同》，合同约定：双方本着互通有无、平等互利的宗旨，经协商决定由广发行曲江支行拆借 3500 万元人民币给中行南澳支行做临时性周转金，期限为 4 个月（即自 1995 年 8 月 17 日至 1995 年 12 月 17 日止），利率为月息 11.55‰，逾期还款每日罚息为万分之五。合同订立的当天，中行南澳支行向广发行曲江支行出具一份《委托书》，并称：为减少中间环节，加速资金周转，提高资金使用效率，兹委托广发行曲江支行将拆给我行的资金3500万元转入我行下属南澳金柱实业发展总公司（以下简称金柱公司）在广发行韶关分行开设的账户，账号为605-2222-006-47。我行对广发行曲江支行拆给的资金予以承认（拆借合同编号95-08-001）。据此，广发行曲江支行将3500万元转入中行南澳支行所指定金柱公司的账户。金柱公司当天从该账户用现金支票转款62.3万元给广发行曲江支行，转款673.3万元到金柱公司在中行南澳支行开设的账户，转款2764.4万元到安然公司在广发行韶关分行开设的账户。安然公司又于当天转款1500万元给广发行曲江支行房地产部，信汇凭证上记载该转款用途是"购横琴岛地款"。

1992年，广发行曲江支行曾与海南北岛国际实业有限公司联合开发珠海市横琴岛一块荒地，因海南北岛国际实业有限公司无款付给广发行曲江支行，于1994年4月28日函告珠海市横琴岛经济开发区管理委员会，言明该公司因无力筹借足够资金投资开发该地，同意该地使用权归广发行曲江支行，并由广发行曲江支行办理有关手续。1994年8月31日，广发行曲江支行分别领取了8745.72平方米、12000.005平方米和5599.95平方米土地的红线图，同年11月25日和12月4日又分别领取上述三块土地的建设用地规划许可证。

1994年2月28日，广发行曲江支行与安然公司签订了一份《合作权转让协议》，协议约定：广发行曲江支行同意将珠海市横琴岛围垦2万平方米土地的开发权转给安然公司，安然公司需向广发行曲江支行支付转让费、利息、劳务费等共3300万元，分三期付清，第一期于1994年5月10日前付定金600万元及土地款1600万元，第二期于1994年8月18日前付500万元，第三期于1994年10月18日前付600万元。安然公司付清款项后，广发行曲江支行把该土地开发经营权全部交给安然公司，安然公司如违约，即视为自愿放弃接收开发权，广发行曲江支行有权收回开发权，并没收定金。

根据广东省珠海市中级人民法院（2005）珠中法民二初字第35号民事判决认定，安然公司返还中行汕头分行借款人民币2764.4万元及利息（自1995年8月18日起至款项还清之日止按中国人民银行规定的同期贷款利率计算）。该判决已产生法律效力，安然公司至今未履行判决义务，且下落不明。

广发行韶关分行辩称：第一，1500万元是曲江县银通经济发展总公司委托安然公司转给广发行曲江支行的，并不属于安然公司。第二，中行汕头分行作为第三人，无权请求广发行曲江支行与安然公司签订的《合作权转让协议》的效力。第三，安然公司与广发行曲江支行之间不存在明确的债权债务关系，中行汕头分行行使代位权并不符合法律规定的代位权的行使条件。第四，中行汕头分行主张代位权已经超过诉讼时效。

本案争议焦点：安然公司是否对广发行韶关分行享有到期的、非专属安然公司自身的债权；安然公司是否怠于行使其到期债权并对中行汕头分行造成了损害；广发行韶关分行对中行汕头分行的抗辩是否成立；等等。

(二) 裁判理由和结果

《合同法》第七十三条规定："因债务人怠于行使其到期债权，对债权人造成损害的，债权人可以向人民法院请求以自己的名义代位行使债务人的债权，但该债权专属于债务人自身的除外。"根据最高人民法院《关于适用〈中华人民共和国合同法〉若干问题的解释（一）》第十一条的规定，债权人依照《合同法》第七十三条的规定提起代位权诉讼，应当符合下列条件：（一）债权人对债务人的债权合法；（二）债务人怠于行使其到期债权，对债权人造成损害；（三）债务人的债权已到期；（四）债务人的债权不是专属于债务人自身的债权。"对于中行汕头分行以自己的名义代位行使债务人安然公司对广发行韶关分行的合同债权是否符合法律规定，法院认为，安然公司欠中行汕头分行的债务是不争的事实，有广东省珠海市中级人民法院（2005）珠中法民二初字第35号生效民事判决的认定；安然公司付给广发行曲江支行房地产部1500万元，用途是购买横琴岛土地也是事实，有广东省高级人民法院（2001）粤高法经一终字第172号生效民事判决的认定；但广发行韶关分行是否欠安然公司的债务，目前不能认定，因为广发行韶关分行与安然公司1994年2月28日签订《合作权转让协议》后，虽然安然公司履行了部分付款义务，但对于协议的效力、应否继续履行、能否履行、未能履行的原因、合同责任的承担等事实均未能确定，安然公司对广发行韶关分行是否享有怠于行使的到期债权的事实亦未确定，故认定在该转让关系中广发行韶关分行是债务人、安然公司是债权人的证据不足。因此，中行汕头分行以自己的名义代位行使安然公司对广发行韶关分行的债权，不符合法律规定代位权的行使条件，其要求广发行韶关分行返还购地款人民币1500万元并按照中国人民银行同期贷款利率给付利息，用于清偿安然公司所欠中行汕头分行债务的诉求没有事实和法律依据。

基于上述原因，广东省韶关市中级人民法院作出（2007）韶中法民一初字第 14 号民事判决，驳回中行汕头分行的诉讼请求。中行汕头分行不服上述民事判决，提起上诉，广东省高级人民法院作出（2008）粤高法民二终字第 5 号民事判决：中行汕头分行请求确认广发行曲江支行与安然公司订立的《合作权转让协议》无效的理由成立，但其请求代位行使安然公司对广发行韶关分行的债权因已经超过诉讼时效，依法不应得到支持。原审判决认定事实不清，适用法律错误，应予改判。

后中行汕头分行不服（2008）粤高法民二终字第 5 号民事判决，申请再审，最高人民法院于 2010 年 9 月 26 日以（2010）民申字第 664 号民事裁定，提审本案，判决维持二审判决第一、第二项，撤销判决主文第三项。

三、案例分析

本案争议焦点为中行汕头分行提起的本案代位权诉讼是否超过了诉讼时效期间。

最高人民法院《关于适用〈中华人民共和国合同法〉若干问题的解释（一）》第十一条规定，"债权人依照合同法第七十三条的规定提起代位权诉讼，应当符合下列条件：（一）债权人对债务人的债权合法；（二）债务人怠于行使其到期债权，对债权人造成损害；（三）债务人的债权已到期；（四）债务人的债权不是专属于债务人自身的债权。"依据上述规定，债权人提起代位权诉讼，应以主债权和次债权的成立为条件。而"债权成立"不仅指债权的内容不违反法律法规的规定，而且应当确定债权的数额。确定债权的数额既可以表现为债务人、次债务人对债权的认可，也可经人民法院判决或仲裁机构的裁决加以确认。因此，债权人中行汕头分行在提起本案代位权诉讼之前，以向人民法院提起诉讼的方式确认其对债务人享有合法的债权，表明其并未放弃自己的权利。最高人民法院 2008 年 8 月 11 日通过、8 月 21 日发布并于同年 9 月 1 日施行的《关于审理民事案件适用诉讼时效制度若干问题的规定》第十八条规定："债权人提起代位权诉讼的，应当认定对债权人的债权和债务人的债权均发生诉讼时效中断的效力。"该规定亦表明，债权人提起代位权诉讼，同时引起两个债权的诉讼时效中断，即债权人对债务人的债权和债务人对次债务人的债权，两个债权均应属于受人民法院保护的诉讼时效期间内的债权。关于本案中主债权的诉讼时效，在广发行曲江支行起诉中行汕头分行、金柱公司、安然公司拆借合同纠纷一案中，中行汕头分行主张将安然公司支付给广发行曲江支行的 1500 万元在债务中予以冲抵，广东省高级人民法院认定"有关 1500 万元的权利义务及存在的争议，应当由安然公司与广发行曲江支行另诉解决"。由于安然公司已下落不明，未参加该案的诉讼活动，且该院认为关于 1500 万元款项的争议应另行解决，因此，在（2001）粤高法经一终字第 172 号民事判决中并没有确认中行汕头分行与安然公司、安然公司与广发行曲江支行之间的债权债务关系及具体的债权金额。该判决生效后，中行汕头分行享有的相关债权的诉讼时效期间应当重新起算，但中行汕头分行对其权利的主张不仅限于代位权。本案中，广东省高级人民法院（2001）粤高法经一终字第 172 号民事判决自 2002 年 10 月 28 日发生法律效力后，中行汕头分行于 2004 年 1 月 5 日向广东省汕头市人民检察院提交了《关于要求检察机关及时采取措施为我行追缴被诈骗资金的报告》，并于 2004 年 5 月 21 日向广东省珠海市中级人民法院提起诉讼，主张对安然公司的债权，虽因其主体资格问题被该院裁定驳回起诉，但其主张民事债权的行为仍具有使该债权的诉讼时效中断的效力。此后，中行汕头分行再次向广东省珠海市中级人民法院提起诉讼，该院于 2005 年 12 月 30 日作出（2005）珠中法民二初字第 35 号民事判决，确认中行汕头分行对安然公司享有债权 2764.4 万元本金及相关利息。2007 年 1 月 26 日，中行汕头分行向广东省韶关市中级人民法院提起本案诉讼，该债权没有超过法定的二年诉讼时效期间。此外，本案中的次债权，即安然公司对广发行韶关分行享有的到期债权，是基于《合作权转让协议》无效而产生的返还财产请求权。根据《合同法》第五十八条关于"合同无效或者被撤销后，因该合同取得的财产，应当予以返还""有过错的一方应当赔偿对方因此所受到的损失"的规定，在《合作权转让协议》被依法确认无效后，广发行韶关分行应负有向安然公司返还其收取的购地款本金 1500 万元及利息的义务。该项债权（本案中的次债权）的二年诉讼时效期间自合同被本案二审判决确认无效时起算，债权人中行汕头分行代安然公司向广发行韶关分行主张该债权，没有超过法定的二年诉讼时效期间。原审判决认定中行汕头分行提起本案代位权诉讼超过了诉讼时效，依据不足，应予纠正。

综上所述，本案代位权诉讼所涉及的主债权和次债权均未超过法定的诉讼时效期间，且债权债务关系清楚、债权数额确定。因安然公司已无法主张到期债权，中行汕头分行关于"广发行韶关分行应代安然公司向中行汕头分行履行 1500 万元债务给付义务"的申请再审理由成立，广东省高级人民法院予以支持。该项给付义务实际履行时，其总的给付金额应以中行汕头分行对安然公司享有的债权总额为限。

✎ 四、课程思政解读

中国银行股份有限公司汕头分行与广东发展银行股份有限公司韶关分行、第三人珠海经济特区安然实业（集团）公司代位权纠纷案所涉及的课程思政元素至少体现在以下几个方面：一是如何通过该案所依据的法律规则来理解债权人代位权的价值；二是债权人代位权的价值如何用于指导对现行债权人代位权规则的理解与适用；三是如何用债权人代位权的价值来为制度的优化提供指引。

债权人代位权制度的核心：该保全制度是因债务人的行为可能影响债权人债权的实现所设立的。但由于债权人代位权制度至少在形式上突破了债的相对性原则，所以行使代位权时应当保持在一定限度之内，否则债权人随意行使对相对人的代位权，反而影响债务人、相对人的经济自由，给社会交易秩序带来更大的不确定性。应当对债权人、债务人及次债务人的关系进行妥善安排，实现法律的公平正义。在本案中，代位权诉讼所涉及的主债权和次债权均未超过法定的诉讼时效期间，且债权债务关系清楚、债权数额确定，最大限度维护了交易的秩序。

1. 债权人代位权是公平和平等原则的体现

代位权是指债权人在债务人怠于行使其到期债权遭受损害时，依法享有的请求人民法院以债权人的名义代位行使债务人债权的权利。代位权制度的完善，直接关系到行使代位权的债权范围与三方当事人利益的平衡，涉及人民法院如何快捷简便处理纷争。该制度对所有的债权人均给予平等的保护，作为同一债务人的债权人，均应属地位平等者，这也是私法调整平等主体之间财产关系和人身关系的具体体现。

2. 赋予代位权制度中的债权人优先受偿权，有悖于公平理念

《民法典》第五百三十七条后段在一些场合不承认提起代位权诉讼的债权人享有优先受偿权。但笔者仍认为该规定不完善。其原因在于，如果债务人未进入破产程序，债务人的债权人均未申请保全、执行的措施，仍然赋予提起代位权诉讼的债权人优先受偿权，就存在如下弊端：（1）此为对债权平

等原则之违反。债权人提起代位权之诉时，其债权具有优先受偿效力，反之，若其针对债务人提出普通诉讼则不具有该效力。债权人行使其代位权时，债权已经得到了相当程度的扩张，若此时再认为其具有优先受偿权，难免引人质疑。（2）这种做法违反了共同担保原则。债务人的债权属于其责任财产，而其责任财产又为所有债权人提供共同担保。故得到清偿的债权不应完全归行使代位权的债权人所有。（3）尽管赋予这一优先受偿权会鼓励权利人积极行使代位权，但其对民法制度、理论造成的冲击很大，孰重孰轻需要掂量。（4）在绝大部分情况下，奉行"入库原则"所带来的结果与赋予优先受偿权并无差异。举例以言之，其一，只有一位债权人提起代位权诉讼的情形。此时次债务人的清偿入库于债务人并不会影响其对债权人的清偿。其二，债务人的债权实现后，不得拒绝主债权人实现债权的请求。债权人并不需要等候其他债权人来进行利益分割。其三，若次债务人直接向主债权人履行债务，则构成不当得利，即应当返还债务人，此为"入库原则"的内在要求。但债权人返还不当得利的债务与其对债务人的债权符合抵销权的构成要件时，则可以行使该抵销权，使债权得到"优先实现"。（5）在债权人与其他债权人同时主张代位权时，人民法院将依据最高人民法院《关于适用〈中华人民共和国合同法〉若干问题的解释（一）》第十六条并案审理。此时先起诉一方的债权不具有优先受偿效力。（6）在债权人提起代位权诉讼后，依据最高人民法院《关于适用〈中华人民共和国合同法〉若干问题的解释（一）》第十五条第二款的规定，该诉讼会因为其他债权人提起的普通诉讼而被迫中止。此时债权人亦丧失了优先受偿效力。原因在于，无论债权人的数量为一人或者数人，债法的基本原理要求当事人不得轻易突破债的相对性。债权人无法在前述情形中获得优先受偿。（7）通说观点认为，债权人撤销权的形成权性质表现为其可以使债务人实施的法律行为归于无效。而债权人撤销权的请求权性质则表现为其可以依"入库原则"使债务人的财产得以回复。在此情形下，债权人就"入库"的财产而言并不享有优先受偿的权利。这一点也在最高人民法院《关于适用〈中华人民共和国合同法〉若干问题的解释（一）》中被证明，关于债权人优先受偿的规定并未出现在撤销权制度中。事实上，无论债权人行使的是撤销权还是代位权，其获得清偿的效果并无二致。仅赋予代位权制度中的债权人优先受偿权，有悖于公平理念。

综上所述，"入库原则"的适用较之于赋予优先受偿效力而言，更为合理。有鉴于此，对《民法典》第五百三十七条前段关于相对人履行义务的规定并不代表债权人债权能因代位权的行使而获得优先受偿效力。因为相对人履行其义务可以依据法律规定、债务人指示或者当事人之间的约定等诸多情况。故该条规定可以被理解为是在债务人并未作出指令、其他共同债权人亦未主张权利的情形下，相对人履行其义务的路线图，而不是对"入库原则"之否定。

五、问题拓展讨论

1. 比较《民法典》与《合同法》，二者关于代位权规定的主要差异包括哪些？

2. 如何证明代位权构成要件中的"怠于"行为？举证责任如何分配？

3. 从社会主义核心价值观之公平与平等的价值维度，谈谈你对《民法典》关于债权人代位权之规定的立法模式的看法。

六、阅读文献推荐

1. 《商法学》编写组：《商法学》（第二版），高等教育出版社，2022 年。
2. 崔建远：《合同法》（第七版），法律出版社，2021 年。
3. 杨立新：《债法》（第三版），中国人民大学出版社，2022 年。
4. 韩世远：《合同法总论》（第四版），法律出版社，2018 年。
5. 最高人民法院民法典贯彻实施领导小组：《中华人民共和国民法典合同编理解与适用（一）》，人民法院出版社，2020 年。
6. 崔建远：《论中国〈民法典〉上的债权人代位权》，《社会科学》，2020 年第 11 期。
7. 韩世远：《债权人代位权的解释论问题》，《法律适用》，2021 年第 1 期。
8. 林诚二：《民法债编总论：体系化解说》，中国人民大学出版社，2003 年。

无因管理

案例 14：刘某某、白某某诉辛某某、刘某无因管理纠纷案

⚠ 一、知识点提要

无因管理是指没有法定的或约定的义务，为避免他人利益遭受损失，自愿管理他人事务或为他人提供服务的行为。管理他人事务的人，为管理人；事务被管理的人，为受益人。根据《民法典》第九百七十九条规定："管理人没有法定的或者约定的义务，为避免他人利益受损失而管理他人事务的，可以请求受益人偿还因管理事务而支出的必要费用；管理人因管理事务受到损失的，可以请求受益人给予适当补偿。"该种债权债务关系的产生，是基于法律的规定，而非当事人的约定，故无因管理非民事法律行为。无因管理制度制定的初衷在于帮助受益人对其事务进行管理，因此要求管理行为考虑受益人的意图并符合受益人的利益。

（一）无因管理的构成要件

无因管理的构成要件包括四个部分：为他人管理事务、有为他人谋利益的意思、没有法定或约定义务、符合受益人的真实意思。

1. 为他人管理事务

为他人管理事务是成立无因管理的首要条件。所谓管理，既可以是民事法律行为，也可以是事实行为，例如保管、改良、利用、服务。"事务"是指有关人们生活利益的一切事项，既可以是有关财产的事项，也可以是有关非财产的事项；"事务"既可以是长期的、反复的或者继续性的事项，也可以是临时的、一次性的事项；"事务"既可以是民事法律行为，也可以是事

实行为。也就是说，无因管理可以普遍存在，除非根据"事务"本身的特殊性或者法律规定不能由他人代为管理，尤其是纯粹道德的、宗教的或者必须本人亲自办理的"事务"，比如祭祀、宗教祈祷、结婚登记等。同时，违法犯罪行为也不可以由他人无因管理。

2. 有为他人谋利益的意思

为他人谋利益的意思，也称为管理意思，是无因管理的主观要件。管理意思是管理人的主观心理状态，应当通过客观行为表现出来。但是管理人不必明确表示为他人谋利益的意思，也不必有专为他人谋利益的目的。在为他人的利益而管理他人的事务时，因其管理而使管理人自己也受益的，不影响无因管理的成立。只要从其行为来看，管理行为是为避免他人利益遭受损失的，就可以成立无因管理。这里的"利益"，既包括无因管理行为使本人取得某种权益而直接受益，也包括本人得以避免或减少损失而间接受益。

3. 没有法定或约定义务

无因管理中所谓的"无因"，本意就是指没有法定或约定义务。换言之，如果管理人对于该事务的管理负有法定或者约定的义务，则不成立无因管理。但是，如果管理人的管理行为超出了法定或约定义务的范围，仍然可以成立无因管理。衡量管理人有无法定或约定义务，应当依据客观的标准确定，而不以管理人的主观认识为标准。如果负有义务而管理人误认为没有义务，其管理事务不能构成无因管理；如果本无义务而管理人误认为有义务，其管理事务照样构成无因管理。

根据《民法典》第九百八十条，纵然由于管理人本负有法定或约定义务而不成立无因管理，如果受益人享有管理利益，在所获利益的范围内，仍然产生无因管理的法律效果。也就是说，受益人应当在其获得利益的范围内向管理人偿还因管理事务而支出的必要费用，补偿因管理事务而受到的损失。

4. 符合受益人的真实意思

受益人的意思是判定无因管理行为是否合理的重要标准。受益人的真实意思，应包括"明示的意思"与"受益人可推知的意思"。"明示的意思"指受益人曾明示希望为特定行为的意思，而非指受益人明示希望管理人为其管理事务的意思。若受益人未曾明示意思，则应以受益人可推知的意思为准。"受益人可推知的意思"是指依管理事务在客观上加以判断的受益人的意思，如见路人昏倒而施以救助，可认为管理人的行为符合受益人可推知的意思。

一般情形下，受益人的意图与受益人的利益是一致的。理性人能够以自利的方式管理自己的事务，但在少数情况下也会出现受益人的意图与受益人之利益不完全一致的情况。此时，只要根据受益人的意思管理，使得受益人的事务不会给受益人带来重大伤害，还应以受益人的意思为先。根据《民法典》第九百七十九条规定："管理事务不符合受益人真实意思的，管理人不享有偿还必要费用和补偿损失的请求权；但是，受益人的真实意思违反法律或者违背公序良俗的除外。"

（二）管理人的主要义务

1. 适当管理义务

根据《民法典》第九百八十一条规定："管理人管理他人事务，应当采取有利于受益人的方法。中断管理对受益人不利的，无正当理由不得中断。"

2. 通知义务

根据《民法典》第九百八十二条规定："管理人管理他人事务，能够通知受益人的，应当及时通知受益人。管理的事务不需要紧急处理的，应当等待受益人的指示。"

3. 报告义务

根据《民法典》第九百八十三条规定："管理结束后，管理人应当向受益人报告管理事务的情况。管理人管理事务取得的财产，应当及时转交给受益人。"

（三）管理人的补偿请求权

根据《民法典》第九百七十九条规定："管理人没有法定的或者约定的义务，为避免他人利益受损失而管理他人事务的，可以请求受益人偿还因管理事务而支出的必要费用；管理人因管理事务受到损失的，可以请求受益人给予适当补偿。"

（四）管理人侵权责任的减免

如果管理人在管理过程中没有尽到必要的注意义务，导致受益人遭受损害，是否产生相应的损害赔偿责任？《民法典》对此没有作出明确的规定，但是《民法典》第一千一百六十五条规定："行为人因过错侵害他人民事权益造成损害的，应当承担侵权责任。"由此可以推论，管理人的不当管理行为可以导致侵权责任。

然而考虑到无因管理行为具有管理人单方施惠、受益人单方获益的特殊性，若一概要求管理人承担侵权责任无疑将严重打击民事主体助人为乐的积极性，违背社会主义核心价值观和中华传统美德的基本要求。实际上，《民法典》已经对于部分无因管理行为的侵权责任作出了免除或者减轻责任的特殊规定，比如《民法典》第一百八十四条规定："因自愿实施紧急救助行为造成受助人损害的，救助人不承担民事责任。"《民法典》第一千二百一十七条规定："非营运机动车发生交通事故造成无偿搭乘人损害，属于该机动车一方责任的，应当减轻其赔偿责任。"

由此可见，对于一般情况下无因管理过程中受益人遭受的损害，应当减轻管理人的赔偿责任；对于紧急情况下为了挽救受益人的重大生命财产安全的无因管理行为，应当免除管理人的赔偿责任。

（五）不适当的无因管理与不真正的无因管理

与无因管理密切相关但是又有本质区别的是不适当的无因管理与不真正的无因管理。这两种行为在其特征与责任上各有其特殊性。

1. 不适当的无因管理

不适当的无因管理又称为不适法的无因管理，指事务的管理违反本人明示或者可推知的意思，不利于本人主观或者客观的利益。这种行为与真正的无因管理行为的区别在于，真正的无因管理行为即使造成了受益人的损害，但是该行为本身没有违背受益人的真实意思，损害归因于管理人在履行管理职责时未尽到适当的注意义务。

不适当的无因管理不适用无因管理的法律规则，法律后果也因此不同，部分涉及不当得利的返还问题。当事人双方的权利义务关系可以概括为：（1）本人有权要求管理人停止管理并返还事务及相关的获益。（2）对于管理人造成的损害，本人有权要求损害赔偿；但是，如果管理的目的是避免本人生命、身体或者财产方面的急迫危险，只有管理人存在主观恶意或者重大过失时，才承担损害赔偿责任。（3）对于管理事务支出的必要费用，在本人获得利益的范围内，管理人可以要求补偿。

2. 不真正的无因管理

不真正的无因管理，又被称为非真实的无因管理，指管理人误将他人的事务当成自己的事务进行管理，或者明知系他人的事务而故意当成自己的事务进行管理，前者是误信管理，后者是不法管理。对于这一类行为，原则上不能适用无因管理的法律规则。如果本人获得了利益，并且符合不当得利的构成要件，则可以适用有关不当得利的法律规则。

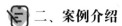 **二、案例介绍**

（一）基本案情介绍

被告辛某某与刘某于 2010 年 10 月 15 日登记结婚，于 2012 年 4 月 23 日生育长女辛某 1、2016 年 6 月 24 日生次女辛某 2。因刘某工作单位较远不能每天回家，二原告（外祖父母刘某某、白某某）一直自愿无偿帮助二被告照顾辛某 1、辛某 2，支付了辛某 1 医保费和学杂费，并用其职工医疗保险卡支付辛某 1、辛某 2 医疗费，辛某 1 现主要跟随刘某的父母生活。辛某 2 在 2018 年 8 月之后被送到甘肃省皋兰县辛某某父母处生活。2017 年 3 月辛某某与刘某因家务事发生矛盾分居，后于 2019 年 6 月 27 日离婚。二被告离婚后，二原告要求二被告偿付其看护外孙女的看护费、生活费、保教费、医疗医药费、学杂费等。

被告辛某某辩称：其与刘某婚后所生长女辛某 1 大多由二原告照看属实，但说辛某某从未尽过抚养孩子的责任和义务不符合事实。二被告均有固定职业和收入，虽因工作原因不能与孩子待在一起，但工作之余都会陪孩子，每月也会将孩子的生活费和家里的生活开支交付给被告刘某；二原告要求其支付为抚养孩子所花费用于法无据，二原告基于传统及与孩子血缘亲情照看孩子，现因二被告离婚，二原告便将这种亲人之间互帮互助的奉献行为用金钱来衡量，要求二被告支付高额的看护费于情不合、于法无据，且违背善良风俗和伦理道德，孩子生活费、医药费等必要支出大部分是由二被告直接承担的；原告主张的生活费、医疗费、医保费、保教费截至 2016 年 10 月 21 日以前部分已过诉讼时效，请求依法驳回。

（二）争议焦点

原告的诉讼请求是否能够成立？如果原告的诉讼请求成立，其法律依据是什么？

（三）裁判结果

法院审理后认为，在本案的两名被告有能力抚养女儿的情况下，二原告依法并无抚养外孙女的义务，其在孩子出生后自愿无偿照看，二被告对此也无异议，因此原被告之间形成无因管理之债，负有法定抚养义务的二被告作为受益人理应支付原告为此支出的必要费用，二原告支付的医疗费、医保费和学杂费应由二被告支付。

关于二原告请求辛某某与刘某负担看护费、生活费和幼儿保教费的主张，根据《最高人民法院关于民事诉讼证据的若干规定》（以下简称《民事诉讼证据规定》）第二条规定"当事人对自己提出的诉讼请求所依据的事实或者反驳对方诉讼请求所依据的事实有责任提供证据加以证明。没有证据或者证据不足以证明当事人的事实主张的，由负有举证责任的当事人承担不利后果"，二原告未向本院提交此造成的损失，其证据亦不能证明上述费用由其全部承担的事实，对其该请求法院不予支持。

🎥 三、案例分析

（一）（外）祖父母对未成年的（外）孙子女的抚养义务问题

法律义务排除无因管理的成立。在我国传统家庭伦理中，（外）祖父母看护孙辈，既是一种天伦之乐，也是一种责任，在现实生活中他们甚至已经是抚养孙辈的主力军。在法律上首先需要明确的问题是，抚养（外）孙子女是否是一项法律义务。不论是《婚姻法》第二十八条，还是《民法典》第一千零七十四条，对此都采取区别处理的态度。也就是说，原则上父母对子女有抚养教育的义务，只有对于父母已经死亡或者父母无力抚养的未成年（外）孙子女，有负担能力的祖父母、外祖父母才有抚养的义务。因此，只有在非常特殊的情况下抚养（外）孙子女才能成为（外）祖父母的法律义务。一般情况下，照看（外）孙子女只是（外）祖父母在家庭伦理上的一个责任，而非法律义务。本案就明显属于这样的情况，二被告均有固定收入，有能力抚养其女儿，应当自行承担抚养女儿的责任，原告作为外祖父母并不具有承担抚养外孙女的义务。

（二）（外）祖父母抚养未成年的（外）孙子女行为的性质

"隔代抚养"在当下社会成为普遍现象，在（外）祖父母对未成年的（外）孙子女没有抚养义务的情况下，其抚养行为能否构成一种法律事实，引起权利义务关系，在司法实践中存在较大的争议。

1. 司法实践中的不同观点

第一种观点认为，（外）祖父母抚养未成年的（外）孙子女，构成无因管理，可以主张偿还必要费用。该观点在实践中较为多见。在既无法定义务也无约定义务的情况下，（外）祖父母帮助子女抚养孙辈，为其提供基本生存保障、稳定的居住环境甚至教育资源等，系为避免他人利益受损而进行的管理，符合无因管理之债的构成要件。

第二种观点主张，（外）祖父母抚养未成年的（外）孙子女，属于亲情基础上的情谊行为，虽然确实付出了时间、精力和感情，但不构成无因管理。（外）祖父母在力所能及的范围内帮助照看（外）孙子女，纯属情感上的自发自愿，并且与（外）孙子女的共同生活也充实了（外）祖父母的精神生活，是传统社会的普遍现象。

第三种观点主张，（外）祖父母抚养未成年的（外）孙子女，构成无偿的委托关系。（外）祖父母的帮助行为以其子女的同意或者请求为前提，双方之间构成委托关系，且通常是无偿委托。

第四种观点认为，（外）祖父母抚养未成年的（外）孙子女，形成劳务合同关系，应获取一定报酬，但不应参照市场价格。

第五种观点主张，（外）祖父母抚养未成年的（外）孙子女，产生不当得利法上的请求权，可以主张返还为此支出的费用。因为在既无法定义务也无约定义务的情况下，（外）祖父母的付出客观上减轻了（外）孙子女的抚养义务人的经济负担，符合不当得利的构成要件。

2. 基于"情"与"法"的综合判断路径

基于以上的各种观点可以看出，由于"情"与"法"的纠葛，此类案件的判决，不仅要考虑到家庭关系中权利义务的厘清，也要重视纠纷背后的亲情人伦，必须通过规范适用、价值判断与利益衡量明晰"情"与"法"的边界。为了正确引领社会导向，更好地促进家庭文明建设，可能有必要根据当事人主观意图和行为客观情况的不同，区别处理，而不是一概而论。

首先，应考察当事人之间是否存在有关照管（外）孙子女的约定。约定的形式不仅包括明确的书面形式，也包括从行为中推论出双方具有受法律约束、成立委托关系的意思，以及是否进行了相应的照管行为。委托关系建立在双方信任基础上，委托事务范围上包括部分事项的委托（如为孙辈提供餐食、接送上学等）或全权委托（如未成年人父母长期在外等）；委托费用上，存在有偿委托和无偿委托两种情形。多数情况下，即使构成委托，也以无偿委托为主。

其次，（外）祖父母临时、偶然、自愿性的照料通常应界定为纯粹情谊行为。在我国重视血脉亲情、家庭互帮互助的传统文化浸润下，（外）祖父母抚养未成年的（外）孙子女，不可避免带有家庭领域固有的身份属性和浓厚的伦理亲情底色。行为目的往往不是简单追求利益最大化，而是在血缘基础上超越功利因素。虽然有些行为可能涉及财产利益，但往往超越经济计算的目的，更多是利他和无偿的。若将家庭日常生活中家庭成员间的一般性互助行为均视为有偿性质，则不仅会损害家庭成员之间的亲情，也将动摇以血缘亲情为纽带的家庭基础，对社会关系的稳定造成巨大冲击。

最后，纯粹情谊行为超越合理限度，可以构成无因管理。为了防止法律对社会生活的过度漠视，将情谊行为规范在健康运行的轨道，实现对情谊行为当事人的宽容、鼓励和必要的引导，超越合理限度的纯粹情谊行为可以转变为事实行为，引起法律效果，应在个案中结合当事人主观意愿和以下客观标准予以分析：（1）双方的意愿。如果（外）祖父母对于抚养（外）孙子女表现出非自愿甚至拒绝的态度，只是在其子女不履行作为父母的抚养义务时，为避免（外）孙子女无人照料才无奈承担抚养责任，应当构成无因管理。（2）抚养的事项范围。如果对（外）孙子女的照顾仅限于少部分非主要事项（如接送上学、洗衣做饭等），则一般应认定为纯粹情谊行为。但如果（外）祖父母承担了主要抚养事项乃至全部抚养事项，如支付生活费、教育费、医疗费等主要抚养费用，保障孙辈衣食住行、提供教育机会发展学业、就医时照料等，则应当构成无因管理。对（外）祖父母此类抚养所支出的必要费用予以偿还，符合法律关于家庭文明建设的倡导精神和社会主义核心价值观。（3）抚养持续时间。如果（外）祖父母只是临时性、偶然性地帮助照料（外）孙子女，则一般系纯粹情谊行为；但若系长期抚养，则可以成立无因管理。

（三）"看护费"或者"带孙费"应否得到法律支持的问题

在（外）祖父母抚养未成年的（外）孙子女构成无因管理的情况下，

（外）祖父母可以要求（外）孙子女的抚养义务人偿还因管理事务而支出的必要费用，必要费用包括生活费、教育费、医疗费等一般抚养费用。司法实践中常见的是，（外）祖父母同时还索要"看护费"或者"带孙费"，即对其劳务付出的经济补偿。这种请求应否得到支持呢？在此要注意（外）祖父母抚养未成年的（外）孙子女的行为与一般劳务服务行为的本质性区别。一般的劳务服务行为以追求劳务报酬为目的，并且劳务提供者通常要接受雇主的指示或者管理。而在（外）祖父母抚养未成年的（外）孙子女时，虽然的确有体力劳动的付出，但是其在体力劳动之外也有大量的情感投入，对于抚养过程中的具体事务也有较大的自主决定空间。因此，除非有明确的约定，原则上不宜将"看护费"或者"带孙费"作为劳务补偿，否则将与文明家庭、和谐家风的社会价值导向相悖。

四、课程思政解读

（一）不受干涉的自由追求

一方面，无因管理制度体现的价值是私法上的意思自治，要求禁止干预他人事务。每个人作为一个独立并自我负责的法律主体，其事务应由其自身来管理。也就是说，原则上自己的事务自己做主，如果没有充分且正当的理由，我们也不应该随意干预别人的事务。如果事务非由本人而由其他人来管理，原则上要么基于本人的意思，要么基于法律的明确规定。在缺少这两方面依据的情况下，法律应该保障的是任何人的事务不被他人干预。在具体的制度设计上，《民法典》通过第九百七十条第一款承认了适法无因管理的合法性，但是在第九百七十条第二款明确强调了管理事务要符合受益人的真实意思。如果管理事务不符合受益人的真实意思，管理人不享有无因管理产生的权利，除非受益人的真实意思违反法律或者违背公序良俗。

另一方面，《民法典》第九百八十条也限制了不适法的无因管理。在不符合无因管理前提的情况下，除非受益人实际享有了管理利益，才在该利益的范围内承担费用返还和损害补偿义务。与此同时，《民法典》第九百八十一条至第九百八十三条分别规定了管理人在事务管理过程中应履行的继续管理、通知与等待指示、报告与转交等义务，《民法典》第九百八十四条建立了受益人事后追认制度。这些规则都有利于保护受益人的权利。

（二）乐于助人的道德风尚

无因管理制度体现的是见义勇为、乐于助人、乐善好施等传统道德上鼓励的互助行为的正当性，这些行为在私法上也通常得到认可、保护与鼓励，与私法上的意思自治并不存在本质上的矛盾与冲突。无因管理的制度设计就是保护人类的互助精神，并且协调本着这种精神所实施行为产生的利益冲突，保障怀揣互助精神而乐善好施、伸以援手的主体免遭不利的后果。

在具体的制度设计上，《民法典》第九百七十九条第一款承认了适法无因管理的合法性，并且适法的无因管理不仅可以有效排除侵权责任，而且构成一种法定之债，管理人有权要求受益人偿还因管理事务而支出的必要费用，如果管理人因管理事务受到损失，还可以请求受益人给予适当补偿。

（三）家庭生活中的无因管理与情谊行为之间的界限问题

我国历来重视家庭文明建设，鼓励家庭成员敬老爱幼、互相帮助，维护平等、和睦、文明的婚姻家庭关系。因此，从弘扬家庭美德、鼓励家庭成员关爱互助的角度出发，在（外）祖父母抚养未成年的（外）孙子女的问题上，考虑到亲情人伦，通常将（外）祖父母出于主动和自愿的临时性照料、偶然性帮助、自愿性出资等行为认定为情谊行为。此种情况下，行为人一般以建立、维系或增进与他人相互关切、爱护的感情为目的，不具有追求私法效果的意图，故不属于法律行为，一般不受法律调整，（外）祖父母没有偿还抚养费用的请求权。

但是，法律在倡导家庭成员之间互相关爱的同时，也应当划清（外）祖父母长期帮助与偶然性、临时性帮助，或出于"隔代亲"自愿出资参加高昂费用的学习班等情谊行为之间的界限。单方的情谊行为往往是临时性的、一次性的给付或者无偿的劳务。当（外）祖父母的抚养在主观意愿、持续时间、费用数额、抚养事项等方面超出合理限度时，则不宜用情谊行为予以认定，否则不仅将导致老年人的合法权益受到损害，也不利于增进父母对子女和家庭的责任感，与尊老爱幼、文明家庭、和谐家风的价值导向相悖。

一方面，（外）祖父母在长期照顾（外）孙子女过程中支付的医疗费、医疗保险费、学杂费、生活费和幼儿保教费等费用显然不属于一次性的赠与，而属于无因管理中支出的必要费用。另一方面，（外）祖父母基于亲情照管（外）孙子女的自愿行为也不能与金钱直接挂钩，尤其是不能按照家庭保姆的有偿服务标准要求支付报酬，那样将严重违背我们的传统家庭伦理，不利于家庭和睦和良好社会风尚的形成。与此不同的是，如果（外）祖父母在照管（外）孙子女的过程中因此遭受损失，应当有权要求获得补偿。

💬 五、问题拓展讨论

1. 如何区别无因管理与不适法无因管理、不适当的无因管理、不真正的无因管理行为？

2. 我国对见义勇为制度与无因管理制度采取二元式的立法模式。虽然在形式上见义勇为条款独立于无因管理条款，但二者之间依然存在紧密的联系，如何才能较好地处理两者之间的适用关系？

3. 从《民法典》的相关规定来看，无因管理制度反映了哪些民法基本原则？

👍 六、阅读文献推荐

1. 侯国跃：《合同、无因管理、不当得利纠纷》，北京大学出版社，2017 年。

2. 杨立新：《债法》（第三版），中国人民大学出版社，2022 年。

3. 易军：《无因管理制度设计中的利益平衡与价值调和》，《清华法学》，2021 年第 1 期。

4. 杨鸿雁：《论我国民法典无因管理的规范模式》，《法商研究》，2023 年第 4 期。

5. 吴训祥：《论无因管理受益人追认之效力——以〈民法典〉第 984 条的解释论为中心》，《法学论坛》，2023 年第 2 期。

6. 冯德淦：《体系考量下管理人致受益人损害的赔偿责任》，《财经法学》，2022 年第 6 期。

7. 杨耀天：《论不适法无因管理的适用——以〈民法典〉第 980 条为中心》，《法律适用》，2022 年第 8 期。

不当得利

案例15：上海馨源文化传播有限公司
与上海高汉新豪投资管理有限公司、郎某某不当得利纠纷案

一、知识点提要

不当得利是指没有法律根据，使他人受到损失而自己获得了利益。获得利益的方法，可以是民事法律行为，也可以是事实行为；可以是得利人的行为，也可以是受损失的人的行为，还可以是第三人的行为，甚至可以是自然事实。根据《民法典》第九百八十五条规定："得利人没有法律根据取得不当利益的，受损失的人可以请求得利人返还取得的利益。"这种权利义务关系是不当得利之债。取得不当利益的人为得利人，是不当得利之债的债务人；财产受损失的人是不当得利之债的债权人。不当得利引起的债完全是基于法律的规定，而不是基于当事人的意思，因此，它不属于民事法律行为。

（一）不当得利的构成要件

不当得利的构成要件包括四个方面：一方获得利益；他方受到损失；获得利益和受到损失之间有因果关系；获得利益没有合法根据。

1. 一方获得利益

获得利益是指财产总额的增加，有积极的增加和消极的增加两类。积极增加是指权利的增强或义务的消灭，使财产范围扩大。其具体表现形式为：财产权利的取得；占有的取得；财产权的扩张及效力的增强；财产权限制的消灭。消极增加是指财产本应减少却没有减少，包括本应支出的费用而没有支出、本应负担的债务而未负担或少负担、本应在自己的财产上设定负担而

后来不再设定等。

2. 他方受到损失

损失既包括直接损失（积极损失），即现有财产利益的减少，也包括间接损失（消极损失），即财产利益应当增加而没有增加。由于不当得利制度的功能在于使得利人返还其没有法律上原因而取得的利益，而非填补损害，对损失的解释不应像侵权行为或违约行为制度中那么严格。在给付型不当得利的情形下，一方因他方为给付而获得利益，对他方即构成损失；在非给付型不当得利的情形下，一方取得依权利内容应当归属于他方的利益，对他方即构成损失。就间接损失而言，只要在通常情况下财产可能增加而实际没有增加即为损失。

3. 获得利益和受到损失之间有因果关系

获得利益和受到损失之间有因果关系，是指他方的损失是一方获得利益造成的。关于这种因果关系的含义，在民法理论上有直接因果关系说与非直接因果关系说之争。前者主张，获得利益和受到损失必须基于同一原因事实，才算两者之间有因果关系。如果获得利益的原因事实与受到损失的原因事实不同，即使获得利益和受到损失之间有所牵连，也无因果关系。非直接因果关系说认为，获得利益的原因事实不必与受到损失的原因事实相同，只要社会观念认为获得利益和受到损失有牵连关系，就可认定两者之间有因果关系。主流观点赞成直接因果关系说。

4. 获得利益没有合法根据

造成他方损失而使自己获得利益，之所以构成不当得利，是因为该项利益的取得没有合法根据。如果一方获得利益和他方受到损失有法律上的根据，当事人之间的关系就受到法律的保护，不构成不当得利。

(二) 不当得利的主要类型

依据不当得利之债的发生是否基于给付行为，可以将不当得利分为给付型不当得利和非给付型不当得利。给付型不当得利是指得利人受领他人基于给付行为而转移的利益，但是该给付欠缺给付目的。非给付型不当得利则与给付行为没有关系。

1. 给付型不当得利的类型

(1) 给付原因自始不存在的给付型不当得利。

这种类型的不当得利包括：第一，民事法律行为不成立、无效及被撤销所产生的不当得利。第二，履行不存在的债务所引起的不当得利，这就是所谓的非债清偿。此处所谓履行不存在的债务，既包括履行根本不曾存在过的债务，也包括履行已经消灭的债务。

（2）给付原因嗣后不存在的给付型不当得利。

向他人给付时尚存在给付原因，但实施给付行为后法律上的原因不存在或消灭的，也会构成不当得利。这种类型的不当得利包括：第一，因合同解除产生的不当得利。合同解除有溯及力的，基于合同发生的债权债务关系溯及既往地消灭。第二，因给付目的嗣后不能实现产生的给付型不当得利。

2. 非给付型不当得利的类型

非给付型不当得利包括如下类型：第一，基于得利人的行为而产生的不当得利，如得利人擅自出卖、消费他人之物而取得利益。第二，基于受损失的人的行为而产生的不当得利，如受损失的人将他人的土地误认为是自己的土地而耕种。第三，基于第三人的行为而产生的不当得利，如第三人擅自使用受损失的人的材料为得利人制作家具。第四，基于事件而产生的不当得利，如洪水过后，受损失的人养的鱼被冲到得利人的鱼塘里。

（三）不构成不当得利的情形

《民法典》第九百八十五条规定了三种不构成不当得利的情形，学界另外又补充了一种特殊情形。

（1）为履行道德义务进行的给付（《民法典》第九百八十五条第一项）。如果给付是履行道德上的义务，即使受领人无合法依据，给付人也不得请求返还。道德义务依据社会观念和当事人之间的关系判断。

（2）债务到期之前的清偿（《民法典》第九百八十五条第二项）。虽然清偿期限届满之前债务人没有清偿义务，但是在提前清偿的情况下，受领人有合法的债权作为受领依据，并且该清偿导致债务关系消灭。排除不当得利，有助于法律关系的简明化。

（3）明知无给付义务而进行的债务清偿（《民法典》第九百八十五条第三项）。明知无给付义务而进行债务清偿，是行为人对自己权利的放弃，不当得利当然不成立。

（4）基于不法原因的给付。学界有观点认为，基于不法原因履行的给付，给付人不得请求返还，受领人获得的给付利益应当被依法没收。

（四）不当得利的法律后果

不当得利成立之后，根据《民法典》第一百二十二条和第九百八十五条，受损失的人有权请求得利人返还不当取得的利益，当事人之间从而产生法定的债权债务关系。但是根据《民法典》第九百八十六条至第九百八十八条，不当得利的返还要区别不同情形。

1. 得利人为善意

如果得利人不知道且不应当知道取得的利益没有法律根据，其返还利益的范围以利益现存的部分为限；如利益已不存在，则不负有返还义务。

2. 得利人为恶意

如果得利人知道或者应当知道取得的利益没有法律根据，受损失的人可以请求得利人返还其取得的利益并依法赔偿损失。如果得利人在取得利益时为善意，嗣后为恶意，其返还范围应以恶意开始之时存在的利益为准。

3. 得利被转移

如果得利人已经将取得的利益无偿转让给第三人，受损失的人可以请求第三人在相应范围内承担返还义务。

 **二、案例介绍**

（一）基本背景

2012 年 7 月 12 日，郎某某与上海馨源文化传播有限公司签订《买卖合同》一份。依据合同约定，郎某某向上海馨源公司购买若干艺术品与高档红木家具七件套等，共计货款 1600 万元，合同约定交货时间为 2012 年 7 月 30 日。合同签订后，郎某某办理了个人消费贷款申请，民生银行应郎某某指定先后向上海馨源文化传播有限公司共计支付 900 万元。上海馨源文化传播有限公司得款后将上述款项转入上海高汉新豪投资管理有限公司账下（未注明款项用途），但并未履行《买卖合同》中所约定的交货义务。故郎某某诉至宝山区人民法院，请求解除《买卖合同》并判令上海馨源文化传播有限公司返还郎某某货款 900 万元并支付相应利息，上海馨源文化传播有限公司法定代表人缪某某对上述还款义务承担连带责任。上海馨源文化传播有限公司和缪某某败诉。

（二）基本情况

上海馨源文化传播有限公司及缪某某在前案败诉之后，作为原告向上海高汉新豪投资管理有限公司提起诉讼。原告诉称：原告事实上在收款前已与郎某某合意解除买卖合同，故原告在收到每笔款项的当日即按照郎某某的指示将款悉数转入被告账下。2014 年 3 月，郎某某起诉原告及原告法定代表人，要求返还上述 900 万元并支付相应利息，该案已经上海市宝山区人民法院（以下简称宝山法院）一审和上海市第二中级人民法院（以下简称二中院）二审，终审判决判令原告返还郎某某 900 万元，并按照中国人民银行同期贷款利率支付利息，原告法定代表人缪某某承担连带责任。原告认为，被告在与原告并无任何合同关系的情况下接受了 900 万元，此后既未转交第三人也未返还原告，被告的行为构成不当得利，其所得利益应全部返还原告。故原告诉至法院，要求：第一，被告返还原告 900 万元；第二，被告向原告支付利息损失，以 900 万元为基数，按照中国人民银行同期贷款利率自 2012年 10 月 31 日至本判决生效之日止。

被告辩称，系争 900 万元款项为原告偿还欠款、归还借款，流转依据是原告、被告双方之间的三份《借款协议》，原告并不存在所谓的损失，被告财务账簿上收支平衡，亦不存在不当得利。被告提供的银行流水与借款合同，以及邵某某和 Wesley WONG 的两个账号两借两还的客观事实，印证被告没有获得不当得利。且郎某某与被告属法律上两个独立的主体，经济上没有任何混同，被告收到原告转汇的 900 万元，是基于原告归还的借款。

被告向法庭提供《借款协议》3 份、被告银行流水明细、尤某的银行交易流水。其中，签订日期为 2012 年 9 月 3 日的《借款协议》载明：出借人（甲方）为被告、借款人（乙方）为原告、担保人（丙方）为案外人尤某，甲、乙方在平等自愿、友好协商的基础上，达成以下协议：（1）乙方向甲方借款 250 万元，借款期限从 2012 年 9 月 3 日起至 2012 年 9 月 6 日止；（2）借款期限届满，乙方保证返还借款，否则愿意承担一切法律后果；（3）甲方在本协议签订后二日内将借款交付乙方；（4）借款形式：甲方将本协议借款金额（250 万元）通过银行划款形式支付给丙方，再由丙方将此款项支付给乙方；（5）还款形式：本协议到期后，乙方通过银行划款归还甲方，或者乙方通过银行划款归还丙方，再由丙方归还甲方。签订日期为 2012年 9 月 7 日的《借款协议》载明：出借人（甲方）为被告、借款人（乙方）

为原告、担保人（丙方）为第三人，借款金额为 400 万元；借款期限从 2012 年 9 月 7 日起至 2012 年 9 月 14 日止；其余约定与签订日期为 2012 年 9 月 7 日的《借款协议》相同。签订日期为 2012 年 10 月 29 日的《借款协议》中出借人、借款人、担保人、借款金额与签订日期为 2012 年 9 月 7 日的协议相同，借款期限从 2012 年 10 月 29 日起至 2012 年 11 月 2 日止。

第三人述称，2011 年 8 月 25 日其与原告签订《买卖合同》，向原告购买古董，并向民生银行借款 900 万元以支付原告货款，原告收款后未履行交货义务。2012 年 7 月 12 日，双方又签订新的《买卖合同》，但原告仍未将货物交付第三人，引发相关诉讼。原告向被告借款 900 万元是为帮助第三人归还其于 2011 年在民生银行所借贷的 900 万元贷款。

对被告辩称及第三人述称，原告均予以否认，原告或其法定代表人缪某某从未向被告或被告法定代表人尤某借款，也没有收到第三人转交的款项。原告、被告没有签订过《借款协议》，原告、被告之间的买卖本身就是虚假的，其目的是第三人为了套取银行贷款。此外，原告也不认可被告所称的钱给了第三人就等于给了原告的说法。

三、案例分析

（一）被告的行为是否构成不当得利

对于有争议的《借款协议》和借款事实，各方对合同上印鉴真伪无异议，应确认合同的真实性。协议中明确载明：甲方在本协议签订后二日内将借款交付乙方。借款方式中也约定将钱转到原告账户，被告主张将钱转到第三人账户就等于转到原告账户，与《借款协议》约定不符，原告对此予以否认，被告、第三人均不能向法庭提供原告委托第三人收款的证据，《借款协议》未实际履行。

本案系原告按照第三人指令将民生银行转入的 900 万元划入被告账户，后第三人通过诉讼向原告追回 900 万元，原告要求被告返还，被告拒不返还，引发本案诉讼。经法院查实，被告在没有合法根据的情况下取得 900 万元，取得不当利益，使原告受到损失，被告的行为构成不当得利。被告辩称涉案 900 万元系原告归还其借款，被告举证不力，法院对此不予认可。因此，被告占有原告涉案 900 万元应及时返还。原告主张利息损失，于法有据，但利息应按中国人民银行同期存款利率计算。

终审法院判决被告返还原告不当得利款 900 万元并支付利息损失，以 900 万元为基数，按照中国人民银行同期存款利率自 2012 年 10 月 31 日起计算至本判决生效之日止。本案上诉后被二审法院驳回并维持原判。

（二）本案的举证责任分配

本案系一则不当得利返还纠纷。不当得利是民法中最为抽象的制度之一，其抽象性之所在即为对受益有无法律上原因的探求。根据《民事诉讼法》第六十七条，"当事人对自己提出的主张，有责任提供证据"，即"谁主张、谁举证"的原则，原告、被告双方均负有对自己的主张提供相应证据的义务，即原告应就被告取得的利益构成不当得利提供证据，被告对取得利益有法律上的根据负举证责任。就本案而言，被告获取利益 900 万元及原告损失 900 万元这两个事实，举证较为容易，对于谁应承担证明责任也不会产生争议。但对于被告获得利益是否具有法律上的原因，双方各执一词，并各自提出主张、提供相应的证据。法院在审理时，在该要件事实真伪不明情况下，判令应由谁承担不利的诉讼后果，常常存在较大分歧。

考虑到不当得利发生的原因复杂多样，不能"一刀切"地将证明责任分配给受损方，否则将导致不公平。在给付型不当得利和非给付型不当得利中，受损人与得利人扮演的角度存在本质性的区别，这为合理分配证明责任提供了有益的思路。在给付型不当得利案件中，"没有法律根据"指的是原告的给付行为缺乏正当原因。由于给付是原告主动、有意识地实施的行为，原告对发生给付行为的原因或目的应当更为清楚，故应由原告对此类行为"没有法律根据"承担相应的举证责任。而对于非给付型不当得利，得利系基于给付行为以外的事由产生，受损人并没有主动、有意识地给予利益的行为，应由得利人就所受利益具有正当原因进行举证，不应对作为受损人的原告提出过多的举证要求。

即便如此，双方在履行举证责任时仍然不免面临困难。从举证责任角度分析，对得利没有合法依据的举证，系对消极事实的证明；受损人（原告）对于消极事实通常无法直接予以证明，而需要从相关事实中予以推导判断。其中，得利人（被告）对消极事实的抗辩，则会成为认定消极事实主张是否成立的直接证据。根据《最高人民法院关于适用〈中华人民共和国民事诉讼法〉的解释》第九十条规定，对于被告取得利益是否具有合法依据，不仅原告需就其主张提供证据，被告亦需就其抗辩主张提供证据，法院在审核认定双方提交证据的证明力基础上作出认定。①

四、课程思政解读

不当得利作为独立的、债的发生原因，体现的是法律对特定行为的评价。立法确立不当得利制度是为满足现实需要而采用的法律技术措施，是否构成不当得利取决于法律的相应规范要件。不当得利制度是民法体系中最古老的制度之一，起源于罗马法上的个别诉权，沟通物权、债权、人格权、身份权等民法基本制度，在民法各项制度之间起着起承转合的重要作用，特别是在填补法律漏洞方面更是发挥着难以替代的作用。从课程思政角度来说，纵观整个不当得利制度，社会主义核心价值观贯穿始终，从立法目的到基本规则，无不体现与践行着社会主义核心价值观。

（一）不当得利制度体现的法治原则

自古以来，不当得利制度背后隐藏的基础性法律原则就是法学家们不断探寻的目标。人们起初认为，"任何人不得损人而利己"的法谚就是不当得利制度的基础性法律原则（可参照《奥地利普通民法典》第九百二十一条和第一千四百四十七条）。然而这样的原则在自由竞争的市场经济生活中是不可行的。不仅如此，以损害其他竞争者为代价追寻自己的利益也是法律容许的：那些扩大经营规模、攫取更高利润的人都在伤害其他竞争者，让其利润缩水。但在这类情形中，显然不需要以不当得利制度进行救济。有些确定无疑的不当得利请求权并不以债权人的"损害"为基础。比如说，某人无权使用了他人的物件，该物件完好无缺且权利人在无权使用的期间本也不会自己使用它。人们最终认识到，在"损人利己"之外，关键的判断标准是法律上的正当性。所有那些没有规范上正当化事由且在结果上违背合法的经济利益归属的事实，应通过原物返还或偿还不法所得，在结果上达到财产利益上的复归。通过这一方法，被破坏的法律保护的财货归属关系方得以矫正。②

---

① 参见（2016）最高法民再39号判决书。
② 弗朗茨·比德林斯基. 私法的体系与原则 [M]. 曾见，等译. 北京：中国人民大学出版社，2023：176.

不论是在大陆法系中，还是在英美法系中，不当得利制度的功能定位完全相同，也即矫正欠缺法律原因的受益财产之不当归属。《民法典》第三条规定："民事主体的人身权利、财产权利以及其他合法权益受法律保护，任何组织或者个人不得侵犯。"该条确立了合法权益受法律保护的基本原则。因此，不当得利的制度功能决定了"当"之本义来源于"法律评价"，而非道德或者其他情感意义上的评价。在判断特定行为是否构成不当得利时，需将受益"有无合法根据"作为唯一的判断标准，即使受益存在形式或实质上的"正当性"，亦不能改变按照"合法性"标准判断所产生的法律后果。尤其是在非给付型不当得利案件中，不当得利制度具有保护财货的合法归属的功能。

（二）不当得利制度体现的公平原则

《民法典》第六条规定："民事主体从事民事活动，应当遵循公平原则，合理确定各方的权利和义务。"作为与合同、侵权、无因管理等并列的债之发生原因，不当得利制度的立法目的在于恢复当事人之间因不当变动而受到破坏的利益平衡，保护的是财产流转的合法性，更加注重社会的公平正义。在债的请求权体系中，不当得利请求权的功能在于矫正无法律根据的财货转移，具有补充的性质，致力于填补其他制度所遗留的空白。

在给付型不当得利案件中，如果民事主体之间的财货转移欠缺法律原因，而《合同法》与《侵权责任法》等救济手段的前提条件无法满足，则只能依赖于不当得利制度予以矫正。因此，不当得利制度往往与合同关系密切，主要功能是补救合同不成立、无效或者被撤销，保障给付方的返还请求权。同时，不当得利制度的规范目的是去除得利人无法律原因的"得利"，而不是赔偿受损人的损失。这一目的对不当得利的责任范围产生显著影响。在得利人为善意的情况下，得利的返还范围以现存利益为限；在得利人非善意的情况下，则必须全部返还并赔偿损失。

另外，不仅《民法典》第一百二十二条和第九百八十五条有关不当得利返还义务的规定中彰显了公平正义，而且《民法典》第九百八十五条有关不当得利的例外规则也体现了法律的公平和合理性，即针对履行道德义务所作的给付、债务在到期之前进行的清偿、明知没有给付义务而进行的债务清偿等三种情形，考虑了道德义务和债务履行等特殊情形，旨在平衡"受领一方的信赖保护原则、给付一方的实质公平原则、兼顾给付双方的风险归责原则"三种价值理念。

(三) 不当得利制度体现的诚实信用原则

《民法典》第七条规定:"民事主体从事民事活动,应当遵循诚信原则,秉持诚实,恪守承诺。"不当得利案件的审判过程典型地体现了诚实信用原则的重要性。由于不当得利的形成原因多样化,原告、被告之间的举证责任分配也并非完全固定不变。虽然通常由原告承担举证责任,但是无法律原因的举证困难仍无法回避。因此,王泽鉴先生认为,倘主张权利者对于他方获得利益,致其受有损害的事实已被证明,他方就其所抗辩之原因事实,除有正当事由外,应为真实、完全及具体性陈述,以供主张权利者可以据此反驳,法院凭此判断他方获得利益是否为无法律上原因。因此对于被告的抗辩和举证,法院应当要求其全面真实地陈述,以实现双方抗辩之博弈,以弥补诉讼中举证能力的不足。由此观之,在处理不当得利纠纷时,诚实信用原则发挥着不同寻常的重要性。原告、被告双方都有义务向法院如实陈述事实,配合法院进行案件事实调查,并且承担隐瞒事实的不利后果。

近年来,不当得利案件数量逐年上升,甚至呈现泛滥化趋势,不当得利案件主要表现为两类案件:一是权利人在诉讼中主张权利时,有意回避甚至直接否认交易活动中真实存在的基础性、原因性法律关系,隐匿整个交易背景而截取款项支付结果的片段,以不当得利为由要求义务人返还相应款项;二是在不当得利请求权与其他请求权竞合时,基于举证责任和诉讼风险的考虑,选择以不当得利请求权为依据提起诉讼。不当得利制度的滥用可能会导致两种典型危害:一是当事人重复诉讼,浪费本就紧张的司法资源,自身也要承受诉累之苦;二是不当得利制度容易导致案件事实无法查明,不利于当事人维护自身的合法权益。

五、问题拓展讨论

1. 如何恰当地区分不当得利与违约、侵权行为?

2. 在指示交付或者债权让与的"三角关系"中,如何处理不当得利问题?

3. 《民法典》第九百八十六条所规定的善意得利人得利返还规则是否可以直接作为双务合同瑕疵后得利返还的规范基础?

4.《民法典》第九百八十五条规定的不当得利制度与第一百五十七条第一句的合同效力瑕疵返还及第五百六十六条第一款的合同解除返还规则在体系上是何关系？

六、阅读文献推荐

1. 王泽鉴：《不当得利》（第二版），北京大学出版社，2015 年。

2. ［德］汉斯·约瑟夫·威灵：《德国不当得利法》（第四版），薛启明译，中国法制出版社，2021 年。

3. 侯国跃：《合同、无因管理、不当得利纠纷》，北京大学出版社，2017 年。

4. ［奥］弗朗茨·比德林斯基：《私法的体系与原则》，曾见、刘志阳、喻露等译，中国人民大学出版社，2023 年。

5. 刘亚东：《双务合同瑕疵后得利返还制度的体系整合与教义学结构》，《政治与法律》，2023 年第 4 期。

6. 刘亚东：《〈民法典〉中给付型返还法效果的内外体系与规范适用》，《清华法学》，2023 年第 2 期。

7. ［日］山本敬三、高济民：《民法的改正与不当得利法的再思考》，《南大法学》，2023 年第 2 期。

侵权责任

案例 16：滕某国、吴某英等健康权纠纷案

⚠ 一、知识点提要

侵权责任指民事主体因违反法律规定的义务，实施侵权行为而应承担的民事法律后果。从《民法通则》到《侵权责任法》再到《民法典》，侵权责任始终是民法领域的一个重要分支。无论是《侵权责任法》单独立法，还是《民法典》专门设立侵权责任编，都显示出侵权责任制度的重要性。在内容上，侵权责任涉及归责原则、构成要件、特殊侵权行为、责任形式等非常庞杂的知识要点。

（一）过错责任作为基本归责原则

从归责原则来说，侵权责任主要分为过错责任（包括过错推定责任）与无过错责任。两者的区别在于是否以过错为构成要件。至于过错推定责任与公平责任，都不属于独立的归责原则。其一，过错推定仍以过错为归责事由，无非在过错的证明上实行了举证责任的倒置，本质上仍不脱过错责任原则之窠臼。其二，公平责任以公平为归责之事由，但只是辅助性的，适用范围要严加限制，只适用于极个别的情形。因此，公平责任也不属于独立的归责原则。之所以呈现侵权责任以过错责任为主的格局，有多方面的原因。

（1）过错责任原则是私法自治原则的体现。私法自治曾经长期被视为私法的统率性基本原则，极端强调个人意思的重要性，个人只有依其意思活动，即因故意或者过失的行为才承担责任，而对于他人的行为，或者自己无意识实施的行为，行为人不负任何责任。

（2）过错责任原则更有利于保护行为人的自由。承担责任意味着限制自由。相较于其之前的结果责任，即只要有损害就要有赔偿，过错责任强调过错因素，只要尽到了社会生活中必要的注意义务，就不必承担责任。过错责任可以提供一个合理的预期，只要尽到必要的注意义务，就不必担心承担责任，因此过错责任原则可以发挥保障行为自由的功能。

（3）过错责任原则符合社会道德的要求。过错通常与道德相联系，就过错承担责任是正义的道德要求。通过侵权责任的承担，可以发挥弘扬社会道德的功能。

（4）过错责任原则鼓励创造财富的动机。通过为风险提供合理的预期，过错责任原则激励人们创新和追求财富的动机，有利于整个社会的经济发展。

（二）过错推定责任、无过错责任、公平责任原则作为补充

虽然过错责任原则可以最大限度地实现自由与安全之间的协调，但是并非总是能够实现公平的结果，尤其是在人类进入工业社会以后的时代。为了更合理地分配风险与损失，过错推定责任原则、无过错责任原则及公平责任原则得到了进一步的发展，以弥补过错责任原则的不足。这三种归责原则都要基于法律的明确规定才能适用。

1. 过错推定责任原则

过错推定责任本质上属于一种特殊类型的过错责任，仍然以过错为主观的归责事由，但是推定加害人对于损害的发生有过错，只要受害人能证明其受损害是由加害人造成的，而加害人不能证明自己对造成损害没有过错，则加害人必须就此损害承担侵权责任。过错推定责任是介于过错责任和无过错责任之间的一种中间责任形式，将过错的举证责任转移给了加害人，从而减轻了受害人的举证责任。

2. 无过错责任原则

无过错责任也称无过失责任，是指不论行为人主观上是否有过错，只要有行为、损害后果及二者之间的因果关系，行为人就要承担侵权责任。无过错责任是随着经济的发展、科学技术水平的提高而提出的，主要不是根据行为人的过错，而是基于损害的客观存在，根据行为人的活动及所管理的人或物的危险性质与所造成损害后果的因果关系，而由法律规定的特别加重责任。由于其典型地以特殊的风险作为客观的归责事由，在德国法上又被称为危险责任。一般认为，该责任最初起源于普鲁士王国于 1838 年制定的《铁路企业

法》。第二次世界大战后，随着责任保险等制度的发展，对损害的赔偿由个人转向社会分担，无过错责任在一些特殊的领域有取代过错责任的发展趋势。

3. 公平责任原则

公平责任又称为衡平责任，在当事人双方对于损害的发生均没有过错的情形下，法律又没有特别规定过错责任或者无过错责任，让一方当事人承担损失有违公平时，由行为人对受害人的财产损害给予适当补偿。德国学说上称之为"富人责任"，但是并非"劫富济贫"，而是道德规范的法律化，目的是实现分配正义。《侵权责任法》第二十四条规定："受害人和行为人对损害的发生都没有过错的，可以根据实际情况，由双方分担损失。"然而在实践中，该规定因裁判标准不明导致适用范围过宽，无法达到预期的社会效果。为了明确公平责任的适用范围，统一裁判尺度，《民法典》第一千一百八十六条规定："受害人和行为人对损害的发生都没有过错的，依照法律的规定由双方分担损失。"这一修改使得公平责任原则也限定于法律明确规定的情形。

（三）一般侵权责任的构成要件

一般侵权责任，即过错责任的构成要件包括加害行为、损害事实、损害事实与加害行为之间的因果关系及行为人的过错。违法性是否应当作为一个构成要件，理论上仍然存在争议。无过错责任的构成要件不包括过错，其他构成要件与过错责任相同。

1. 加害行为

加害行为是受主观意志支配的行为，包括积极的作为与消极的不作为，涉及自己的行为、应归责于自己的他人行为和应归责于自己的物品（包括动物）致人受到损害。

2. 损害事实

损害事实指受害人的人身及财产权益遭受的客观损害后果，包括人格权益损害、身份权益损害及财产权益损害。损害可能导致物质的损失和非物质的损失。

3. 因果关系

因果关系指加害行为与损害事实之间引起与被引起的关系。对于因果关系的判断，以相当性因果关系规则为标准，即根据行为时的一般社会经验和知识水平，该行为有导致损害事实的可能性，并且实际上也发生了该损害事实。简单地说，加害行为是损害事实发生的适当条件。

4. 过错

过错指行为人在实施加害行为时应受非难的主观心理状态，包括故意和过失两种基本形态。民法上通常借用刑法上对于故意与过失的定义。故意分为直接故意和间接故意。直接故意是指主观上明知自己的行为会导致某种结果（这种结果不一定都是有害的）且希望这种结果发生。间接故意是指已经预见到自己的行为会导致某种结果且放任这种结果的发生（可能发生也可能不发生，但结果发生并不违背行为人的主观意志）。过失分为疏忽大意的过失和过于自信的过失。疏忽大意的过失是指行为人应当预见到自己的行为可能造成某种结果却没有预见到，仍进行了该行为。过于自信的过失是指行为人已经预见到自己的行为可能会导致某种结果，但轻信能够避免这种结果产生，坚持进行该行为。

5. 违法性

违法性指法秩序对特定行为作出的无价值判断。《德国民法典》第八百二十三条第一款明确把违法性作为侵权责任的构成要件之一。而《法国民法典》第一千三百八十二条却没有规定违法性为侵权责任的构成要件，实践中将违法性的判断融合于过错的判断。我国民法学界目前的主流观点也认为，违法性被过错吸收，没有必要区分违法性与过错，主要的理由有以下几点。首先，违法性并不足以明确行为的规则。其次，现代侵权法中对过错的判断越来越多地采取了客观化的标准，违法性与过错在内容上、功能上出现了相互交错的现象。最后，正当防卫、紧急避险和自助行为都属于法律规定的免责事由，无须一定被认定为违法阻却事由。

二、案例介绍

原告滕某国、吴某英之女滕某梅（案涉交通事故中死亡）与案外人何某健、滕某星均系凤凰县思源中学初中学生。被告全某系凤凰县廖家镇中学初中三年级应届毕业生，与受害人、案外人系同龄朋友。事发时上述四人均为限制民事行为能力人。2021 年 7 月 4 日晚 10 时，滕某星驾驶其父所有的无号牌摩托车搭乘被告全某到滕某梅家相约吃夜宵。在此过程中滕某梅表示待吃完宵夜后要前往廖家桥镇拉毫村看望何某健，全某当即表示愿意陪同前往。临近次日零点，滕某梅见滕某星睡着，便将其摩托车钥匙拿走，与全某前往廖家桥镇拉毫村。在次日凌晨返程途中，滕某梅驾驶的摩托车刮碰人行道路缘石造成翻车的交通事故。滕某梅摔倒在路边，受伤严重。在摩托车后座睡着的被告全某也倒地受皮外伤，爬起来发现滕某梅卧地不起，没有应声，用手去摸滕某梅，发现其身下地面全是湿的。全某慌乱中从口袋拿出手机拨打 120 急救电话，并向 120 的接线员讲在凤凰县高级中学发生车祸，有人受伤。全某打完电话后便走到对面公路，发现刚才用的是滕某梅手机拨打 120 电话，一时害怕便把手机丢在路边。后全某沿大道行走，边走边用自己的手机再次拨打 120 电话，在这次通话中告诉 120 接线员事故现场位于"凤凰之窗"。120 接线员当即建议全某拨打 110 报警电话，他托 120 接线员帮忙拨打 110，便挂断电话。事后全某担心 110 打他电话"找麻烦"，便关闭自己的手机，拦截一辆过路车至其一个朋友家休息。期间全某心中不安，担心滕某梅的安危，由其朋友张某驾驶摩托车搭乘被告全某返回寻找滕某梅，未发现滕某梅。张某用全某手机拨打 120 电话，想通过 120 继续搜救滕某梅，120 接线员却回复要他们自己拨打 110 寻求警察帮助。他们挂断电话，也没有继续拨打 110，决定自己继续沿路寻找。大约 4 点 30 分，全某找到事故现场，滕某梅仍卧倒在地。张某用自己的手机再次拨打 120 电话，120 急救医生于 4 时 50 分赶到现场，发现滕某梅已经死亡。凤凰县公安局作出《死因分析意见书》认定，滕某梅符合因交通事故摔跌伤致颅脑重型损伤而死亡，另外，滕某梅的死亡时间是在 2021 年 7 月 5 日 3 时 28 分至 4 时 28 分。凤凰县公安局交通管理大队于 2021 年 8 月 11 日作出《道路交通事故认定书》认定，《道路交通事故认定书》载明：滕某梅无有效机动车驾驶证，驾驶摩托车时未戴安全头盔，行驶时未注意观察道路交通情况，临危措施不力是导致此次交通事故的根本原因。滕某梅应承担此事故的全部责任，全某无责任。原告滕某国、吴某英提起诉讼，主张被告全某未履行共同出行出险的救助义务，要求其承担相应的过错责任。因全某系未成年人，全某的法定监护人全某平、李某群应承担该赔偿责任。

三、案例分析

（一）被告全某作为深夜骑行同伴对滕某梅的死亡有无过错

法院认为，根据《民法典》第一千零五条规定："自然人的生命权、身体权、健康权受到侵害或者处于其他危难情形的，负有法定救助义务的组织或者个人应当及时施救。"事发时，被告全某年满 14 周岁，受害者滕某梅年满 16 周岁，均为限制民事行为能力人，两人深夜零点驾驶无号牌摩托车相约同行看望朋友何某健。两个未成年人相约同车同行的行为具有一定危险性，因而相互之间负有保护同伴生命健康的安全注意义务。安全注意义务包括及时进行提醒和劝告、救助、通知等，即在意识到同伴将要作出有危险的事时，应当及时提醒和劝告，防止发生事故；当事故已经发生，在事故现场的同伴应当伸出援手，进行救助，包括亲自实施或者协助向第三人或专业人员求助。救助义务并不强求必须达到救助成功的效果，义务人在条件和能力范围内履行适当的救助行为即可；当事故已经发生，同伴应该履行通知义务，即通知受害人的亲属或者专业的救助机构等。首先，被告全某处于唯一与死者滕某梅同车同行这一特定的环境中，明知当时双方均已长时间未休息、身体疲劳且在深夜骑摩托行驶，却没有尽到同行同车应尽的提醒、注意义务，即在深夜疲劳骑行的危险状态之中尽到谨慎提醒和采取有效措施避免或者减轻致害后果发生的义务，而是自己搭乘在摩托车后座上睡觉，其不作为与交通事故的发生之间存在相当的因果关系，对滕某梅的死亡存在一定的过错。其次，被告全某作为已满 14 周岁的未成年人，对事物的认知和处理具有与其年龄相当的能力，虽凭借自己的力量不一定能够直接救人，但此时呼救、打电话报警、及时通知家长和学校系其力所能及之事。当被告全某目睹同伴滕某梅发生危险后，虽然全某第一时间先后两次拨打 120 急救电话，但是因其未能给 120 接线员提供准确的事故地点，加上全某离开事故现场时将受害人滕某梅手机丢弃、关闭自己的手机，致使 120 救护车寻找受伤的滕某梅未果。同时结合事故的地段时间点的车流量，被告全某完全可以在路边等待，向过往车辆寻求救助。然而被告全某却在事故地不远处拦截过路车，并搭乘过路车至朋友处，其间也未向该司机求助，致使受害人滕某梅死亡，更是加深了该起事故对死者父母的精神损害。综上所述，被告全某因与滕某梅相约同车同行这一危险的先行行为而引起彼此之间的安全注意义务，被告却怠于合理履行安全注意义务，被告全某的不作为与案涉交通事故的发生并致滕某梅死亡，存在一定的因果关系，因此被告全某应承担相应的民事责任。

（二）死者滕某梅自身是否存在过错

死者滕某梅和被告全某均接受过初级中学义务教育，通过学校的安全管理教育，对未成年人深夜疲劳驾驶摩托车的违法性、危险性，应当具有认知能力。事发时，死者滕某梅作为已满 16 周岁的未成年人，能够从事与其年龄、智力相适应的民事活动，具备了一定的分辨是非、保护自身安全的意识和能力，其明知自己驾驶摩托车技术不熟练，对在深夜疲劳驾驶摩托车的危险性也有足够的辨识能力，仍然积极主动驾驶摩托车夜行前往陌生路段。因滕某梅放任这种危险后果的发生，最终导致发生单车交通事故，造成滕某梅因摔跌伤致颅脑重型损伤而死亡的严重后果。据凤凰县公安局交通管理大队作出的《道路交通事故认定书》认定，造成此次事故的直接原因是滕某梅无证驾驶无号牌摩托车时未戴安全头盔，行驶时未注意观察道路交通情况，临危措施不力，为此法院认为死者滕某梅自身存在较大的过错。

综上所述，死者滕某梅的生命权受到侵害，直接原因是滕某梅无证驾驶无号牌摩托车且未戴安全头盔，行驶时未注意观察道路交通情况，临危措施不力而发生单车交通事故，滕某梅自身存在较大的过错。而原告滕某国、吴某英作为滕某梅的监护人疏于安全监管，监护责任严重失职，应承担本案事故的主要责任。现被告全某因怠于履行同车同行的先行行为而引起的同伴注意义务，应当承担相应的侵权责任，但考虑到被告全某同车同行的目的是陪伴滕某梅看望好友，这一过程中其未有获利等因素，以及法院综合全案事实及各方的过错程度、因果关系及案件其他实际情况等，酌情认定由被告全某对因滕某梅死亡给原告造成的经济损失承担 6% 的赔偿责任。又因被告全某系限制民事行为能力人，由其监护人即被告全某平、李某群承担赔偿责任。

四、课程思政解读

（一）在道德与法律责任之间徘徊的见死不救问题

1. 见死不救通常属于道德层面的问题

通常情况下，对于普通人见死不救的情形，主要是产生遭受社会舆论谴责的道德责任，并不直接导致法律责任。制定法律最基本的理念是要求人不能为恶，制定时认为人都是中性或者趋向恶的。而让见死不救者承担法律责任则是要求人不得不为善，从而偏离了法律制定的基本理论。从比较法上看，明确规定见死不救需要承担法律责任的只有《德国刑法典》第三百二十三条和《法国刑法典》第二百三十三条第六项，但是实际案例都相当罕见。德国学界的通说认为，该规定不属于《德国民法典》第八百二十三条第二款的保护他人之法律，违反该规定不产生侵权责任。见死不救虽然依据《法国民法典》第一千三百八十二条可构成侵权责任，但是由于案件数量太少而缺少实际影响。

2. 见死不救导致侵权责任的情形

完全相反，如果行为人有义务去救助他人生命却见死不救，则必然产生相应的民事责任，有时甚至还会产生刑事责任。导致行为人承担该义务的情形主要有以下几种：

（1）特定的职业：特定的职业可能以保护自然人的生命权、身体权及健康权为重要内容，相关的从业者或者机构因此依法承担救助义务。典型的职业包括以下几种，比如医师、医疗机构、警察、消防救援机构、教育机构及教师。

（2）合同关系：基于特定的合同关系可能在当事人之间产生人身保护义务。典型的如用人单位对于劳动者、护工或者保姆对于被照管者、旅行社对其游客、客运合同的承运人对于乘客的救助义务。

（3）危险的在先行为：如果行为人的在先行为诱发或者开启了某种危险状态，使自然人的生命权、身体权、健康权面临侵害或者处于其他危难的风险，则行为人负有采取有效措施排除危险或防止危险发生的特定义务。比如《道路交通安全法》第七十条规定："在道路上发生交通事故，造成人身伤亡的，车辆驾驶人应当立即抢救受伤人员，并迅速报告执勤的交通警察或者公安机关交通管理部门。"

（4）安全保障义务：特定场所的管理人或者特定活动的组织者负有保障他人人身、财产安全的义务。《民法典》第一千一百九十八条明确规定："宾馆、商场、银行、车站、机场、体育场馆、娱乐场所等经营场所、公共场所的经营者、管理者或者群众性活动的组织者，未尽到安全保障义务，造成他人损害的，应当承担侵权责任。"安全保障义务体现为三个方面的内容，即危险预防义务、危险消除义务和发生损害后的救助义务。对于活动组织者的救助义务，司法实践根据活动的营利性和组织者对于参加成员的控制力区别对待。

（5）社会性密切关系：社会性密切关系不仅包括一般的家庭和婚姻关系，而且包括婚姻外的情侣关系。这种关系的存在，使得人们产生了在危急时给予救助的信赖。

（6）诚实信用原则：在一些特殊的情况下，尽管当事人之间没有法定的或者约定的救助义务，可能也并不存在一般的社会性密切关系，而是偶然地形成一个相互依赖的集体，或者基于自愿承担职责，从而基于诚实信用原则产生救助义务。比如收留离家出走的精神障碍患者后产生相应的保护义务。

（二）见义勇为的义务、责任与保障

见义勇为是中华民族的传统美德，也是人类义举。一般情况下，法律不强制要求人们见义勇为，但是如果风险的发生与行为人有密切的关联性，诸如前文所述的六种情形，则产生见义勇为的积极作为义务。针对见义勇为的具体措施，不论是道德上还是法律上，都尤其不鼓励超越自身能力范围的、为救助他人而自陷险境的行为，以免导致更大的损害。《民法典》及其他法律的相关规定彰显了对见义勇为的积极引导和制度保障。一方面，救助者原则上不对受害人因救助行为而遭受的损害承担责任，比如《民法典》第一百八十四条规定："因自愿实施紧急救助行为造成受助人损害的，救助人不承担民事责任。"《中华人民共和国医师法》第二十七条第三款规定："国家鼓励医师积极参与公共交通工具等公共场所急救服务；医师因自愿实施急救造成受助人损害的，不承担民事责任。"另一方面，为了避免让见义勇为者流血又流泪，法律规定了对见义勇为者的利益保障。比如，《民法典》第一百八十三条规定："因保护他人民事权益使自己受到损害的，由侵权人承担民事责任，受益人可以给予适当补偿。没有侵权人、侵权人逃逸或者无力承担民事责任，受害人请求补偿的，受益人应当给予适当补偿。"

（三）受害人的自甘冒险

受害人的自甘冒险行为是法定的免责或者减轻责任的事由。《民法典》第一千一百七十六条规定："自愿参加具有一定风险的文体活动，因其他参加者的行为受到损害的，受害人不得请求其他参加者承担侵权责任。"当然，这一规定并不意味着，自甘冒险原则只能适用于自愿参加的、具有一定风险的文体活动，如足球、篮球、击剑、拳击等。在本案中，年满16周岁的受害人已经有能力认识到无证驾驶摩托车存在的潜在危险，却置自身安全于不顾，这是典型的自甘冒险行为，如果全某未与其同行，则受害人独自承担事故损害责任。即使全某没有履行救助义务，受害人也应当对损害结果承担主要责任。

（四）受害人的共同过错

受害人的共同过错也是法定的免责或者减轻责任的事由。共同过错也被称为与有过错或者过失相抵，是指受害人自身对损害结果的发生或者扩大存在过错，加害人由此产生的损害赔偿责任可以根据双方存在过错的大小相应减轻或免除。《民法典》第一千一百七十三条规定："被侵权人对同一损害的发生或者扩大有过错的，可以减轻侵权人的责任。"共同过错并不能抵销受害人和行为人双方的过错，而是在双方都有过错的基础上权衡双方过错的比例与大小，双方以此为依据承担相应责任。共同过错规则与自甘冒险制度的适用都可以免除或者减轻加害人的责任。本案典型地展现了受害人的自甘冒险或共同过错对于侵权责任的影响，同时也说明自甘冒险和共同过错这两种免责或者减轻责任的事由有时无法明确区分。自甘冒险与共同过错是不同角度的划分，出现交叉重叠并不意外。自甘冒险不一定有共同过错，比如自愿参与有一定风险的文体活动，尤其是有肢体冲撞的竞技性比赛，但是自甘冒险也不排除共同过错，即冒险行为本身就是过错行为，比如在身体不适或者能力不足的情况下冒失地参与有风险的行为。

五、问题拓展讨论

1. 在什么情况下，违法性在侵权责任的判断中发挥重要功能？
2. 无过错责任原则在合同法与侵权法领域有何区别？
3. 替代责任与过错责任、无过错责任有什么联系与区别？
4. 《民法典》大幅限缩了公平责任的适用范围，这有何优缺点？

六、阅读文献推荐

1. 王泽鉴：《侵权行为》（第三版），北京大学出版社，2014 年。
2. 周友军：《侵权法学》，中国人民大学出版社，2011 年。
3. 王成：《我国民法上侵权替代责任的反思与重构》，《清华法学》，2023 年第 5 期。
4. 陈霖：《比例连带责任在无意思联络数人侵权中的适用》，《财经法学》，2023 年第 5 期。
5. 谷昔伟：《"凶宅"买卖案件中合同和侵权请求权竞合的规范分析》，《法律适用》，2023 年第 8 期。
6. 朱晓峰：《个人信息侵权责任构成要件研究》，《比较法研究》，2023 年第 4 期。
7. 周学峰：《生成式人工智能侵权责任探析》，《比较法研究》，2023 年第 4 期。

婚姻家庭继承篇

A Course on Ideological and
Political Cases in Civil and Commercial Law

夫妻共同债务

案例 17：刘某冬诉贺某东、齐某影民间借贷纠纷案

！ 一、知识点提要

离婚的法律效力，是指离婚在婚姻当事人之间、婚姻当事人与子女及其他第三人之间引起的一系列相应的法律后果。其中，夫妻共同债务的认定和承担问题，是夫妻离婚后的财产关系中的一个重要问题。

（一）夫妻共同债务认定的相关规定

关于夫妻共同债务认定问题，《民法典》和《最高人民法院关于适用〈中华人民共和国民法典〉婚姻家庭编的解释（一）》均作出了详细规定。《民法典》吸收并修改了《最高人民法院关于审理涉及夫妻债务纠纷案件适用法律有关问题的解释》，确立了"共签共债"的基本原则，进一步明确了为家庭日常生活需要所负债务为夫妻共同债务。这是《民法典》婚姻家庭编的一大亮点。

《民法典》第一千零六十四条规定："夫妻双方共同签名或者夫妻一方事后追认等共同意思表示所负的债务，以及夫妻一方在婚姻关系存续期间以个人名义为家庭日常生活需要所负的债务，属于夫妻共同债务。夫妻一方在婚姻关系存续期间以个人名义超出家庭日常生活需要所负的债务，不属于夫妻共同债务；但是，债权人能够证明该债务用于夫妻共同生活、共同生产经营或者基于夫妻双方共同意思表示的除外。"

《民法典》第一千零六十五条规定："男女双方可以约定婚姻关系存续期间所得的财产以及婚前财产归各自所有、共同所有或者部分各自所有、部

分共同所有。约定应当采用书面形式。没有约定或者约定不明确的，适用本法第一千零六十二条、第一千零六十三条的规定。夫妻对婚姻关系存续期间所得的财产以及婚前财产的约定，对双方具有法律约束力。夫妻对婚姻关系存续期间所得的财产约定归各自所有，夫或者妻一方对外所负的债务，相对人知道该约定的，以夫或者妻一方的个人财产清偿。"

《民法典》第一千零八十九条规定："离婚时，夫妻共同债务应当共同偿还。共同财产不足清偿的或者财产归各自所有的，由双方协议清偿；协议不成的，由人民法院判决。"

《最高人民法院关于适用〈中华人民共和国民法典〉婚姻家庭编的解释（一）》第三十三条规定："债权人就一方婚前所负个人债务向债务人的配偶主张权利的，人民法院不予支持。但债权人能够证明所负债务用于婚后家庭共同生活的除外。"第三十四条规定："夫妻一方与第三人串通，虚构债务，第三人主张该债务为夫妻共同债务的，人民法院不予支持。夫妻一方在从事赌博、吸毒等违法犯罪活动中所负债务，第三人主张该债务为夫妻共同债务的，人民法院不予支持。"第三十六条规定："夫或者妻一方死亡的，生存一方应当对婚姻关系存续期间的夫妻共同债务承担清偿责任。"

（二）夫妻共同债务的概念

夫妻双方在与第三人的民事法律关系中，共同享有自己一方的民事权利，共同承担自己一方的民事义务。其中，民事权利属于共同财产，民事义务属于共同债务。

夫妻共同债务即夫妻一方或双方在婚姻存续期间为维持婚姻家庭共同生活，或为共同生产、经营活动所负的债务。它是以夫妻共有财产为一般财产担保，在夫妻共有财产的基础上设定的债务。夫妻共同债务与夫妻财产关系既紧密相关，又存在着显著的区别。夫妻共同债务主要处理的是夫妻双方与第三人之间的债权债务关系。

（三）夫妻共同债务的特点

夫妻共同债务具有如下典型特点：

（1）时间上的特点。夫妻共同债务一般需产生于婚姻关系存续期间。对于尚未缔结合法有效婚姻关系或者离婚后产生的债务，原则上并不会被认定为夫妻共同债务。但婚前为结婚后共同生活购置物品所负的债务在司法实践中会被认定为夫妻共同债务。

（2）用途或目的上的特点。夫妻所负共同债务须用于夫妻共同生活，或为共同生产、经营活动，包括夫妻为解决共同生活所需的衣食住行医，履行法定抚养、赡养义务，必要的交往应酬等。反之，夫妻所负债务与共同生活无关，亦没有用于从事共同生产、经营活动，则不能认定为夫妻共同债务。

（四）夫妻共同债务的范围

结合现行法律规定及夫妻共同债务的特点，可对我国夫妻共同债务的认定进行类型化分析。

（1）为共同生活所负的债务。购置家庭生活用品、支付家庭生活开支所负债务；修建、购买、装修房屋所负债务；为履行抚养教育子女、赡养扶助父母等义务所负债务；夫妻一方或双方为治疗疾病所负债务；从事双方同意的文化教育、文娱体育活动等所负债务；在婚姻关系存续期间，一方因分家析产所得的债务；夫妻一方受另一方虐待，无法共同生活，离家出走，出走方为日常生活所需开支及治疗疾病、抚养子女所负债务；等等。

（2）为共同生产、经营活动所负的债务。夫妻双方共同从事个体工商户、农村承包经营户；双方共同经营及双方同意一方从事经营且其收入主要用于家庭共同生活所负债务；双方共同从事投资或其他金融证券交易活动所负的债务；夫妻一方用夫妻共同财产投资以个人名义从事生产、经营活动，或虽由一方独自筹资但收益用于共同生活所负的债务；等等。

（3）因夫妻双方共同生活所负的其他债务。社会生活的复杂性，使得法律规定无法全面覆盖夫妻共同债务的所有情形。因此，对于实际发生的夫妻共同债务纠纷如何认定，可以从夫妻债务性质出发，遵循三个规则进行权衡判断：一是考察债务形成的目的，二是界定债务形成的期间，三是判断是否属于家事管理。

（五）夫妻共同债务的性质和清偿效力

关于夫妻共同债务的性质，学界通说认为其属于连带责任。

在一般夫妻共有财产制下，婚姻关系存续期间，对于夫妻共同债务的清偿，通常不存在较大争议，夫妻双方应该用其共有财产向债权人履行债务。而当夫妻双方离婚时，如何清偿所负共同债务，便关乎夫妻双方和债权人利益的保障及实现。总体来说，当夫妻共同财产因离婚而分割时，双方对共同债务负有连带清偿责任。但具体清偿方式应区分不同情况进行判断：

首先，离婚时夫妻双方有共同财产的，对已届清偿期的共同财产偿还，共同财产清偿债务后剩余的部分，由夫妻双方进行分割。

其次，夫妻双方共同财产不足清偿或财产归各自所有的，或离婚时尚未到期的债务，一方或双方不愿意提前清偿，由夫妻双方协议清偿，但是该协议如果未经债权人同意并免除离婚夫妻的连带责任，只具有对内效力，对债权人并不生效，债权人仍可就其债权向离婚后的双方要求承担连带清偿责任。

再其次，如果夫妻双方在离婚过程中对所负债务的履行未达成协议，则由法院判决，但该判决也仅具对内效力。即当事人的离婚协议或者法院的判决书、裁定书、调解书已经对夫妻财产分割问题作出处理的，债权人仍有权就夫妻共同债务向离婚后的夫妻一方主张连带债权。

最后，离婚后，一方就共同债务承担连带清偿责任后，基于离婚协议或者法院的法律文书向另一方主张追偿的，人民法院应当支持，以实现协议或法律文书所产生的内部效力。为更好地防止夫妻借离婚协议逃债，夫或妻一方死亡的，生存一方应当对婚姻关系存续期间的共同债务承担连带清偿责任。

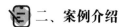 二、案例介绍

（一）基本案情介绍

原告刘某冬与被告贺某东、齐某影民间借贷纠纷一案，在黑龙江省齐齐哈尔市拜泉县人民法院于 2022 年 8 月 22 日立案后，依法适用简易程序，并公开开庭对此案进行了审理。原告刘某冬、被告贺某东到庭参加诉讼，被告齐某影经法院传票合法传唤，无正当事由未到庭参加诉讼。

刘某冬向拜泉县人民法院提出诉讼请求：一、请求依法判令二被告偿还原告借款本金 70000 元；二、请求依法判令二被告以 70000 元借款本金为基数，按借款合同约定的月利率 1 分的标准，支付自 2020 年 10 月 1 日起至借款实际偿还之日止的利息；三、本案诉讼费用由被告负担。

原告提出的事实与理由：二被告系夫妻关系，2018 年 10 月 1 日，二被告在原告处借人民币 70000 元，约定月利率 1 分，二被告于借款当日给原

告出具了欠据一份,并分别在欠款人处签字确认。2018 年 10 月 1 日至 2020 年 9 月 30 日期间二被告只偿还了部分借款利息。原告多次索要借款及所欠利息未果,故诉至法院。

(二) 审判过程及裁判结果

法庭上,贺某东当庭承认借款事实存在,但称尚无偿还能力,无法一次性还清。齐某影未到庭,亦未提交书面答辩意见,视为其放弃答辩的权利。

在庭审质证环节,刘某冬向法庭提交借据一份,拟证实被告在其处借款 70000 元,双方约定月利率为 1 分,被告至今未偿还借款的事实。贺某东对该份证据及证明的事项未提出异议,并表示借据是其本人签字,同时指出齐某影的名字也是其代签的。齐某影未到庭,视为放弃举证、质证的权利。结合原告到庭陈述、贺某东的质证意见,拜泉县人民法院依法确认该证据的证明效力。

经审理查明的事实与原告主张事实一致。

另查明,二被告系夫妻关系,刘某冬系贺某东、齐某影弟妻。2018 年 9 月底,二被告以工程资金周转为由向原告借款 70000 元,借据载明的借款时间为 2018 年 10 月 1 日,二被告已偿还了部分利息,本金及 2020 年 10 月 1 日起的利息尚未给付。原告称其将在他人处借的钱转借给二被告,并由齐某影拿着原告的银行卡去取的 70000 元,二被告在自己家中为原告出具了借据,借据由贺某东本人书写并签字确认,借据欠款人处齐某影的名字也是由贺某东代签的,当时除原告和二被告外,还有原告婆婆,即齐某影母亲、贺某东岳母,在场见证。贺某东称该笔借款的交付也系原告与其妻子齐某影具体办理的,借据是在家中由其书写并签字的,欠款人处齐某影的名字也是其代签的。

拜泉县人民法院认为,自然人之间的借款合同,自出借人向借款人提供借款时生效。本案例中,被告从原告处获得借款后,理应负有及时偿还借款的义务,否则,其逾期履行的行为即已构成违约,并承担继续履行偿还借款本金及利息的义务。二被告系夫妻关系,夫妻二人共同向原告借款后,齐某影虽未在借据上签字,但按贺某东陈述借款用于家庭周转需要,由齐某影具体交办、见证签署借据,贺某东在借据上替齐某影签署名字,齐某影并未表示拒绝,应视为该笔借款是贺某东、齐某影夫妻二人的共同意思表示。齐某影作为贺某东的配偶,应认定为齐某影具有对上述借款承担共同偿还责任的意思表示，该笔债务属于夫妻共同债务，故对原告要求二被告共同对该笔借款及利息承担偿还责任的主张，应予支持。关于原告主张被告按照月息1分，即年利率12%，支付自2020年10月1日起至实际给付之日止的利息的诉讼请求，按照规定，原告、被告双方约定借款利率12%，未超过起诉时一年期贷款市场报价利率的四倍，应予支持。齐某影经传票传唤未到庭参加诉讼，视为放弃抗辩的权利，理应承担举证不能的法律后果。

综上所述，拜泉县人民法院依照《最高人民法院关于适用〈中华人民共和国民法典〉时间效力的若干规定》第一条第二款，《合同法》第二百一十条，《最高人民法院关于审理民间借贷案件适用法律若干问题的规定》第二条第一款、第九条、第二十八条，《民事诉讼法》第六十七条、第一百四十七条之规定，作出了如下判决：

贺某东、齐某影于本判决生效之日起立即返还刘某冬借款本金70000元，并按年利率12%支付自2020年10月1日起至款项付清时止的利息。

如果未按本判决指定的期间履行给付金钱义务，应当依照《民事诉讼法》第二百六十条的规定，加倍支付迟延履行期间的债务利息。

案件受理费用775元（已减半收取），由贺某东、齐某影负担。

三、案例分析

（一）案例焦点分析

这是一个关于夫妻共同债务认定的典型案件，争议焦点在于原告刘某冬享有的债权，是否属于被告夫妻二人的共同债务，由夫妻二人共同清偿，债权人的请求能否得到支持。其中涉及夫妻共同债务的确定、共同债务的性质、共同债务的清偿等内容。结合案件事实，如何适用法律，解读纠纷解决方案，真正平衡债权人利益与配偶一方利益是本次课程的重点。

本案例中，原告刘某冬与二被告贺某东、齐某影之间形成的债权债务关系，因该债务发生在二被告夫妻关系存续期间，符合时间要素；同时，该笔款项是为工程资金周转所借，所借款项用于共同生产、共同经营，符合目的要素。由于符合债务的时间要素和目的要素，该笔债务可被认定为夫妻共同债务。被告齐某影虽未在借据上签字，但是从意思要素来看，齐某影被贺某东代签时在场，其并未表示反对，视为同意，加之所借款项具体办理事宜由其亲自处理，对于该笔债务，她理应知晓并同意。所有的事实和证据均可证明，该笔债务发生二被告在夫妻双方婚姻关系存续期间，为共同生活需要所负的债务，属于夫妻共同债务，符合《民法典》第一千零六十四条的规定。另外，原告与二被告在借款合同中所约定的借款利息并没有超出法律允许的范围，不属于高利贷，因此不属于非法债务，理应认定为夫妻共同债务。法院最终认定，二被告对原告债权承担本息的连带偿还责任，保障原告债权的实现，此判决是合法合理的。

在本次课程所展示的案例中，一审法院根据夫妻共同债务的认定规则，查明事实，结合案件具体情况，裁定所涉债务为夫妻共同债务，判定夫妻双方承担连带清偿责任。法院的裁判适用法律准确，合情合理合法，保护了债权人的合法权益。此外，在这一案例中法院所依据的法律规定为本课程内容所覆盖。

（二）类案裁判规则总结

在社会生活中，有关夫妻共同债务认定的案件纷繁复杂。结合本次课程所引案例，利用大数据查询，延伸到类案裁判，我们可以总结出以下规则：

（1）夫妻一方以证明人身份在配偶所立借据上签字确认，该借款不能认定为夫妻共同债务——时某韬与李某明、李某芬民间借贷纠纷案；

（2）夫妻一方非用于共同生活的大额举债，应视为个人债务——陈某军诉齐某、崔某微民间借贷纠纷案；

（3）夫妻一方以个人名义借款，若非用于夫妻家庭日常生活的，则不应认定为夫妻共同债务——方某诉曹某离婚纠纷案；

（4）夫妻一方婚姻关系存续期间，以个人名义超出家庭日常生活需要所负的债务，不应认定为夫妻共同债务——李某锦诉吕某容、郭某英、李某民间借贷纠纷案；

（5）夫妻一方以个人名义借贷超出日常开支所需债务，但借款用于投资经营，且所获利润用于夫妻共同生活的，应当认定为夫妻共同债务——崔某花与杨某义、马某中民间借贷纠纷案；

（6）债权人明知借款并非用于夫妻共同生活的，应当认定借款为夫妻一方的个人债务——福建春秋文化发展有限公司诉林某、陈某晔民间借贷纠纷案。

从这些看似相似但判决结果迥异的案例可见，夫妻共同债务在现实司法实务中，并非简单粗暴地认定，而是需要结合案件的具体情况，依据现行法律规定，认定夫妻债务性质，进而对案件作出判定。

结合课程主要内容和所引案例，夫妻共同债务的认定标准包括三个层次：

一是基于夫妻共同意思表示所负的债务。其表现形式可以是事前的共同签字，也可以是事后一方的追认，即"共债共签"制度，这符合民法意思自治原则和合同相对性原理。当然，事后追认的方式不限于书面形式，可以通过以电话录音、短信、微信、邮件等方式记载的内容进行判断。

二是为日常家庭生活需要所负的债务。此类债务主要是日常家事代理范畴所负的债务，为夫妻共同生活过程中产生，以婚姻关系为基础，属于典型的夫妻共同债务，夫妻双方应当承担连带责任。

三是超出家庭日常生活需要所负的债务且债权人不能证明该债务用于夫妻共同生活、共同生产经营或者属于夫妻双方共同意思表示的，为保护未举债的配偶一方的合法权益，明确规定此种债务不属于夫妻共同债务。让债权人履行举证责任，倒逼债权人建立债权债务关系时尽到审慎的注意义务，能够最大限度避免夫妻一方与债权人恶意串通，从而损害另一方合法权益的事件发生。《民法典》严格限制夫妻共同债务范围的精神，对于维护婚姻家庭的和谐稳定，具有重要意义。

四、课程思政解读

本次课程的课程思政元素包括：

（1）诚信，即诚实信用，是指所有市场参加者在追求自己的利益时，不得损害他人利益和社会公共利益。诚信作为市场经济活动中的一项道德准则，规制着每一个有劳动能力的个体，在通过市场交换获取利益时应遵循的行为规范。

诚信原则要求一切市场参加者获得利益时，不能以损害他人利益和社会公共利益为条件。男女双方组建家庭后，如果为了实现家庭生活的优化，享有更加舒心美好的生活，共同举债，与债权人之间形成债权债务关系，就必须诚实守信，按约履行还款义务。案例中的贺某东和齐某影作为合法夫妻，向刘某冬借款，并约定了利息和还款期限，就负担着按照借款合同在约定期限内偿还本金和利息的义务。只有遵从诚信原则，才能让个体之间产生信任，才有利于金融借贷市场的长久发展，才有利于社会资源的合理配置。

（2）平衡，即利益平衡。这既是一项立法原则，又是一项司法原则。法律、规则和制度都建立在利益平衡的基础上。平衡原则通过法律的权威性来协调各方面的冲突因素，使得各方的利益在共存和相容的基础上实现合理的优化。

在民事法律关系中，各方利益主体的共存和相容，必须建立在利益平衡的基础之上。当法律过于偏向某一方时，必将损害另一方的利益，进而危害整个社会的发展和进步。在本案例中，债权人刘某冬的债权需要被保护和关注，但若债务人齐某影对于贺某东的借款毫不知情，并且该借款不属于日常家庭生活所需，刘某冬也无法证明对方将所借款项用于家庭生活、生产经营，此时如果要求齐某影以共同债务人的身份还债，将严重损害未负债配偶方的权利。无论是债权人还是夫妻一方，都是需要被平等保护的，如此才能构建和谐稳定的家庭关系和持续健康的资金融通关系。

（3）平等，是指社会主体在社会关系、社会生活中处于同等的地位，具有相同的发展机会，享有同等的权利。任何人都不能有超越法律的特权。

法律面前人人平等，社会生活中的每一个个体，在社会、经济、法律等方面享有同等的待遇，法律所给予的权利保障和救济也应当是同等的。案例中的贺某东和齐某影在婚姻关系存续期间，与刘某冬形成的债务，双方负有共同还债的义务，如此才能保证刘某冬债权的实现。即便双方婚姻走到尽头，对于是否属于共同债务，也应查明事实。否则，因为未被平等对待而推诿、逃避、大难临头各自飞，不仅对责任承担无益，更会带来包括亲子关系恶劣等严重的次生灾害。

（4）公正，是指在一定标准下，没有偏私，公平正直，符合法律和道德规范的行为和决策。它是社会公平和正义的体现，以人的解放、人的自由平等权利的获得为前提，是国家、社会应然的根本价值理念。

公正可以分为结果公正和实体公正。公正原则要求，对于任何一个争议，裁判结果于当事人双方而言，都是可以接受和认可的。公正的实现，需要每一位执法者严肃执法，严格按照法律规定，以案件事实为根据，以法律为准绳，秉持公平正义，解决每一件诉至法院的纠纷。在处理涉及家事案件的过程中，法官不仅要解决夫妻与第三方之间的纠纷，还要防止造成夫妻关系的分崩离析。案例中，法院并未因为齐某影未到庭而忽视对案件事实的审查，给予了双方充分质证的权利，查明了双方所述案件相关事实，判定贺某东、齐某影需要承担共同债务。

本案例很好地展现了夫妻共同债务问题的纠纷和解决。按照《民法典》第七条规定："民事主体从事民事活动，应当遵循诚信原则，秉持诚实，恪守承诺。"该条规定将道德要素上升到法律原则，是完全符合社会主义核心价值观和习近平法治思想要求的。夫妻双方在处理与债权人形成的债权债务关系时，应当遵守诚信原则，履行义务，不应试图通过不正当手段逃避责任。夫妻之间要同心协力，为了家庭美好生活共同努力，遇事多商量，多权衡利弊，立足本心，以实现婚姻的价值和意义。

五、问题拓展讨论

在我国现有的法律体系和语境下，夫妻共同债务的认定标准十分严格，这有利于维护夫妻未举债一方的财产利益。然而，是否需要将债务性质认定与债务清偿责任分别规定呢？在未认定为夫妻共同债务的情况下，如侵权之债、不当得利之债、无因管理之债的情形，责任财产的范围如何界定呢？在婚姻关系存续和解除婚姻关系这两种不同情况下，处理方式是否存在差异呢？

目前实践中的一般原则是，如果未举债配偶一方已经基于该债务受益，则认定为夫妻共同债务，在此种情况下，基于权利义务一致原则，似乎并无不妥。然而，在夫妻一方对外投资经营的情况下，基于婚后法定共同财产制，另一方受益是常态，而生产经营的风险巨大，如果以较少的受益而负担巨额债务，则会存在权利义务失衡的结果。因此，如何合理界定市场经营风险和婚姻家庭稳定之间的界限又成为一个重大的课题。相反，如果债权人无法举证，则可能存在纵容夫妻双方恶意转移财产，损害债权人利益的情况。应当进一步探索债务的清偿规则，以便既体现婚姻家庭同舟共济、荣辱与共的伦理性特征，又能给未举债的另一方提供一种切割风险、开始新生活的机制，最终平衡债权人和未举债配偶一方的利益。如在未认定为夫妻共同债务的情况下，是否可以基于夫妻共同财产所负债务的原理，未举债方以夫妻共同财产为限对此承担责任，其婚前个人财产、离婚后所取得的财产，以及其他法定个人财产不再被纳入责任财产范围。这些问题有待法律从业者通过司法实践进一步探索和总结。

本次课程将三个问题留作课后思考：

1. 夫妻共同债务认定案件中，如何实现合理分配举证责任？

2. 夫妻共同债务认定案件中，举债配偶通过未举债配偶账户走账是否可以认定为夫妻二人具有"共债合意"？

3. 如何在夫妻共同债务认定和清偿规则之间更好地衔接？

👍 六、阅读文献推荐

1. 杨立新：《婚姻家庭与继承法》，法律出版社，2021 年版。

2. 房绍坤、范李瑛、张洪波：《婚姻家庭继承法》（第七版），中国人民大学出版社，2021 年。

3. 李洪祥：《〈民法典〉夫妻共同债务构成法理基础论》，《政法论丛》，2021 年第 1 期。

4. 高堃：《我国夫妻共同债务认定标准研究——基于〈中华人民共和国民法典〉第 1064 条》，兰州大学，2021 年硕士学位论文。

5. 朱虎：《夫妻债务的具体类型和责任承担》，《法学评论》，2019 年第5 期。

6. 贺剑：《夫妻财产法的精神——民法典夫妻共同债务和财产规则释论》，《法学》，2020 年第 7 期。

子女抚养权

案例 18：边某诉徐某抚养权纠纷案

! 一、知识点提要

子女的抚养问题，是夫妻离婚后的人身关系中的一个重要问题。子女抚养权的相关问题包括：（1）抚养权的确定；（2）抚养方式；（3）抚养费的支付；（4）抚养权的变更。学习本节时应在根据现行法律规定学习法律知识的基础之上，以导入案例为切入点，贯通案件，分析案件中的争议点，加深对处理离婚后子女抚养问题所重点关注的"最有利于未成年子女的原则"的理解和把握。

《民法典》和《最高人民法院关于适用〈中华人民共和国民法典〉婚姻家庭编的解释（一）》等均对夫妻离婚后的子女抚养问题进行了详细规定。

（一）抚养权的确定

《民法典》第一千零八十四条第一款规定："父母与子女间的关系，不因父母离婚而消除。离婚后，子女无论由父或者母直接抚养，仍是父母双方的子女。"根据该款规定，父母离婚并不能消除父母子女之间的权利义务关系，但是对子女的抚养方式发生了变化，由父母与子女共同生活、共同抚养改变为父母一方与子女共同生活、承担直接抚养责任。这一规定适用于自然血亲的亲子关系，原则上也适用于拟制血亲的亲子关系。

离婚后子女随哪一方生活，直接关系到子女的权益，是实践中父母双方争议较大的问题。《民法典》第一千零八十四条第三款规定："离婚后，不满两周岁的子女，以由母亲直接抚养为原则。已满两周岁的子女，父母双方对抚养问题协议不成的，由人民法院根据双方的具体情况，按照最有利于未成年子女的原则判决。子女已满八周岁的，应当尊重其真实意愿。"我国《民法典》实行子女最佳利益原则，把维护子女利益放在首位，以有利于子女健康成长为确定子女直接抚养方的首要标准。根据该条规定，对于两周岁以下（哺乳期）的子女原则上随母方生活。在特殊情况下，也可随父方生活。特殊情况包括：母亲患有久治不愈的传染性疾病或其他严重疾病，子女不宜与其共同生活的；母亲有抚养条件不尽抚养义务，而父方要求子女随其生活的；母亲坚持不抚养，父亲积极要求抚养且抚养条件较好的；在不危害子女身心健康的条件下，父母双方协商子女由父亲直接抚养的。对于两周岁以上未成年的子女由谁抚养的问题，首先应由双方协商处理。协商不成时，由人民法院按照最有利于子女的原则，综合考虑父母双方的经济条件、身体和精神健康状况、道德品质、与子女的感情等具体情况，作出判决。

在父母双方条件评价基本对等，父母均要求抚养子女时，父母一方优先直接抚养的条件包括：已做绝育手术或因其他原因丧失生育能力的；子女随其生活时间较长，改变生活环境对子女健康成长明显不利的；一方无其他子女，而另一方有其他子女的；子女随其生活，对子女成长有利，而另一方患有久治不愈的传染性疾病或其他严重疾病，或者有其他不利于子女身心健康的情形，不宜与子女共同生活的。父方与母方抚养子女的条件基本相同，双方均要求子女与其共同生活，但子女单独随祖父母或外祖父母共同生活多年，且祖父母或外祖父母要求并且有能力帮助子女照顾孙子女或外孙子女的，可作为子女随父或随母生活的优先条件予以考虑。

（二）抚养方式

根据法律规定，对于离婚后子女由何方直接抚养的问题，首先可以由父母双方协商，父母虽已达成协议，但经查实直接抚养方的抚养能力明显不能支付子女所需费用，或者影响子女健康成长的，不予准许。双方协商不成的，应从有利于子女身心健康、保障子女的合法权益出发，由人民法院结合父母双方的抚养能力和抚养条件等具体情况判决采取何种抚养方式。

在有利于保护子女利益的前提下，父母双方协议轮流抚养子女的，可予准许。但应注意的是，轮流直接抚养，由于不断改变孩子的生活环境，可能对其健康成长产生不利影响，实践中需要谨慎处理。

（三）抚养费的支付

《民法典》第一千零八十四条第二款规定："离婚后，父母对于子女仍有抚养、教育、保护的权利和义务。"离婚后父母子女关系不变，但父母对子女的抚养形式变更，子女随父母一方生活，另一方通过给付抚养费和享有探望权来行使其抚养教育子女的权利义务。

父母对未成年子女抚养费的负担是强制性的法定义务。《民法典》第一千零八十五条规定："离婚后，子女由一方直接抚养的，另一方应当负担部分或者全部抚养费。负担费用的多少和期限的长短，由双方协议；协议不成的，由人民法院判决。前款规定的协议或者判决，不妨碍子女在必要时向父母任何一方提出超过协议或者判决原定数额的合理要求。"根据该条规定：原则上，夫妻双方离婚后，夫妻双方有平等地负担子女生活费和教育费的义务。在个别情况下，抚养子女的一方既有负担能力，又愿意独自负担全部抚养教育费的，应当准许。但是，为了避免父母一方为争取直接抚养子女而不惜在子女抚养费上做出不切实际的让步，不利于子女的抚养和教育成长，当直接抚养方的抚养能力明显不能保障子女所需费用时，不直接抚养子女的一方不能以该协议为由拒绝承担子女抚养费。

确定子女抚养费的方式有两种：第一，由父母双方协商。父母双方可以协议子女随一方生活并由抚养方负担子女全部抚养费。但经查实，抚养方的抚养能力明显不能保障子女所需费用，影响子女健康成长的，不予准许，所签协议无效。第二，由法院判决。双方协议不成，或其协议不予准许时，应由法院从保护子女合法权益、有利于子女健康成长出发，根据子女的实际需要、父母双方的负担能力、当地的实际生活水平依法作出判决。

子女抚养费数额的确定，应根据子女的实际需要、父母双方的负担能力和当地的实际生活水平进行综合考虑。有固定收入的，抚养费一般可按其月总收入的20%~30%的比例给付。负担两个以上子女抚养费的，可适当提高比例，但一般不得超过月总收入的50%。无固定收入的，抚养费的数额可依据当年总收入或同行业平均收入，参照上述比例确定。有特殊情况的，可适当提高或降低上述比例。例如，双方收入悬殊，一方负担较重，或难以维持生活，另一方就应适当提高抚养费比例，收入少的一方则可降低抚养费比例。

抚养费的给付期限，一般至子女18周岁为止。已满16周岁未满18周岁的子女，以其劳动收入为主要生活来源，并能维持当地一般生活水平的，父母可停止给付抚养费。18周岁以上，不能独立生活的成年子女，父母又拥有给付能力的，仍应负担必要的抚养费。这里的"不能独立生活的子女"，是指尚在校接受高中及以下学历教育，丧失或未完全丧失劳动能力，以及非个人主观意愿导致的无法维持正常生活的成年子女。

子女抚养费的给付，可以采取多种方法：抚养费定期给付是一般原则。定期给付，通常以月、季度、年为时间单位。一方每月有固定收入，抚养费应按月给付；没有固定月收入的，如在农村地区，可按收益季度或半年或年定期给付。离婚时，应将子女抚养费的数额、给付期限和办法，明确具体地载入离婚调解协议书或判决书中。如果有足够的经济能力，可以一次性给付，即按月或年应当支付的子女抚养费数额，乘以抚养子女到法定年龄的期限，计算出总数，一次性给付完毕。对一方无经济收入或者下落不明的，可用其财物折抵子女抚养费。

在子女抚养费的履行过程中，可能会因出现特定情形而变更子女抚养费。变更子女抚养费是指对父母协议或判决所确定的抚养费，根据父母经济条件、子女需要等情况变化而加以改变的行为，包括增加、减少或免除抚养费。

子女要求有负担能力的父或母增加抚养费的情形包括：由于物价上涨等原因，原定抚养费数额不足以维持当地实际生活水平的；因子女患病、上学，实际需要已超过原定数额的；有其他正当理由应当增加抚养费的，如父母一方收入明显增加，使子女与其生活水平相差悬殊等。

减少或免除子女抚养费的情形包括：抚养费给付方由于长期患病或丧失劳动能力，又无经济来源，确实无力按原协议或判决确定的数额给付，而直接抚养子女的一方又能够负担，有抚养能力的；给付方因违法犯罪被收监改造，失去经济能力，无力给付的；直接抚养子女方再婚，继父或继母愿意承担子女抚养费的一部分或全部；等等。

(四) 抚养权的变更

离婚后，父母的抚养条件发生重大变化，或者依据子女意愿，可以经父母双方协商或者经过诉讼，变更直接抚养关系。

父母双方协议变更子女直接抚养关系的，应予准许。子女抚养关系确定后，如果父母的抚养条件发生了重大变化，或者子女要求改变抚养归属，可由父母双方协议变更抚养关系。

父母双方无法达成协议，一方要求变更子女直接抚养关系的，应当另行起诉。起诉的一方，既可以是非直接抚养的一方，也可以是直接抚养的一方。法院受理抚养权变更起诉后，先要进行调解，调解不成，应当根据子女利益和双方的具体情况判决。

实务中，支持变更子女抚养关系的情况通常包括：与子女共同生活的一方因患严重疾病或因伤残无力继续抚养子女的；与子女共同生活的一方不尽抚养义务或有虐待子女行为，或其与子女共同生活对子女身心健康确有不利影响的；年满 8 周岁以上未成年子女愿随另一方生活，该方又有抚养能力的；有其他正当理由需要变更的。

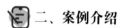 二、案例介绍

（一）基本案情介绍

徐某（男）与边某（女）登记结婚后育有一女。2019 年 5 月 22 日，原告边某诉被告离婚纠纷一案，经一审法院庭前调解，双方达成调解协议：一、原告、被告离婚；二、婚生女由原告、被告轮流抚养，每个抚养周期为六个月，具体交替时间由原告、被告自行协商，抚养周期内未直接抚养孩子的一方在不影响孩子学习、生活的前提下可随时进行探视，直接抚养孩子的一方应予以协助。抚养费原告、被告互不支付，孩子产生的医疗费、教育培训费、保险费凭票据由原告、被告各自承担一半等。徐某、边某离婚后，婚生女与边某共同生活。后来，徐某向人民法院申请强制执行民事调解书确认的轮流抚养婚生女，法院在执行该案中，经与二人的婚生女确认，其表示愿意与原告边某共同生活。在与徐某协商未果的情况下，2021 年 5 月 21 日，原告边某诉至法院，要求变更抚养权，要求被告徐某支付抚养费 24000 元，并且自 2021 年 6 月起每月支付抚养费 1500 元。

（二）审判过程及裁判结果

本案中，一审法院认为，父母与子女间的关系不因父母离婚而消除。离婚后，父母对于子女仍有抚养、教育、保护的义务。父母双方对抚养问题协议不成的，根据双方的具体情况，按照最有利于未成年子女的原则判决；子

女已满 8 周岁的，应当尊重子女的真实意愿。本案中，原告、被告均具有直接抚养婚生女的条件及意愿。经询问二人的婚生女，其表示愿意同母亲共同生活。一审法院认为婚生女年满 13 周岁，已具有一定的认知能力和表达能力，其真实意愿应予以尊重，同时，婚生女在原告、被告离婚后一直与原告共同生活，在此期间其对生活环境适应较好，结合考虑原告、被告离婚后各自的生活现状，对原告要求婚生女由其直接抚养的诉请，依法予以支持。关于原告要求被告支付二人的婚生女抚养费 24000 元及要求被告在支付抚养费之后每月支付 1500 元的诉请，被告同意，依法予以确认。关于原告要求婚生女的医疗费、教育培训费、保险费等费用由原告、被告各自承担一半的诉请，一审法院认为该诉请费用尚未实际发生，本案不作处理，双方可待费用实际发生后再依法承担。一审法院依照《民法典》第一百三十条、第一千零八十四条、第一千零八十五条的规定，作出如下判决：一、原告、被告婚生女由原告边某直接抚养。二、被告徐某于本判决生效之日起十五日内向原告边某支付婚生女自 2019 年 12 月至 2021 年 8 月的抚养费 28500 元，并自 2021 年 9 月起每月支付 1500 元抚养费，每月抚养费于当月 15 日前付清。三、驳回原告边某的其他诉讼请求。如果未按本判决指定的期间履行给付金钱义务，应当依据《民事诉讼法》第二百五十三条规定，加倍支付迟延履行期间的债务利息。本案件受理费 100 元，减半收取 50 元，由被告徐某承担。

三、案例分析

这是一个关于抚养权纠纷的典型案件，争议焦点在于原告边某诉请变更抚养权是否符合法律规定的情形，其要求被告徐某支付抚养费的依据和数额是否被确认，其中涉及抚养权的确定、抚养的方式、抚养费的支付和抚养权的变更等内容。结合案件事实，如何适用法律，解读纠纷解决方案，是本次课程的重点。

一审法院查明事实，充分考虑当事人实际情况，从保护未成年人利益的角度出发，结合《民法典》第一千零八十四条，法院认可原告边某变更抚养权的请求是符合法律规定的，是正当且合理的。同时，边某与徐某的婚生女已满 13 周岁，不属于原则上由母亲抚养的情况。因此，女儿个人的意愿在父母双方均有意愿抚养，并且抚养条件相当的情况下，显得尤为重要。被告虽然愿意抚养其婚生女，但是在双方离婚确定轮流抚养方式后，并未实际进行相应时间的直接抚养，形成了法律上的抚养权与实际直接抚养之间的断裂，最终使得其与女儿相处时间较短，父女情感基础未得到夯实。无论是从情感维系角度，还是从双方抚养子女的能力和条件角度，抑或是从未成年子女个人意愿角度评定，判决变更抚养权，由父母双方轮流抚养变更为母亲直接抚养都是更好的选择。而未直接抚养子女的被告理应承担相应的抚养费支付义务，以保证婚生女在父母离婚后的生活教育条件。对于被告抚养费数额的认定，亦符合《最高人民法院关于适用〈中华人民共和国民法典〉婚姻家庭编的解释（一）》第四十九条的规定，对于暂未发生的费用留待实际发生后再依法承担也兼顾了被告履行能力，是既符合法律又有温度的判决。

本案中，从离婚调解书中确定的父母轮流抚养到母亲提起变更抚养权诉讼，到确认女儿归母亲抚养，并判令未直接抚养女儿的父亲支付抚养费，整个过程很好地呈现出社会生活中的抚养权纠纷案件。一审法院的裁判合情合理合法，所依据的法律规定为本次课程内容全部覆盖。

夫妻婚姻关系破裂，父母争夺抚养权的"战争"将未成年子女拖入斗争泥潭，不利于未成年子女身心健康成长。如何保障未成年子女的权益，最大限度降低父母离婚对未成年子女造成的负面影响，是抚养权纠纷案件审理中必须抓牢的准绳。本案例很好地展现了父母双方离婚后，解决未成年子女抚养纠纷的问题。要通过对案例的分析解读，结合课程内容，更好地理解父母离婚后的子女抚养问题，掌握评价父母单独直接抚养子女的判断要素，深刻认识子女意愿对判断抚养权归属的重要性。

四、课程思政解读

结合本次课程的具体授课内容和案例呈现，对案件的审理和争议点的分析，判决的结果能够体现如下课程思政元素：

（1）自由，指的是人类可以自我支配，凭借自身的意志而行动，并且对自身的行为负责。它是宪法或根本法所保障的一种权利，能够确保人民免于遭受某一专制政权的控制，确保人民能够获得解放。

根据《民法典》婚姻家庭编和婚姻自由原则，男女双方均享有自由选择是否结婚、和谁结婚、是否离婚的权利。案例中的徐某、边某也曾经两情相悦，共赴婚姻殿堂，然而世事无常。在两人感情破裂之时，选择离婚是他们的权利，是法律所赋予的自由。但自由不是无边界的，徐某和边某的婚生女作为他们爱情的结晶，其权利也应该受到平等保护。离婚并不能免除他们对子女抚养教育的义务，两人都对女儿负有不可推卸的责任。此外，父母平等享有直接抚养子女的权利，任何人都无权剥夺其对子女的合法抚养权。

（2）和谐，是在人与人的关系上，要求人们和睦相处；在人与社会的关系上，崇尚合群聚众；在人与自然的关系上，强调天人合一。可见，和谐在不同文明的关系上，都强调善解能容。作为中国传统文化的基本理念，是社会主义现代化国家的价值诉求，是经济稳定、社会持续发展的重要保证。

和谐方能共生。对于个体而言，自我和解，是一种和谐；对于个体与外界而言，学会宽容，适当妥协，是一种和谐。万事万物，各有其特点，各有其性格，各有其欲望，各有其要求，如何能够让世间万物和谐相处，需要每一位参与者的努力。案例中的徐某、边某在离婚案件中，相互协商，相互妥协，达成调解协议，使得离婚过程很顺利，各自开启了新的生活。而后在子女抚养问题上出现的争议，也基于双方对女儿的关爱，希望为女儿提供幸福快乐的生活。或许进一步打开心扉，与自己和解，坚守女儿的健康成长这一初心，任何阻力和私欲都会消散。

（3）有担当，是指人们在职责和角色需要的时候，毫不犹豫，责无旁贷地挺身而出，全力履行自己的义务，并在承担义务的过程中激发自己的全部能量。简而言之，担当就是承担并负起责任，在责任面前不回避，不推诿，不退缩。

每一个角色都有自己的使命和责任，或来自学习，或来自工作，或来自家庭……个人的未来，单位的前景，家庭的幸福，社会的发展，需要我们每个人都自觉担负起责任，尽力做好自己所应该做好的每一件事情。案例中的徐某和边某在婚姻关系存续期间，对双方负有忠诚义务、扶助义务等，如此才能让婚姻一直延续美满。在婚姻走到尽头时，对于婚生女儿，双方都负有不可推脱的责任。很幸运的是，曾经最熟悉的人并没有变成陌路，在对女儿的责任承担上，他们都是有担当的，都没有推诿、逃避。

（4）法治，是指以民主为前提和基础，以严格依法办事为核心，以制约权力为关键的社会管理机制、社会活动方式和社会秩序状态。法治观念全面体现于立法、执法和守法之中，具有普适性、权威性、稳定性、公正性的成文法律成为法治实现的保障。

建设法治社会，需要每一位公民知法守法，需要每一位执法者严肃执法，严格按照法律规定，以案件事实为根据，以法律为准绳，解决每一个诉至法院的纠纷。案例中，徐某、边某虽然离婚，但是对于婚生女，都有深厚的情感。在双方都希望直接抚养女儿，条件又均衡之时，法律规定的"最有利于未成年人"的原则就显得尤为重要，而这一原则的体现，是对符合法律规定年龄要求的子女意愿的肯定和支持。

《民法典》第一千零四十三条规定："家庭应当树立优良家风，弘扬家庭美德，重视家庭文明建设。夫妻应当互相忠实，互相尊重，互相关爱；家庭成员应当敬老爱幼，互相帮助，维护平等、和睦、文明的婚姻家庭关系。"该条规定将道德要素上升到法律原则，是完全符合社会主义核心价值观和习近平法治思想要求的。对于个体而言，家庭中的每一位成员都是平等的，当夫妻之间的婚姻走到尽头，无法继续共同生活，也应当互谅互让，和平解除婚姻关系，放过对方就是放过自己，轻松地去面对新的生活，如此才能体现和谐。父母离婚，对于孩子来说，已经是一种极大的伤害，只要父母对子女的爱持续，即便是离异家庭的子女，也会是幸福的，离婚只是家庭结构发生了变化，并没有改变家庭的功能，父母应该有担当，用心对待子女，尽到为人父母的责任，当好子女的人生导师，引导子女树立正确的价值观、社会观、人生观。

五、问题拓展讨论

1. 若你作为家事案件代理律师处理有关抚养权案件，你认为调查取证中的关键点是哪些？将证据与所证要点进行对应，留待课堂模拟。

2. 结合本次课程案例和内容，思考在和谐婚姻、家庭、社会的构建中，我们该怎么做。

3. 如何界定探望权的主体？如何行使探望权？探望权在哪些情况下会被中止？隔代探望权是否应被确认？

六、阅读文献推荐

1. 杨立新：《婚姻家庭与继承法》，法律出版社，2021年。
2. 房绍坤、范李瑛、张洪波：《婚姻家庭继承法》（第七版），中国人民大学出版社，2021年。

3. 李喜莲:《离婚抚养权纠纷中未成年子女意愿适用的司法考量及程序衔接》,《法学评论》,2023 年第 2 期。

4. 廖瑜婧:《离婚案件中抚养权归属的司法认定——以闽粤赣三省 8 家试点法院为样本》,《福建法学》,2020 年第 4 期。

遗嘱的形式

案例 19：戚某仙诉戚某文等共有纠纷案

⚠ 一、知识点提要

（一）遗嘱

遗嘱，是指自然人生前按照法律规定的方式处分自己的财产及安排与此有关的事务，并于死亡后发生效力的单方的民事行为。

遗嘱是一种单方的民事行为，无须有相对方的意思表示。在遗嘱生效前，遗嘱人可以按自己的意思变更或撤销遗嘱。遗嘱需要遗嘱人独立完成，因此遗嘱需要由遗嘱人亲自设立，既不需征得他人的同意，也不能由他人代为设立。设立遗嘱不适用代理制度，由代理人代理设立的遗嘱是无效的。同时法律要求立遗嘱人立遗嘱时需要具有完全行为能力。遗嘱虽然于遗嘱人生前因其单独意思表示即可成立，但于遗嘱人死亡时遗嘱才能发生效力。因此，遗嘱是否合乎法律规定的条件、能否有效，均应以遗嘱人死亡时为准。在遗嘱人死亡前，不论遗嘱设立的时间长短，也不论其他人是否知道遗嘱的内容，遗嘱继承人是不能实际上行使遗嘱继承权的。遗嘱虽然是遗嘱人单方的意思表示，但却在指定继承人、受遗赠人、法定继承人等人之间发生效力，涉及继承人、继承人以外的人及国家和社会的利益。因此，遗嘱应当采取法律规定的形式，属于要式民事法律行为。如果遗嘱不具备法定的方式，则不能发生效力。遗嘱的形式是否符合法律规定的形式，应以遗嘱设立时的情形确定。根据遗嘱自由原则，遗嘱人可以自由地处理自己的财产，但遗嘱人处分财产的自由受法律的限制，不得违反法律和社会公德。因此，遗嘱须依据法律规定作出才能发生效力。不依法律规定作出的遗嘱是不合法的，不合法的遗嘱不能发生效力。

（二）遗嘱的形式

根据《民法典》第一千一百三十四条至第一千一百三十九条，遗嘱有自书遗嘱、代书遗嘱、打印遗嘱、录音录像遗嘱、口头遗嘱、公证遗嘱六种形式。法律对每种遗嘱形式都有具体要求，其中代书遗嘱、打印遗嘱、录音录像遗嘱和口头遗嘱都需要有见证人。

根据《民法典》第一千一百四十条的规定，见证人的条件为：具有完全民事行为能力；与继承人、遗嘱人没有利害关系；不是继承人、受遗赠人。

代书遗嘱又称代笔遗嘱，是指由遗嘱人口述遗嘱内容，并由他人代为书写制作成的遗嘱。代书遗嘱非由遗嘱人亲自书写，其成立也没有公证人在场公证，极容易被伪造、篡改。所以，除极少数国家和地区外，世界上绝大多数国家都不认可这种遗嘱方式。① 但是代书遗嘱简便易行，相比公证遗嘱节省费用，有其存在的必要。《民法典》第一千一百三十五条规定："代书遗嘱应当有两个以上见证人在场见证，由其中一人代书，并由遗嘱人、代书人和其他见证人签名，注明年、月、日。"

（三）遗嘱继承

遗嘱继承，是指继承开始后，继承人按照被继承人的合法有效的遗嘱继承被继承人遗产的法律制度。

遗嘱继承直接体现了被继承人的意志，是法律充分尊重被继承人处分自己财产行为的一种体现，必须以继承人生前立有遗嘱和继承人死亡事实的发生为依据，二者缺一不可。被继承人只能在其法定继承人中指定一人或者数人继承其遗产，指定其法定继承人之外的人承受财产的，则不属于遗嘱继承，而是属于遗赠。遗嘱继承的效力优于法定继承的效力，遗嘱继承的继承人的范围、顺序、遗产份额，都可由遗嘱人在遗嘱中指定，而且不受《继承法》对法定继承所规定的范围、顺序和遗产分配原则的限制。

需要注意的是，如果继承人想要通过遗嘱继承被继承人的遗产，需要满足以下条件：立遗嘱人死亡的事实已经发生；被继承人立有合法有效的遗

---

① 房绍坤，范李瑛，张洪波. 婚姻家庭继承法 [M]. 北京：中国人民大学出版社，2007：207.

嘱；遗嘱继承人没有丧失继承权，也未放弃继承权；继承开始时遗嘱继承人没有死亡；没有遗赠扶养协议或遗赠扶养协议与遗嘱不相抵触的。

二、案例介绍

（一）基本案情介绍

原告戚某仙诉称：原告、被告的父母戚某华、赵某玲共养育了原告和被告共八个子女，父亲戚某华于 2011 年去世，母亲赵某玲于 2019 年 1 月 22 日去世。1969 年，原告、被告的父亲戚某华、母亲赵某玲与大女儿戚某仙和长子戚某文共同建盖了位于昆明市晋宁区晋城镇白沙下村××号的土木结构房屋。后来，随着子女成长，房屋不够居住。1979 年至 1980 年，家庭户主戚某华两次向当时的村大队申请宅基地一所（占地面积约 240 平方米），当时因家庭贫困，只建了围墙。2008 年，在父母戚某华、赵某玲的提议下，由被告戚某文、戚某武、戚某江各出资 7 万元，戚某龙出资 15 万元，戚某虎出资 2 万元，父母出资 6 万元，原告戚某仙出资 2 万元（主要用于购买各种杂物和买菜等开支），新建盖了一所二层砖混结构房屋。经过初步的装修，戚某华、赵某玲在新房一直居住到戚某华 2011 年去世。原告戚某仙自 2011 年父亲戚某华去世后，回老家白沙村照料和护理母亲赵某玲近 8 年时间，天天帮母亲做饭、洗衣服，陪伴母亲直到母亲 2019 年 1 月 22 日去世。2011 年，父亲戚某华去世时，主要由被告戚某文、戚某龙、戚某江出资安葬。母亲赵某玲在世期间写下遗嘱，将属于其名下的老房屋和新房屋中的份额指定给原告戚某仙继承。现在，原告、被告经多次协商，因各方意见无法统一，为维护原告合法权益，诉至人民法院：一、请求依法分割属于原告、被告共同所有位于昆明市晋宁区晋城镇白沙村委会白沙下村两所房屋（老房屋占地面积约 120 平方米；新房屋二层建筑面积约 460 平方米）原告、被告各自享有的份额。二、判令被告承担本案诉讼费。

被告戚某文称：原告所述属实，我没有异议。

被告戚某武辩称：原告所述不是事实。原告已经嫁出去 30 多年，无权参与分家产。老房子批建是在 1967 年，当时盖房子要伐木，原告尚未满 18 岁，根本帮不上忙。新房子是 1980 年批建的，当时被告戚某文、戚某武、戚某龙、戚某虎、戚某江每人先交 5 万元，后来又交了 2 万元用于装修。原告没有正当收入，没有参与出资。父母当时也没有出钱。

被告戚某嫒辩称：原告所述不属实。老房有两处，新房有一处。新房是五个儿子出资建盖的。父亲是医生，有稳定的收入，后来还分得 30 万元的土地补偿款。父母的身体较好，也有经济能力照顾自己，平时各个子女也都会照顾老人。对于原告要求分割房产，1967 年建盖的老房可作为老人的遗产分割，但是后来在宅基地上新建的房产，只有本村村民戚某虎能享有产权，该房不应在本案中进行分割。除戚某虎出资 5 万元外，其他儿子的出资是 7 万元。

被告戚某龙称：对原告所述无异议，提出房子要赡养父母的人才能继承，辱骂父母的人不能继承房子。扩建耳房时自己出资过 2000 元。盖新房自己出资 15 万元。第一次拿了 10 万元给戚某江，后来收尾款不够，又出资 5 万元。

被告戚某参辩称：原告所述不是事实，1993 年盖耳房时是自己丈夫参与建盖的。

被告戚某虎辩称：原告所述不是事实，1993 年盖耳房时是自己和被告戚某参出资出力建盖的。建新房时自己参与出资 5 万元，对于戚某龙多出资部分不清楚。因为只有自己留在村里，平时赡养老人出资出力也较多，对于父亲的赡养和安葬也承担了较大义务。平时被告戚某嫒、戚某参对老人的照顾也较多。

被告戚某江未到庭应诉答辩。

法院经审理查明：原告戚某仙及被告戚某文、戚某武、戚某嫒、戚某龙、戚某参、戚某虎、戚某江系戚某华、赵某玲的子女。戚某华于 2011 年去世，赵某玲于 2019 年 1 月 22 日去世。戚某华、赵某玲于 1967 年建盖了位于昆明市晋宁区晋城镇白沙村委会白沙下村××号土木结构房屋两间两耳一所。两间耳房为草房，在 1993 年被告戚某参、戚某虎参与翻建了耳房。2008 年，被告戚某文、戚某武、戚某龙、戚某虎、戚某江在昆明市晋宁区晋城镇白沙村委会白沙下村共同出资建盖了砖混结构两层房屋一栋。

（二）裁判结果

云南省昆明市晋宁区人民法院于 2019 年 5 月 21 日作出（2019）云 0122 民初 590 号民事判决书，判决：一、位于昆明市晋宁区晋城镇白沙村委会白沙下村××号土木结构房屋一所，由原告戚某仙享有 30% 的份额，由被告戚某虎享有 46%的份额（被告戚某武、戚某媛各享有的 8%的份额和被告戚某参享有的 15%的份额归被告戚某虎享有），由被告戚某文、戚某龙、戚某江各享有 8%的份额；二、驳回原告戚某仙的其他诉讼请求。判决后，当事人未提出上诉，判决已发生法律效力。

（三）裁判理由

法院生效裁判认为：第一，《继承法》第十八条第三款规定："与继承人、受遗赠人有利害关系的人不能作为遗嘱见证人。"故代书遗嘱的见证人不能与继承人有利害关系，在本案中，遗嘱的制定是在原告代理人的律师事务所进行的，原告代理人当时在场，遗嘱的见证人及代书人是原告代理人律师事务所的职员，该代书人直接受原告代理人的管理和支配，二人显然存在着利害关系，而原告代理人保护的是原告的权益，故代书人间接与原告有利害关系，不能作为遗嘱的见证人。原告提交的录音录像也没有和立遗嘱的过程同步，形式上存在瑕疵。原告提交的遗嘱在形式要件上不符合法律规定，不具有法律效力。第二，对于遗产应如何分配，遗嘱无效则按照法定继承处理。《继承法》第十三条第三款规定："对被继承人尽了主要扶养义务或者与被继承人共同生活的继承人，分配遗产时，可以多分。"法院认为，原告与被继承人赵某玲共同生活近 8 年，对被继承人赵某玲承担了较多赡养义务，在分配遗产时应当予以多分。此外，被告戚某参、戚某虎对老房的耳房进行了翻建，进行了相应投资，在分配遗产时应当予以适当多分。被继承人戚某华、赵某玲的老房由原告戚某仙继承 30%的份额，由被告戚某参、戚某虎各继承 15%的份额，由被告戚某文、戚某武、戚某媛、戚某龙、戚某江各继承 8%的份额。在庭审中，被告戚某武、戚某媛、戚某参明确表示自己的份额归被告戚某虎所有，依法予以确认。第三，《民事诉讼法》第六十四条第一款规定："当事人对自己提出的主张，有责任提供证据。"《民事诉讼证据规定》第二条规定："当事人对自己提出的诉讼请求所依据的事实或者反驳对方诉讼请求所依据的事实有责任提供证据加以证明。没有证据或者证据不足以证明当事人的事实主张的，由负有举证责任的当事人承担不利后果。"原告未向法院提交确实充分的证据证明原告对建盖新房的出资情况，原告应承担举证不能的不利后果，故法院不能认定原告对建盖新房有过出资，对其诉讼主张不予支持。因原告对新房没有份额，庭审中原告、被告均未提交确实充分的证据证明戚某华、赵某玲对新建房屋出过资，且当事人之间对于戚某华、赵某玲是否出资相互予以否认。因原告未提交确实充分的证据证明自己在新房上出过资，也没有确实充分的证据证明原告、被告的父母戚某华、赵某玲在新房上出过资，故对原告要求分割新房份额的诉讼主张不予支持。法院认为，就新房的份额分割问题，应当由新房的相关权利人进行主张，本案不进行处理。

三、案例分析

（一）代书遗嘱的效力问题

代书遗嘱应当有两个以上见证人在场见证，由其中一人代书，并由代书人、其他见证人和遗嘱人签名。与继承人有利害关系的人不能作为遗嘱见证人。在本案中，遗嘱的见证人和代书人是同一人即原告代理人的职员，而原告是继承人之一，该见证人与原告代理人存在着利害关系，间接与原告存在利害关系，故该代书遗嘱在形式上不符合法律规定，依法不能认定，最后只能按照法定继承处理遗产。随着社会的发展，越来越多的公民意识到可以通过立遗嘱的方式来处分个人财产，在这个过程中难免会选择用到代书遗嘱，然而代书遗嘱的形式要件缺一不可。立遗嘱人应当充分考虑到各种瑕疵，特别是在选择遗嘱的代书人和见证人时要慎重，避免因为遗嘱形式上要件上的问题导致自己的遗愿无法实现。

（二）分割遗产时需要考虑的多种因素

本案涉及两所房子，一所是被继承人多年以前建造的，另外一所是由被继承人的几个儿子共同出资建造的。原告起诉要求按照原告提交的代书遗嘱进行处理。处理第一所房子时，首先要考虑各个子女在老房子建成时的年龄情况，各个子女基本不可能对房子进行出资，故能够认定，第一所房子的所有权属于被继承人所有。部分子女对房子的修缮翻新，可视为对房屋的管理维护，使房屋得以长久存在，增加了房屋的价值，在分配房子份额时应当酌情多分给出资修缮房屋的子女。对于长期随被继承人生活的子女，因多年和被继承人居住生活，在生活上给予照料，在精神上给予慰藉，故在分配房子份额时应当多分。原告所分到的房子份额已经比较多，如加上其他继承人愿意给原告的份额，原告实际享受到的份额已接近于代书遗嘱中原告所占份额。虽不能认定遗嘱的法律效力，但是考虑本案原告与其母亲的特殊关系，实际处理结果已经适当维护了原告权益。对能够履行为老人养老送终职责的子女，法院应当从判决结果上表示支持，这同样也能彰显法律的温度。

(三) 家庭纠纷中的举证难度

本案原告认为自己参与建造了新房，但是无法提交有效证据证明，而原告、被告双方也未提交证据证明原告、被告的父母参与建造了新房。本案中的当事人只有原告和其中一名被告与被继承人生活在同一个村庄，新建造的房屋也在这个村内。基于原告父母的年龄较大，又因为原告和其母亲的关系较好，共同居住在一起，很难否定原告经常代其母亲对该房屋的建造过程参与管理，并且可能存在建房过程中所产生的一些费用由其进行支付，但是原告没有证据能够证明自己参与建造房屋。从原告举证困难能够反映出，亲戚之间在为家族共同出力做事时，一般不会刻意收集和保留证据，一旦产生纠纷需要打官司时往往无法向法院提交有力证据。个人主张如果无相应证据证明，会直接导致自己的权益得不到法律保护。法院在处理此类案件时难度较大，往往只能靠承办法官的丰富经验谨慎进行处理。

四、课程思政解读

该案所涉及的课程思政元素至少体现在以下两个方面：一是如何通过该案所依据的法律规则来理解遗嘱继承制度的价值核心——遗嘱自由；二是遗嘱继承领域公序良俗原则的适用。

(一) 遗嘱自由原则剖析

遗嘱继承制度的价值核心就是遗嘱自由，遗嘱自由是民法中的自由原则在继承法中的最直接的体现。遗嘱自由是指自然人生前享有的通过遗嘱方式处分自己死后财产的自由和权利。遗嘱自由的含义：遗嘱内容的确定自由、遗嘱形式的选择自由和遗嘱的变更、撤销自由。遗嘱自由有利于实现对自然人财产权的全面保护，使自然人死后的财产归属得到落实和法律保障。继承权是个人财产权的合理延伸，遗嘱继承遵从了财产所有人的心愿。遵照遗嘱继承，不会出现依法继承那种对于财产所有人来说虽然合法但不合理的情形；有利于实现自然人的自由意志，自然人可以通过遗嘱自由实现其对财产归属的安排；有利于家庭内部的团结和稳定，继承人可以以遗嘱为依据确定遗产分配方案，减少纠纷发生的可能。遗嘱能避免法律纠纷，直接规定财产如何分配，其他人不得有异议。遗嘱继承降低了继承成本。同时遗嘱形式缓和也是尊重遗嘱自由原则的体现。[1] 因为法律赋予遗嘱的形式要求具有强制性，这在一定程度上会妨害遗嘱人的遗嘱自由，在司法实践中，当两者发生冲突时，大多倾向于尊重遗嘱人的意愿，适当缓和遗嘱的形式要求。对此，律师代理继承案件涉及遗嘱效力时，可以从订立遗嘱的时间、代书人及见证人身份、遗嘱人的真实意思表示等方面搜集证据，从而弥补遗嘱中存在的瑕疵。

但是绝对的自由就是不自由，没有不被限制的自由，遗嘱自由也同样要受到《民法典》等法律法规的限制。

（1）特留份制度。《民法典》第一千一百四十一条规定："遗嘱应当为缺乏劳动能力又没有生活来源的继承人保留必要的遗产份额。"此规定有利于保障弱者在没有依靠的情况下也能够正常生活。《民法典》第一千一百五十五条规定："遗产分割时，应当保留胎儿的继承份额。胎儿娩出时是死体的，保留的份额按照法定继承办理。"此条规定有利于保护妇女和胎儿的合法权利。

我国法律对特留份制度并未进行严格规定，仅规定对既缺乏劳动能力又没有生活来源的继承人留有必要的遗产份额。仅依靠这一规定是远远不够的，需要细化。首先，扩大特留份权利人的范围。为避免遗嘱人将自己的合法财产不合理地分配或赠予他人，导致法律规定的"义务条款"毫无意义，我国立法可以考虑将身心健康、有一定收入的法定继承人如配偶和父母或者与被继承人共同生活的既缺乏劳动能力又没有生活来源的非继承人纳入特留份权利人范围。这样规定既可以将法律的道德标准细化，体现遗嘱人作为家庭成员的义务，同时也有利于家庭成员的和睦相处，减少不必要的社会麻烦。其次，规定特留份权利人的顺序。这是为了避免当遗嘱人的个人财产不足以满足每一个应当享有特留份继承人的生活需求，而法律又规定必须给他们都留有一定份额的矛盾出现。

（2）关于遗嘱无效。《最高人民法院关于适用〈中华人民共和国民法

---

[1] 梁分. "遗嘱形式缓和"之实证分析 [J]. 法学杂志, 2012, 33 (7): 74-78.

典〉继承编的解释（一）》第二十八条规定："遗嘱人立遗嘱时必须具有完全民事行为能力。无民事行为能力人或者限制民事行为能力人所立的遗嘱，即使其本人后来具有完全民事行为能力，仍属无效遗嘱。遗嘱人立遗嘱时具有完全民事行为能力，后来成为无民事行为能力人或者限制民事行为能力人的，不影响遗嘱的效力。"首先，遗嘱必须是遗嘱人的真实意思表示，受胁迫、欺骗所立的遗嘱无效。从本质上来说，这并不能被称为对遗嘱自由的限制，而是保护。其次，处分他人或者国家、集体财产的遗嘱也是无效的。最后，遗嘱需要采用法律规定的形式，同时符合法律规定的要件。在本案中，由于原告提供的代书遗嘱不符合我国关于代书遗嘱的基本规定，因此代书遗嘱不具有法律效力。

（二）公序良俗原则的适用

由于法律具有滞后性，针对突发情况，为避免无法可依，就需要一个原则性规定赋予法官自由裁量权。法官的自由裁量权是依附于其严格适用法律之义务的，超越权限的任意解释无疑会破坏法律的权威。法官在行使自由裁量权时应以下列规则为出发点：（1）任何法律条文之解释，均必须从文义解释入手。（2）采用文义解释方法，出现复数解释结果时，才可以继之以论理解释。（3）作论理解释时，应先运用体系解释和法意解释的方法以探求法律意旨；在此前提下继之以扩张解释或限缩解释或当然解释以判明法律之疑义；若仍不能澄清法律疑义，应进一步作目的解释，以探求立法目的；最后可再进行合宪性解释，审核其是否符合宪法之基本价值判断。（4）在论理解释仍不能确定解释结论时，可进一步作比较法解释或社会学解释。（5）所作解释，不得完全无视法条之文义。

立法的疏漏既可能是由于立法者缺少预见造成的，也可能仅仅是由于立法者未明确表明其意图造成的。同样，立法者可能低估了此种行为的社会危害性而有意不加限制，认为社会道德已足以限制和调整这种行为；立法者也可能是将其作为特殊情况而有意不作明确规定，留待法官根据具体情况酌情处理。这里的具体情况酌情处理需要综合考虑利益衡量、道德标准的应用和判决的社会效果。

毫无疑问，法官首先应该考虑的是如何正确适用和解释法律，而不应该仅以道德或社会舆论作为判决的依据。从这个意义上来说，判决后获得的掌声确实并不能说明问题。然而，在处理民事案件，尤其是处理遗产继承纠纷类案件时，道德和习惯等社会规范并非不能被引进司法程序之中，它们本身在一定条件下可以成为民事法律渊源。另外，从司法民主性的要求来看，法官的专业思维并非不能与民众的常识相互沟通，民众对司法过程的参与和评价也是现代法治的应有之义。因此，一个得到民众认同的判决并不意味着违背法律，至少，获得民众的掌声绝不是件坏事。

继承法关系着社会道德，适当适用公序良俗原则来规制行为人可能有很好的社会效果。确实，在我国的司法实践中，长期以来，一提到注重判决的社会效果，往往被认为是法院变通明确的法律标准以求赢得当事人所在的社会或社区的好评的做法。换言之，社会效果往往被视为以牺牲法律的确定性和程序公正性而换来的功利性结果。这实际上是混淆了两个不同的问题：一个是法律应有的对社会效果——法律的目的和目标的追求；另一个则是趋炎附势式地迎合权力干预、媒体炒作或自身的媚俗心理的习惯做法。后者被称为重视社会效果，实乃一种误解或曲解。实际上，法律实施的社会效果是一种检验法律调整机制的价值及其功能的一种科学指标，而具体判决的社会效果则是这种指标体系不能忽视的组成部分。

五、问题拓展讨论

1. 结合案例阐述你对于遗嘱自由原则的理解。
2. 你如何理解我国遗嘱继承中关于遗嘱的形式的设置，是否有完善建议？
3. 你对公序良俗原则在遗嘱继承领域的运用有什么想法？

六、阅读文献推荐

1. 房绍坤、范李瑛、张洪波：《婚姻家庭继承法》（第七版），中国人民大学出版社，2021 年。
2. 全怀周：《民法典下的财产继承——遗嘱表达、遗嘱订立、订据采集、遗嘱保管、遗嘱执行》，中国法制出版社，2022 年。
3. 李宏：《遗嘱继承的法理研究》，中国法制出版社，2010 年。
4. 梁分、吴桃、余红：《遗嘱法研究》，法律出版社，2020 年。
5. 孟朝霞、蒋颖：《特定情形下能否淡化代书遗嘱的形式要求》，《中国检察官》，2013 年第 14 期。

6. 梁分：《"遗嘱形式缓和"之实证分析》，《法学杂志》，2012 年第 7 期。

7. 刘庆：《遗嘱意思自由对遗嘱形式限制的矫正》，《黑龙江省政法管理干部学院学报》，2018 年第 3 期。

遗产债务

案例 20：葛某福诉宋某桃、钟 C 等
被继承人债务清偿纠纷案

! 一、知识点提要

（一）被继承人债务的概念

被继承人债务即遗产债务，是指被继承人生前以个人名义欠下的，完全用于被继承人个人需要的债务。[①]

被继承人债务主要包括：被继承人应当缴纳的税款；被继承人因合同、侵权行为、不当得利、无因管理等原因欠下的债务；因其他原因欠下的债务，如合伙债务等。

在厘清哪些是被继承人债务时，要区分被继承人的债务与其他家庭共同债务，区分被继承人的债务与以被继承人个人名义欠下的债务，区分被继承人债务与继承费用。

（二）被继承人债务的清偿原则

被继承人债务的清偿原则主要有六点。第一，以接受继承为前提的原则。继承人接受继承是负清偿责任的前提，若放弃继承则不负清偿责任。第二，保留必留份额原则。即使遗产不足以清偿债务，也应为缺乏劳动能力又没有生活来源的继承人保留适当的遗产。第三，清偿债务优先于执行遗赠原

---

① 房绍坤，范李瑛，张洪波. 婚姻家庭继承法 [M]. 北京：中国人民大学出版社，2007：240.

则。执行遗赠不得妨碍清偿遗赠人的债务。只有遗赠人所欠的税款和其他债务已经从遗产中得到了清偿之后，遗赠才予执行。第四，连带责任原则。各继承人应对债权人负连带责任。第五，限定继承原则。清偿的原则以遗产的实际价值为限。超过遗产实际价值部分，继承人可以不承担偿还的责任。第六，有序清偿原则。在法定继承、遗嘱继承、遗赠等多种取得遗产方式并存的情况下：首先由法定继承人用其所得遗产清偿债务；不足清偿时，剩余的债务由遗嘱继承人和受遗赠人按比例用所得遗产偿还。如果只有遗嘱继承和遗赠，由遗嘱继承人和受遗赠人按比例用所得遗产偿还。

具体来说，债务人死亡后，若债权人向债务人的继承人提起诉讼，法院对被继承人的遗产应当查明，将债务人遗产从家庭共同财产中分割出来，同时对被继承人所负下的债务性质是属个人债务还是家庭共同债务进行区分，以确定债务的承担主体。在查明继承人所继承具体的遗产范围内判决由继承人承担具体的责任限额，同时对需要特殊照顾的继承人保留必留份额，以保障债权人利益和特殊群体的权益。继承遗产应当清偿被继承人依法应当缴纳的税款和应当偿还的债务，缴纳税款和清偿债务以被继承人的遗产实际价值为限。超过遗产实际价值部分，继承人自愿偿还的不在此限。继承人放弃继承的，对被继承人依法应当缴纳的税款和应当偿还的债务可以不负缴纳和偿还责任。

继承人中有缺乏劳动能力又没有生活来源的人，即使遗产不足清偿债务，也应为其保留适当遗产，然后按照《民法典》和《民事诉讼法》的规定清偿债务。

（三）被继承人债务的清偿方式和清偿时间

1. 清偿方式

我国法律对被继承人债务的清偿方式没有明文规定，司法实践中对于先清偿债务后分割遗产或者先分割遗产后清偿债务这两种清偿方式都认可。

先清算与清偿后分割遗产的清偿方式，即共同继承人首先从遗产中清算出遗产债务，并将清算出的相当于遗产债务数额的遗产交付给债权人，然后在遗产有剩余的情况下，继承人可根据各自应继承的份额，分配剩余遗产。

先分割遗产后清偿债务的清偿方式，即在已经分割了遗产，发现还有债务没有清偿的情况，共同继承人应先根据应继承份额分割遗产，同时分摊遗产债务，然后各继承人根据自己分摊的遗产债务向债权人清偿债务。但各继承人应对债权人负连带责任，以确保债权人的利益不受损害。

根据我国司法实践的一般做法，继承开始后，继承人或遗产保管人在清点完遗产后，应当及时通知债权人声明债权，以便于继承人清偿债务。关于债权人声明债权的时间，一般认为，继承人不能限定期间让债权人声明债权。但是如果债权人超过了法律规定的两年诉讼时效期间还没有申请清偿遗产债务，债权人将丧失债权，继承人可以根据自己的意愿决定是否承担该遗产债务的清偿责任。

2. 清偿时间

我国法律对清偿时间并未作出明确规定。若债权人超过法律规定的诉讼时效期间而未申请清偿债务，则继承人可以不承担清偿责任。为避免因清偿部分债权人而损害其他债权人利益的不公平情况发生，在遗产管理人编制遗产清单期间，因债权总额尚未确定，应当禁止继承人清偿债务。若继承人擅自清偿且该行为损害了其他债权人的利益，则该清偿行为视为无效清偿。①

二、案例介绍

（一）基本案情介绍

原告葛某福诉称：2018 年 2 月钟 A 以需要资金周转为由向原告借 25 万元现金人民币。2018 年 5 月钟 A 突发脑出血不治身亡，原告便找到钟 A 的妻子即被告宋某桃要求还款。原告认为此笔债务发生在被告宋某桃与钟 A 夫妻关系存续期间，应认定为夫妻的共同债务，且三被告均继承了钟 A 的遗产，故请求判令三被告共同偿还原告借款 25 万元。

被告宋某桃及钟 C 共同答辩称：（1）本案借款法律关系是否成立处于真伪不明的状态，以原告提交的证据难以认定原告与钟 A 的借贷关系成立并生效。（2）被告所继承的财产明显不足以清偿钟 A 生前所欠债务，对于真实发生的债务，三被告愿意以所继承的财产偿还钟 A 生前所欠债务，但需要给未成年继承人钟 C 保留必要的份额。

经审理查明，原告葛某福与被告宋某桃丈夫钟 A（同时系被告钟 B、钟 C 父亲）系朋友关系。2018 年 2 月 10 日，钟 A 向原告借款 25 万元，并出具

---

① 房绍坤，范李瑛，张洪波. 婚姻家庭继承法 [M]. 北京：中国人民大学出版社，2007：242.

了借条。2018 年 5 月，钟 A 因病过世。2018 年 7 月 11 日，三被告就钟 A 的遗产到湘阴县公证处进行公证并就钟 A 的遗产进行了分割。其中钟 A 去世前所涉及的财产有房产一套（办理银行抵押贷款），银行存款 1565.1 元，以及小型轿车一台，上述财产的取得在钟 A 与被告宋某桃夫妻关系存续期间。经过公证，属于钟 A 遗产部分的房屋部分、存款部分由被告宋某桃及钟 C 共同继承；属于钟 A 遗产部分的车辆部分由被告钟 B、钟 C 共同继承；钟 C 继承所得的财产由其母亲宋某桃保管。另外，钟 A 的母亲姜某田及养父钟某资放弃继承权利。

（二）裁判结果

湖南省湘阴县人民法院于 2018 年 9 月 12 日作出了（2018）湘 0624 民初 1218 号民事判决书，判决：一、由被告宋某桃、钟 C、钟 B 在继承被继承人钟 A 遗产即湘房权证文星镇字第 A00××××房产 1/4 所有权、福特蒙迪欧款小型轿车 1/2 所有权及存款 782.55 元范围内向原告葛某福承担 25 万元借款的清偿责任；二、驳回原告葛某福的其他诉讼请求。宣判后，双方当事人均未提起上诉，判决已发生法律效力。

（三）裁判理由

法院裁判理由如下：一、钟 A 向原告葛某福借款 25 万元的事实，有钟 A 向原告出具的借条证实，被告也未提出相反的证据推翻原告的主张，故对此笔债权予以确认。二、该笔债务虽发生在债务人钟 A 与被告宋某桃的夫妻关系存续期间，但对钟 A 向原告葛某福借款的事实被告宋某桃表示不知情，只是在钟 A 去世后原告向被告宋某桃催讨过借款。鉴于原告葛某福未向本院提交证据证明该债务用于宋某桃与钟 A 的夫妻共同生活、共同生产，或者基于夫妻双方共同的意思表示，故对原告葛某福主张该笔债务为夫妻共同债务的主张不予支持。三、遗产的认定：钟 A 去世时相关财产有湘阴县文星镇新世纪大道北侧湘水芙蓉城××栋××××号房（办理银行抵押贷款）、银行存款 1565.1 元，以及福特蒙迪欧款小型轿车，因上述财产的取得在钟 A 与被告宋某桃夫妻关系存续期间，故上述财产属于夫妻共同财产，在夫妻双方没有财产约定的情况下，其中上述财产的各 1/2 属于钟 A 的遗产。四、债务清偿：三被告只能在钟 A 遗产范围内行使继承权。对于设定抵押的财产，抵押权人有权优先行使抵押权。三被告宋某桃、钟 B、钟 C 作为钟 A 遗产的实际继承人，应当在其继承的遗产限额内承担清偿钟 A 所欠债务的义务。由于被告钟 C 刚满 12 周岁，系在校学生，既没有劳动能力又没有生活来源，被继承人钟 A 的遗产不足以清偿其债务，也应当为钟 C 保留适当的遗产份额，法院认为对被告钟 C 继承的属于钟 A 房屋遗产的部分（房屋的 1/4 价值部分）予以保留较为合适。被告宋某桃应在其继承房屋遗产范围内（房屋的 1/4 价值部分）以及被告宋某桃、钟 C 共同继承属于遗产范围内的存款 782.55 元，被告钟 B 与被告钟 C 共同继承的遗产范围内的车辆部分（车辆价值的 1/2）为钟 A 向原告葛某福的借款承担清偿责任。

三、案例分析

本案涉及债务人死亡后的债务清偿问题。在审理阶段是否应对被继承人的遗产进行查明？由于立法方面对此作出规定的法律条文较少，目前审判实务中这一类型案件的处理方式也是多样化的。此类纠纷应当查明遗产范围，确定继承事实是判决继承人承担责任的前提。遗产状况必须作为审判要点予以查明。对于债务的性质也应当进行确定，即是被继承人的个人债务还是家庭共同债务。这两种债务的清偿依据和方式是不同的。清偿被继承人的债务有以下几方面的注意事项和原则。

（一）以接受继承为前提的原则

《民法典》第一千一百六十一条规定："继承人以所得遗产实际价值为限清偿被继承人依法应当缴纳的税款和债务。超过遗产实际价值部分，继承人自愿偿还的不在此限。继承人放弃继承的，对被继承人依法应当缴纳的税款和债务可以不负清偿责任。"这条规定表明，继承人只有在接受继承时，才需要依法承担被继承人债务，被继承人没有遗产可继承或继承人明确放弃继承，则继承人不承担责任。本案中被继承人的父母明确放弃了继承的权利，则没有作为被告主体参加诉讼，而其他继承人因继承了遗产，则作为债务清偿责任的主体。在审理此类案件中，部分继承人放弃继承权时，其法律后果基本趋同，即法院对放弃继承权的请求予以准许，并判决其他继承人在遗产继承范围内承担清偿责任。当全部继承人放弃继承权时，将引发一系列问题，如对被继承人的遗产如何查明、继承人是否还应当承担清偿责任。这时，法院为了查明事实和保障债权人的合法权利，可不允许继承人放弃继承，判决继承人在继承遗产范围内清偿被继承人生前债务。部分法院为便于执行，判决时采用了灵活变通的方式，即继承人在继承遗产的范围内偿还债务；如继承人或者部分继承人放弃继承，则直接以被继承人的遗产或放弃部分的遗产及继承部分的遗产为限清偿债务。这也是一种可取的办法。

(二) 限定继承原则

限定继承原则，是指继承人对被继承人的遗产债务的清偿只以遗产的实际价值为限，除继承人自愿清偿者外，继承人对于超过遗产实际价值的部分不负清偿责任。限定继承原则决定了继承人对遗产债务仅负有限的清偿责任。如果不对遗产范围进行确定，就无法确定应清偿的债务总额和继承人的责任大小，后续的判决就会缺乏事实依据。《最高人民法院关于适用〈中华人民共和国民事诉讼法〉的解释》第九十一条规定："人民法院应当依照下列原则确定举证证明责任的承担，但法律另有规定的除外：（一）主张法律关系存在的当事人，应当对产生该法律关系的基本事实承担举证证明责任……"在被继承人债务清偿纠纷中，债权人对继承人的请求权基础在于两者之间形成了一种债的关系，而在产生这种债的法律事实中，继承系核心要件。正是基于继承遗产这一客观事实，依照权利义务相一致的原则，继承人才须就遗产债务向债权人负清偿责任，反之未继承或放弃继承则不承担责任，所以不查明遗产范围就无法确定继承事实是否发生，也就无法判断债权人的请求权基础是否成立，继而进行判断时就会缺乏法律依据。本案中被继承人的遗产进行了公证，查实起来比较容易。如果继承人不提供或隐瞒被继承人的遗产，债权人可以向法院申请调查取证，对被继承人生前的财产进行调查核实，如查询不动产登记、银行存款、车辆登记等。如果查询不到被继承人名下相应的财产，也没有继承人提供的财产线索，则债权人承担举证不能的法律后果，其诉讼请求可能被驳回。若本案判决后，债权人发现继承人在本案的判决之外还继承了被继承人在他处的债权，此债权属于被继承人的遗产范围，由于本案判决的财产不足以清偿债权人的债权，则债权人可以通过另行提起诉讼的方式要求继承人在新发现的遗产范围内承担责任，也是一种救济途径。所以在审理此类案件时，即使债权人因无法举证被继承人的遗产情况而承担败诉风险，但只要债权人发现了新的关于被继承人遗产的证据，就仍有救济途径。

（三）保留必留份额原则

清偿被继承人的债务，应当为需要特殊照顾的继承人保留适当的遗产。继承人中有缺乏劳动能力又没有生活来源的人，即使遗产不足以清偿债务，也应为其保留适当遗产，然后再按照《民法典》第一千一百六十一条的规定清偿债务。本案中有一个继承人是正在上学的未成年人，其既没有劳动能力也没有生活来源，故法院在审理此案时考虑了给其保留一定的遗产份额不用于清偿债务，用于维持其生活必需开支。这是养老育幼原则的体现，也是保障人权的必然要求。

（四）连带责任原则

继承开始以后，继承人应首先用属于被继承人遗留下来的财产来清偿被继承人的债务。清偿后剩余的财产才能作为实际存在的遗产，再按照遗嘱或法定继承来进行分割。当被继承人的遗产主要是实物或不动产，不便清偿债务时，按照有利于生产和生活的需要的原则，可以先行折价或变现，然后再清偿债务，也可以采取共有等方法偿还债务。《民法典》并没有规定各继承人对遗产债务承担何种责任，由于遗产在分割之前属于各继承人共同所有，所以，每个继承人应对被继承人的债务以遗产范围为限承担连带责任。如果遗产予以分割，则继承人在其所继承的遗产份额内承担责任，并以此为限对被继承人的债务承担连带责任，超出比例者可向其他继承人追偿。

（五）区分被继承人所负债务的性质

当被继承人的债务系个人债务时，则按限定继承的原则处理清偿事务，即清偿以遗产的实际价值为限。确定被继承人的债务时应注意，区分被继承人的债务与其家庭共同债务。如果被继承人所欠下的债务是以被继承人名义欠下的，但实际上是用于家庭共同生产生活的，就不能认定是被继承人的个人债务，而应当作为家庭债务，由家庭成员共同负担，用家庭的共有财产来清偿。本案中原告不能证明被继承人所借的此笔借款用于其家庭生产或生活，被继承人的配偶或子女也没有参与借款的过程，所以本案中的债务认定为个人债务而非家庭共同债务或夫妻共同债务。以下两种债务虽以被继承人个人名义形成，但不应完全归为被继承人的债务：（1）以被继承人名义欠下的家庭债务。（2）因继承人不尽扶养、赡养义务，被继承人迫于生活需要以个人名义欠下的债务。这种债务应先用遗产清偿，对遗产不足清偿债务的部分继承人仍然负有清偿义务。确定被继承人债务时要注意区别继承人债务与继承费用，继承费用应当从遗产中支付，而不属于被继承人债务。

民间借贷所产生的被继承人债务清偿纠纷，虽然从诉的性质上来讲其是给付之诉，但不同于一般的民间借贷纠纷，其中涵盖了对遗产范围的认定、对共同财产的认定及析产、对继承人身份的确认、对继承人继承财产的核实和确定、对债务属于个人债务还是共同债务的认定、对特殊继承人在承担债务时的份额保留等较为复杂的问题。审理此类案件时应当查明并确认上述相关事实，这样才能为下一步的执行提供切实可行的依据。审理中法官的"理论性"审判思维与执行中的"实践性"执行思维的有效衔接是确保判决顺利实现的基础。

四、课程思政解读

"葛某福诉宋某桃、钟C等被继承人债务清偿纠纷案"所涉及的课程思政元素体现在以下三个方面：一是完善被继承人债务清偿规则，彰显公正价值观；二是平等价值观在被继承人债务清偿制度中的体现；三是自由价值观在被继承人债务清偿制度中的运用。

（一）完善被继承人债务清偿规则，彰显公正价值观

公正是社会进步与发展的主要标志之一。公正包含两个含义，即公平与正义。在法学领域，公平性要求法律在对待每个当事人时不偏不倚，用同样的规则与方法处理问题，不能"因人而异"；正义性要求当事人对法所处理的问题的结果表示认同，即使处理的结果对一方或多方当事人不利，也要向这些当事人阐明得出结果的依据，使当事人充分体会到法的正义性。

在审判实践中，被继承人债务清偿纠纷案件所占的比例非常低，但恰恰是这类每年在各地法院数量不多的案件却又存在审理困难、裁判不一、执行混乱等问题，造成了诸多不公。

《民法典》第一千一百六十一条和《最高人民法院关于贯彻执行〈中华人民共和国继承法〉若干问题的意见》第六十二条是清偿纠纷审判实践中适用频率最高的两个法条，其余偶尔适用的条文则零星地分散在《民法典》继承编及意见、《民法典》总则编及意见、《民法典》合同编等法规中。但是

对于上文归纳的审理、裁判方面的难点疑点现行法律法规尚未作出明确的规定。法律制度的缺位、法律规范的不健全，导致审判实践中面临的诸多难题悬而未决。

对现有清偿纠纷法律制度解读不够深入、存在误区也是被继承人债务清偿案件审理困难的原因之一。比如案例中反映的继承人放弃继承的情形，有的观点认为，《民法典》第一千一百六十一条第二款已作出明确规定，继承人放弃继承的，对被继承人依法应当缴纳的税款和应当偿还的债务可以不负缴纳和偿还责任，故已经放弃继承的继承人不需要再承担清偿责任。还有少部分观点认为，根据《最高人民法院关于适用〈中华人民共和国民法典〉继承编的解释（一）》第四十四条规定"继承诉讼开始后……继承人已书面表示放弃继承、受遗赠人在知道受遗赠后六十日内表示放弃受遗赠或者到期没有表示的，不再列为当事人"的规定，故对已经放弃继承的继承人不应该列为被告，如所有继承人都放弃继承，应驳回起诉。上述理解都存在误区。

针对第一种观点，《最高人民法院关于适用〈中华人民共和国民法典〉继承编的解释（一）》第三十五条规定："继承人放弃继承的意思表示，应当在继承开始后、遗产分割前作出。遗产分割后表示放弃的不再是继承权，而是所有权。"故《民法典》第一千一百六十一条第二款规定继承人放弃继承的情形可分为两种：第一种，放弃继承的行为在遗产分割前作出，此时放弃的是继承权。因为我国相对未普及财产公证、遗嘱公证等制度，以及家庭财产概念深入人心，大多数被继承人的遗产情况只有继承人知道，因此任何一个继承人都可能知道或掌管被继承人的遗产。根据《最高人民法院关于适用〈中华人民共和国民法典〉继承编的解释（一）》第三十二条"继承人因放弃继承权，致其不能履行法定义务的，放弃继承权的行为无效"的规定，若在清偿纠纷中允许继承人放弃继承遗产，意味着该继承人被排除在法院审判、执行视线之外，这会导致继承人隐匿、转移遗产的情形不受约束，不利于被继承人遗产的保管、清算及债务清偿，故此类情形下继承人放弃继承的行为应视为无效。正如最高人民法院民事审判第一庭针对实践中的突出问题，形成的关于婚姻家事类案件相关的 48 个实务问答中的第 20 问：债权人追索被继承人生前债务的案件，如法定继承人明确表示放弃继承的，法院如何判决？答：为保护债权人的合法权益，人民法院应当认定放弃继承无效，通知继承人参加诉讼，并依法判决继承人以被继承人的实际财产价值为限清偿债务。第二种，财产分割后（如分割到一套房子）继承人放弃继承的，此时放弃的是财产所有权。继承人已经实际继承了遗产，则仍应在继承的遗产价值范围内承担清偿被继承人债务的责任，至于放弃房屋则是对其所有财产的放弃，不能减轻或抵销其清偿被继承人债务的义务。

针对第二种观点，首先该条文规定的是继承中的析产诉讼，而非清偿之诉，其次条文前半条已经明确追加为共同原告，与清偿纠纷中应列为被告的情形完全不能对应，故不能适用清偿纠纷。

目前，除了《最高人民法院关于适用〈中华人民共和国民法典〉继承编的解释（一）》，关于被继承人债务清偿的问题还没有新的司法解释出台，这也是一个时机，可以利用司法解释系统规范地完善被继承人债务清偿的立法，以便司法实践中有法可依，更好地执行法律。同时，最高人民法院也可以通过发布相关案例的方式，为下级法院的裁判作出示范，并加强法官的培训交流等，避免出现同案不同判的情况。要用司法公正引领社会公正，彰显公正平等社会主义核心价值观。

（二）平等价值观在被继承人债务清偿制度中的体现

《宪法》第三十三条规定："中华人民共和国公民在法律面前一律平等。"这种"平等"反映了两层含义：一层含义是，无论是实体法规定的公民应享有的权利，还是程序法规定的在诉讼中当事人享有平等地位的权利，都表现出了"平等"的概念，这与社会主义核心价值观的"平等"是相符合的。另一层含义是，公民除享有"平等"的权利外，在自身行为受法律规制方面也表现出了"平等"。每个公民的行为都受同样的法律规定的约束，现代法治中国没有特权阶层、没有"贵族"阶层，没有人能够凌驾于法律之上。只要其行为触犯法律，无论社会地位的高低、无论拥有财富的多少，都必须接受法律的公正审判。遗产的法定继承中无论男女，养子女、继子女，甚至未娩出的胎儿也有继承资格，这也是"平等"价值观的映射。

（三）自由价值观在被继承人债务清偿制度中的运用

自由是人类共同的价值追求，也是人类生存的本质追求。然而自由并非绝对的自由，而是在一定范围内存在的相对的自由，人们享有的自由存在的前提是不侵犯国家、集体和他人的权利和自由。在我国，遗嘱自由规则正是自由价值观的体现。自然人可以通过订立遗嘱的方式处分自己的遗产，但是不得侵害债权人的利益。根据以接受继承为前提的原则，无论是遗嘱继承还是法定继承，继承人或受遗赠人都有权选择接受或拒绝，这同样是自由价值观在继承法中的体现。

五、问题拓展讨论

1. 如何评价我国现行的被继承人债务清偿制度？

2. 你对于完善我国的被继承人债务清偿制度有哪些建议？

3. 你还能从我国的继承制度中找到哪些体现社会主义核心价值观的元素？

六、阅读文献推荐

1. 杜江涌：《继承法律制度研究》，中国人民公安大学出版社，2020 年。

2. ［德］迪特·莱波尔德：《德国继承法》，林佳业、季红明译，法律出版社，2023 年。

3. 贾明军、袁芳：《继承案件裁判要旨总梳理》，法律出版社，2022 年版。

4. 徐文文：《被继承人债务清偿纠纷审判实务若干问题探讨——兼论遗产债务清偿制度的完善》，《东方法学》，2013 年第 4 期。

5. 林娴、陈中云：《被继承人债务清偿问题的分析与对策》，《佳木斯职业学院学报》，2018 年第 9 期。

6. 杨蓉卉：《在债权人保护的视野下浅议我国遗产债务清偿制度的完善》，《法制与经济（下旬）》，2013 年第 3 期。

商　法　篇

A Course on Ideological and
Political Cases in Civil and Commercial Law

出资责任的承担

案例 21：许某勤、常州市通舜机械制造有限公司、
周某茹与青岛铸鑫机械有限公司加工合同纠纷案

⚠ 一、知识点提要

公司是具有法人资格的独立民事主体，具有独立的财产，并能独立对外承担民事责任。公司财产与股东财产相互独立，公司经营活动中产生的民事责任由公司独立承担，股东对公司的主要义务是出资。但出现某些特定情形时，股东要在出资范围内对公司的债务承担连带或者补充责任。

（一）公司有限责任

1. 公司主体

《民法典》将民事主体分为自然人、法人和非法人组织，法人又分为营利法人、非营利法人、特别法人。《民法典》第七十六条规定："以取得利润并分配给股东等出资人为目的成立的法人，为营利法人。"公司属于营利法人，包括有限责任公司和股份有限公司。第七十七条规定："营利法人经依法登记成立。"公司在登记机关办理设立登记后，取得法人资格，具有独立的法律人格。公司在登记机关登记成立后即取得法人资格，具有独立的主体身份，具有相应的民事权利能力和民事行为能力，可以以自己的名义独立地对外行使权利和履行义务。公司存续期间，公司始终具有法人主体身份。

2. 公司责任

财产是民事主体行使权利、履行义务的物质基础。公司作为一个独立的法律主体，具有独立的财产，并以其财产独立对外承担民事责任。公司法人

的初始财产来源于股东的出资。股东出资后，股东的出资财产转化为公司的财产，公司享有对公司的财产完整的支配权，股东则丧失对该财产的权利，基于出资取得股东权。公司财产与股东个人财产实行分离，股东个人无权处分公司的财产，公司以股东投资形成的初始财产，以及经营所获财产独立对外承担民事责任。

3. 股东责任

股东对公司的基本责任是履行出资的义务。我国公司资本制度由实缴制转变为认缴制，公司成立时，股东只需要认缴章程中规定的资本额，何时实际缴纳，可以由认缴章程规定。部分公司成立之初，均在章程中规定，股东认缴的出资在公司成立后 5 年、10 年，甚至 50 年后缴纳。而各种数据显示，我国民营企业的平均寿命大约在 2.5~7.5 年。因此，一个突出的问题是当公司解散时，公司章程所规定的出资期限并未届满，如公司不能清偿债务，股东是否仍然应该在出资范围内对公司债务承担责任。

(二) 股权转让

1. 股权转让基本规则

根据现行《公司法》的规定，股权转让区分两种情况。一是股东相互之间转让，股权可以自由转让，不受限制。二是股东对外转让股权，《公司法》设置了同意规则、优先购买权规则。2018 年第四次修订后的《公司法》第七十一条规定："有限责任公司的股东之间可以相互转让其全部或者部分股权。股东向股东以外的人转让股权，应当经其他股东过半数同意。股东应就其股权转让事项书面通知其他股东征求同意，其他股东自接到书面通知之日起满三十日未答复的，视为同意转让。其他股东半数以上不同意转让的，不同意的股东应当购买该转让的股权；不购买的，视为同意转让。经股东同意转让的股权，在同等条件下，其他股东有优先购买权。两个以上股东主张行使优先购买权的，协商确定各自的购买比例；协商不成的，按照转让时各自的出资比例行使优先购买权。公司章程对股权转让另有规定的，从其规定。"

2. 股权转让后出资责任的承担

在实际缴纳出资前，发生股权转让，出资责任由谁承担？这是司法实践中常见的问题，有时也会成为案件中的难点问题。

未履行出资义务即转让出资可以区分为两种情况。一是未届章程约定的出资期限情况下转让股权，此时出让方没有实际的出资义务，股权转让时，一般约定的出资义务由受让方承担，出让方不再承担出资义务。但如果存在恶意转让出资，逃避出资义务的情形，出让方在某种程度上仍然要承担相应的责任。二是出资期限已经届满。这属于未履行或者未全面履行出资义务的状态，此时转让股权，根据《最高人民法院关于适用〈中华人民共和国公司法〉若干问题的规定（三）》（以下简称《公司法司法解释（三）》）第十九条："有限责任公司的股东未履行或者未全面履行出资义务即转让股权，受让人对此知道或者应当知道，公司请求该股东履行出资义务、受让人对此承担连带责任的，人民法院应予支持。公司债权人依照本规定第十三条第二款向该股东提起诉讼，同时请求前述受让人对此承担连带责任的，人民法院应予支持。受让人根据前款规定承担责任后，向该未履行或者未全面履行出资义务的股东追偿的，人民法院应予支持。但是，当事人另有约定的除外。"公司和债权人都有权要求出让方承担出资责任，如果受让方知道出让方未履行出资义务，那么受让方也要承担连带责任。

二、案例介绍

此处选取的案例是最高人民法院民事审判第二庭评选的 2020 年度全国法院十大商事案例之一。

（一）基本案情介绍

青岛铸鑫机械有限公司（以下简称铸鑫公司）与常州铸仑机械制造有限公司（以下简称铸仑公司），约定由铸仑公司购买铸鑫公司生产的设备并于 2017 年 5 月 7 日、6 月 5 日签订了两份机器设备购销合同。两公司因设备货款和质量问题发生纠纷。

铸仑公司基本情况：铸仑公司设立时，股东有：周某茹、庄某芬、常州市通舜机械制造有限公司（以下简称通舜公司）、常州市吉瑞电梯部件制造有限公司。2017 年 9 月 29 日，上述股东分别将其在铸仑公司的全部认缴出资额 90 万元、60 万元、90 万元、60 万元（以上出资均未实缴）无偿转让给许某勤，许某勤成为铸仑公司唯一股东和法定代表人，铸仑公司变更为自然人独资的有限责任公司。2017 年 11 月 6 日铸仑公司注册资本由 300 万元增加至 1000 万元。2018 年 5 月 15 日，许某勤申请注销铸仑公司，常州市武进区行政审批局于 2019 年 7 月 3 日对该公司予以注销。

截至铸鑫公司起诉，铸仑公司尚欠设备款 245360 元未付。山东省平度市人民法院判令许某勤向铸鑫公司支付设备款及违约金共计 355932.8 元，通舜公司在 90 万元范围内承担连带清偿责任，周某茹在 90 万元范围内承担连带清偿责任。一审宣判后，许某勤、通舜公司、周某茹称设备存在质量问题，故许某勤无须支付货款及违约金。通舜公司、周某茹以股权转让之时出资并未到期等为由提起上诉，青岛中级人民法院驳回上诉，维持原判。

（二）争议焦点及裁判结果

1. 争议焦点

（1）原告铸鑫公司向铸仑公司所提供的设备是否存在质量问题？

（2）被告许某勤及铸仑公司现股东是否应对本案所欠货款承担连带责任？

（3）被告通舜公司、周某茹即铸仑公司原股东是否应对本案所欠货款在其应出资范围内承担相应责任？

2. 裁判结果

本案经历了一审、二审，二审维持一审法院原判。裁判结果如下：

（1）原告为铸仑公司加工、制作、安装、调试设备正常运行后，铸仑公司应当按合同约定及时支付设备款。

（2）一人公司的股东不能证明公司财产独立于股东自己财产的，应该对公司债务承担无限连带责任。

（3）被告通舜公司、周某茹转让股权前未能完成其法定出资义务，应对铸仑公司所负债务不能清偿的部分承担补充赔偿责任。

三、案例分析

（一）我国《公司法》相关规则

股东未届出资期限而转让公司股权的，是否应就出资不足对公司债务承担连带责任？这个问题涉及我国《公司法》的规定以及相关司法解释。

1. 公司存续状态下，转让股东是否担责

第一，《公司法司法解释（三）》第十三条、十八条指出，法院支持债权人请求公司股东承担补充赔偿责任的前提是股东未履行或者未全面履行出资义务。未届出资期限的股东没有实际缴纳出资不属于股东未履行或者未全面履行出资义务。根据《公司法》及相关司法解释的规定，股东未履行或者未全面履行出资义务的情形不包含没有实际缴纳未届出资期限的出资的股东。

第二，未届出资期限的股东无需对债权人承担补充赔偿责任。《九民纪要》第六条规定："……债权人以公司不能清偿到期债务为由，请求未届出资期限的股东在未出资范围内对公司不能清偿的债务承担补充赔偿责任的，人民法院不予支持……"在注册资本制下，认缴股东享有出资的期限利益。

第三，符合出资加速到期条件时，未届出资期限的股东需对债权人承担补充赔偿责任。《九民纪要》第六条规定了下列情形要承担补充赔偿责任："（1）公司作为被执行人的案件，人民法院穷尽执行措施无财产可供执行，已具备破产原因，但不申请破产的；（2）在公司债务产生后，公司股东（大）会决议或以其他方式延长股东出资期限的。"

第四，出资义务尚未到期的情况下转让股权，不属于出资期限届满而不履行出资义务的情形，不构成《公司法司法解释（三）》第十九条规定的"有限责任公司的股东未履行或者未全面履行出资义务即转让股权，受让人对此知道或者应当知道，公司请求该股东履行出资义务、受让人对此承担连带责任的，人民法院应予支持"的情形。

根据上述规则，不符合出资加速到期条件时，未届满出资期限的股东无需对债权人承担补充赔偿责任。符合出资加速到期条件时，由受让股东对债权人承担补充赔偿责任，而转让股东无需担责。

2. 公司解散状态下，转让股东是否担责

《最高人民法院关于适用〈中华人民共和国公司法〉若干问题的规定（二）》（以下简称《公司法司法解释（二）》）第二十二条规定："公司解散时，股东尚未缴纳的出资均应作为清算财产。股东尚未缴纳的出资，包括到期应缴未缴的出资，以及依照公司法第二十六条和第八十一条的规定分期缴纳尚未届满缴纳期限的出资。公司财产不足以清偿债务时，债权人主张未缴出资股东，以及公司设立时的其他股东或者发起人在未缴出资范围内对公司债务承担连带清偿责任的，人民法院应依法予以支持。"根据该条规定，当公司解散时，不论设立时的股东或者发起人是否转让其股权，公司设立时的股东或者发起人应在其未缴出资范围内对公司债务承担连带责任。因此，对于发起人而言，不管股权如何转让，当公司解散时都要在未缴出资范围内承担公司债务的连带责任。这对发起人股东来说无疑是一项沉重的负担。同样，在公司存续状态下，即使存在股东出资加速到期的情形，转让股东亦无需担责，这在一定程度上给转让股东逃脱出资责任提供了空间。

（二）规则反思

有司法实践认为：认缴的股份实质上是股东对公司承担的负有期限利益的债务，在股权转让得到公司认可的情况下，视为公司同意债务转移，出让人退出出资关系，不再承担出资义务。故转让股东无需承担补充赔偿责任。也有司法实践认为："公司的发起人，有保持公司资本充实的责任。在只履行了部分出资义务的情况下就转让股权，应对公司资产不能清偿债务部分承担补充赔偿责任。"在公司资本认缴制下，如何识别股东通过股权转让逃避出资责任，损害债权人的利益，从而对这种逃避出资责任的行为加以制约，仍然是公司理论及司法实践中值得进一步研究和探讨的问题。本案是司法实践对于此问题的一种回应。本案一审和二审的结论相同：转让股东通舜公司、周某茹应当在未出资本息范围内对铸仑公司债务不能清偿的部分，承担连带清偿责任。但一审法院和二审法院所阐述的理由各不相同。

1. 一审法院裁判理由

（1）股东对公司的责任与其认缴出资的时间无关。2018年第四次修订后的《公司法》第三条中规定，"有限责任公司的股东以其认缴的出资额为限对公司承担责任"。因此，不应区分已缴出资或未缴出资，股东未出资部分亦属于公司财产。

（2）"公司债务不能清偿"是股东承担补充责任的前提。根据《公司法司法解释（三）》第十三条第二款，"公司债务不能清偿"是股东承担补充责任的前提，未届认缴出资期限不能成为股东规避责任的理由。

（3）公司章程对股东认缴出资期限的约定系内部约定，不能对抗善意第三人。股东通过协议或公司章程的规定，对认缴出资时间的约定，是公司股东之间及公司内部管理和经营安排的约定，并不直接对抗第三人（如公司债权人）。公司章程关于出资期限的约定仅是对股东法定义务作出的具体安排，不能违反公司法规定的法定出资义务即资本充实的责任。

（4）认缴出资期限的约定是一个可选择的时间点。认缴出资期限内的任何时间认缴，都符合约定，而不一定是满期限认缴。股东对公司认缴出资的实缴进度，是与公司的实际经营和负债情况相联系的。公司处于长期负债未结状态，股东有义务在其认缴范围内向公司实缴出资或对债权人承担责任。

不能以内部约定的认缴出资时间未到期为由，拒绝或拖延履行股东对公司的出资义务及公司对债权人的责任。

（5）股东在未届出资期限的情况下即转让股份，可视为股东对其法定义务的"预期违约"。我国《合同法》第一百零八条规定："当事人一方明确表示或者以自己的行为表明不履行合同义务的，对方可以在履行期限届满之前要求其承担违约责任。"出让股东在负有出资义务这项法定义务的前提下，未届出资期限即转让股权，可视为对公司出资责任的预期违约，应当允许该项出资义务加速到期。

2. 二审法院裁判理由

本案所涉合同之债发生于上诉人通舜公司、周某茹持股之时。本案通舜公司、周某茹是被上诉人与铸仑公司发生涉案设备买卖合同之时的股东，两股东享有涉案买卖合同为目标公司所带来的利益，在涉案股权转让之时，两股东对于公司所欠债务应为明知。在公司注销的情况下，通舜公司与周某茹因转让股权而免除的出资义务应予以回转，主要理由是：

（1）股东出资的约定系股东与公司之间的契约。股东对于公司的出资义务来源于股东与公司之间就公司资本与股权份额的约定。对于股东而言，其以出资行为换取公司相应份额的股权；对于公司而言，其以公司股权换取公司运营所需资金。既然出资协议系股东与公司之间的契约，那么该契约应由《合同法》规则规定，当然，基于公司作为商事活动所创设的基本组织的特性，该契约还受《公司法》所规定的特殊规则的约束。

（2）在公司认缴制度下，股东出资义务系其对公司附期限的契约。股东对于公司的认缴出资义务应是股东对于公司的附期限的承诺，股东在初始章程或增资合同中作出的认缴意思表示属于民法上为自己设定负担的行为，本质上是债权债务关系的建立。通过认缴，股东成为出资契约中的债务人，公司则成为出资契约中的债权人。因此，对于公司资本的认缴是债权的成立，而对于公司资本的实缴是债权到期后债务人的实际履行。从契约的角度来说，股东享有到期缴纳出资的期限利益并承担按期足额出资的义务。

（3）公司注销后，公司可依据《合同法》第六十五条的规定向前股东主张权利。本案债务发生于通舜公司与周某茹持股之时，前股东与公司之间存在认缴资本的合同义务，股权发生转让之时，因该资本认缴期限未届满，到期出资义务随股权的转让而转让，受让股东继而享有在未来期限内缴纳出资的期限利益以及按期缴纳出资的义务，前股东因股权转让而失去股东地位，无需履行股东义务，同时不再享有目标公司股东的权利。但是，本案中，后股东许某勤已注销公司，其出资义务加速到期，其并未出资。依据我国《合同法》第六十五条之规定："当事人约定由第三人向债权人履行债务的，第三人不履行债务或者履行债务不符合约定，债务人应当向债权人承担违约责任。"根据《公司法》的规定，股东有义务向公司出资，股权转让后，股东认缴出资的义务由受让人承担。受让人未按期出资注销公司的行为，属于《合同法》第六十五条规定的第三人不履行债务的情形，公司（债权人）有权向转让股东主张违约责任。

（4）公司解散时，债权人可依据《关于适用〈中华人民共和国公司法〉若干问题的规定（二）》第二十二条的规定，向前股东主张在其出资范围内承担连带责任。《关于适用〈中华人民共和国公司法〉若干问题的规定（二）》第二十二条第二款规定："公司财产不足以清偿债务时，债权人主张未缴出资股东，以及公司设立时的其他股东或者发起人在未缴出资范围内对公司债务承担连带清偿责任的，人民法院应依法予以支持。"股东系以出资为基础对公司承担有限责任。但公司解散之时，如果股东仍未能按期出资，资产不足以清偿债务，就不能依《公司法》享有有限责任的保护。债权人有权要求股东在其认缴出资范围内履行其出资义务，偿还公司对外债务。债权人对于股东的该请求权，系基于公司设立的有限责任的原则而产生，目的是保障公司资本的完整性，维护债权人的应有利益。在本案中，公司已经解散并注销，因前股东根据我国《合同法》第六十五条，对于公司仍有出资义务，在公司解散并注销的情况下，债权人亦有权要求前股东在其出资范围内对公司债务承担连带责任。

因此，对于形成于原股东持股期间的债权，在前股东转让后，后股东注销公司且未履行出资义务的情况下，前股东应对公司债务在出资范围内承担连带清偿责任。

四、课程思政解读

（一）法官的专业素养和敬业精神

法官在审理案件时，不能机械、片面、孤立地理解和适用法律，而应将法律与常情、常理、常识相结合，融会贯通，深刻理解法律、法规的深层含义，将书本上的理论知识熟练地运用于司法实务中。法院的判决要站得住脚，不仅要符合法律的规定，也要符合社会大众普遍的价值观，真正实现化解社会矛盾、解决法律纠纷的目的。

法院在处理此案件时，首先，未用简单的三段论作出判决，而是对公司法司法解释进行了进一步的阐释，以理服人，将判决理由有理有据有节地一一展示出来，确保裁判文书让当事人看得懂、能信服，将公正传递给当事人、传递给社会。其次，这起案件虽然经历两审判决，二审的判决和一审的判决结果是一致的，但二审并没有简单地判决驳回上诉，维持原判，而是进行了充分的论证，详细罗列了裁判理由。虽然与一审的判决理由不一样，但殊途同归，被告承担的责任是一致的。通过不同的裁判思路，最后得出相同的结论，使被告对判决结果更加信服，更有利于判决书生效和后续的执行。

法官在审理案件过程中担负维护司法公正的重任，司法的公信力是通过法院的每一个案件积累而来的。从这两份判决说理中，我们看到了两级法院法官的专业素养、敬业精神和崇高的职业追求。

（二）勇于不断追求，不断促进司法实践的完善

有关转让股东是否要在出资范围内承担连带责任，立法和司法实践呈现出发展和变化的过程。这种发展和变化，一方面基于公司资本制度从实缴制到认缴制的变化，另一方面基于公司实践中不断寻求公司、股东、债权人合法利益的平衡点。在公司司法实践中，大量的判例［如 2019 川民终 277 号判决书、南京市中院（2020）苏 01 民终 106 号判决书、北京市高院（2019）京民终 359 号民事判决书、上海市第一中级人民法院（2020）沪 01 执异 19 号裁定书等］表明，股东出资期限届满前转让股权的，缴纳出资的责任由受让股东承担，股东对于公司债权人的连带责任也由受让股东承担，转让股东只有在有证据证明恶意逃避债务的情况下才承担责任。甚至与本案非常相似的对于旧债务，债权人向原股东主张连带责任，法院在司法实践中一般也不会支持［北京市高院（2019）京民终 528 号民事判决书］。但本案出现了不一样的判决结果。若股东利用资本认缴制度逃脱其出资义务，规避法律对公司股东出资的要求，则不仅背离认缴制的初衷，动摇公司资本三原则的根本，也将使"皮包公司""空壳公司"泛滥，这对经济交易秩序危害极大。有学者认为，股东在出资期限届至之前将股权一转了之，仅仅是让渡了自己的合同权利，履行出资的合同义务并不会随着股权的转让而转移。当股东出

资责任加速到期之时，没有切实履行出资义务的出让股东不能免除其出资义务，应就未尽足额出资的部分对公司债务承担连带责任。公司、股东、债权人合法利益怎样才算是达到了平衡，是一个没有标准答案的问题，需要在具体案件中本着公正、公平的法律正义作出回答。

成文法缺陷具有客观性，法官需要发挥主观能动性去弥补法律的不足。法官自由裁量是运用基层智慧和习惯化解矛盾，促进社会和谐的重要方式。然而自由裁量权是一种有约束的自由，其中一个重要约束是通过对裁判理由的充分说明，实现透明的理由公示，使得自由裁量的合法性、合理性更充分。本案的一审、二审法院的法官对于裁判的充分说理，正符合自由裁判权的运用要求。

（三）诚实守信是商法的灵魂

诚实守信是构建民商事法律关系的基础。构建股东和公司的关系、股东和第三人的关系等公司法律关系的过程，是构建信任关系的过程，需要通过积极的沟通、诚实的言行来增进对彼此的了解，进而建立长期的合作关系和实现共同的利益。诚实守信、尊重合同、公平竞争不仅是民商法中的重要制度规则，也是社会主义市场道德和商业文化的基础，成为市场行为的合理性、可靠性、可预测性的基石。

各商事主体从经济活动中获利，这是商事活动的本质特征，但诚实守信是社会主义市场经济的灵魂。股东认缴出资只是享有缴纳出资的期限利益，并不能成为逃避出资的手段，股东有限责任不是不承担出资责任。股东履行出资义务是保证市场经济主体独立法律地位的基础，是社会主义市场经济活动的基本逻辑，股东应该遵守认缴出资的承诺，并在认缴的出资范围内承担责任。公司资本认缴制度可以促进投资、提高资金利用效率，但是不能沦为欺诈公司和债权人股东的保护伞。法学理论界和实务界通过股东出资加速到期规则、法人人格否认规则、不当延长出资期限决议无效规则等方式不断寻找弥补公司资本认缴制的不足的方法和途径，以实现公司各方主体的利益平衡，促进公司诚信开展各项市场活动。

五、问题拓展讨论

1. 未届出资期限的股东转让股权时，转让股东承担对公司的出资义务以及对债权人的补充赔偿责任的规则应如何建立？

2. 思考如何以体系化思维构建公司股权转让中债权人、公司、出让股东、受让股东的权利义务。

3. 思考《民法典》与《公司法》的规则在具体司法实践中如何适用。

👍 六、阅读文献推荐

1. 《商法学》编写组：《商法学》（第二版），高等教育出版社，2022 年。

2. 施天涛：《公司法论》（第四版），法律出版社，2018 年。

3. 李建伟：《公司法学》（第五版），中国人民大学出版社，2022 年。

4. 张维迎：《理解公司——产权、激励与治理》，上海人民出版社，2014 年。

5. 王军：《中国公司法》（第二版），高等教育出版社，2017 年。

6. 薛夷风：《公司法的理论与实务》，厦门大学出版社，2021 年。

7. 陈熹：《公司法信赖保护论》，法律出版社，2022 年。

8. 张辉：《公司法改革的思考与展望》，社会科学文献出版社，2020 年。

9. 潘申明：《公司法裁判规则实务精要——治理责任》，法律出版社，2023 年。

10. ［美］肯特·格林菲尔德：《公司法的失败——基础缺陷与进步可能》，李诗鸿译，法律出版社，2019 年。

公司法人人格否认制度

案例 22：徐工集团工程机械股份有限公司诉
成都川交工贸有限责任公司等买卖合同纠纷案

公司法人独立地位和股东有限责任是现代公司法律制度的核心，它减少了股东的投资风险，促进了市场经济的发展。但是，如果股东滥用公司法人独立地位和股东有限责任，将经营中的风险无限地转嫁给债权人，使得债权人承担股东的经营风险，以达到其逃避债务的目的，则背离了公平和诚实守信的市场交易原则。

公司法人人格否认制度则是公司法人独立地位和股东有限责任的特例，其立法目的是通过对公司法人独立地位和股东有限责任制度的法律矫正，强化对债权人合法权益的保护。公司法人人格否认制度的实施始终围绕着两个原则，即诚实信用原则和禁止权利滥用原则，主要通过限制股东滥用权利，在否定滥用公司独立人格的股东有限责任时平衡好公司股东和债权人的利益。

⚠ 一、知识点提要

（一）公司法人人格否认制度的概念

为防止有限责任公司股东滥用公司法人的独立地位，法律在某些情况下会否认公司的有限责任，允许公司的债权人直接向股东追偿。这种情形在英美法系被形象地称作"刺穿公司面纱"或"揭开公司面纱"，在大陆法系被称为"法人人格否认"。所谓公司法人人格否认制度，即在承认公司具有法人人格的前提下，当符合法定条件时对特定关系中的公司人格及股东有限责任加以否认，"揭开公司的面纱"，将公司股东和公司视为一体，追究股东和公司共同的法律责任，以防止滥用公司法人人格及股东有限责任的行为。

《民法典》《公司法》均对法人人格否认制度作出了原则性的规定。《民法典》第八十三条第二款规定："营利法人的出资人不得滥用法人独立地位和出资人有限责任损害法人债权人的利益；滥用法人独立地位和出资人有限责任，逃避债务，严重损害法人债权人的利益的，应当对法人债务承担连带责任。"《公司法》第三条第一款规定："公司是企业法人，有独立的法人财产，享有法人财产权。公司以其全部财产对公司的债务承担责任。"《公司法》第二十三条规定："公司股东滥用公司法人独立地位和股东有限责任，逃避债务，严重损害公司债权人利益的，应当对公司债务承担连带责任。股东利用其控制的两个以上公司实施前款规定行为的，各公司应当对任一公司的债务承担连带责任。只有一个股东的公司，股东不能证明公司财产独立于股东自己的财产的，应当对公司债务承担连带责任。"

（二）公司法人人格否认的类型

公司法人人格否认在实务中主要分为三种类型，即顺向否认（也常称为纵向否认/正向否认）、逆向否认和横向否认。这种分类方式有利于明确不同类型的否认规则所适用的法律依据，已经得到了法学界的广泛认可。在（2022）粤0118民初11750号案中，广州市增城区人民法院提出："就目前而言，公司法人人格否认在实践中形成了三种情形，即顺向否认、逆向否认和横向否认。"在（2020）川1703执异13号案中，达州市达川区人民法院还指出了不同类型的否认规则的内涵："公司法人人格否认制度的表现形式主要有三种：顺向否认，即股东为公司的债务承担连带责任；逆向否认，即公司对股东的债务承担连带责任；横向否认，即关联公司之间的债务互负连带责任。"

1. 顺向否认——股东对公司债务承担连带责任

顺向否认主要指当股东存在"滥用法人独立地位和股东有限责任"的情形，严重损害公司债权人利益，造成公司资不抵债时，债权人有权要求该股东对公司债务承担连带责任（图1）。其法律依据主要是《公司法》第二十三条规定："公司股东滥用公司法人独立地位和股东有限责任，逃避债务，严重损害公司债权人利益的，应当对公司债务承担连带责任。"由于具有明确的法律依据及丰富的案例支撑，顺向否认规则已普遍被人们认可。

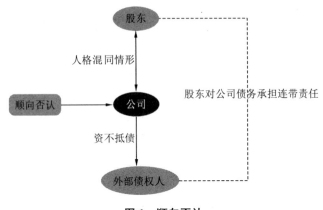

图1 顺向否认

2. 逆向否认——公司对股东债务承担连带责任

逆向否认是对顺向否认的反向适用，逆向否认主要指公司股东为逃避债务等目的，将利益或资产转移至公司，致使股东与公司人格混同，股东无力偿债，严重损害股东的债权人的利益，股东的债权人主张公司对其股东所负债务承担连带责任（图2）。

《公司法》对逆向否认规则并无明确规定，逆向否认规则诞生于(2020)最高法民申2158号案。在该案中，中某华置业公司为一人有限责任公司，股东为中某华投资公司，中某华置业公司应否对中某华投资公司的债务承担连带责任是该案争议焦点之一。最高人民法院认为："原审中，中某华投资公司、中某华置业公司虽然分别提交了工商登记资料、年检报告、纳税凭证等证据，但并不能否定中某华置业公司系中某华投资公司的项目公司及两公司承诺对涉案项目的欠款承担连带责任的相关事实。原判决认定中某华投资公司作为控股权为100%的股东并未举出充分证据证明与中某华置业公司财产相互独立，并无不当。《公司法》（2018年第四次修订）第六十三条的规定虽系股东为公司债务承担连带责任，但目前司法实践中，在股东与公司人格混同的情形下，公司亦可为股东债务承担连带责任。"该案中，最高人民法院明确认可了人格混同情形下"公司对股东债务承担连带责任"的合理性，虽未进行充分论证，但也标志着人格否认制度的适用在司法实践中已然扩展到逆向否认。

目前，支持适用逆向否认规则的司法实践尚不丰富。反对逆向否认适用的理由多集中于尚无法律依据，不宜扩大解释等类似理由。该规则的适用缺乏强有力的法理支撑，其发展有赖于法律工作者在司法实务中的进一步探索。

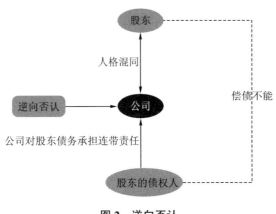

图 2　逆向否认

3. 横向否认——关联公司对彼此债务互负连带责任

横向否认主要是指控制股东或实际控制人控制多个关联公司，滥用控制权使多个关联公司之间彼此财产边界不清、财务混同，利益相互输送，丧失人格独立性，进而导致关联公司之间对彼此债务互负连带责任的情形（图3）。

横向否认规则诞生于最高人民法院 15 号指导案例（2011）苏商终字第0107号。在该案中，争议焦点是瑞路公司、川交机械公司应否对川交工贸公司的债务承担连带清偿责任。在横向否认规则无直接法律依据的情况下，江苏省高级人民法院参照适用了《公司法》第二十三条的规定，至此，横向否认规则在司法判例中诞生。

2019 年，《九民纪要》在公司法人人格否认制度的司法适用中纳入了横向否认的考虑因素。《九民纪要》第十一条第二款规定："控制股东或实际控制人控制多个子公司或者关联公司，滥用控制权使多个子公司或者关联公司财产边界不清、财务混同，利益相互输送，丧失人格独立性，沦为控制股东逃避债务、非法经营，甚至违法犯罪工具的，可以综合案件事实，否认子公司或者关联公司法人人格，判令承担连带责任。"《九民纪要》虽非正式的法律法规，但其作为全国民商事审判工作会议纪要，是最高人民法院对司法实践的总结，反映了该规则在司法实践中的现状乃至发展趋势。

在司法实践中，大多数法院对该规则的适用持肯定态度，但也存在一些相反的司法判决。横向否认裁判争议的根源源于该规则尚无明确的法律依据。肯定该规则的法院，往往在作出判决时会依据公平正义原则及诚实信用原则，参照适用《公司法》第二十三条。反对该规则的法院，认为横向否认规则不具有法律依据，从而拒绝适用该规则。

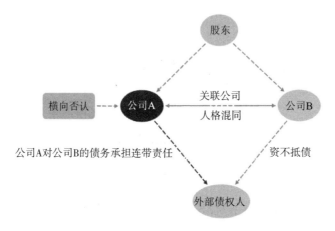

图3　横向否认

从目前的司法实践来看，顺向否认具有明确的法律依据及丰富的司法实践，在司法裁判中争议较少，且争议之处往往在于对人格混同、过度控制、资本显著不足的具体认定，不牵涉"是否存在法律依据或依据何种法律"的争议；而横向否认和逆向否认则不具备这种优势，这导致横向否认和逆向否认在司法实践中出现裁判结果差异化的问题更为显著。相较而言，横向否认已得到较大认可，逆向否认则实践不足，存在较多争议，逆向否认完善与发展有赖于对司法实务的不断研究总结。

(三) 公司法人人格否认的司法适用

根据《公司法》第二十三条，适用法人人格否认制度应满足主体要件、行为要件和结果要件。

1. 主体要件

公司法人人格否认之诉的原告只能是因股东滥用公司法人人格的行为而受到损害的公司债权人（包括自然人、法人和其他组织）。需要注意的是，公司本身和公司股东不能成为原告。

被告只能是实施了滥用公司人格和股东有限责任的行为的积极的控制股东（必须是控制股东或支配股东、积极股东），公司董事、经理等高级管理人员不能成为被告。

2. 行为要件

公司法人人格利用者实施了滥用公司法人人格和股东有限责任的行为，包括两种行为。第一种是利用公司法人人格规避合同义务和法律义务的行为；第二种是公司法人人格形骸化行为。实质上，这两种行为都使得公司与股东完全混同，使公司成为股东或另一公司的另一个自我，或成为其代理机构和工具，以至于形成股东即公司、公司即股东的情况（重要表征是人格、财产、业务等发生混同）。

3. 结果要件

公司法人人格利用者滥用公司法人人格的行为必须对他人或者社会造成损害。滥用公司法人人格的行为必须给公司债权人造成严重的损害，滥用行为与造成的损失之间有直接的因果关系（受害人承担举证责任），而且这种损害不能通过公司自身获得赔偿。

需要注意的是，否认公司法人人格是股东有限责任的特例，在司法实践中需要谨慎适用。《九民纪要》规定："在审判实践中，要准确把握《公司法》第20条第3款规定的精神。"一是只有在股东实施了滥用公司法人独立地位及股东有限责任的行为，且该行为严重损害了公司债权人利益的情况下，才能适用。损害债权人利益，主要是指股东滥用权利使公司财产不足以清偿公司债权人的债权。二是只有实施了滥用法人独立地位和股东有限责任行为的股东才对公司债务承担连带清偿责任，而其他股东不应承担此责任。三是公司法人人格否认不是全面、彻底、永久地否定公司的法人资格，而只是在具体案件中依据特定的法律事实、法律关系，突破股东对公司债务不承担责任的一般规则，例外地判令其承担连带责任。

2020年上海市高级人民法院民事审判第二庭《关于审理公司法人人格否认案件的若干意见》第十二条明确规定人民法院不宜适用法人人格否认原则的两种情形。第一，债权人明知。公司债权人明知股东实施了滥用公司法人独立地位和股东有限责任行为，但仍与公司进行交易的。第二，损害后果不严重。公司虽未能清偿到期债务，但有清偿债务可能，尚不构成严重损害债权人利益的。

（四）滥用公司法人人格的表现形式

根据《公司法》第二十三条规定，法院适用公司法人人格否认原则时，需要同时满足下列三项要求：第一，股东实施了滥用公司法人独立地位和股东有限责任的行为；第二，逃避债务；第三，严重损害公司债权人利益。对于滥用公司法人人格的行为，司法实践中常见的情形有人格混同、过度支配与控制、资本显著不足等。

1. 人格混同

《九民纪要》第十条规定："认定公司人格与股东人格是否存在混同，最基本的判断标准是公司是否具有独立意思和独立财产，最主要的表现是公司的财产与股东的财产是否混同且无法区分。在认定是否构成人格混同时，应当综合考虑以下因素：（1）股东无偿使用公司资金或者财产，不作财务记载的；（2）股东用公司的资金偿还股东的债务，或者将公司的资金供关联公司无偿使用，不作财务记载的；（3）公司账簿与股东账簿不分，致使公司财产与股东财产无法区分的；（4）股东自身收益与公司盈利不加区分，致使双方利益不清的；（5）公司的财产记载于股东名下，由股东占有、使用的；（6）人格混同的其他情形。在出现人格混同的情况下，往往同时出现以下混同：公司业务和股东业务混同；公司员工与股东员工混同，特别是财务人员混同；公司住所与股东住所混同……"2020年上海市高级人民法院民事审判第二庭《关于审理公司法人人格否认案件的若干意见》第八条规定了人格高度混同的认定因素。下列情形持续、广泛存在的，可以综合认定股东与公司人格高度混同：（1）（财产混同情形）存在股东与公司资金混同、财务管理不作清晰区分等财产混同情形的；（2）（业务混同情形）存在股东与公司业务范围重合或大部分交叉等业务混同情形的；（3）（人事混同情形）存在股东与公司法定代表人、董事、监事或其他高管人员相互兼任，员工大量重合等人事混同情形的；（4）（场所混同情形）存在股东与公司使用同一营业场所等情形的。

2. 过度支配与控制

《九民纪要》第十一条规定："公司控制股东对公司过度支配与控制，操纵公司的决策过程，使公司完全丧失独立性，沦为控制股东的工具或躯壳，严重损害公司债权人利益，应当否认公司人格，由滥用控制权的股东对公司债务承担连带责任。实践中常见的情形包括：（1）母子公司之间或者子公司之间进行利益输送的；（2）母子公司或者子公司之间进行交易，收益归一方，损失却由另一方承担的；（3）先从原公司抽走资金，然后再成立经营目的相同或者类似的公司，逃避原公司债务的；（4）先解散公司，再以原公司场所、设备、人员及相同或者相似的经营目的另设公司，逃避原公司债务的；（5）过度支配与控制的其他情形。控制股东或实际控制人控制多个子公司或者关联公司，滥用控制权使多个子公司或者关联公司财产边界不清、财务混同，利益相互输送，丧失人格独立性，沦为控制股东逃避债务、非法经营，甚至违法犯罪工具的，可以综合案件事实，否认子公司或者关联公司法人人格，判令承担连带责任。"

3. 资本显著不足

资本显著不足指的是，公司设立后在经营过程中，股东实际投入公司的资本数额与公司经营所隐含的风险相比明显不匹配。股东利用较少资本从事力所不及的经营，表明其没有从事公司经营的诚意，实质是恶意利用公司独立人格和股东有限责任把投资风险转嫁给债权人。上海市高级人民法院民事审判第二庭《关于审理公司法人人格否认案件的若干意见》第七条规定了资本显著不足的认定标准："股东未缴纳或缴足出资，或股东在公司设立后抽逃出资，致使公司资本低于该类公司法定资本最低限额的，人民法院应当认定公司资本显著不足。"

需要注意的是，由于资本显著不足的判断标准有很大的模糊性，特别是要与公司采取"以小博大"的经营方式相区分，因此在适用此条规定时要十分谨慎，应当与其他因素结合起来综合判断。

（五）举证责任分配

公司法人人格否认案件遵循"谁主张，谁举证"的举证规则。实务中，原告的举证责任体现于原告应当举出盖然性的证据证明股东存在滥用公司人格的行为以及由此产生了损害的结果，如举证证明被告存在滥用公司人格的外部表象、公司运营中存在明显瑕疵等初步证据。

由于主张否认公司法人人格的债权人在客观上难以或无法提供关键证据，法院将依据《民事诉讼证据规定》第七条的规定，合理分配举证责任。原告的初步举证应达到合理怀疑的程度，使法官相信被告股东存在滥用公司法人人格的较大可能。法院可以依据《民事诉讼证据规定》第七条的规定，将没有滥用的举证责任分配给被诉股东。公司债权人主张股东滥用公司法人独立地位和股东有限责任的，对股东滥用公司法人独立地位和股东有限责任的事实承担举证责任。

上海市高级人民法院民事审判第二庭《关于审理公司法人人格否认案件的若干意见》第十条和第十一条规定了举证责任与拒证责任。公司债权人能够提供初步证据证明股东滥用公司独立法人地位和股东有限责任，但确因客观原因不能自行收集公司账簿、会计凭证、会议记录等相关证据，申请人民法院调查取证的，法院应当依据《民事诉讼证据规定》的规定，进行必要的审查。如果公司债权人有证据证明公司及股东持有证据但无正当理由拒不提供，如果公司债权人主张该证据的内容不利于证据持有人的，可根据《民事诉讼证据规定》第七十五条的规定，推定债权人的主张成立。

《九民纪要》还规定了先决裁判的证明效力。人民法院在个案中否认公司人格的判决的既判力仅仅约束该诉讼的各方当事人，不适用于涉及该公司的其他诉讼，不影响公司独立法人资格的存续。如果其他债权人提起公司人格否认诉讼，已生效判决认定的事实可以作为证据使用。除非当事人举证予以推翻，否则当事人仍应因人格否认而依法承担责任。

一人有限责任公司法人人格否认案件举证责任较为特殊。根据《公司法》第二十三条，财产独立的证明责任在于公司股东，而债权人一般只需提供债务人公司及股东的企业信用信息，证明一人有限责任公司的性质及唯一股东的身份，就完成了公司法人人格否认诉讼部分的举证责任。以上证据材料由于是公开的信息，在政府公开平台即可查询，对债权人而言并无举证难度，因此也加大了股东被卷入诉讼的风险。

二、案例介绍

(一) 基本案情介绍

原告徐工集团工程机械股份有限公司（以下简称徐工机械公司）诉称：成都川交工贸有限责任公司（以下简称川交工贸公司）拖欠其货款未付，而成都川交工程机械有限责任公司（以下简称川交机械公司）、四川瑞路建设工程有限公司（以下简称瑞路公司）与川交工贸公司法人人格混同，三家公司实际控制人王某礼以及川交工贸公司股东等人的个人资产与公司资产混同，均应承担连带清偿责任。请求判令：川交工贸公司支付所欠货款

10916405.71元及利息；川交机械公司、瑞路公司及王某礼等个人对上述债务承担连带清偿责任。

被告川交工贸公司、川交机械公司、瑞路公司辩称：三家公司虽有关联，但并不混同，川交机械公司、瑞路公司不应对川交工贸公司的债务承担清偿责任。

王某礼等人辩称：王某礼等人的个人财产与川交工贸公司的财产并不混同，不应为川交工贸公司的债务承担清偿责任。

法院经审理查明：川交机械公司成立于1999年，股东为四川省公路桥梁工程总公司二公司、王某礼、倪某、杨某刚等。2001年，川交机械公司股东变更为王某礼、李某、倪某。2008年，川交机械公司股东再次变更为王某礼、倪某。瑞路公司成立于2004年，股东为王某礼、李某、倪某。2007年，瑞路公司股东变更为王某礼、倪某。川交工贸公司成立于2005年，股东为吴某、张某蓉、凌某、过某利、汤某明、武某、郭某，何某庆2007年入股。2008年，川交工贸公司股东变更为张某蓉（占90%股份）、吴某（占10%股份），其中张某蓉系王某礼之妻。在公司人员方面，三家公司经理均为王某礼，财务负责人均为凌某，出纳会计均为卢某，工商手续经办人均为张某；三个公司的管理人员存在交叉任职的情形，如过某利兼任川交工贸公司副总经理和川交机械公司销售部经理的职务，且免去过某利川交工贸公司副总经理职务的决定系由川交机械公司作出；吴某既是川交工贸公司的法定代表人，又是川交机械公司的综合部行政经理。在公司业务方面，三个公司在工商行政管理部门登记的经营范围均涉及工程机械且部分重合，其中川交工贸公司的经营范围被川交机械公司的经营范围完全覆盖；川交机械公司系徐工机械公司在四川地区（攀枝花除外）的唯一经销商，但三家公司均从事相关业务，且相互之间存在共用统一格式的《销售部业务手册》《二级经销协议》及结算账户的情形；三家公司在对外宣传中区分不明，2008年12月4日重庆市公证处出具的《公证书》记载：通过因特网查询，川交工贸公司、瑞路公司在相关网站上共同招聘员工，所留电话号码、传真号码等联系方式相同；川交工贸公司、瑞路公司的招聘信息，包括大量关于川交机械公司的发展历程、主营业务、企业精神的宣传内容；部分川交工贸公司的招聘信息中，公司简介全部为对瑞路公司的介绍。在公司财务方面，三家公司共用结算账户，凌某、卢某、汤某明、过某利的银行卡中曾发生高达亿元的资金往来，资金的来源包括三家公司的款项，对外支付的依据仅有王某礼的签字；

在川交工贸公司向其客户开具的收据中，有的加盖其财务专用章，有的则加盖瑞路公司财务专用章；在与徐工机械公司均签订合同、均有业务往来的情况下，三家公司于 2005 年 8 月共同向徐工机械公司出具《说明》，称因川交机械公司业务扩张而注册了另两个公司，要求所有债权债务、销售量均计算在川交工贸公司名下，并表示今后尽量以川交工贸公司名义进行业务往来；2006 年 12 月，川交工贸公司、瑞路公司共同向徐工机械公司出具《申请》，以统一核算为由要求将 2006 年度的业绩、账务均计算至川交工贸公司名下。

(二) 裁判结果

江苏省徐州市中级人民法院于 2011 年 4 月 10 日作出 (2009) 徐民二初字第 0065 号民事判决：一、川交工贸公司于判决生效后 10 日内向徐工机械公司支付货款 10511710.71 元及逾期付款利息；二、川交机械公司、瑞路公司对川交工贸公司的上述债务承担连带清偿责任；三、驳回徐工机械公司对王某礼、吴某、张某蓉、凌某、过某利、汤某明、郭某、何某庆、卢某的诉讼请求。

一审宣判后，川交机械公司、瑞路公司提起上诉，认为一审判决认定三家公司法人人格混同，属认定事实不清；认定川交机械公司、瑞路公司对川交工贸公司的债务承担连带责任，缺乏法律依据。徐工机械公司答辩请求维持一审判决。江苏省高级人民法院于 2011 年 10 月 19 日作出 (2011) 苏商终字第 0107 号民事判决：驳回上诉，维持原判。

三、案例分析

本案争议焦点有二：第一，川交机械公司、瑞路公司与川交工贸公司是否人格混同；第二，川交机械公司、瑞路公司应否对川交工贸公司的债务承担连带清偿责任。

川交工贸公司与川交机械公司、瑞路公司法人人格混同，有三点理由：第一，人员混同。三个公司的经理、财务负责人、出纳会计、工商手续经办人均相同，其他管理人员亦存在交叉任职的情形，川交工贸公司的人事任免存在由川交机械公司决定的情形。第二，业务混同。三家公司实际经营中均涉及工程机械相关业务，经销过程中存在共用销售手册、经销协议的情形；对外进行宣传时信息混同。第三，财务混同。三家公司使用共同账户，以王某礼的签字作为具体用款依据，对其中的资金及支配无法证明已作区分；三家公司与徐工机械公司之间的债权债务、业绩、账务及返利均计算在川交工贸公司名下。因此，三家公司之间表征人格的因素（人员、业务、财务等）高度混同，导致各自财产无法区分，已丧失独立人格，构成人格混同。

川交机械公司、瑞路公司应当对川交工贸公司的债务承担连带清偿责任。公司人格独立是其作为法人独立承担责任的前提。2018年第四次修订后的《公司法》第三条第一款规定："公司是企业法人，有独立的法人财产，享有法人财产权。公司以其全部财产对公司的债务承担责任。"公司的独立财产是公司独立承担责任的物质保证，公司的独立人格也突出地表现在财产的独立上。当关联公司的财产无法区分，公司丧失独立人格时，就丧失了独立承担责任的基础。2018年第四次修订后的《公司法》第二十条第三款规定："公司股东滥用公司法人独立地位和股东有限责任，逃避债务，严重损害公司债权人利益的，应当对公司债务承担连带责任。"本案中，三家公司虽在工商登记部门登记为彼此独立的企业法人，但实际上相互之间界限模糊、人格混同，其中川交工贸公司承担所有关联公司的债务却无力清偿，又使其他关联公司逃避巨额债务，严重损害了债权人的利益。上述行为违背了法人制度设立的宗旨，违背了诚实信用原则，其行为本质和危害结果与2018年第四次修订后的《公司法》第二十条第三款规定的情形相当，故参照2018年第四次修订后的《公司法》第二十条第三款的规定，川交机械公司、瑞路公司对川交工贸公司的债务应当承担连带清偿责任。

四、课程思政解读

徐工集团工程机械股份有限公司诉成都川交工贸有限责任公司等买卖合同纠纷案涉及三个课程思政元素：一是如何通过法院判决本案所依据的法律法规来理解公司法人人格否认的制度价值；二是如何透过本案判决结果来理解公司法人制度；三是如何透过本案来理解法律中的禁止权利滥用原则。

（一）公平和正义是公司法人人格否认制度的价值基础

正义被视为人类社会的美德和崇高理想，是社会制度的首要价值，正像真理是思想体系的首要价值一样。一种理论无论多么精致和简洁，只要它不真实，就应该对其修正。同理，法律和制度，不管它们如何有条理、有效率，只要它们缺乏正义，就必须加以完善。要使法律和制度继续沿着正义的方向良好运行，发挥正向的社会作用。法人人格独立制度在现实中如果被股东滥用，则有悖于正义。在一定的前提条件被满足的情况下，具体法律关系中的公司法人人格否认能适度地维护债权人的合法利益，使得现代市场经济条件下容易失衡的"债权人—公司—股东"的利益关系链趋于平衡，最大限度地契合现代《公司法》兼顾三者合法权益的普遍正义的立法精神。

正义的核心是公平。亚里士多德将公平分为"分配的公平"和"矫正的公平"。公司法人人格制度体现的是"分配的公平"，以投资利益和风险如何合理地在股东和债权人之间分配为标准，即股东放弃对其出资的直接控制权，并将经营权让渡给公司的经营者，以此换回债权人对其只承担有限责任的容忍，实现债权人和股东之间的利益平衡。当法人独立被股东行为所破坏时，有必要通过适用法人人格否认来责令公司的股东对公司债权人承担无限责任，从而弥补法人人格滥用给债权人带来的损失，实现股东与债权人的利益平衡，实现"矫正的公平"。

(二) 公司法人人格否认制度是公司法人制度构建的本质要求

设计公司法人人格独立制度，使企业债务由公司法人独立承担。有限责任的原则不仅能减少投资人投资风险，保护投资人不受公司债权人的直接追索，而且可以使投资人能够预知其投资的最大风险，无疑提高了投资者的积极性，扩大了投资规模，进而推动了社会经济的长足发展。但是，公司股东承担有限责任在发挥积极作用的同时也隐含着道德风险。资本的趋利性可能会使投资人滥用公司的独立人格，千方百计地将投资风险和意外风险转由公司承担或转至公司外部，假借公司法人的面纱，违背公司经营的基本原则。在此情况下，法律应当赋予受害者得到救济的权利，揭开公司的面纱，了解公司运营的实情，否认公司法人人格，让公司股东承担相应的责任。公司法人人格否认制度的产生，是基于保护债权人和社会公共利益，在公司法人利用法律漏洞合法逃避合同和社会责任的情况下，帮助受害人撕破公司形式上的法人外衣而直接向公司股东索赔的制度，可以有效地防止公司法人制度目标的偏离和异化，有助于市场经济的健康发展。

(三) 公司法人人格否认的法理依据——禁止权利滥用

禁止权利滥用原则，要求民事活动的当事人在行使权利、履行义务的过程中，必须寻求个人利益与社会利益的平衡。十九世纪初的民法理论基础建立在古典自然法思想基础之上，体现着以权利的自由行使为核心的权利本位主义。但是到十九世纪晚期，古典自然法学理论在"私权绝对"滋生的极端个人主义和私欲膨胀的消极后果的冲击下，被代之以强调社会利益为主要内容的社会法学理论。由此，法律的中心观念由个人移向了社会。法律的终极目的，不仅需要保护个人的自由与权利，同时也要兼顾整个社会的发展与人类的生存。伴随着民法思想从权利本位转向社会本位，禁止权利滥用原则也日益凸显并在各国判例、立法和学界得到了广泛的认同。因此，源于禁止权利滥用原则的公司法人人格制度，必然也受其影响。换句话说，法人人格独立和股东有限责任均不应被滥用，否则，必将导致公司法人人格的否认。可见，公司法人人格否认法理与禁止存在着天然的联系，二者在本质上是相通的。

五、问题拓展讨论

1. 结合民法中的禁止权力滥用原则，谈谈你对《公司法》第二十三条公司法人人格否认制度的理解，思考民法原则与商事法律规范之间的关系。

2. 根据《公司法》第二十三条，并结合《九民纪要》，以及上海市高级人民法院民事审判第二庭《关于审理公司法人人格否认案件的若干意见》，谈谈为何一人公司的法人人格否认案件的举证责任有别于普通公司。

3. 从社会主义核心价值观之公平与诚信的价值观察，谈谈在公司法人人格制度中如何保护债权人利益。

4. 阅读以下案例，思考公司法人人格否认制度的限度。

2017年，某开发公司与某投资公司签订资产转让合同，约定前者以7亿元受让后者烂尾酒店，前者诚意金3.2亿元以委托贷款方式支付给后者。开发公司据此向投资公司转账3.2亿元，次日投资公司向其股东张某转账2900万余元。2018年，因投资公司未依约办理酒店产权手续，开发公司依约诉请解约并返还诚意金，同时以张某与投资公司人格混同为由诉请张某承担连带责任。张某提供了借款与还款协议等证据，但未提供其出借款给投资公司转账凭证。

最高人民法院认为本案尚未达到否认投资公司独立人格程度。公司法人人格独立和股东有限责任系《公司法》基本原则。否认公司独立人格，由滥用公司法人独立地位和股东有限责任的股东对公司债务承担连带责任，系股东有限责任例外情形。否认公司法人人格，须具备股东实施滥用公司法人独立地位及股东有限责任行为及该行为严重损害公司债权人利益的法定要件。本案中，投资公司向张某转账，张某提交了借款协议、还款协议及投资公司向法院转账凭证，但未提交其向投资公司支付借款协议约定借款的银行转账凭证，未能形成证据链证明张某与投资公司之间存在真实有效的借款关系。但认定公司与股东人格混同，需综合多方面因素判断公司是否具有独立意思、公司与股东财产是否混同且无法区分、是否存在其他混同情形等。本案中，投资公司该单笔转账行为尚不足以证明投资公司和张某构成人格混同，且投资公司以资产转让合同目标地块为案涉债务设立了抵押，开发公司亦未能举证证明投资公司该笔转账行为严重损害了其作为债权人的利益，故投资公司向张某转账 2900 万余元行为，尚未达到否认投资公司独立人格程度。

六、阅读文献推荐

1. 施天涛：《公司法论》（第四版），法律出版社，2018 年。
2. 赵旭东：《公司法学》（第四版），高等教育出版社，2015 年。
3. 蒋大兴：《公司法的观念与解释》（全三册），法律出版社，2009 年。
4. 高旭军：《我国公司人格否认制度适用研究——以与德国比较为视角》，法律出版社，2014 年。
5. 朱慈蕴：《公司法人格否认制度理论与实践》，人民法院出版社，2009 年。

股权代持

案例 23：杨某国诉林某坤、亚某顿股份有限公司股权

转让纠纷再审案

① 一、知识点提要

商业实践中，基于隐私、成本、关联交易等各种因素的考虑，公司股权代持行为较为常见，由此引发的股权代持争议长期以来也备受关注。

（一）股权代持的含义

股权代持，又称委托持股、隐名持股，是指实际出资人（隐名股东）与名义出资人（名义股东）用协议或其他形式约定，由名义股东代实际出资人享有股东权利、履行股东义务，由实际出资人履行出资义务并享有投资权益的一种股权处置方式。顾名思义，代持的"代"即代为持有（登记）股权，就是实际出资人委托名义股东代为登记成为股东，双方之间有明确的委托代持合意，一般有代持协议（书面或口头的）明确相互之间的权利义务。

1. 隐名股东

隐名股东，又称匿名股东，是指实际出资人或者认购股份的人以他人名义履行出资义务或者认购股份。所谓"隐名"，是指其姓名或者名称不在公司章程、股东名册和工商登记中予以记载。

《公司法司法解释（三）》使用的是"实际出资人"这一概念，但隐名股东与实际出资人两者并不等同。实践中，股东并非需要自己出资，也可委托他人代为出资。因此，实际出资人并非必然为隐名股东，非实际出资人也

不一定就不是隐名股东。当然，也可以将是否具有出资的意思作为对实际出资人的限定，从而统一实际出资人与隐名股东的含义。因此，实践中需要注意，隐名股东主张权利，并非必须证明出资系其自有资金，而应全面审查当事人之间的意思表示。

2. 显名股东

显名股东，又称名义股东，是与隐名股东相对应的概念。所谓"显名"，是指其姓名或者名称在公司章程、股东名册和工商登记中予以记载，但并不是实际出资人。

3. 冒名股东

冒名股东，是指冒名者以虚拟人（如死人或者虚构者）的名义，或者盗用真实人的名义向公司出资并注册登记。此类案件的关键特征在于被冒名者根本没有投资公司或管理公司事务的真实意思表示，也无经营之实，而股东名册、公司章程及工商登记文件等却将其列为股东或公司高管。冒名者通过虚假的登记手段，对公司进行实际经营并享有公司的实际利益，却不承担相应的法律责任。被冒名者不但不能从"股东身份"中获益，反而面临着承担债务、民事纠纷及行政处罚的后果。此类案件本质上属于姓名权侵权案件，有别于股权代持中的名义股东。

（二）股权代持协议

股权代持协议，是指代为持有股份、享有股权的委托协议书。股权代持一般要求实际出资人与名义出资人之间通过协议确定存在代为持有股份或享有股权的事实。从当事人意思自治角度出发，只要没有违反法律的禁止性规定、公共道德、公序良俗等，法律充分尊重当事人的真实意思表示。股权代持要求代持协议合法、内容明确，代持程序合法。

从意思表示来看，股权代持协议包含了虚伪表示和隐藏行为。《民法典》第一百四十六条规定："行为人与相对人以虚假的意思表示实施的民事法律行为无效。以虚假的意思表示隐藏的民事法律行为的效力，依照有关法律规定处理。"双方通过虚假的意思表示实施的民事法律行为（表面行为）是无效的。对通过虚伪表示实施的民事法律行为的效力予以否定，是由于这一意思表示所指向的法律效果并非双方当事人的内心真意，双方对此相互知晓，如果认定其行为有效，有悖于意思自治的原则。行为人以虚假的意思表示隐藏的民事法律行为的效力（隐藏行为），依照有关法律规定处理。当同时存在虚伪表示与隐藏行为时，虚伪表示无效，隐藏行为并不因此无效，其效力如何，应当依据有关法律规定处理。在股权代持情形中，表面行为可能表现为委托代理、借名、投资等，隐藏行为则为股权代持。根据《民法典》第一百四十六条，该意思表示行为无效，股权代持的效力则需要根据《公司法》相关规定处理。根据我国法律及相关司法解释，只要不违反国家法律或行政法规，一般当属有效。

从合同类型来说，股权代持协议属于无名合同，与间接代理及名义借用合同的许多规定都具有相似性。无名合同除适用《民法典》总则的规定外，还可以参照最相似的有名合同确定相关的权利义务。因此，确定股权代持与哪个有名合同最相类似，在法律上具有十分重要的意义。股权代持与两类合同比较相似。第一类合同是《民法典》第九百二十五条和第九百二十六条所规定的间接代理。间接代理人以自己的名义与相对人签订合同，不一定披露委托人，在特征上与股权代持相似。第二类合同在我国虽没有明确规定，但其他国家的《合同法》对其作出了规定，即借用名义的合同。此类合同在我国实践中也是存在的，比如借用名义借贷、建设工程施工领域的挂靠、房屋买卖中的名义借用等。针对此类现象引发的纠纷，最高人民法院《关于适用〈中华人民共和国民事诉讼法〉的解释》第六十五条规定："使用业务介绍信、合同专用章、盖章的空白合同书或者银行账户的，出借单位和借用人为共同诉讼人。"从概念的从属性上看，名义借用可以涵盖间接代理，只不过《民法典》对间接代理的规则有明确规定，对名义借用的规则仍需要进一步明确。

股权代持的规范可以参照间接代理及名义借用合同的相关规范。事实上，《公司法司法解释（三）》的有关规定与间接代理及名义借用合同的许多规定都具有相似性。例如，名义股东对外应承担股东责任，名义出借人也需对外承担责任。但在相对人明知隐名事实时责任如何承担，我国《公司法》并未作出规定。而关于间接代理，《民法典》第九百二十五条规定："第三人在订立合同时知道受托人与委托人之间的代理关系的，该合同直接约束委托人和第三人。"名义借用的有关规则亦持此态度。此时，可以参照上述规范，由隐名股东直接承担责任。

（三）股权代持的法律效力

1. 有限公司股权代持的法律效力

《公司法司法解释（三）》明确肯定了有限公司股权代持的效力，并采取以有效为原则、无效为例外的认定思路。《公司法司法解释（三）》第二十五条说明了有限责任公司股权代持效力认定的基本规则："有限责任公司的实际出资人与名义出资人订立合同，约定由实际出资人出资并享有投资权益，以名义出资人为名义股东，实际出资人与名义股东对该合同效力发生争议的，如无合同法第五十二条规定的情形，人民法院应当认定该合同有效。"因此，有限公司股权代持协议的效力认定和其他协议并没有本质的不同，如果不存在合同无效的事由，那么代持协议原则上应为有效。

股权代持被认定为无效的例外情形尤其值得关注。根据法律法规和实务经验，目前代持协议无效风险高的主要涉及行业强监管类企业（如受金融强监管的保险公司、商业银行）、外商投资负面清单中禁止外商投资的领域等。代持协议在这些领域很可能被认定为无效，原因在于此类安排往往涉及违反国家强制性法律法规（例如：外国投资者规避境内监管或产业限制政策等，委托境内机构或个人代为持有外商投资企业股权；实际出资人达不到法律规定的强监管类行业的股东资质要求，委托表面符合资质的机构代为持有股权）。

如果代持协议被认定无效，其无效的后果应按照《民法典》第一百五十七条的规定予以处理："（财产）不能返还或者没有必要返还的，应当折价补偿……各方（对合同无效）都有过错的，应当各自承担相应的责任。"司法实践会倾向于依据公平原则在双方之间进行投资收益分配或损失分担。在投资收益分配时所考虑的因素包括但不限于：（1）因为实际出资人在投资中实际承担风险，所以实际出资人一般应当获得更多分配；（2）如果名义股东股权代持期间提供了交易信息，为代持安排提供了便利，那么名义股东应当获得更多分配；（3）如果一方对代持股权的财产减损负有过错的，比如因名义股东导致股权被查封，那么应当获得更少分配等。

2. 股份公司股权代持的法律效力

目前，法律、司法解释对股份公司特别是上市公司股权隐名代持行为的效力未作明确规定。一般而言，对于非上市股份公司，司法实践中一般参照有限责任公司的规定处理。

对于上市公司的隐名持股，最高人民法院原则上持否定态度，原因在于监管部门明确规定公司上市股权应当清晰明确。中国证券监督管理委员会（以下简称证监会）于 2006 年 5 月 17 日颁布的《首次公开发行股票并上市管理办法》第十三条规定："发行人的股权清晰，控股股东和受控股股东、实际控制人支配的股东持有的发行人股份不存在重大权属纠纷。"2021 年证监会发布的《上市公司信息披露管理办法》第四条规定："上市公司的董事、监事、高级管理人员应当忠实、勤勉地履行职责，保证披露信息的真实、准确、完整，信息披露及时、公平。"根据上述规定，公司上市发行人必须股权清晰，且股份不存在重大权属纠纷；公司上市需遵守如实披露的义务，披露的信息必须真实、准确、完整。

在司法实务中，上市公司的股权代持行为可能会被认定为无效，理由是上市公司股权代持的存在将使法律及监管政策对上市公司系列信息披露要求、关联交易审查、高管人员任职回避等规定的监管举措落空，损害广大非特定投资者的合法权益，破坏证券市场交易秩序与交易安全。信息披露不实将导致监管盲区，背离金融监管要求，增加经济运行的不确定因素。

3. 股权代持协议的内部和外部法律效力

股权代持协议仅具有内部效力，隐名股东对外不具有公示股东的法律地位。于外部的第三人而言，股权登记具有公信力，股东以公司对外登记内容为准，不得以内部股权代持协议有效为由对抗外部债权人对显名股东的正当权利。

(四) 名义股东擅自处分股权问题

现实生活中，经常会出现名义股东擅自处分股权的情况。如果名义股东将登记在其名下的股权转让、质押或以其他方式处分，其处分行为按照《民法典》规定的善意取得规则处理。《公司法司法解释（三）》第二十五条规定："名义股东将登记于其名下的股权转让、质押或者以其他方式处分，实际出资人以其对于股权享有实际权利为由，请求认定处分股权行为无效的，人民法院可以参照物权法第一百零六条的规定处理。"《民法典》第三百一十一条规定："无处分权人将不动产或者动产转让给受让人的，所有权人有权追回；除法律另有规定外，符合下列情形的，受让人取得该不动产或者动产的所有权：（一）受让人受让该不动产或者动产时是善意；（二）以合理的价格转让；（三）转让的不动产或者动产依照法律规定应当登记的已经登记，不需要登记的已经交付给受让人。"

如果名义股东处分股权造成实际出资人损失，实际出资人可以请求名义股东承担赔偿责任。如果无权处分已发生且无法回转，实际出资人通常可以按照代持协议的约定要求名义股东承担违约责任，或者按照《民法典》第三百一十一条"原所有权人有权向无处分权人请求损害赔偿"的规定和《公司法司法解释（三）》第二十五条的规定，要求名义股东承担损害赔偿责任。

实务中，为了避免名义股东擅自处分股权的情况，实际出资人可以采取以下两种方式。

第一种，在公司股东协议、公司章程中约定名义股东持有和处分股权的相关程序。实际出资人可以在"股权代持协议"中要求名义股东在接收到通知（如股东会通知、公司通知、股东会决议等任何文件）后即时通知并转发实际出资人，对对外承担责任等事项作出安排，并对上述的约定设置合理的违约责任。例如，要求名义股东在行使任何股东权利前均应得到实际出资人的许可与确认（如行使表决权等），名义股东在收到公司分红后应当在约定时间内返还实际出资人等。虽然该约定不能对抗第三人，但是隐名股东可在其利益受损后依照该协议向名义股东追偿。

第二种，要求名义股东将代持的股权质押给实际出资人或实际出资人指定的主体。《民法典》第四百四十三条规定："以基金份额、股权出质的，质权自办理出质登记时设立。基金份额、股权出质后，不得转让，但是出质人与质权人协商同意的除外。"这就意味着，在有限公司的股权代持情形下，一旦存在有效的质押登记，则该部分股权无法进行转移变更登记，这使得名义股东随意处分代持股权并得以完成变更登记的风险降低。

（五）股权代持中的实际出资人显名问题

实践中，当出现名义股东以协议约定不明、没有约定为由拒绝配合实际出资人"显名"或拒绝办理因返还股权所需的股权变更登记手续时，实际出资人被迫需要通过提起股东资格确认诉讼等方式寻求救济。因为在股权代持场景下，名义股东还享有表面的股东权利。实际出资人要真正获得股东权利，就需要恢复其股东资格，即从"隐名"变为"显名"，将股权变更至自己名下。

隐名持股的实际出资人可分为两种类型。第一种，对内不隐名，对外隐名，是指公司和公司内部的股东均知晓或认可隐名出资人和名义股东的代持股关系，但公司外部人不知晓存在代持股关系。第二种，内外皆隐名，是指公司和其他股东不知道隐名出资人和名义股东的代持股关系，公司外部人也不知道代持股关系。

对于"内外皆隐名"的情况，隐名出资人显名化需要证明如下要件事实：第一，隐名出资人确实已向公司实际出资；第二，隐名出资人与公司及其他股东已对其成为公司股东的意思表示达成一致；第三，隐名出资人已经"经公司其他股东半数以上同意"。《公司法司法解释（三）》第二十四条规定："实际出资人未经公司其他股东半数以上同意，请求公司变更股东、签发出资证明书、记载于股东名册、记载于公司章程并办理公司登记机关登记的，人民法院不予支持。"

针对"对内不隐名，对外隐名"的情况，《九民纪要》要求实际出资人提供过半数股东知悉代持安排的证据。《九民纪要》第二十八条规定："实际出资人能够提供证据证明有限责任公司过半数的其他股东知道其实际出资的事实，且对其实际行使股东权利未曾提出异议的，对实际出资人提出的登记为公司股东的请求，人民法院依法予以支持。"据此，在"对内不隐名，对外隐名"的情况下，隐名出资人只需要提供半数股东知情且没有异议的证据即可。

(六) 股权代持中的投资收益归属

投资收益的权属问题，因实际出资人（隐名股东）实际履行了出资义务，享有投资收益。《公司法司法解释（三）》第二十四条规定："实际出资人与名义股东因投资权益的归属发生争议，实际出资人以其实际履行了出资义务为由向名义股东主张权利的，人民法院应予支持。名义股东以公司股东名册记载、公司登记机关登记为由否认实际出资人权利的，人民法院不予支持。"

二、案例介绍

2010 年 10 月 25 日，杨某国与林某坤签订《委托投资协议书》一份，主要内容为：1. 林某坤受杨某国委托，将杨某国以现金方式出资的人民币 1200 万元，以林某坤的名义投资收购亚某顿公司的股权，以谋求在亚某顿公司投资所实现的资本增值；2. 林某坤承诺以杨某国的出资额代为投资，并持有亚某顿公司总股本1%（即1200万股）的股权；3. 杨某国应于2010年10月25日前将上述出资额汇入林某坤指定的银行账户；4. 投资到亚某顿公司所产生的利润和其他收益均归杨某国所有，鉴于林某坤对亚某顿公司的管理及服务，杨某国承诺在收到投资本金和收益的同时，将以上收益的20%支付给林某坤，作为林某坤代为投资与持股的管理服务费用；5. 杨某国享受亚某顿公司的一切待遇，三年内未上市，商量赎回，自主权归杨某国。

就亚某顿公司股权转让事宜，杨某国与林某坤于2010年10月19日还签订过《协议书》一份。该协议"鉴于"第三条部分载明：杨某国以林某坤披露亚某顿公司正运作上市作为其受让前述股权的根本前提，杨某国透过本协议拟有条件受让林某坤在目标公司的部分股权，成为附属于林某坤名下的目标公司隐名股东。《协议书》具体约定条款"股权受让份额及价格"部分载明：杨某国受让林某坤合法持有的目标公司总股本1%（即1200万股）的股权，作为对价，杨某国应向林某坤支付受让款人民币1200万元。

《委托投资协议书》的履行情况：2010年10月25日，某田公司、某国公司分别汇付林某坤400万元；2010年10月26日，某国公司汇付林某坤400万元；2014年7月10日，某田公司与某国公司分别出具《情况说明》一份，说明2010年10月汇付林某坤的款项系杨某国委托林某坤用于代为投资收购亚某顿公司1200万股股权的投资款。

林某坤受让股权的情况以及亚某顿公司的情况：2010年5月25日，林某坤与亚某顿科技有限公司（以下简称亚某顿科技公司）签订股权转让协议一份，其中约定：1. 亚某顿科技公司将其所持有的亚某顿光伏玻璃有限公司（以下简称亚某顿光伏公司）10%的股权转让给林某坤；2. 因截至2010年4月30日亚某顿光伏公司账面净资产为152184131.31元，双方一致同意10%的股权转让价格为1600万元。合同签订后，林某坤向亚某顿科技公司支付了1600万元款项，亚某顿光伏公司依法办理了工商变更登记。至此，亚某顿光伏公司的股权结构为亚某顿科技公司出资1974万元（占60%），某新技术风险投资有限公司（以下简称某新风投公司）出资987万元（占30%），林某坤出资329万元（占10%）。亚某顿光伏公司2010年4月的账面净资产为152192931.86元，2010年5月的账面净资产为173136049.88元，2010年6月的账面净资产为194000158.5元。2010年6月29日，亚某顿公司成立，发起人为亚某顿光伏公司、某新风投公司及林某坤。经审计，截至2010年

5 月 31 日，亚某顿光伏公司的净资产为 177906421.07 元，其中 1.2 亿元按照 1：1 的比例折合为 1.2 亿股，每股面值一元，其余 57906421.07 元进入资本公积，整体变更设立为股份公司。此时，亚某顿科技公司出资 7200 万元（占 60%），某新风投公司出资 3600 万元（占 30%），林某坤出资 1200 万元（占 10%）。直至 2011 年 9 月 22 日招股说明书签署之日，亚某顿公司的股权结构一直未再发生变化。2011 年 10 月，亚某顿公司正式在 A 股市场公开发行股票。公司实际控制人林某锡、林某汉、亚某顿科技公司、林某坤均承诺，自公司股票上市之日起 36 个月内，不转让或者委托他人管理其已直接和间接持有的发行人股份。

杨某国主张林某坤在为其代持亚某顿公司 1200 万股股份期间，林某坤不仅未向杨某国支付现金分红，且擅自将代持股份对外进行质押融资，杜某坤的行为严重侵害了杨某国的合法权益。

杨某国向人民法院提起诉讼，要求确认林某坤名下 1200 万股亚某顿公司股票及相应红利为其所有；判令林某坤、亚某顿公司为其办理变更股东、签发出资证明书、记载于股东名册及公司章程、办理公司登记等相关手续；判令林某坤将 2011 年至 2013 年度的股票分红 421.2 万元返还给杨某国，并赔偿逾期利息（自林某坤应付分红之日起按银行同期贷款利率计算至支付完毕之日止），亚某顿公司对林某坤应返还的 2013 年度股票分红 43.2 万元承担连带给付义务。

三、案件分析

本案涉及三个争议点：第一，诉争协议的法律性质；第二，诉争协议的法律效力；第三，杨某国请求股权过户的主张能否得到支持。

（一）诉争协议的法律性质

就案件所涉《委托投资协议书》和《协议书》的性质，原告和被告双方意见截然不同。原告杨某国认为，根据《委托协议协议书》和《协议书》，其与林某坤之间形成股权转让关系，在已支付 1200 万元股权转让款的情况下，应取得林某坤持有的亚某顿公司 1200 万股股份。被告林某坤认为，《委托投资协议书》体现了其和杨某国之间是委托代理投资关系，但因签订协议的当事人未能达成合意而不成立。

一审法院认为，杨某国和林某坤之间签订的《委托投资协议书》和《协议书》因协议约定不明确，未能体现双方合意，故应认定协议不成立。

二审法院认为，杨某国和林某坤之间签订的《委托投资协议书》和《协议书》所形成的是股权转让关系，因《协议书》中明确约定"杨某国透过本协议拟有条件受让林某坤在目标公司的部分股权，成为附属于林某坤名下的目标公司隐名股东"，且《委托投资协议书》中未有与此相冲突的内容。

最高人民法院认为，杨某国与林某坤签订的《委托投资协议书》及《协议书》从形式上看为双方之间的股权转让协议，但该协议签订于亚某顿公司上市之前，且双方签订协议的基础是亚某顿公司上市之后对于股权转让的事实不予披露，双方交易的股权不予过户，该股权仍以林某坤的名义持有，并由杨某国与林某坤按比例共享公司上市后的股权收益。结合亚某顿公司于本案双方签订协议之后的上市事实，以及亚某顿公司上市后林某坤仍持有股权并代行股东权利等基本特征，本案以上协议实质构成上市公司股权的隐名代持。因此，本案诉争协议的性质并非一般股权转让，而是属于上市公司股权的代持。

(二) 诉争协议的法律效力

原告杨某国主张，《委托投资协议书》和《协议书》均应依法成立并生效。被告林某坤主张，即使协议成立，根据上市公司股票禁售期的相关规定，代购的股份不能履行过户且违反了证券管理相关法律法规，应认定为无效。

二审法院认为，原告与被告签订的协议应当认定为有效，原因在于《公司法》第一百六十二条第一款"减少公司注册资本"的立法目的在于防范发起人通过成立公司获取不正当利益，并通过转让股份逃避公司发起人应该承担的法律责任。但对于发起人转让股份行为的效力认定，应区分负担行为和处分行为，发起人与他人订立股权转让合同属于负担行为；发起人将股权实际交付给他人或者办理股权变更登记属于处分行为。发起人为将其股份在限售期内转让给他人而预先签订股权转让合同，但未实际交付股份的，不会引起其股东身份以及股权关系的变更，即发起人的法律责任不会因为签订股权转让协议而免除。据此，发起人实施的上述负担行为不宜认定为无效。协议中明确约定杨某国受让的股权仍由林某坤代持，且未约定林某坤实际交付股权或者办理股权变更登记的期限，故协议的签订不会必然免除林某坤作为发起人可能承担的法律责任。杨某国起诉时早已超过了林某坤承诺的限售期限，且林某坤名下的股份之前设置的质押已经解除，办理股权变更登记也无法律上的障碍，据此，案涉协议应认定为有效。林某坤提出的上述协议违反1999年颁布的《合同法》第五十二条的规定应为无效的主张。

最高人民法院认为，在诉争协议认定为上市公司股权代持协议后，对于其效力的认定应当根据上市公司监管相关法律法规和《合同法》等综合考虑后予以判定。

首先，中国证券监督管理委员会于2006年5月17日颁布的《首次公开发行股票并上市管理办法》第十三条规定："发行人的股权清晰，控股股东和受控股股东、实际控制人支配的股东持有的发行人股份不存在重大权属纠纷。"《证券法》第十一条规定："设立股份有限公司公开发行股票，应当符合《中华人民共和国公司法》规定的条件和经国务院批准的国务院证券监督管理机构规定的其他条件。"《证券法》第七十八条规定："信息披露义务人披露的信息，应当真实、准确、完整，简明清晰，通俗易懂，不得有虚假记载、误导性陈述或者重大遗漏。"中国证券监督管理委员会于2007年1月30日颁布的《上市公司信息披露管理办法》第三条规定："发行人、上市公司的董事、监事、高级管理人员应当忠实、勤勉地履行职责，保证披露信息的真实、准确、完整、及时、公平。"根据上述规定可以看出，公司上市发行人必须股权清晰，且股份不存在重大权属纠纷；公司上市须遵守如实披露的义务，披露的信息必须真实、准确、完整。这是证券行业监管的基本要求，也是证券行业的基本共识。因此，公司上市并不允许发行过程中隐匿真实股东，否则公司股票不得上市发行，即上市公司股权不得隐名代持。本案中，在亚某顿公司上市前，林某坤代杨某国持有股份，杨某国以林某坤的名义参与公司上市发行，实际隐瞒了真实股东或实际投资人身份，违反了发行人如实披露义务，违反了相关法律规定。

其次，中国证券监督管理委员会根据《证券法》授权对证券行业进行监督管理，是为保护广大非特定投资者的合法权益。中国证券监督管理委员会要求拟上市公司股权必须清晰，约束上市公司不得隐名代持股权，系对上市公司监管的基本要求，否则如果连上市公司真实股东都不清晰，其他对于上市公司系列信息披露要求、关联交易审查、高管人员任职回避等监管举措会落空，将会损害非特定投资者的合法权益，从而损害资本市场基本交易秩序与基本交易安全，损害金融安全与社会稳定，损害社会公共利益。

本案中，杨某国与林某坤签订的《委托投资协议书》与《协议书》违反公司上市系列监管规定，而这些规定有的属于法律明确的要求，有的虽属于部门规章性质，但因经法律授权且与法律不冲突，属于证券行业监管基本要求与业内共识，并对广大非特定投资人利益构成重要保障，对社会公共利益亦为必要保障，故依据《合同法》第五十二条第五项（现为《民法典》第一百五十三条）的规定，本案上述诉讼中的协议应认定为无效。

（三）请求股权过户的主张能否得到支持

二审法院认为，应确认林某坤所持相关亚某顿公司股票及相应红利自2010年10月26日起为杨某国所有，因《协议书》中明确约定杨某国解入款项日即为股权受让生效日，而杨某国提供的证据证明其在2010年10月26日付清1200万元股权转让款。林某坤应向杨某国返还2011年至2013年度股票分红，林某坤、亚某顿公司应配合杨某国办理相应的股权转让变更登记手续。亚某顿公司对杨某国作为公司隐名股东的事情不当然知晓，故在杨某国的股东身份被确认前，亚某顿公司并无向其支付分红的义务，因此不对股票分红承担连带给付义务。

最高人民法院认为，《合同法》第五十八条（现为《民法典》第一百五十七条）规定："合同无效或者被撤销后，因该合同取得的财产，应当予以返还；不能返还或者没有必要返还的，应当折价补偿。有过错的一方应当赔偿对方因此所受到的损失，双方都有过错的，应当各自承担相应的责任。"鉴于诉争《委托投资协议书》及《协议书》应认定为无效，而本案中杨某国系依据协议有效主张其股权归属，原审判决亦判定协议有效并履行，由此需向杨某国作出释明后征询其诉求意愿。并且，本案中双方协议因涉及上市公司隐名持股而无效，但这并不意味着否认杨某国与林某坤之间委托投资关系的效力，更不意味着否认杨某国与林某坤之间委托投资的事实；同样，也不意味着否认林某坤依法持有上市公司股权的效力，更不意味着否认林某坤与亚某顿公司股东之间围绕公司上市及其运行所实施的一系列行为的效力。据此，本案双方协议虽被认定为无效，但属于"不能返还或者没有必要返还的"情形，故杨某国要求将诉争股权过户至其名下的请求难以支持，但杨某国可依据进一步查明的事实所对应的股权数量，请求公平分割相关委托投资利益。

四、课程思政解读

杨某国起诉林某坤、亚某顿公司股权转让纠纷再审案所涉及的课程思政元素至少体现在以下两个方面：一是如何通过该案来理解股权代持问题中体现的商法基本原则；二是如何理解司法实践中上市公司和股份有限公司股权代持法律效力的差异及其背后的价值取向。

（一）股权代持中的商事外观主义原则

商事外观主义原则是商法的基本原则之一，是指"以交易当事人行为之外观来认定其行为所生之效果"。商事外观主义始于日耳曼法中的"Gewere"制度，后经德国法学家的研究改造，进而成为商法的一项重要原则。商事外观主义原则实质上是一种行为效力原则，也是一种归责原则。它根据商事法律关系中的外观事实要件来判断法律效力与责任归属，其正当性主要体现在：（1）由外观风险的权利人或相关人承担责任，体现了私法自治的原则，符合商事交易风险的分配机制；（2）符合商事交易安全至上原则的要求，牺牲原权利人的权利而保障商事交易的秩序，正是保障交易安全的最好诠释；（3）充分保障第三人的合理信赖，体现商人诚信的道德价值观。

商事外观主义的价值取向在于优先保护合理信赖之外部人，以维护交易安全。商事外观主义原则实际上是一项在特定场合下权衡实际权利人与外部第三人之间利益冲突所应遵循的法律选择适用准则，侧重保护第三人的信赖利益，蕴含着促进交易效率和交易安全的价值理念，并通过外观与因和第三人善意且无过失的要件设置，于规范内融入了本人与第三人之间的利益平衡。换言之，名义权利人的行为或者有关权利公示所显示的表象构成某种法律关系的外观，导致第三人对于某种法律关系产生信赖，并出于此种信赖而作出某种民事法律行为时，即使有关法律关系的真实状况与第三人主观信赖的状况不符，只要第三人的主观信赖合理，其据此作出的民事法律行为的效力就应受到优先保护。

在股权代持问题上，由于股权登记在名义股东名下，债权人基于商事外观主义而对名义股东的资信能力产生信赖。相关法律规范和司法实践充分体现了商事外观主义，即保护债权人信赖利益。商事外观主义一般应用于以下三种情形。

第一种，名义股东承担出资责任。对于外部的第三人而言，股权登记具有公信力，股东以公司对外登记内容为准。公司的名义股东仅需在公司章程、股东名册、工商信息上显名的形式要件，无须满足出资的实质要件，以及满足参与公司决策、分红、行使股东权利、签署各类文件的表象特征。当公司债权人要求名义股东承担出资义务时，名义股东应当承担。名义股东承担后，有权向实际出资人追偿。《公司法司法解释（三）》第二十七条规定："公司债权人以登记于公司登记机关的股东未履行出资义务为由，请求其对公司债务不能清偿的部分在未出资本息范围内承担补充赔偿责任，股东以其仅为名义股东而非实际出资人为由进行抗辩的，人民法院不予支持。名义股东根据前款规定承担赔偿责任后，向实际出资人追偿的，人民法院应予支持。"根据此规定，名义股东如果未履行出资义务给债权人造成损害，应当在未出资范围内承担补充赔偿责任。

第二种，实际出资人的股东资格认定遵循"内外有别"的原则。基于商事外观主义原则，实际出资人未经公示不能取得股东身份。但商事审判实践中对实际出资人股东资格的取得实际采取"内外有别"的原则，处理公司内部实际出资人与其他股东及公司的关系时，偏重实质要件，即名义股东与实际出资人之间对实际出资人的股东地位有明确约定，且为公司半数以上股东知晓；实际出资人已经实际行使股东权利且无违反法律强制性规定的情形，可以认定实际出资人的股东资格；但在公司外部，在处理实际出资人与善意第三人的关系时，偏重形式要件，以保护善意第三人的利益和交易安全。

第三种，在强制执行程序中，对名义股东名下股份可以强制执行，从而保护第三人利益。最高人民法院《关于审理执行异议之诉案件适用法律问题的解释（一）》第十三条规定："金钱债权执行中，人民法院对登记在被执行人名下的财产实施强制执行，案外人以下列理由提起执行异议之诉，请求排除强制执行的，人民法院不予支持……（三）案外人借用被执行人名义对有限责任公司出资，其系被执行股权的实际出资人。"在司法实务中，最高人民法院也支持可以强制执行名义股东名下股份，理由是："第三人基于对该人总体责任财产的信赖与该人发生交易，此时第三人对总体责任财产形成的信赖应予保护。在诉讼中第三人就股权申请执行，实际是其实现信赖利益的法律方式。"[1]

商事外观主义在《公司法》中的适用也是有一定限制的。

---

① （2021）最高法民终397号案外人执行异议之诉案件。

第一，主观上应具有善意。依据我国《公司法司法解释（三）》，名义股东将登记于其名下的股权转让、质押或者以其他方式处分，实际出资人以其对于股权享有实际权利为由，请求认定处分股权行为无效的，人民法院可以参照《民法典》规定的善意取得制度。因此，适用商事外观主义必须是善意的。如果第三人明知处分人为无权处分，则实际权利人的抗辩成立，合同无效。

第二，适用于外部关系。商事外观主义的宗旨是维护交易安全，优先保护合理信赖的外部第三人。《公司法司法解释（三）》第二十四条规定："实际出资人与名义股东因投资权益的归属发生争议，实际出资人以其实际履行了出资义务为由向名义股东主张权利的，人民法院应予支持。名义股东以公司股东名册记载、公司登记机关登记为由否认实际出资人权利的，人民法院不予支持。"该条款明确指出外观主义不适用于内部关系。

第三，不适用于被冒名的名义权利人。《公司法司法解释（三）》第二十八条规定："冒用他人名义出资并将该他人作为股东在公司登记机关登记的，冒名登记行为人应当承担相应责任；公司、其他股东或者公司债权人以未履行出资义务为由，请求被冒名登记为股东的承担补足出资责任或者对公司债务不能清偿部分的赔偿责任的，人民法院不予支持。"该条明确规定，在公司登记机关登记的名义股东如果是被冒名登记，则不应当承担相关的补足出资责任或者赔偿责任，即不承担外观主义引发的法律责任。

商事外观主义原则对商事裁判思维起着支配性作用。只有深刻领悟商法规范中的外观主义法理精神，选取和遵循正确的思维方式，才能依法确保商事裁判的公正性。但是仅限于外观主义规范构成要件所体现的利益平衡显然存在着不足，还必须结合公平正义、静态安全等其他法律价值进行综合考虑。只有在本人与第三人之间进行基本利益平衡，辅助于外部构成，才不会出现法律适用的漏洞和偏差。否则，简单、机械和生硬地适用外观主义规范，将外观权利绝对化，同样会产生显失公平的裁判结果。

（二）股权代持中的公共利益考量

司法实践对于有限公司和上市公司股权代持法律效力有着不同的判断。对于有限公司的股权代持，《公司法司法解释（三）》和司法实践持明确肯定态度。对于股份有限公司特别是上市公司的股权代持，最高人民法院完全持否定态度。

造成这种差异的原因，在于不同类型的公司对社会的影响是不同的。以股份转让方式为标准，公司分为封闭式公司与开放式公司。封闭式公司又称不公开公司、不上市公司等，是指公司股本全部由设立公司的股东拥有，且其股份不能在证券市场自由转让的公司。有限责任公司属于典型的封闭式公司，相关法律规范也更注重有限公司的自治属性。开放式公司又称公开公司、上市公司等，是指可以按法定程序公开招股，股东人数通常无法定限制、公司的股份可以在证券市场公开自由转让的公司。上市公司股权归属具有公众性。故《首次公开发行股票并上市管理办法》明确规定："发行人依法披露的信息，必须真实、准确、完整，不得有虚假记载、误导性陈述或者重大遗漏。""发行人的股权清晰，控股股东和受控股股东、实际控制人支配的股东持有的发行人股份不存在重大权属纠纷。"

因此，对于上市公司的股份代持是否有效，应当看其股份持有状况的公开性和公众性。事实上，除发行人之外，并非所有上市公司股东都要求披露。通常上市公司需要披露持股比例在5%以上的股东和前十名股东。在此范围之外的股东若存在股份代持情况，不应一概认定为无效，应该依据有限责任公司的处理标准。

如果上市公司的代持协议被认定为无效，所涉股权及其相关利益应当如何归属？上市公司的股票价值往往处于剧烈变动之中，通常会出现所持股份巨额增值或贬值的情况。在此情况下，要求按照民事合同的处理标准，返还原物或恢复原状显然是不可取的。无论将股权判归名义股东要求其返还价款，还是直接判归隐名股东，都无法达到利益衡平的效果。故依照公平原则，将股权及其利益在当事人之间进行合理分配是较为稳妥的做法。最高人民法院在此案中亦主张就本案委托投资利益结合双方过错及贡献大小等情况进行公平与合理的分割，并力求妥善化解矛盾。最高人民法院在此案中的主张，反映了我国最高司法机构对于上市公司股权归属的谨慎和对投资者的保护。在上市公司股权代持问题上，应当充分尊重商事法特有的外观原则，同时保护股权代持双方的合法权益，力求维护资本市场的稳定和大众的投资信心。

五、问题拓展讨论

1. 《公司法司法解释（三）》第二十四条提出的股权代持规则是否可

以类推适用于股份公司？

2. 股权代持与股权转让有何区别、有何联系？

3. 从社会主义核心价值观之公平与诚信的价值观察，谈谈我国《公司法》在股权代持中是如何保护第三人信赖利益的。

六、阅读文献推荐

1. 施天涛：《公司法论》（第四版），法律出版社，2018 年。

2. 赵旭东：《公司法学》（第四版），高等教育出版社，2015 年。

3. 蒋大兴：《公司法的观念与解释》（全三册），法律出版社，2009 年。

4. ［英］保罗·戴维斯、莎拉·沃辛顿：《现代公司法原理》（第九版），罗培新等译，法律出版社，2016 年。

5. ［美］弗兰克·H. 伊斯特布鲁克等：《公司法的逻辑》，黄辉编译，法律出版社，2016 年。

6. 张巍：《资本的规则》，中国法制出版社，2017 年。

7. 最高人民法院民事审判第二庭：《最高人民法院关于公司法解释（三）、清算纪要理解与适用：注释版》，人民法院出版社，2016 年。

公司司法解散

案例 24：李某诉福建新农耕时代生态农业
开发有限公司等公司解散纠纷案

！ 一、知识点提要

我国《公司法》第一百八十二条确立了公司的司法解散制度，为在特定情形下司法介入公司解散提供了法律依据。作为公司治理结构的组成部分，公司司法解散是强制解散公司的类型之一。通过其特定的内涵、适用条件及其判断等方面内容的学习，学生能更深刻地理解与领会公司司法解散制度的价值目标。

（一）公司司法解散的含义

公司司法解散，又称法院勒令解散，是指出现法定事由时，法院依据股东的申请，裁判解散公司的行为。公司司法解散与行政解散一起，被称为强制解散，其起源于英国公司强制清盘令，后来被包括我国《公司法》在内的多个国家的《公司法》效仿。我国 1993 年的《公司法》只规定了自愿解散和行政解散，没有规定公司司法解散。2005 年重新修订之后的《公司法》第一百八十三条初次规定了公司司法解散制度①，但表述过于笼统，概念界定模糊不清，在司法实践中可操作性不强，出现了同案不同判的现象。为

---

① 2005 年《公司法》第一百八十三规定："公司经营管理发生严重困难，继续存续会使股东利益受到重大损失，通过其他途径不能解决的，持有公司全部股东表决权百分之十以上的股东，可以请求人民法院解散公司。"该规定在 2013 年修订《公司法》时除了条文序号被调整为第一百八十二条，其他内容在后续修订中未做改动。

此，最高人民法院于 2008 年针对上述问题通过了《公司法司法解释（二）》，就公司司法解散的事由、司法解散过程中的清算程序等实践问题作了进一步细化，在一定程度上增强了制度规则的可操作性。之后《公司法》虽然经历数次修订，立法者对于公司司法解散制度未再作出修订。

（二）公司司法解散的法律特征

公司司法解散作为司法权力介入公司解散行为的一种制度，与自愿解散和同为强制解散的行政解散相比，呈现出以下几个方面的特征：

一是公司司法解散效果的终局性。根据公司司法解散法律制度的规定，法院作出司法强制解散的裁决，将会导致被解散公司独立法人人格的消灭，从而最终退出市场，公司之上所承载的股东、管理层、员工等相关主体的利益预期消灭，体现了其具有绝对的终局性特征。基于其终局性特征，在"通过其他途径不能解决"的前提下方能由符合条件的股东申请司法解散，法院裁决公司解散是别无他法的最后选择。

二是公司司法解散启动主体的限定性。2013 年修订的《公司法》第一百八十二条规定了"持有公司全部股东表决权百分之十以上的股东，可以请求人民法院解散公司"，仅限于持有公司全部股东表决权百分之十以上的股东可以申请公司司法解散，其他主体未被赋予原告资格。

三是公司司法解散申请事由的法定性。为最大限度地限制强制公司解散所造成的不利影响，维护公司人格独立与股东和其他利害关系人的利益，各国均严格规定了公司司法解散的适用情形。我国《公司法》第一百八十二条将公司司法解散的申请事由限定为"公司经营管理发生严重困难，继续存续会使股东利益受到重大损失"。《公司法司法解释（二）》第一条①第一款从正面对"公司经营管理发生严重困难"的具体情形进行了列举，主要包括股

---

① 《公司法司法解释（二）》第一条单独或者合计持有公司全部股东表决权百分之十以上的股东，以下事由之一提起解散公司诉讼，并符合公司法第一百八十三条规定的，人民法院应予受理：（一）公司持续两年以上无法召开股东会或者股东大会，公司经营管理发生严重困难的；（二）股东表决时无法达到法定或者公司章程规定的比例，持续两年以上不能做出有效的股东会或者股东大会决议，公司经营管理发生严重困难的；（三）公司董事长期冲突，且无法通过股东会或者股东大会解决，公司经营管理发生严重困难的；（四）经营管理发生其他严重困难，公司继续存续会使股东利益受到重大损失的情形。

股东以知情权、利润分配请求权等权益受到损害，或者公司亏损、财产不足以偿还全部债务，以及公司被吊销企业法人营业执照未进行清算等为由，提起解散公司诉讼的，人民法院不予受理。

东大会僵局、董事会僵局和一项兜底条款。同时第一条第二款又从另一面规定了股东不能以公司亏损、财产不足以偿还全部债务等为由，提起公司解散之诉。可见，根据我国现行法的规定，只有在公司内部经营管理发生严重困难，即公司无法进行有效的经营管理决策时，才能启动公司司法解散程序，排除了公司对外经营困难的适用，体现了司法权对公司人格独立的尊重。

(三) 公司司法解散制度的适用

就公司司法解散，现行《公司法》第一百八十二条作了原则性的规定，《公司法司法解释（二）》第一条从正反两方面对第一百八十二条所规定的"公司经营管理发生严重困难"作了明确的解释。据此，在我国，提起公司解散诉讼需要具备以下四个要件：一是原告股东所持有的股权比例不低于公司股权的百分之十；二是公司经营管理发生严重困难；三是公司继续存续会使股东的利益受到重大损失；四是通过其他途径无法解决。

1. 提起公司司法解散的主体适格

《公司法》第一百八十二条规定了"持有公司全部股东表决权百分之十以上的股东，可以请求人民法院解散公司"，明确了股东提起公司解散诉讼在股权或股份比例上的限制。一般来说，对这一要件的判断，从公司章程或企业工商登记信息中就足以识别。

隐名股东参与公司重大决策和选择管理者等权利只能通过投资协议约束显名股东来间接实现，不能直接而当然地享有对公司的经营管理和控制，包括提起解散股东请求的诉讼资格。同时，为保护公司外部第三人对公司对外登记公示的信赖利益，防止隐名股东任意干涉公司，造成公司混乱，故在公司解散诉讼中，隐名股东也是不适格的。① 从实际情况来看，持股比例名实不符的应根据实际持股情况来判断。其一，登记持股比例达到百分之十，但实际持股不足百分之十的，法院应裁定驳回该股东的起诉。其二，登记持股比例不足百分之十，实际持股百分之十以上的，法院应当允许其提起解散之诉，但前提是其必须提供证据来证明其持股比例符合要求，且产生的原因应当限于因正当理由未修改公司章程、未办理变更登记等情形，并排除隐名股东。最后，从我国《公司法》第一百八十二条的规定来看，仅对原告股东提

---

① 郭宁华，余长勇，聂海琴. 隐名股东不能提起公司解散之诉 [J]. 人民司法（案例），2016（5）：84-85.

起诉讼的表决权有比例的限制，并未对其持股时间加以限制，这需要对此立法规定，并加以完善。

2. 公司经营管理发生严重困难

《公司法》第一百八十二条规定了经营管理发生严重困难是公司司法解散的条件之一。公司经营管理必须达到"严重困难"的规定，是立法对公司解散请求权适用的限制，一般的经营管理困难不足以支持股东解散公司请求权的正当性。

理论与实践中对公司经营管理困难的内涵的界定，有两种看法：一种观点认为，经营管理困难主要落脚于管理，管理与经营相互连接，经营困难往往由管理困难导致，因此认定管理困难就可以认定为经营困难；另一种观点则认为经营管理困难既包括经营困难也包括管理困难，即在认定是否构成经营管理困难时不仅需要公司内部运行机制失灵，还要求达到公司商业经营困难的程度，两要素皆存在时才达到公司经营管理发生严重困难的标准。① 实证研究表明，被诉公司陷入经营亏损，是解散之诉的整体性特征，但公司仍在营业甚至盈利的也可被解散，公司盈亏状况与经营管理困难、股东利益受损之间的逻辑联系需要审慎判断②，整体并未采用并存说。而且，《公司法司法解释（二）》第一条第一款从正面列举了股东会僵局、董事会僵局，并且董事间的冲突长期无法通过股东会或股东大会解决等属于"公司经营管理发生严重困难"的几种情形，并将股东以公司亏损、财产不足以偿还全部债务等为由，提起解散公司诉讼排除在了法院受理范围之外③。由此可见，只有当公司内部治理层出现难以解决的困难时才可以被认定为经营管理困

---

① 彭小娜，袁辉根. 公司司法解散之认定标准分析 [J]. 法律适用，2010（Z1）：180-183.
② 李建伟. 司法解散公司事由的实证研究 [J]. 法学研究，2017（4）：117-137.
③ 《公司法解释（二）》第一条单独或者合计持有公司全部股东表决权百分之十以上的股东，以下列事由之一提起解散公司诉讼，并符合公司法第一百八十三条规定的，人民法院应予受理：（一）公司持续两年以上无法召开股东会或者股东大会，公司经营管理发生严重困难的；（二）股东表决时无法达到法定或者公司章程规定的比例，持续两年以上不能做出有效的股东会或者股东大会决议，公司经营管理发生严重困难的；（三）公司董事长期冲突，且无法通过股东会或者股东大会解决，公司经营管理发生严重困难的；（四）经营管理发生其他严重困难，公司继续存续会使股东利益受到重大损失的情形。
　　股东以知情权、利润分配请求权等权益受到损害，或者公司亏损、财产不足以偿还全部债务，以及公司被吊销企业法人营业执照未进行清算等为由，提起解散公司诉讼的，人民法院不予受理。

难，仅仅出现财务困难不能称之为经营管理困难。① 因此，人民法院在判断"公司经营管理是否发生严重困难"时，应从公司内部治理结构的运行现状进行综合分析，重点从公司的董事会、股东会等内部治理结构运行机制失灵等来判断。

3. 公司继续存续会使股东利益受到重大损失

2006 年实行的《公司法》第一百八十三条将"公司继续存续是否会使股东利益遭受重大损失"规定为司法解散公司的实质要件与法定要件之一。我们知道，"股东利益"包括但不限于财产性的利益，既包括投资收益权，也包括基于投资而享有的公司经营决策权、表决权、监督权、知情权、查询权等。对于"股东利益"的认定不能仅仅局限于股东权利，还应该包括"公司管理控制权益与财产收益权益"②。当然，不管是现实股东利益的损失，还是期待股东利益的损失，必须是由经营管理困难所造成的，两者之间存在因果关系。当然，在具体认定公司继续存续是否造成股东重大损失时，应结合公司僵局的形成和持续时间、经营现状、股东分歧的深层次原因、矛盾是否能够调和等多方面进行综合判断。

4. 通过其他途径不能解决

公司司法解散的程序限制是 2006 年施行的《公司法》第一百八十二条所规定的"通过其他途径不能解决"这一项限制性规定。依照该项规定，只有在穷尽了其他解决公司经营管理困难的途径，但仍然不可避免股东利益继续受到严重损害的情况下，方能由法院裁决强制解散公司。需要注意的是，"通过其他途径不能解决"并不是股东请求解散公司的前置性条件，只是要请求人诉前已通过其他方式试图化解矛盾，诉讼中法院亦释明组织了调解，即应视为当事人已经穷尽了其他救济途径。③ 人民法院在受理后审理股东提请解散公司的起诉时，要审查和判定股东是否穷尽了公司所有的内部救济途径，以及公司的困难是否确实无法通过其他途径解决。从《公司法》的规定来看，"其他途径"是指法律所规定的股东通过内部协商、第三方调解及民事诉讼等所采取的除解散公司以外的其他维持公司存续的一切解决公司僵局

---

① 史留芳. 公司处于盈利状态亦可被认定为公司经营管理已发生严重困难 [N]. 人民法院报，2011-06-02 (005).

② 李建伟. 司法解散公司事由的实证研究 [J]. 法学研究，2017 (4)：117-137.

③ 黄祥青. 2018 年上海市第一中级人民法院案例精选 [M]. 北京：人民法院出版社，2019：349-350.

的合法手段。根据《最高人民法院关于适用〈中华人民共和国公司法〉若干问题的规定（五）》（以下简称《公司法司法解释（五）》的规定，"其他途径"包括但不限于公司回购部分股东股份、其他股东受让部分股东股份、他人受让部分股东股份、公司减资、公司分立和其他能够解决分歧，恢复公司正常经营，避免公司解散的方式。① 当然基于公司自治原则，公司在章程中提前对公司僵局作出预先安排或以其他方式约定公司僵局解决规则、方案的，法院应予承认和优先使用。②

二、案例介绍

（一）基本案情介绍

李某、张某、叶某建于 2014 年 4 月 4 日共同出资登记注册成立福建新农耕时代生态农业开发有限公司（以下简称新农耕公司），公司住所地福建省泉州市永春县仙夹镇龙美村××号，统一社会信用代码××。李某、张某、叶某建三个股东分别占公司股份的 45%、35%、20%，公司注册资本 1000 万元，李某、张某、叶某建按各自股份认缴出资额，根据《福建新农耕时代生态农业开发有限公司章程》约定，各股东应于公司成立之日起五年内缴足各自出资额，并由张某任执行董事，李某任经理，叶某建任监事，法定代表人由张某担任。新农耕公司成立前期，张某出资 145 万元，叶某建出资 100 万元，作为公司出资款打到李某个人账户上，公司成立后，李某未将各股东的出资款转让至公司账户。李某、张某、叶某建三个股东至今均未足额认缴各自的出资额。新农耕公司成立至今没有正式聘任财会人员，没有建立规范的财务制度，没有严格的财务管理，没有形成规范的财务会计账目，公司的日常开支都是由各股东先行垫付，经营投资都是各股东自行其是，各股东之间缺乏沟通，公司经营管理严重混乱，公司成立至今各股东未按公司章程履行

---

① 《公司法司法解释（五）》第五条人民法院审理涉及有限责任公司股东重大分歧案件时，应当注重调解。当事人协商一致以下列方式解决分歧，且不违反法律、行政法规的强制性规定的，人民法院应予支持：（一）公司回购部分股东股份；（二）其他股东受让部分股东股份；（三）他人受让部分股东股份；（四）公司减资；（五）公司分立；（六）其他能够解决分歧，恢复公司正常经营，避免公司解散的方式。

② 丁婷. 公司僵局司法救济的正当性与局限性：兼论我国公司僵局司法救济制度的重构 [J]. 河南财经政法大学学报, 2011（6）：187-192.

各自的义务，公司成立后仅于 2019 年 10 月 8 日、2019 年 11 月 26 日召开过股东大会，且两次股东大会均未能对公司经营达成一致的意见。

于是，李某认为新农耕公司的经营出现严重困难，继续经营势必对股东权益造成重大损害，并且依据公司股东间的现状，公司的问题已经无法解决，故依据 2006 年施行的《公司法》第一百八十三条特诉请法院依法判令解散新农耕公司。

法院受理此案件后，新农耕公司辩称：公司经营管理并未发生严重困难；新农耕公司继续存续并不会使股东利益受到重大损失；股东间争议可以通过其他途径予以解决；原告对公司的出资义务也尚未履行。新农耕公司的现状并不符合可以解散公司的条件，李某的诉求没有事实和法律依据，应予以驳回。

股东张某作为第三人，同意新农耕公司的答辩意见，公司未达到司法解散的条件；股东叶某建作为第三人同意李某的观点，应解散公司。

（二）争议焦点

本案的争议焦点是新农耕公司是否达到了公司解散的条件，即原告李某的诉讼请求能否得到法庭支持。

（三）裁判结果

该案经过福建省永春县人民法院、福建省泉州市中级人民法院两级法院审理，法院经审理认为，李某起诉时实际持有新农耕公司股东表决权的45%，符合 2006 年施行的《公司法》第一百八十二条所要求请求解散公司的诉讼主体必须为"持有公司全部股东表决权百分之十以上的股东"的规定，原告主体适格。新农耕公司成立后，长期违反《公司法》的规定，没有依法建立公司的财务与会计制度，没有严格的财务管理，真实、完整的会计凭证、会计账簿、财务会计报告及其他的会计资料并未建立。该公司的财务管理制度尚未建立，导致公司的三位股东无从了解公司的经营状况，特别是财务状况，公司财务管理是公司经营管理的重要内容，严格财务管理的缺失导致公司经营管理处于混乱秩序的状态。虽然税务局纳税人状态查询结果为"无欠税"，能证明新农耕公司进行着正常的纳税申报（林业行业属零申报纳税），但并不能证明公司经营管理正常、并未发生严重困难。

根据公司三个股东及新农耕公司提出的证据来看，三个股东至今均未按公司章程约定足额认缴各自的出资额，股东之间对公司的经营管理长期缺乏有效沟通，导致公司股东会不能达成有效的决议。此外，该公司的日常开支都是由各股东先行垫付，经营投资都是各股东自行其是，自公司成立至诉讼为止的几年间，公司股东会仅开过两次，且未形成任何有效决议，股东会的运行限于停滞状态，从而导致各股东自行其是决定公司经营投资事项，张某作为执行董事和法定代表人无法有效贯彻股东会的决议来管理公司，叶某建作为公司监事不能正常行使监事职权，无法发挥监督作用。公司的经营陷入严重困难境地。

在案件审理过程中，法院先后于庭前、庭后组织李某与作为股东的两位第三人调解，但李某、张某两位股东都明确表示不调解，且三位股东之间误解重重，张某答辩时虽说可以通过其他途径解决，但其作为公司的执行董事、法定代表人，并没有提出具体的解决方案，故已无法通过其他途径解决被告新农耕公司僵局，新农耕公司经营管理发生严重困难，公司继续存续只会使股东利益受到重大损失，新农耕公司现状已经符合法律规定的解散事由、法定条件，故根据 2006 年施行的《公司法》第一百八十二条"公司经营管理发生严重困难，继续存续会使股东利益受到重大损失，通过其他途径不能解决的，持有公司全部股东表决权百分之十以上的股东，可以请求人民法院解散公司"，法院对李某提出解散新农耕公司的诉讼请求，依法应当予以准许。

基于上述原因，一审法院福建省永春县人民法院于 2021 年 1 月 21 日作出（2020）闽 0525 民初 4048 号民事判决，支持原告李某的诉讼请求，判决解散被告福建新农耕时代生态农业开发有限公司。一审法院宣判后，被告福建新农耕时代生态农业开发有限公司向福建省泉州市中级人民法院提出了上诉。二审法院福建省泉州市中级人民法院经过审理，于 2021 年 6 月 28 日作出（2021）闽 05 民终 3588 号民事判决：驳回上诉，维持原判。

三、案例分析

从案情介绍我们可知，本案的争执焦点是新农耕公司是否达到了解散的条件，即原告李某的诉讼请求能否得到法庭支持。

我们知道，公司司法解散作为司法权对公司解散行为的介入，本质是司法权对公司自治的限制，是要受到法律的严格限制的。为此，《公司法》对公司司法解散这一制度的适用作了严格规定。根据 2006 年施行的《公司法》第一百八十三条规定："公司因经营管理发生严重困难继续存续会使股东遭受重大损失又通过其他途径不能解决的，持有公司全部股东表决权百分之十以上的股东，可以请求人民法院解散公司。"《公司法司法解释（二）》第一条对《公司法》第一百八十三条的"公司经营发生严重困难"通过正面列举与反面排除两种方式进行了解释。根据《公司法》及其司法解释的上述规定，提起公司解散诉讼需要具备以下四个要件：一是原告股东所持有的股权比例不低于公司股权的百分之十；二是公司经营管理发生严重困难；三是公司继续存续会使股东的利益受到重大损失；四是通过其他途径无法解决。从本案案情介绍以及法院判决理由来看，原告李某的诉讼请求符合我国现行法的规定，人民法院判决支持原告解散公司的诉讼请求是合法合理的。

（一）原告李某具有诉请司法解散公司的资格

根据 2006 年施行的《公司法》第一百八十三条的规定，提起公司解散之诉的股东应当是"持有公司全部股东表决权百分之十以上的股东"。因为我国采取的是认缴资本制，登记持股比例持股依据是认购的股份数或者出资比例，这就意味着法庭在案件审理中应结合工商行政管理部门登记备案的公司章程记载的股东出资份额及表决权条款进行审查，对股东是否实际出资到位及是否实际出资等不应审查。这样，工商登记在册的显名股东是适格主体，而隐名股东是不适格的。① 所以，隐名股东即使实际持有公司百分之十以上的股权，也不能直接提起解散公司之诉。此外，实际持股不足百分之十的，即使登记持股比例达到百分之十，该持股股东也不应被赋予适格的申请资格，但登记持股比例不足百分之十，实际持股百分之十以上的，可以认定为适格主体。最后，对于持股比例的审查，在提请诉讼受理审查环节，只能做形式审查，但在审理裁决环节，要做实质审查。结合本案，原告李某在公司章程与企业登记备案中持股45%，虽然在起诉时未足额认缴其出资额，但根据股东持股比例以登记备案比例为准，不审查是否实际出资的认定准则，可以认定李某在起诉时实际持有新农耕公司股东表决权的45%，符合 2006 年施行的《公司法》第一百八十三条所要求的"持有公司全部股东表决权百分之十以上的股东"请求解散公司的诉讼主体资格。所以，原告李某具有诉请司法解散公司的资格。

（二）被告公司经营管理发生严重困难

2006 年施行的《公司法》第一百八十三条中规定了公司司法解散的条

① 郭宁华，余长勇，聂海琴. 隐名股东不能提起公司解散之诉 [J]. 人民司法，2016 (5)：84-85.

件之一是经营管理发生严重困难，一般的经营管理困难不足以支持股东解散公司请求权的正当性。根据《公司法司法解释（二）》第一条的规定，公司经营管理严重困难主要表现为公司权力机构、执行机构及监督机构不能有效运行等治理结构障碍等情形，经营性困难不能阻止公司司法解散。因此，认定公司是否出现严重经营管理困难的标准主要是是否因股东矛盾激化致使公司股东会或董事会长期无法有效召集和表决而陷入僵持，导致公司治理结构无法正常运转等，而不是公司经营困难，公司处于盈利状态不是阻却事由。对公司是否陷入经营管理严重困难，需要综合分析公司组织机构的运行状态来判断。例如，公司股东会、董事会及监事会等内部治理机构的运行是否正常，是否能够对公司事项进行有效决议，同时各股东是否还有合作基础、公司是否可能恢复经营等，综合上述长远发展因素予以考虑。本案中，三位股东之间沟通不足、分歧严重、互不信任，且未能履行各自的出资义务，股东之间矛盾激化导致股东会无法有效召集和表决，长期处于僵持状态。张某作为执行董事和法定代表人无法有效贯彻股东会的决议来管理公司，叶某建作为公司监事不能正常行使监事职权，无法发挥监督作用。公司内部治理结构运行障碍，公司治理失灵，导致公司的内部机制已经无法正常运转、公司财务管理秩序混乱、无法有效作出公司经营决策。综上所述，可以认为该公司的经营管理实际已陷入严重困难。

（三）被告公司继续存续会使股东利益受到重大损失

公司的经营管理如果出现严重困难，将会增加公司运营的成本，降低公司效率，进而导致股东权利的正常行使会遇到各种障碍，会对股东的利益造成严重损害，包括现有利益、预期利益的损害，使股东投资公司获益的预期目的落空。当然，如果公司或某个股东提出相反证据证明公司继续存续不会导致股东利益受损，将不能作出公司解散的司法裁决。在本案中，该公司因股东之间激烈的对抗致使股东权、监事权长期处于无法行使与公司无法作出有效决议的状态，公司的内部治理早已失灵，公司严重的经营管理困难，已经导致股东投资公司的预期目的无法实现。在公司内部治理机制失灵、僵局长期持续的状态下，该公司若继续存续，则会产生更多的经营成本，公司股东的利益会受到更大的损失。因此，原告提出法院判决解散该公司的诉讼请求应当得到法院支持。

(四) 通过其他途径不能解决

2006 年施行的《公司法》第一百八十三条作出了"通过其他途径不能解决"这一项对公司司法解散的限制性规定。根据该项规定，只有在穷尽了其他解决公司经营管理困难的途径，但仍然不可避免股东利益继续受到严重损害的情况下，方能由法院裁决强制解散公司。从《公司法》的规定来看，"其他途径"是指法律所规定的股东通过内部协商、第三方调解及民事诉讼等所采取的除解散公司以外的其维持公司存续的一切解决公司僵局的合法手段。按照《公司法司法解释（五）》的规定，其他途径包括但不限于公司回购部分股东股份、其他股东受让部分股东股份、他人受让部分股东股份、公司减资、公司分立和其他能够解决分歧，恢复公司正常经营，避免公司解散的方式。① 当然基于公司自治原则，公司在章程中提前对公司僵局作出预先安排或以其他方式约定公司僵局解决规则、方案的，法院应予承认和优先使用。② 在本案中，三位股东之间缺乏有效沟通，已经无法自行协商解决纷争，因矛盾激化也不能友好协商，法院多次积极组织调解，但均无果而终。基于此，可以判断该公司的僵局无法通过其他途径有效解决，根据《公司法司法解释（二）》第五条"当事人不能协商一致使公司存续的，人民法院应当及时判决"的要求，受理法院判决解散福建新农耕时代生态农业开发有限公司。

四、课程思政解读

"李某诉福建新农耕时代生态农业开发有限公司等公司解散纠纷案"所涉及的课程思政问题至少可以体现在以下几个方面：一是如何通过该案所依据的法律规则来理解公司司法解散的价值；二是如何用公司司法解散的价值指导对现行公司解散制度规则的理解与适用；三是如何用公司司法解散的价值来为制度的优化提供指引。公司司法解散是在出现公司僵局，继续存续将

---

① 《公司法司法解释（五）》第五条：人民法院审理涉及有限责任公司股东重大分歧案件时，应当注重调解。当事人协商一致以下列方式解决分歧，且不违反法律、行政法规的强制性规定的，人民法院应予支持：（一）公司回购部分股东股份；（二）其他股东受让部分股东股份；（三）他人受让部分股东股份；（四）公司减资；（五）公司分立；（六）其他能够解决分歧，恢复公司正常经营，避免公司解散的方式。

② 丁婷. 公司僵局司法救济的正当性与局限性：兼论我国公司僵局司法救济制度的重构 [J]. 河南财经政法大学学报，2011（6）：187-192.

会使股东利益受到重大损失，且通过其他途径不能解决的情况下，法院根据一定比例股东的申请判决解散公司的制度，是司法权力对公司自治的介入，具有一定的道德风险。因此，法律规定了严格的适用条件，司法实践中也应慎重适用。在本案中，通过判决解散了该公司，有效化解了该公司继续存在对股东利益的继续损害的僵局，有效维护了股东利益。

（一）公司司法解散的效率价值

效率价值是包括《公司法》在内的商法的价值之一，且处于优先的地位。现代《公司法》均确立了股东有限责任原则，这有效降低了股东投资风险，具有显著的激励投资功能，是效率价值在《公司法》中的集中体现之一。为了更为充分地发挥其激励投资功能，《公司法》还确立了股权自由转让的原则，这为股东提供了效率较高的退出机制，且不会影响公司的继续存续，有助于公司所承载的各方主体利益借助于公司的经营得到保障。当然，立法基于不同公司和不同股东的差异，会对特定股东的股权转让进行一定的限制。例如，有限责任公司根据其公司的特点，要求股东向股东以外的人转让股权时需要经其他股东过半数同意。但在股东与股东之间的矛盾比较激烈、股东会陷入僵局之时，股东会等公司内部治理结构很难召集起来并作出有效决议，在此情况下，异议股东对外转让股权将特别困难。本案所涉三位股东之间缺乏沟通、矛盾激烈，股东会的运行陷于停滞，不可能作出对其他股东转让股权的相关决议。此外，对于股东之间矛盾激烈、公司内部治理运行失灵的公司，如本案中的福建新农耕时代生态农业开发有限公司的经营管理陷于严重困难，这时，有意向受让股权的外部第三人基于投资风险的考虑，往往会打消其通过受让股权参与该公司的意向，股东选择退出公司的自由将无法实现。但这时借助于司法的介入强制解散公司，对股东而言可以达到最有效率的退出公司的效果，以较低成本收回其投资。

此外，在公司治理失灵之时，公司运行因为管理困难而陷入困境，依靠公司内部治理机制很难解决股东之间的利益冲突等问题。如果让陷入僵局的公司继续存续下去，一方面股东的利益将因为公司经营困难遭受重大损失；另一方面陷入僵局的公司还可能出现经营业绩下滑，财产流失，信誉受损，无法完全履行其相应合同，从而破坏市场秩序，甚至会威胁社会的稳定。如此不但会对公司股东的利益造成损害，也是对社会整体资源的一种浪费，不符合提高整体经济效率的要求。因此，股东诉诸外部司法介入这一救济手段，不仅有效维护了公司本身和股东的利益，也使整个社会的经济秩序得到了维护，促进整体社会利益的实现。在本案中，法院通过支持原告李某解散公司的主张，有效化解了三个股东之间的利益冲突，也有效保护了公司股东利益等主体利益，是效率价值在公司司法解散中的体现。当然，为了更好地发挥公司司法解散的效率价值，应在股东之外，赋予债权人等其他主体一定的请求资格，并细化我国《公司法》第一百八十三条的规定，增强其可操作性，提升公司司法解散适用的效率。

（二）公司司法解散的公平价值

首先，不同类型股东的利益均能得到《公司法》的公平保护，一直是公司立法的价值诉求。因此，股份平等原则被确立为现代《公司法》的一项基本原则，即股东持有的每一股份均平等地享有一表决权。因股份分散，现代《公司法》在决议事项上采用资本多数决原则，这意味着表决权享有数之多寡系以股份为决定标准的，是投资风险的负担和公司事务管理权分配之间的合理分配，也有助于达成公司待决议事项。但公司的大股东与小股东对公司的控制能力存在强弱之分，其利益诉求也存在差异。在公司治理实践中，大股东利用优势地位，操纵股东会或股东大会，组成听命于大股东的董事会、监事会，利用资本多数决原则这一合法外衣，以损害小股东的正当利益为代价，谋求自身利益的最大化。中小股东权益受到损害，公司决议无效之诉和撤销之诉根本无法为利益受损害的少数股东提供充分的救济，股东代表诉讼即使胜诉了，提诉股东也只能与其他股东一起间接从公司受益，并且其能否从挽回的公司利益里间接受益很值得怀疑。在公司实践中，掺杂着多层次的复杂的股东利益冲突所呈现的股东压制，使少数股东陷于持续的孤立无助之境遇，有时还可能促生公司僵局。在其他救济不能、投资目的落空的情况下，赋予其请求司法解散公司的权利，为少数股东提供一条既可以获得相应补偿又可以一劳永逸地摆脱困境的救济途径，体现了"有权利就有救济"的民法思想，从而实现了真正意义上的股东平等原则。从这个角度看，公司解散制度通过赋予某些（少数）股东解散公司的权利为可能的武器，使某些（少数）股东获得与其他（多数）股东谈判的权利，最终获得退出公司的机会。[1]

---

[1] 蒋大兴."好公司"为什么要判决解散：最高人民法院指导案例8号评析［J］.北大法律评论，2014（1）：1-51.

其次，在公司运行过程中，《公司法司法解释（二）》第一条规定"股东表决时无法达到法定或者公司章程规定的比例，持续两年以上不能作出有效的股东会或者股东大会决议，公司经营管理发生严重困难的"的多数原因在于双方所持的表决权相等，无法形成章程约定或法律规定的多数表决权而通过相关决议。此种不存在所谓大小股东的公司僵局状态如果继续存续，极易造成公司管理混乱、运营停滞、效益下滑、资产流失等损害全体股东利益的局面，导致股东投资预期目的落空。通过赋予股东诉请司法解散公司的权利，使投资预期无法实现的股东及时退出公司，以有效维护全体股东的合法权益，这是公司司法解散公平价值在股东之间的又一体现。

五、问题拓展讨论

1. 2006 年施行的《公司法》第一百八十三条公司司法解散的限制性规定，是如何体现公司人格维持与股东权益保护之间的平衡理念的？

2. 2006 年施行的《公司法》第一百八十三条关于公司司法解散之规定有何不足？如何改进？

3. 2006 年施行的《公司法》第一百八十三条所规定的公司司法解散在实现公平与效率的价值目标中有哪些不足？

六、阅读文献推荐

1. 《商法学》编写组：《商法学》（第二版），高等教育出版社，2022 年。

2. 蒋大兴：《"好公司"为什么要判决解散——最高人民法院指导案例 8 号评析》，《北大法律评论》，2014 年第 1 期。

3. 李建伟：《司法解散公司事由的实证研究》，《法学研究》，2017 年第 4 期。

4. 李建伟：《公司法学》（第五版），中国人民大学出版社，2022 年。

5. 谢秋荣：《公司法实务精要（上、下册）》，中国法制出版社，2023 年。

6. 朱锦清：《公司法学》（修订本），清华大学出版社，2023 年。

破产撤销权

案例 25：无锡东华会计师事务所有限责任公司
与叶某兰破产撤销权纠纷案

一、知识点提要

确定、收集、处置和分配债务人财产是破产程序进行的主要目的，而破产撤销制度是保全破产财产的重要制度，是破产程序运行目的实现的重要保障。从理论上来看，破产撤销制度主要包括破产撤销权的含义、构成要件、破产撤销权的形式和法律后果等几个方面的内容。

（一）破产撤销权的含义

在理论上，破产撤销权是指管理人对债务人在破产申请受理前的法定期间内进行的欺诈债权人或损害全体债权人公平清偿的行为，有申请法院予以撤销并追回财产的权利。① 日本破产法称之为否认权，在英美法系的一些国家，被称为可撤销交易制度。设立撤销权，是为防止债务人违背破产法的公平清偿原则，在丧失清偿能力的情况下，通过无偿转让、非正常交易等欺诈性转让行为或者偏袒性清偿债务等方法损害全体或多数债权人的利益。

在理论上，破产撤销权是在民法中债权人撤销权的理论基础上建立和发展的一项制度，可以从以下几个方面来理解其含义：第一，破产撤销权是破产管理人所拥有的而非债权人所享有的权利；第二，可撤销行为是有害于全体债权人公平清偿的行为；第三，可撤销行为必须发生在法律所明确规定的

---

① 王欣新. 破产法 [M]. 4 版. 北京：中国人民大学出版社，2019：1312.

破产程序开始前的一定时间和规定期限内；第四，破产管理人行使该权利的时间必须是在破产程序开始以后；第五，破产撤销必须由破产管理人向法院提出申请，通过诉讼途径得以实现；第六，破产撤销权行使的后果是回复债务人于财务危机期间的逸脱财产、充实其责任财产。[①]

《中华人民共和国企业破产法》（以下简称《企业破产法》）也规定了破产撤销制度。《企业破产法》第三十一条规定："人民法院受理破产申请前一年内，涉及债务人财产的下列行为，管理人有权请求人民法院予以撤销：（一）无偿转让财产的；（二）以明显不合理的价格进行交易的；（三）对没有财产担保的债务提供财产担保的；（四）对未到期的债务提前清偿的；（五）放弃债权的。"《企业破产法》第三十二条规定："人民法院受理破产申请前六个月内，债务人有本法第二条第一款规定的情形，仍对个别债权人进行清偿的，管理人有权请求人民法院予以撤销。但是，个别清偿使债务人财产受益的除外。"

（二）破产可撤销行为

纵观各个国家和地区有关破产立法的规定，破产可撤销行为也就是破产撤销权所针对的是损害债权人利益的行为。该行为发生于临界期间内且该行为继续有效存在，是破产撤销权制度的核心内容。为在破产债权人公平清偿与维护交易安全之间实现平衡，破产可撤销行为受到严格的法律限制。

1. 破产可撤销行为的范围

关于哪些行为属于可撤销行为，比较各国立法实践，有两种立法模式：一是列举主义，也就是以列举的方式规定各种行为方式。二是列举加概括主义，该立法模式除列举可撤销行为外，还规定了一般条款，将未能列明的应当撤销的行为概括其中，据此法官有一定自由裁量的空间。[②] 我国现行的《企业破产法》采用了列举主义的模式，根据《企业破产法》第三十一条和第三十二条的规定，在中国，债务人无偿转让财产的行为、以明显不合理的价格进行交易的行为、放弃债权的行为、提前清偿未到期债务的行为、对没有财产担保的债务提供财产担保的行为、个别清偿行为等六种行为是破产可撤销行为。对于这些行为，依据所损害的对象不同分为欺诈行为和偏颇清偿

① 王志诚. 企业集团破产法制比较：解构与建构 [J]. 政大法学评论, 2014, 139：163-244.
② 王欣新. 破产法 [M]. 4版. 北京：中国人民大学出版社, 2019：132.

行为，前者是无差别地损害所有债权人的行为，后者是在出现破产原因时对个别债权人进行清偿的行为。但不管是欺诈行为还是偏颇清偿行为，这些行为均不利于在全体债权人之间公平分配债务人财产。

2. 破产可撤销行为的构成要件

破产可撤销行为除了受到法律所规定的范围限制之外，还要满足严格的条件。综合比较不同国家和地区的破产立法，破产可撤销行为的一般构成要件有以下几点：

第一，行为应当为法律行为。破产撤销权撤销的是法律行为，不包括事实行为和客观事实或者事件，这是因为事实行为的法律效果不是源于当事人的意思，而是源于法律的直接规定，与当事人意志无关，也就不存在无效、可撤销等问题。①

第二，行为后果的有害性。破产可撤销行为既可能是对债务人财产的加害，债务人欺诈性转让财产的行为会给债务人财产造成不当贬损，导致可供分配给债权人的责任财产的减少，进而侵害债权人整体利益；也可能是如对个别债权人偏颇性清偿行为不当提升了该个别受偿的债权人的清偿顺位，直接损害了部分债权人的利益，破坏了公平清偿原则。

第三，行为发生在临界期间。临界期间指的是公司在执行破产程序前的一段期间。这是因为破产撤销权行使的目的是通过回溯债务人的财产状况来实现对债权人的保障，会对交易安全和秩序产生影响。因此，破产撤销权的效力不能无限向前回溯，而只能对发生于临界期间内的行为提出撤销。同时，设置可撤销行为的发生期间，也降低了管理人的举证难度，方便了管理人行使权利。《企业破产法》第三十一条和第三十二条规定，根据欺诈行为与偏颇行为的不同，将可撤销行为的临界期间分别规定为破产申请受理前1年和前6个月两个时间段，这样规定是考虑了行为的危害性并加以区分，调和了公平清偿与维护交易安全的矛盾。

此外，对破产可撤销行为的一般构成要件，我国采用的是客观主义立法模式，撤销债务人行为时不要求债务人和相对人具有主观的恶意。但一些学者对此持批评态度，认为不同可撤销行为具备不同特征和危害性，是否有主观恶意和恶意程度也不同，一刀切地用客观主义规定破产可撤销行为，会造

---

① 朱庆育. 民法总论［M］. 北京：北京大学出版社，2016：83.

成对其他债权人的不公平。①

根据我国《企业破产法》第三十二条"但是，个别清偿使债务人财产受益的除外"部分及《最高人民法院关于适用〈中华人民共和国企业破产法〉若干问题的规定（二）》第十六条的规定，一些个别清偿行为免于撤销，包括：（1）为维系基本生产需要而支付的水费、电费等；（2）债务人支付劳动报酬、人身损害赔偿金；（3）其他使债务人受益的个别清偿。"其他使债务人受益的个别清偿"，既可以是指债务人财产增加，也可以理解为避免债务人财产减少，此为"消极增加"，还可能是债务人财产"无损"即为受益，即债务人财产的持平和消极增加。②

3. 破产撤销权的行使

为更好地发挥破产撤销权的功能，需要厘清破产撤销权的行使主体、行使方式、行使后果等问题，规范破产撤销权运行的动态过程。

（1）破产撤销权的行使主体

根据《企业破产法》第三十一条、第三十二条、第三十四条③的规定，行使破产撤销权的主体为破产管理人。在破产重整期间，在债务人自行管理财产和营业事务的情况下，破产撤销权的行使主体是谁存在争议，有撤销权应当由管理人统一行使和由债务人行使两种观点。我们认为，既然《企业破产法》第七十三条规定了"债务人可以在管理人的监督下自行管理财产和营业"，债务人这时也应有债务人财产托管管理人的身份，能代表破产企业进行起诉、应诉等权利。④ 因此，由债务人行使破产撤销权更为合适，但同时管理人需要发挥监督职责，当债务人行使撤销权不适当时，由管理人行使破产撤销权。

---

① 韩长印. 破产疑难案例研习报告：2020年卷［M］. 北京：中国政法大学出版社，2020：184.
② 梁慧星. 民商法论丛：第69卷［M］. 北京：社会科学文献出版社，2019：224.
③ 《企业破产法》第三十一条规定：人民法院受理破产申请前一年内，涉及债务人财产的下列行为，管理人有权请求人民法院予以撤销：（一）无偿转让财产的；（二）以明显不合理的价格进行交易的；（三）对没有财产担保的债务提供财产担保的；（四）对未到期的债务提前清偿的；（五）放弃债权的。《企业破产法》第三十二条规定："人民法院受理破产申请前六个月内，债务人有本法第二条第一款规定的情形，仍对个别债权人进行清偿的，管理人有权请求人民法院予以撤销。但是，个别清偿使债务人财产受益的除外。《企业破产法》第三十四条规定：因本法第三十一条、第三十二条或者第三十三条规定的行为而取得的债务人的财产，管理人有权追回。
④ 乔博娟. 论破产撤销权之行使：兼析最高人民法院关于适用《企业破产法》若干问题的规定（二）［J］. 法律适用，2014（5）：43-49.

（2）破产撤销权的被告主体资格

《企业破产法》将行使破产撤销权的方式规定为诉讼方式，但法律并未对被告作出明确规定。学界对此问题有以下几种观点：第一种观点认为，如果可撤销行为是单方行为，则仅以债务人为被告；若可撤销行为是双方行为，则应以行为相对人为被告，不必以债务人和行为相对人为共同被告。① 第二种观点认为，无论可撤销行为是单方行为还是双方行为，都应该以债务人为被告。② 第三种观点认为，如果仅需撤销债务人的行为，不涉及追回财产的问题，则可仅以债务人为被告；如果在撤销债务人行为的同时还需要追回已转移财产，那么就需要增加交易相对人或转得人为共同被告。③ 第四种观点认为，以债务人为被告，将相对人（或转得人）列为第三人。④ 我们认为，破产撤销权旨在纠正债务人的不当财产处分行为，恢复其责任财产，破产撤销权诉讼中，应以行使撤销权所最终指向的可撤销行为的相对人为被告；如果以债务人为被告或者以债务人和交易相对人为共同被告，就会出现管理人起诉，管理人应诉的现象，这显然是有悖于民事诉讼程序规则的。⑤ 因此，破产撤销权诉讼应当以债务人可撤销行为的相对人为被告；若所涉及利益或财产几经转手，则以交易相对人和转得人为共同被告。

（3）破产撤销权行使的法律后果

对破产撤销权行使的法律后果，《企业破产法》第三十四条规定了"因本法第三十一条、第三十二条或者第三十三条规定的行为而取得的债务人的财产，管理人有权追回"，缺乏完整的规定。因破产可撤销行为的类型多样，对于不同的可撤销行为应有不同的法律后果。① 无偿转让财产的恢复破产财产，放弃债权的恢复债权，对没有财产担保的债务提供财产担保的担保无效，追回担保物；② 对于以明显不合理价格进行交易的，在撤销交易之后，应当返还价款，因交易产生的债务作为共益债务清偿。③ 对于个别清偿和对未到期的债务提前清偿的，在撤销清偿行为后，追回清偿的价款，相对人的债权作为普通债权通过债权申报来处理。

① 陈计男. 破产法论 [M]. 台北：三民书局，1984：256.
② 陈荣宗. 破产法 [M]. 台北：三民书局 1986：267.
③ 史尚宽. 债法总论 [M]. 台北：荣泰印书馆 1986：477.
④ 孟伟，姚彬. 破产撤销权诉讼的构建 [J]. 江苏警官学院学报，2012，27（1）：52-60.
⑤ 乔博娟. 论破产撤销权之行：兼析《最高人民法院关于适用〈企业破产法〉若干问题的规定（二）》[J]. 法律适用，2014（5）：43-49.

二、案例介绍

（一）基本案情介绍

申环电缆科技有限公司（以下简称申环公司）与叶某兰于 2015 年 5 月 15 日签订了《债权转让协议》，约定鉴于申环公司欠叶某兰人民币金额 3775084.69 元，经双方充分协商，申环公司同意将其对南宁轨交公司的债权人民币 577350 元全部转让给叶某兰。如叶某兰对该受让债权不能实现或部分不能实现，差额部分仍由申环公司向叶某兰补足，同时申环公司配合叶某兰收款。双方于 2015 年 10 月 29 日通过邮件通知了南宁轨交公司。

此外，叶某兰（乙方）与无锡市沪安电线电缆有限公司（以下简称沪安公司）（甲方）签订有落款时间为 2015 年 4 月 20 日的《协议》一份，该协议载明经双方商议，叶某兰同意将沪安公司所欠借款人民币金额 3775084.69 元转到申环公司，由申环公司用应收账款转让支付。如转让支付不能实现或部分不能实现，差额部分仍由沪安公司补足，同时沪安公司配合叶某兰收款。该协议文本中，欠款金额，甲方、乙方签章处均为手写文字，甲方落款处另加盖了沪安公司印章。

因不能清偿到期债务，2015 年 12 月 2 日，宜兴市人民法院作出（2015）宜商破字第 00026-1 号民事裁定书，受理中国银行股份有限公司宜兴支行对申环公司的重整申请。同日，宜兴市人民法院作出（2015）宜商破字第 00026-2 号决定书，指定东华公司为申环公司管理人。2016 年 6 月 12 日，宜兴市人民法院裁定中止申环公司重整程序并宣告申环公司破产。据管理人查明，叶某兰与申环公司之间不存在债权债务关系，该债权转让行为缺乏事实及法律依据。根据《企业破产法》的规定，该债权转让无效。故请求法院撤销叶某兰与申环公司之间签订的《债权转让协议》并由叶某兰承担诉讼费用。

叶某兰辩称：申环公司出具《债权转让协议》将对南宁轨交公司享有的债权转让给我存在事实基础和法律依据，转让行为合法有效，请求驳回申环公司管理人的诉请。

（二）争议焦点

本案争议焦点为申环公司管理人主张根据《企业破产法》第三十一条、

第三十二条的规定撤销案涉《债权转让协议》的请求能否支持。

(三) 裁判结果

法院经审理认为,申环公司和叶某兰于 2015 年 5 月 15 日签订《债权转让协议》,双方之间债权转让的合意形成于 2015 年 5 月 15 日,但根据《合同法》规定,债权转让行为需经通知才对债务人发生效力,即经通知后,债务人的履行对象才从原债权人转变为债权受让人,从而对原债权人的财产实际产生减少的法律效果。本案中,根据叶某兰在其与轨交公司买卖合同纠纷一案中的自述,以及双方无争议的债权转让协议和通知书的邮寄凭证,可以认定申环公司在 2015 年 10 月 27 日才向轨交公司发出债权转让通知书。因申环公司于 2015 年 12 月 2 日被法院裁定进入破产程序,故案涉债权转让,无论有无支付对价,均属于个别清偿,且产生减少债务人财产法律后果的时间在 2015 年 10 月 27 日后,属于《企业破产法》第三十二条规定的发生在法院受理破产申请前六个月内,应当予以撤销的个别清偿行为。

标称时间为 2015 年 4 月 20 日的《协议》中填写内容字迹及落款甲方处沪安公司公章印文均是在 2015 年 4 月 30 日之后形成的,形成时间为法院受理申环公司重整前六个月内,申环公司又有不能清偿到期债务等情形,根据《企业破产法》第三十二条的规定①,申环公司向叶某兰转让对外应收账款就属于《企业破产法》规定的管理人有权请求人民法院撤销的个别清偿行为。

进一步讲,即使《债权转让协议》和《协议》均签订于落款日,根据叶某兰提供的证据仍无法证明在案涉《债权转让协议》和《协议》签订之前申环公司结欠叶某兰款项的事实。相反,根据协议的内容是叶某兰对沪安公司享有债权。因此,申环公司在并不结欠叶某兰款项的情况下将其对南宁轨交公司的 577350 元的债权转让给叶某兰,可以认定为申环公司加入沪安公司对叶某兰的债务。该行为属于《企业破产法》第三十一条规定的债务人在人民法院受理破产申请前一年内无偿加入他人债务的情形②,将导致债务

---

① 《企业破产法》第三十二条规定:"人民法院受理破产申请前六个月内,债务人有本法第二条第一款规定的情形,仍对个别债权人进行清偿的,管理人有权请求人民法院予以撤销。但是,个别清偿使债务人财产受益的除外。"

② 《企业破产法》第三十一条规定:"人民法院受理破产申请前一年内,涉及债务人财产的下列行为,管理人有权请求人民法院予以撤销:(一)无偿转让财产的;(二)以明显不合理的价格进行交易的;(三)对没有财产担保的债务提供财产担保的;(四)对未到期的债务提前清偿的;(五)放弃债权的。"

人财产减少，属于广义的无偿转让财产。现申环公司管理人请求法院撤销案涉《债权转让协议》，符合《企业破产法》公平清理债权债务的立法目的，应予支持。

基于上述原因，宜兴市人民法院于2018年5月8日作出（2016）苏0282民初7430号民事判决：撤销叶某兰与申环公司签订的落款时间为2015年5月15日的案涉《债权转让协议》。叶某兰不服原审判决，提起上诉。无锡市中级人民法院于2018年9月20日作出（2018）苏02民终2995号判决：驳回上诉，维持原判。

三、案例分析

本案争议焦点为申环公司管理人主张根据《企业破产法》第三十一条、第三十二条的规定撤销案涉《债权转让协议》能否得到支持。

我们知道，破产撤销权是指财产管理人拥有的对债务人临近破产程序开始的期间内实施的有害于债权人利益的行为，在破产程序开始后予以撤销并将撤销利益复归破产财团的权利。① 撤销权的设立，是为防止债务人在丧失清偿能力、对破产财产无实际利益的情况下，通过无偿转让、以明显不合理的价格交易，或者偏袒性清偿债务等方法损害全体或多数债权人的利益，这些行为违背了《企业破产法》的公平清偿原则。② 据此，为更好地实现破产法确立的公平清偿原则，《企业破产法》第三十一条、第三十二条规定，针对债务人在临界期间内欺诈转让财产行为、偏颇性清偿行为等有害债务人财产、损害债权人债权获得清偿的违法行为，管理人有权请求人民法院予以撤销。当然，个别清偿使债务人财产受益的不属于可撤销行为的序列。

（一）《债权转让协议》是否属于破产可撤销行为

在该案中，根据法庭调查认定，申环公司与叶某兰于2015年5月15日签订了《债权转让协议》，约定申环公司将其对南宁轨交公司的债权人民币577350元全部转让给叶某兰，用于清偿申环公司欠叶某兰人民币金额3775084.69元的债务，如叶某兰对该受让债权不能实现或部分不能实现，差

---

① 韩长印. 破产法学 [M]. 北京：中国政法大学出版社，2007：120.
② 王欣新. 破产撤销权研究 [J]. 中国法学，2007（5）：147-162.

额部分仍由申环公司向叶某兰补足，同时申环公司配合叶某兰收款。在此，作为债务人的申环公司通过向作为债权人的叶某兰转让其对第三人南宁轨交公司的债权，从而达到债权清偿的效果，是债权清偿行为。但根据《合同法》（现为《民法典》合同编）的规定，债权转让行为需经通知债务人后才对债务人发生效力。申环公司直至 2015 年 10 月 27 日才向轨交公司发出债权转让通知书，债务人的履行对象才从原债权人申环公司转变为债权受让人叶某兰，从而对申环公司的财产实际产生减少的法律效果。如果申环公司主张对南宁轨交公司享有 577350 元人民币的债权且受领清偿，就可以导致其财产的积极增加，从而提升其债权人整体获得受偿的机会。但因申环公司同意将其对南宁轨交公司的债权人民币 577350 元全部转让给叶某兰，用于清偿申环公司欠叶某兰人民币金额 3775084.69 元的债务，使申环公司不能直接获得南宁轨交公司的清偿，故叶某兰通过该债权转让直接优先于申环公司的其他债权人获得清偿。我们从案情介绍可知，因不能清偿到期债务，2015 年 12 月 2 日，宜兴市人民法院作出（2015）宜商破字第 00026-1 号民事裁定书，受理中国银行股份有限公司宜兴支行对申环公司的重整申请。但申环公司于 2015 年 12 月 2 日被法院裁定进入破产程序，故案涉债权转让，无论有无支付对价，均属于个别清偿，且产生减少债务人财产法律后果的时间在 2015 年 10 月 27 日后，属于《企业破产法》第三十二条规定的发生在法院受理破产申请前六个月内，应当予以撤销的个别清偿行为。

（二）《协议》是否属于破产可撤销行为

本案中根据叶某兰提供的证据，无法证明在案涉《债权转让协议》和《协议》签订之前申环公司结欠叶某兰款项的事实。但是根据《债权转让协议》的约定，我们可以得知的是叶某兰对沪安公司享有债权。因此，申环公司在并不结欠叶某兰款项的情况下将其对南宁轨交公司的 577350 元的债权转让给叶某兰，可以认定为申环公司加入沪安公司对叶某兰的债务。债务加入将导致申环公司在未获取任何收益的情况下承担对叶某兰的债务，债务的承担必然导致申环公司的财产向叶某兰转移，其实质是对叶某兰无偿的转让财产。因此，申环公司在并不结欠叶某兰款项的情况下将其对南宁轨交公司的 577350 元的债权转让给叶某兰的行为属于《企业破产法》第三十一条规定的债务人在人民法院受理破产申请前一年内无偿加入他人债务的情形，将导致债务人财产减少，属于广义的无偿转让财产。现申环公司管理人请求法院撤销案涉《债权转让协议》，符合《企业破产法》公平清理债权债务的立法目的，理应获得法院的支持。

四、课程思政解读

"无锡东华会计师事务所有限责任公司与叶某兰破产撤销权纠纷案"所涉及的课程思政元素可以从以下几方面讨论：一是如何理解该案所依据的破产撤销制度的法律规则的价值；二是破产撤销制度的价值如何用于指导对现行破产撤销制度规则的理解与适用；三是如何用破产撤销制度的价值来为制度的优化提供指引。撤销权构成之法理关键，是债务人的行为造成债权人所获清偿减少，或导致清偿不公，具有一定道德风险的因素。[①] 在该案中，通过对债务人申环公司尚在掌控自己财产的期间内所作出的危害行为予以撤销，回复债务人于财务危机期间的逸脱财产、充实其责任财产，一定程度上保障了社会利益的平衡。

（一）破产撤销制度是诚实信用原则的体现

诚实信用是人们交往过程中应当具备的基本道德，但随着社会生活和习惯的需要，逐渐上升为法律层面的基本规范，成为现代各国民商法所规定的民商事主体在民商事活动中应当遵循的最基本原则，甚至被学者们称为民法中的"帝王规则"。例如，《民法典》第七条要求"民事主体从事民事活动，应当遵循诚实信用原则，秉持诚实，恪守承诺"，是《民法典》对社会主义核心价值观之"诚信"在法律上的回应。根据诚信原则的要求，诚实信用原则既体现在民事主体在从事民商事活动时秉持诚实，恪守承诺，也体现在对当事人行为法律后果的失衡状态的调整。

当债务人出现将丧失清偿能力或者资不抵债从而面临破产的风险时，有不少债务人会为了寻求自身的利益作出一些诸如无偿转让财产的行为、以明显不合理的价格进行交易的行为、放弃债权的行为等隐匿资产或恶意转移财产损害债权人利益的行为，导致财产减少或偿债能力减弱。这些行为形式上看似债务人自主地处分其权利，但实质则因为责任财产的减少或偿债能力的降低严重不利于债务的清偿，损害了债权人的利益，是债务人恶意行使其权

[①] 王欣新. 破产撤销权研究 [J]. 中国法学, 2007 (5): 147-162.

利、违背其对债权人"承诺"的不诚信的典型表现。对此，包括我国在内的各国与各地区的民法通过债权撤销权，否定债务人违背诚信原则的处分财产的行为的效力，保全责任财产，为债权实现提供保障。破产撤销权源于民法上的撤销权，基于诚实信用原则的要求，规定了在法院受理案件前，存在破产风险的债务人，在法律规定的临界期间内不得出现损害债权人利益的行为，否则在进入破产程序后，管理人即可以行使撤销权撤销该不法行为，恢复公平清偿的破产环境，保障破产立法宗旨的实现。在该案中，无论是作为债务人的申环公司与叶某兰通过签订《债权转让协议》，约定申环公司将其对南宁轨交公司的债权人民币 577350 元全部转让给叶某兰，用于清偿申环公司欠叶某兰人民币金额 3775084.69 元的债务，还是申环公司在并不结欠叶某兰款项的情况下将其对南宁轨交公司的 577350 元的债权转让给叶某兰，无偿处分其财产，均属于违背了其对债权人履行债权的承诺的不诚信表现。在申环公司进入破产重整程序后，法院最终根据《企业破产法》第三十一条、第三十二条的规定，撤销了申环公司这一破产债务人违背诚信原则的处分财产的行为，为实现对债权人的公平清偿提供了保障。

（二）破产撤销制度是公平和平等原则的体现

古罗马法学家塞尔苏斯有言："法律乃公正善良之术。"公平是法律的精髓和灵魂，是一切法律的永恒追求，平等是实现公平的基础和保障。破产作为特定情形下的一种债的关系的实现方式，公平清偿是其基本原则，公平清偿原则是民法公平原则和债的平等原则在破产程序中的体现。在常态下，依据平等原则，债权效力一律平等，不同债权人对同一债务人发生的债权虽然在时间顺序上不同，但是这些债权并不因其成立的时间顺序而在效力上产生优劣之分。① 但这种形式上的平等在债务人财产足以清偿其全部债务的情况下能够保证债权人获得平等的对待。但是，债务人一旦进入破产程序，其财产状况决定了债权人不可能得到完全的清偿。权利的行使都是以维护某种利益为目的的②，债权人之间将不可避免地出现竞争，既包括不同类型的债权人之间的竞争，也包括同类型债权人之间的竞争。这容易导致个别债权人利用其所掌握的债务人陷入财务困境、出现破产原因的信息优势，在债务人未

---

① 戴新毅. 债权平等及其突破模式选择 [J]. 河北法学, 2013 (6): 72-80.
② 赵吟. 论破产分配中的衡平居次原则 [J]. 河北法学, 2013 (3): 156-161.

进入破产程序时采取一些手段使自己获得优先的、更多的清偿，不合理地挤占其他债权人获得清偿的机会，形式平等与公平被异化利用。

破产是一种概括性集中清偿债的程序，进入破产程序后，债务人财产将统一由管理人进行管理和处置，同类型的债权人在破产程序中处于同等的地位，按照《企业破产法》规定的顺序逐一或按比例对全体债权人进行分配，同类型的债权被平等对待。破产中的公平清偿原则，是对实质公平与平等的实现。债务人在破产临界期限内实施的补偿转让等欺诈性清偿和对个别债权人的偏颇清偿行为，必然导致债务人财产的减少，使全部或者部分债权人通过破产程序获得清偿的机会降低，本质是对破产公平清偿原则这一实质公平的违背。通过破产撤销，如在本案中，法院应管理人的请求否定了申环公司与叶某兰通过签订了《债权转让协议》和《协议》，纠正了申环公司欺诈转让财产和对个别债权人偏颇性的清偿行为，将其财产回复到破产临界前的状态，管理人可以收回债务人的财产和利益，增加可供分配的财产总额，为后续破产程序中尽可能提高破产债权的清偿率提供了保障，体现了平等与公平原则。

（三）破产撤销是利益平衡原则的体现

基于意思自治原则，债务人在破产程序启动前有自由处置自己的财产的权利，即使存在偏颇性清偿行为，也是其自身的权利，同时，根据合同相对性原则，债务人行为的相对人，即第三人，也对该交易的实现具有安全预期。如果法院应管理人的要求，撤销债务人处置自己财产的行为，强制性地干预了债务人的意思自治，也影响第三人的交易安全。特别是债务人对个别债权人偏颇性的清偿行为可能对债务人有利，如果债务人的全部债务被撤销，最终受损的可能是全体债权人。因此，在允许撤销债务人于破产程序开始前的财产处分行为时，法院应当调和公平清偿与维护交易安全之间的矛盾。

为此，各国的《破产法》均对破产撤销权的行使进行了严格的规定。例如，在我国，只有债务人的行为符合我国《企业破产法》第三十一条、第三十二条对行为的具体类型、临界期间、后果的有害性等条件时，且根据第三十四条破产撤销由管理人向法院提出的情况下，撤销决定方可由法院裁决作出。有些国家还对可撤销行为人的主观恶意提出要求，例如，《德国支付不能法》第一百三十三条规定："以对方当事人在行为时知道债务人的此种故意为限，可以被撤销。对方当事人知晓债务人将无支付能力并且知晓行为损害权利人利益的，推定为知道此种故意。"① 据此可知，只有恶意的相对人与债务人之间的行为才会被撤销，这样，进一步限制撤销权的行使，可有效维护交易安全。实际上《企业破产法》第三十二条规定："但是，个别清偿使债务人财产受益的除外。"该规定体现了在公平清偿与维护交易安全之间的平衡。本案中，一审、二审两级法院通过充分的法庭调查等审判程序，严格按照《企业破产法》第三十一条、第三十二条的规定，认定申环公司与叶某兰2015年5月15日签订《债权转让协议》和标称时间为2015年4月20日的《协议》为可撤销行为。此判决结果一方面尊重了申环公司与叶某兰之间的意思自治与交易安全，另一方面有效维护了破产债务人申环公司在破产程序中获得公平清偿的权利，最终实现了公平清偿与维护交易安全之间的平衡。

五、问题拓展讨论

1. 结合破产公平清偿原则与交易安全之间的平衡理念，请谈谈你对《企业破产法》在破产可撤销行为构成中所采用的模式的评价。是否有必要考虑行为人的主观因素？

2. 《企业破产法》对破产撤销权权利主体的规定有何不足？如何改进？

3. 从社会主义核心价值观之公平与诚信的价值角度，谈谈你对《企业破产法》中破产可撤销行为规定的立法模式的看法。

六、阅读文献推荐

1. 《商法学》编写组：《商法学》（第二版），高等教育出版社，2022年。
2. 赵旭东、韩长印：《破产法教程》，高等教育出版社，2020年。
3. 曾宪义、王利明、王欣新：《破产法》（第四版），中国人民大学出版社，2019年。
4. 许德风：《破产法论——解释与功能比较的视角》，北京大学出版社，2015年。

---

① 德国支付不能法 [M]. 杜景林，卢谌，译. 北京：法律出版社，2002：68.

5. 齐明：《破产法学——基本原理与立法规范》，华中科技大学出版社，2013 年。

6，崔峰：《破产典型案例剖析与实务指南》，法律出版社，2023 年。

7. ［德］莱因哈德·波克：《德国破产法导论》（第六版），王艳柯译，北京大学出版社，2014 年。

8. ［美］道格拉斯·G. 贝尔德：《美国破产法精要》（第六版），法律出版社，2020 年。

9. 陈夏红、闻芳谊：《破产重整实务指南》，法律出版社，2019 年。

后续破产重整

案例 26：上海万豪投资有限公司申请破产清算转重整案

⚠ 一、知识点提要

破产重整程序作为挽救有价值困境企业最为重要的法治化、市场化途径①，实现了私权本位和社会本位的调和，与破产清算、破产和解共同构成现代破产法律的三大制度。为最大限度发挥《企业破产法》保障债权人利益和对危困企业的拯救功能，《企业破产法》允许清算、和解与重整三种程序依法进行转换。② 因此，在债务人经破产受理进入破产程序后，还可以由当事人提出申请进入破产重整程序，即后续破产重整。后续破产重整作为重整程序转换适用的情形，其程序的启动包括后续破产重整适用的主体、申请人、重整条件等，这也是本部分的知识要点。

（一）后续破产重整的含义

根据《企业破产法》第七十条的规定，我们可以根据破产重整启动的时间点将其分为一般破产重整与后续破产重整。前者是当债务人的公司破产时，由债务人或者债权人直接向人民法院申请重整，由法院受理启动的破产重整；后者是债务人的公司进入破产程序后，由债务人向人民法院申请重整，从而启动破产重整程序。

---

① 池伟宏. 困境企业拯救的破产重整路径效率优化 [J]. 中国政法大学学报，2021（4）：223-239.
② 《企业破产法》第九十五条：债务人可以依照本法规定，直接向人民法院申请和解；也可以在人民法院受理破产申请后、宣告债务人破产前，向人民法院申请和解。《企业破产法》第七十条第二款：债权人申请对债务人进行破产清算的，在人民法院受理破产申请后、宣告债务人破产前，债务人或者出资额占债务人注册资本十分之一以上的出资人，可以向人民法院申请重整。

据此，我们对后续破产重整可以从以下几个方面进行理解。第一，适用主体的特殊性。后续破产重整适用于已经进入破产程序的债务人，即后续破产重整的债务人必须是经过因债权人、债务人的申请，法院已经作出破产受理裁定进入了破产程序，其适用的主体具有特殊性。第二，适用阶段的特殊性。后续破产重整适用于人民法院受理对债务人的破产申请、宣告债务人破产之前这一阶段，在人民法院受理对债务人的破产清算申请、作出破产宣告之后不可再转换适用破产重整。第三，适用重整原因的限制。根据《企业破产法》第七十条第二款的规定①，企业后续破产重整申请发生于债务人因债权人申请进入破产程序之后，由于破产清算申请适用于《企业破产法》第二条第一款"企业法人不能清偿到期债务，并且资产不足以清偿全部债务或者明显缺乏清偿能力"的情形，据此我们可知，后续申请适用的重整原因只能是《企业破产法》第二条第一款的情形。第四，申请主体的限制。《企业破产法》第七十条第二款规定了债权人申请对债务人进行破产清算的，在人民法院受理破产申请后、宣告债务人破产前，债务人或者出资人可以向人民法院申请破产重整，没有明确规定债务人申请破产清算后，自身能否申请破产重整。由此，后续破产重整申请人是否包括债务人自身、其他债权人等，因为法律的不明而在实践中受到一定的限制。

破产重整作为商法的效率原则，在《企业破产法》中被充分贯彻与体现，破产重整解决了企业陷入财务困境后如何使它可能有的价值最大化，以及最终实现该价值后如何分配的问题。② 但债权人毕竟不如债务人和股东了解债务人具体的经营状况，故立法又规定在法院受理破产清算后、宣告破产前再给予债务人、股东最后挽救债务人的机会，即允许其提出重整申请，这种做法不仅能为发挥重整制度的价值拓展空间，也兼顾了债权人和股东双方的权益，建立其在债务人、债权人与股东之间的利益平衡关系结构。当然，为防止后续破产重整程序被债务人滥用，立法对后续破产重整的启动从程序和实体两个方面规定了严格的条件，以规范后续破产重整程序的适用。

---

① 《企业破产法》第七十条第二款：债权人申请对债务人进行破产清算的，在人民法院受理破产申请后、宣告债务人破产前，债务人或者出资额占债务人注册资本十分之一以上的出资人，可以向人民法院申请重整。

② 王宗正，张分夏. 论破产重整启动之"再建希望"要件 [J]. 东南学术，2023（4）：238-245.

（二）后续破产重整启动的程序要件

程序要件是后续破产重整程序的第一道关口。根据《企业破产法》第七十条第二款的规定，破产清算程序转为破产重整程序应符合以下条件。

1. 破产清算程序已经启动

破产清算程序已经启动，即人民法院已经受理了当事人对债务人破产清算的申请。根据现行法的规定，债权人提出破产清算申请，如果人民法院不予受理，破产清算程序尚未启动，债务人、出资人不得提起重整转换的申请。而债权人申请对债务人进行破产清算且被人民法院受理，此时相关法律措施已经实施，如管理人已经产生、财产已经被接管等，在已经进入破产程序的情形下，债务人、出资人才有权提出重整申请。

2. 破产重整程序因债权人申请而被启动

就后续破产重整程序的启动，根据《企业破产法》第七十条第二款"债权人申请对债务人进行破产清算"，如果债权人没有提出破产申请，债务人或者出资人无权提出对债务人进行重整的申请。因此，后续破产重整程序仅适用于由债权人申请启动的破产清算程序，这也就意味着如果已经启动的破产清算程序是由债务人申请的，则不可开启后续破产重整程序。但域外立法对此持开放的态度，对后续破产重整适用不做限制，破产程序因债务人申请而启动的也不影响债务人及其出资人申请后续破产重整。如美国《破产法典》中认为债务人享有的重整申请权是肯定的、无条件的、绝对的①，英国破产重整程序的申请主体分别是债务人、公司董事、管理人、清算人与债权人。② 我们认为，《企业破产法》对后续破产重整的规定，其目的是尽可能地扩大重整的适用范围，鼓励重整程序适用。根据重整优先原则，以及债权人与债务人申请权平等原则，在债务人提出破产清算程序后，并不需要否认债务人的后续破产重整申请权。

3. 人民法院尚未对债务人作出宣告破产的裁定

债务人、出资人提出重整申请必须在人民法院受理破产申请后、宣告债务人破产前。对于宣告破产后是否可以进行重整或和解，法律并没有明确的规定。若依法律条文的文义进行反向解释，已被宣告破产的案件程序不可逆

---

① 李永军. 破产法：理论与规范研究［M］. 北京：中国政法大学出版社，2013：342.

② 张海征. 英国破产重整制度及其借鉴［J］. 政治与法律，2010（9）：41-51.

转。2018 年的《全国法院破产审判工作会议纪要》第二十四条规定："债务人被宣告破产后，不得再转入重整程序或和解程序。"重整申请具有优先的排他的效力，重整申请一经法院裁定认可，正在进行的破产清算程序即告中止。在债务人不执行或不能执行重整计划时，人民法院将裁定破产重整程序转为破产清算程序。破产重整程序转入破产清算程序后，不能再转回破产重整程序，因为经破产宣告开始的清算程序是不可逆转的。

4. 申请主体适格

破产清算程序转为重整程序的申请主体，即重整申请权人，指的是有权向人民法院申请启动由破产清算程序转为重整程序的法律主体。根据《企业破产法》第七十条第二款的规定，申请破产清算程序转入重整程序的人可以是两种不同的法律主体，即债务人或者出资额为债务人注册资本十分之一以上的出资人。除了这两类主体，债权人是否享有后续破产重整申请权，《企业破产法》并未进行规定。但根据 2019 年出台的《北京破产法庭破产重整案件办理规范（试行）》第七条的规定①，债权人也享有后续破产重整申请权。我们认为，后续破产重整程序的启动，关乎着债权人的利益。因此，应该赋予债权人申请权，这不仅有助于贯彻保护债权人利益的立法理念，而且对于积极发挥重整程序的挽救价值也具有积极作用。

（三）实体要件

关于破产重整程序适用的限制，从世界各国破产重整制度的规定来看，除了将其适用主体限定为规模较大、困境较严重的企业等外，还要求重整企业有再建希望，即通过重整使处于困境中的债务人企业继续经营，从而恢复其原有经营活力，增加清偿其原有债权的可能性。② 从《企业破产法》的规定来看，任何企业法人均可适用重整程序，且其企业均没有再建希望。在《企业破产法》的起草过程中就有学者提出将再建希望作为法院审查内容进行立法确认，但不少学者持相反意见，指出"有再建希望"这个条件很模糊，建议取消。不过，从实践来看，不少法官还是将"有再建希望"作为审查重整申请的考量因素。一些指导破产重整程序的司法政策文件规定了再建

① 《北京破产法庭破产重整案件办理规范（试行）》第七条规定："破产清算申请受理后、破产宣告前，债权人、债务人或者出资额占债务人注册资本十分之一以上的出资人，可以向人民法院申请重整。"
② 彭国元，张亚琼.论破产重整程序的启动［J］.学术论坛，2012，35（2）：72-78.

希望的要求。例如，在 2013 年的《关于审理上市公司破产重整案件工作座谈会纪要》（以下简称《座谈会纪要》）中第三条和第四条规定上市公司申请重整必须上交重整可行性报告等类似涉及再建希望要件内容的材料，再建希望审查开始在上市公司重整启动程序领域内被确定下来。《全国法院破产审判工作会议纪要》第十四条打破了 2013 年《座谈会纪要》适用范围的限制，将适用主体从上市公司扩大到普通企业，将重整对象限定在具有挽救价值和重建可能的企业，自此再建希望作为一项用以识别重整企业的普适性司法制度确定下来。可见，再建希望虽然未被立法作为重整开始要件进行规定，但依然作为重整程序的存续要件存在。① 具体而言，再建希望要求重整企业具有重整价值，即继续经营价值和清算价值的差值，营运价值是否高于清算价值需要做个案分析，只能交由利益相关者通过投票来决定是否重整。② 重整可能，即重整之可行性，特指债务人的现有资源和条件能够保证重整计划的执行。③

 二、案例介绍

（一）基本案情介绍

2019 年 10 月 28 日，因上海万豪投资有限公司（以下简称万豪公司）不能清偿到期债务，并且资产不足以清偿全部债务，上海铁路运输法院根据万豪公司的申请依法裁定受理万豪公司的破产清算，并指定了管理人。2020 年 7 月 14 日，万豪公司以其无法清偿到期债务但具备重整价值为由申请转为重整，万豪公司同时提交意向投资人精准医疗的重整计划草案。2020 年 7 月 24 日，万豪公司第二次债权人会议经过表决，通过了拍卖万豪公司所持万达信息股份有限公司（以下简称万达信息）全部股票（200588800 股）的财产

① 王宗正，张分夏. 论破产重整启动之"再建希望"要件 [J]. 东南学术，2023（4）：238-245.
② 高丝敏. 破产法的指标化进路及其检讨：以世界银行"办理破产"指标为例 [J]. 法学研究，2021（2）：193-208.
③ 湖南省高级人民法院《关于办理企业重整申请案件的工作指引（试行）》第十七条：债务人具有重整可行性，是指债务人的现有资源和条件能够保证重整计划的执行。判断债务人的重整可行性，应当综合考虑下列因素：（一）债务人的重整意愿及其配合程度；（二）主要债权人支持重整的情况；（三）重整方案及重整投资人情况；（四）法律与政策障碍情况；（五）重整与清算模式下的清偿率情况。社会中介机构出具的报告可以作为判断债务人重整可行性的参考。

变价方案。

万豪公司主张：（1）万豪公司进入破产清算程序后，债权人会议通过的财产变价方案违背了破产财产处置价值最大化原则，不仅可能影响清偿时间，也可能影响全体债权人，尤其是普通债权人的受偿及债务人自身的剩余权益。（2）万豪公司具有重整价值，并已有意向投资人，其与意向投资人提交的重整计划草案具有可行性，本案应当转入重整程序。

利害关系人万达信息不同意万豪公司转入重整程序，其理由为：（1）《企业破产法》第七十条并未赋予债务人申请破产清算后再转破产重整的权利。万豪公司债权人会议已经通过破产财产变价方案，意向投资人参与股票竞拍即可。（2）万豪公司不具有重整价值，重整方案亦不具有可行性，因为万豪公司主要资产是持有万达信息的股票，其自身并无实质性经营，营运价值非常有限，重整资金来源不明，至今未出具具体的经营方案。（3）万豪公司破产清算已进入财产变价阶段，如再转为破产重整，由此产生的不确定性会对万达信息的股价产生重大影响，直接影响资产变现和广大债权人利益。

意向投资人联合精准医疗技术集团股份有限公司（以下简称精准医疗）述称，其将以现金清偿方式清偿万豪投资的债务，使担保债权人和普通债权人得到全部清偿。该公司正在归集首期投资款人民币 20 亿元，归集资金证明将于 2020 年 9 月 16 日前提交法院。该笔款项可以覆盖全部 14 亿元担保债权及部分普通债权。如重整获得通过，精准医疗将在两个月内募集全部资金对剩余普通债权予以清偿。但后来该项承诺并未践行，此后又改称将于 2020 年 9 月 30 日提交，却又再次违反。重整完成后，借助意向投资人及其关联方在华南地区的资源和平台优势，万达信息在华南市场的业务量将显著提升。

关于万豪公司的重整申请，8 户担保债权（债权金额合计约 14 亿元）中 1 户（债权金额约 9000 万元）同意破产重整，其余不同意破产重整；7 户普通债权（债权金额合计约 21.5 亿元）中 3 户（债权金额合计约 1.65 亿元）同意破产重整，其余不同意破产重整。

（二）争议焦点

本案争议焦点为万豪公司是否在由自己提起的破产清算程序中，是否拥有享有申请转为重整的资格，以及万豪公司是否具有重整价值及重整可行性，即其诉请是否应得到法院的支持。

（三）裁判结果

该案件经破产清算受理法院上海铁路运输法院审理，法院认为根据《企业破产法》第七十条第二款的规定，万豪公司在由其申请的破产清算中不享有转申请重整的申请人资格、不符合重整条件，于 2020 年 8 月 6 日作出对万豪公司的重整申请不予受理的裁定。

万豪公司不服一审裁定，向上海市第三中级人民法院提起上诉。二审法院合议庭经审理，认为虽然《企业破产法》第七十条第二款没有明确规定债务人申请破产清算后，自身能否申请转重整，但《企业破产法》的相关规定体现了倡导通过重整避免清算，从而挽救企业的立法旨趣。事实上，因市场环境因素等的转变，可能会发生债务人启动破产清算时陷入严重的财务困境，启动后因资产升值（如本案所涉股票）从而具备从破产清算转向重整的可能，故不能否认债务人启动程序转换的权利。因此，二审法院合议庭认为万豪公司能够提起重整申请。

二审法院合议庭认为，再建希望包括重整价值和重整可能性两个方面。其一，重整价值体现为营运价值与清算价值的差值。万豪公司通过持股万达信息行使股东权利并派驻董事，间接地对万达信息这一经济实体生产经营施加影响，因此仍具营运价值，并且重整相比破产清算出售股票能够大幅减少税费支出，有利于提高普通债权清偿率，因此万豪公司具有重整价值。其二，就万豪公司是否具有重整可能性，二审法院合议庭认为，万豪公司第二次债权人会议已经通过破产财产变价方案，由此形成的决议非经法定程序撤销即应当执行。破产程序进入变价方案执行阶段后，原则上不应再转入重整程序，否则将有损于债权人会议决议的效力和执行力，影响破产程序的确定性及效率，不符合各方预期。万豪公司及精准医疗虽然陈述了重整的好处及精准医疗的资金实力，但精准医疗两次违反其提交首笔投资款的承诺，有悖诚信原则，上述行为已足以说明意向投资人无法通过引入资金而使万豪公司实现债务清偿并保留营运价值，重整方案不具可行性。万豪公司虽然具有重整价值，但重整方案不具有可行性，综上所述，二审法院合议庭认为万豪公司不具有再建希望，对其转为重整的申请不予受理。

三、案例分析

本案争议焦点为万豪公司在由自己提起的破产清算中是否享有申请转为破产重整的资格，以及万豪公司后续破产重整是否应当受到限制，即是否具有重整价值及重整可行性。根据《企业破产法》第七十条第二款规定，后续破产重整申请程序的适用仅限于在债权人申请债务人破产清算转破产重整的场合，法律赋予了债务人和股东申请重整的权利。但该案破产清算是由作为债务人的万豪公司申请启动的，且后续破产重整申请也是由该债务人提出的，由此各方当事人对债务人在由自己提起的破产清算中是否享有申请转为重整的资格，以及是否符合重整所要求的再建希望发生了争执。那么，结合我国现行的《企业破产法》的规定及破产重整之精神，对人民法院就该争执点的裁决进行分析，对于我们深入掌握后续破产重整的法律规定，具有重要意义。

（一）万豪公司能否在由自己提起的破产清算中提起转重整的申请

《企业破产法》基于现代破产立法兼顾债权人、债务人与社会利益保护的价值取向，确立了重整制度这一相对于破产和解而言更为积极的企业挽救制度。法院作为破产程序的主导者，在适用破产重整程序中有很大的自由裁量权，为做到在实现效益的同时给予债权人充分的保障，严格把控重整启动则是关键点之一。为此，需要对破产重整申请进行合理的审查。为最大限度地发挥破产重整的企业挽救功能，《企业破产法》除了在第七条与第七十条第一款规定了债权人和债务人的初始重整申请权之外，还在第七十条第二款规定了后续破产重整申请权。不过，立法将后续破产重整申请权人限制为在债权人申请破产清算受理后，宣告破产前的破产清算中的债务人或出资额占债务人注册资本十分之一以上的出资人。对于债权人是否享有后续破产重整申请权，以及债务人自行申请破产清算受理后，债务人是否还能申请重整，《企业破产法》并未作出明确规定。对此，在学界有不同的声音。有学者认为，债务人进入破产程序后，债权人无后续破产重整申请权；并且破产程序若由债务人申请进入，则债务人自己不能再申请重整。其理由如下：一是根据法律保留原则，司法裁判无权创设后续破产重整申请权这种程序性权利，只能由法律作出明确规定；二是在债务人先行申请破产清算时，债务人自身对企业是否能够挽救最为清楚，不赋予后续破产重整申请权，既有利于申请人理性选择破产程序，也符合效率原则。① 还有学者认为，债权人和债务人都有后续破产重整申请权。其理由在于：一是《企业破产法》没有禁止规定上述两类主体的后续破产重整申请权；二是随着破产清算程序的推进，企业的重整存续价值会被更好地发现，赋予债权人和债务人后续破产重整申请权，可以更好地实现破产重整的挽救功能。② 实际上，我国在司法实践中对此已经有所规定。如2019年出台的《北京破产法庭破产重整案件办理规范（试行）》第七条就规定了债权人也享有后续重整申请权。③ 因此，我们认为，在立法未明确禁止且充分发挥重整制度挽救功能的考量下，应赋予债权人享有后续破产重整申请权，债务人自行申请破产清算受理后，债务人才能申请重整。

但就本案而言，二审法院合议庭认为，《企业破产法》规定后续破产重整申请权，是破产法倡导通过重整避免清算的立法旨趣体现。因此，在《企业破产法》并未作出禁止规定的情形下，不能轻易否定债务人启动程序转换的权利。事实上，债务人提起破产清算申请后，因市场环境因素等的变化，可能会出现债务人破产启动时陷入严重的财务困境，但启动后因资产升值（如本案所涉股票）从而具备从破产清算转向重整可能的情形。因此，债务人申请破产清算被受理后，仍可提出重整申请，启动程序转换。我们认为，该案的裁决合理合法。

（二）万豪公司是否符合后续破产重整的条件

根据商法的效益原则，重整制度的关键是解决企业陷入财务困境后如何使它可能存在的价值最大化，以及最终实现该价值后如何分配的问题。④ 因此，对重整程序的启动应遵循效益原则，作出判断。按照程序正义的要求，虽然应避免因重整程序启动困难或成本较高而阻碍当事人的自愿选择，但是也不能因没有标准而导致当事人滥用重整程序，造成司法资源的浪费。⑤ 因

① 孙涛，赵锦辉. 破产重整申请权相关问题研究［C］//河南省法学会，山西省法学会，湖北省法学会，安徽省法学会，江西省法学会. 第十二届"中部崛起法治论坛"论文汇编集，2019：6.
② 曾岩. 论我国重整程序启动机制的优化［D］. 武汉：中南财经政法大学，2021.
③ 《北京破产法庭破产重整案件办理规范（试行）》第七条：破产清算申请受理后、破产宣告前，债权人、债务人或者出资额占债务人注册资本十分之一以上的出资人，可以向人民法院申请重整。
④ 王宗正，张分夏. 论破产重整启动之"再建希望"要件［J］. 东南学术，2023（4）：238-245.
⑤ 张世君. 我国破产重整立法的理念调适与核心制度改进［J］. 法学杂志，2020（7）：14-23.

此，这就需要在重整制度中设置一个前置程序对申请重整的主体进行筛选。后续破产重整因为程序更为复杂，需要更为严格的条件，只有那些具有再建希望的债务人方可适用后续破产重整。如前所述，根据《企业破产法》的规定，任何企业法人均可适用重整程序，且对再建希望也不做要求。但从一些指导破产重整程序的司法政策文件的规定来看，对再建希望是有要求的，不少法官还是将再建希望作为审查重整申请的考察范围，体现为对重整价值及重整可行性的审查。

就重整价值而言，《企业破产法》对重整价值及其判断方法并没有作出规定。《全国法院破产审判工作会议纪要》第十四条规定："人民法院在审查重整申请时，根据债务人的资产状况、技术工艺、生产销售、行业前景等因素，能够认定债务人明显不具备重整价值以及拯救可能性的，应裁定不予受理。"该规定并没有区分重整价值与重整可能性。有学者提出了判断重整价值的考虑因素："困境企业的拯救价值体现在其继续经营价值高于清算价值，维持企业的继续经营有利于债权人、债务人、出资人、员工等各利害关系人，有利于社会整体价值最大化。"① 重整价值，即继续经营价值和清算价值的差值，继续经营价值是否高于清算价值需要做个案分析，只能交由利益相关者通过投票来决定是否重整。②

经营价值体现在企业正常经营所带来的企业资产保值增值、保持客户资源、维持企业信用、参与市场竞争从而维持市场地位等方面。在本案中，万豪公司是上市公司万达信息的第二大股东，它作为持股平台，本身并不从事子公司直接的生产经营，自身没有营业，因此有观点认为万豪公司不具有重整价值。但万豪公司作为市场主体，持有上市公司万达信息大量股权，万豪公司依照公司章程规定向万达信息派驻董事，从而参与决定万达信息的经营计划和投资方案等。万豪公司依法通过公司治理结构，对上市公司拥有影响掌控力，这本身就是万豪公司的核心价值，具有一定的稀缺性，故万豪公司具有营运价值。此外，万豪公司作为万达信息的第二大股东，重整有利于股价稳定和市场预期。从债务清偿的角度来说，经过测算，重整相比清算能够节约大笔税款，有利于破产财产价值最大化，提高普通债权清偿率，因此万

① 贺小荣，王富博，杜军. 破产管理人与重整制度的探索与完善：《全国法院破产审判工作会议纪要》的理解与适用（上）[J]. 人民司法（应用），2018（13）：9.

② 高丝敏. 破产法的指标化进路及其检讨：以世界银行"办理破产"指标为例 [J]. 法学研究，2021（2）：193-208.

豪公司具有重整价值。

从案情介绍可知，万豪公司尚未被宣告破产，但债权人会议已通过拍卖全部股票之破产财产变价方案。《企业破产法》第六十四条第三款规定："债权人会议的决议，对于全体债权人均有约束力。"债权人会议形成的决议非经法定程序撤销即应当执行，万豪公司并未按照《企业破产法》的规定，请求人民法院裁定撤销该决议。既然该决议未被撤销，各方当事人就应当执行债权人会议所通过的股权拍卖决议。股权一旦被拍卖，万豪公司作为第二大股东的持股地位就会丧失，失去核心价值，其将不再具备营运价值。破产清算程序进入变价方案执行阶段后，原则上不应再转入重整程序，否则将会对债权人会议所作决议的效力和执行力造成不利影响，同时也影响破产程序的确定性及效率，违背了各方预期，不具备良好的重整时机。

重整的成功依赖于引入新的投资和投资人，所投入资金用于清偿债务，以及投入企业后续营运，这是重整成功不可或缺的经济保障。从案情介绍可知，万豪公司及意向投资人精准医疗虽然在二审听证中陈述了重整的好处及精准医疗的资金实力，且精准医疗在上诉听证中两次主动承诺提交首笔投资款，然而精准医疗两次都未履行承诺，意向投资人也并无投入资金的诚意，这足以说明精准医疗无法通过引入资金而使万豪公司实现债务清偿并保留其营运价值，缺乏充足的资金保障。

综上所述，万豪公司虽享有后续破产重整申请权，其本身也有重整价值，但不具备良好的重整实际，且缺乏重整资金保障，不具备重整可行性，对其重整申请应予驳回。

四、课程思政解读

"上海万豪投资有限公司申请破产清算转重整案"所涉及的课程思政元素可以从以下几个方面来分析：一是如何通过该案所依据的法律规则来理解后续破产重整的价值；二是后续破产重整制度的价值如何用于指导对现行后续破产重整制度规则的理解与适用；三是如何用后续破产重整制度的价值为优化制度提供指引。后续破产重整作为法院裁定受理债务人破产清算后，申请人再提出转为重整的一种形式，是对效率原则的贯彻，具有典型的追求社会公平的价值目标，也是最大限度保护当事人合法权益的制度设计。

（一）后续破产重整的权益保护价值

保护主体的民事权益，是民商法的基本价值目标。基于此，《企业破产法》及破产重整制度，也将保护债权人利益作为其终极目标。在多数情况下，企业的营运价值高于它的清算价值，即高于它的净资产通过清算变价所能获得的价值回收。但在企业破产清算中，企业资产的组合成本、商业信誉、企业名称、供货渠道、客户网络、公共关系、技术秘密、未来市场回报等无形资产的价值在清算变卖中会因损耗和灭失而贬值，降低了债务人资产的偿债能力。从本质上可以说，破产清算是一种破坏资产价值的偿债方式，只重视偿债的速度，忽视偿债的效果，虽然在一定程度上加快了对资源的重置，但是这种方法是以损害和灭失债务人的相应资产价值为代价的，不利于提升债务人资产的偿债率，难以保证债权人利益的最大化。企业重整制度所具有的企业挽救功能，能够保护现有企业资产在运营状态下继续创造价值，使得债权人的债权清偿额能够比破产清算时高很多，最大限度地实现债权人利益。同时，因为企业重整制度是以挽救企业破产为手段来实现对债权人的债权，这也从一定程度上避免了因破产清算变卖所导致的债务人资产价值的损耗和灭失，有效维持了企业的就业和资产，从而彰显了《企业破产法》在维护债权人利益的同时兼顾债务人利益的价值目标。

（二）后续破产重整的效率价值

美国法学家波斯纳认为，效率是一种资源的配置方式，只有能够使资源配置实现最大化的方式才是有效率的配置方式，才能实现社会财富的最大化。商法与民法的区别之一，即其在价值目标上遵循效率优先。《企业破产法》作为商法的重要组成部分，效率原则贯穿于其制度始终。在后续破产重整程序中，效率原则也得到了充分诠释。例如，在后续破产重整启动中，更早地对困境企业进行重整，在困境企业尚未达到破产境地的时候，及时从破产清算转为对企业进行重整，不仅可以节约企业自身资本，还能向潜在投资者表明企业再生的希望与资助其重整成功后的价值回报，提高重整效率。适时地启动重整程序还要求不该启动重整程序的企业不启动重整程序或者直接破产清算，以防止因无效重整对债权人利益造成损害，同时也有助于提高一定的债权清偿率。当然，基于破产重整的效率价值，立法应当给予债权人和债务人充分的后续破产重整申请权。

（三）后续破产重整公平价值

公平正义是法律的永恒追求，在《企业破产法》上的表现即为公平清偿。从这个角度来看，《企业破产法》从本质上来看就是一部公平清偿法，体现的是一种将债务人的有限财产在所有的权利主张者之间进行公平分配的理念，是一种关系社会整体的社会公平。其体现在实体意义与程序意义两个方面：（1）在实体意义方面，也就是对利益关系人的实体权利进行公平的分配。在从破产清算转入破产重整程序后，破产重整企业的所有财产都将被统一管理，并经受破产重整监督人及广大债权人的监督。破产重整通过调整普通债权人、别除权人、股东及其他利害关系人与重整企业的利益关系，限制担保物权的行使，来达到挽救企业、避免公司解散的目的。如果顺利地完成企业重整，债务人就能摆脱困境，营运价值将得到维持，企业财产将继续得到有效运用。利害关系人和债权人可以获得超过清算价值的运营溢价，职工的工作可以得到保留，相对人与债务人之间的交往关系能够予以维持，甚至债务人所在的社区也会因此受益。可见，破产重整程序是在更大范围内平衡各利益相关者的利益，平等对待所有利益相关者，体现的是一种综合性的社会公平。（2）在程序意义方面，破产重整制度使更多的债权人、出资人等利益相关者能够参与债务人的破产重整过程，尽量实现重整过程的公开性、透明性。

五、问题拓展讨论

（一）结合破产公平清偿原则与交易安全之间的平衡理念，谈谈你对《企业破产法》关于后续破产重整申请的规定有何评价。是否有必要赋予债权人后续破产重整申请权？

（二）基于社会主义核心价值观之公平与效率的价值观察，谈谈《企业破产法》对后续破产重整启动的条件规定有何不足、如何改进。

（三）企业宣告破产后，你认为是否应当赋予债务人后续破产重整申请权？

👍 **六、阅读文献推荐**

1. 《商法学》编写组：《商法学》（第二版），高等教育出版社，2022 年。

2. 韩长印：《破产法教程》，高等教育出版社，2020 年。

3. 王欣新：《破产法》（第四版），中国人民大学出版社，2019 年。

4. 许德风：《破产法论——解释与功能比较的视角》，北京大学出版社，2015 年。

5. 齐明：《破产法学——基本原理与立法规范》，华中科技大学出版社，2013 年。

6. 崔峰：《破产典型案例剖析与实务指南》，法律出版社，2023 年。

7. ［德］莱因哈德·波克：《德国破产法导论》（第六版），王艳柯译，北京大学出版社，2014 年。

8. ［美］道格拉斯·G. 贝尔德：《美国破产法精要》（第六版），徐阳光、武诗敏译，法律出版社，2020 年。

最大诚信原则

案例 27：付某卫与中国人民财产保险股份有限公司
上海市闸北支公司意外伤害保险合同纠纷案

⚠ 一、知识点提要

保险活动的特点是：投保人熟悉、掌握或控制保险标的，而保险人对保险标的的具体风险不清楚；保险人制定内容繁多、专业性强的保险条款，而投保人不能完全理解。投保人与保险人双方由此产生严重的信息不对称现象，为保障保险消费者的合法权益，保护保险公司的经营活动，保险合同要求投保人和保险人遵循最大诚信原则。本案涉及保险人的最大诚信——说明义务。

（一）保险人的最大诚信

1. 保险人的最大诚信——说明义务

说明义务是保险人在订立保险合同时应当依法将保险合同条款、专业术语特别是免责条款等，向投保人提示、解释的法定义务。《中华人民共和国保险法》（以下简称《保险法》）第十七条规定："订立保险合同，采用保险人提供的格式条款的，保险人向投保人提供的投保单应当附格式条款，保险人应当向投保人说明合同的内容。对保险合同中免除保险人责任的条款，保险人在订立合同时应当在投保单、保险单或者其他保险凭证上作出足以引起投保人注意的提示，并对该条款的内容以书面或者口头形式向投保人作出明确说明；未作提示或者明确说明的，该条款不产生效力。"保险人的说明义务包含两个方面：一是对格式条款的说明义务；二是对免责条款的明确说明义务。免责条款的明确说明义务是关注的重点。

2. 明确说明义务的履行

明确说明义务的履行中往往会遇到以下几个问题：

第一，明确说明的方式。《保险法》第十七条规定："保险人在订立合同时应当在投保单、保险单或者其他保险凭证上作出足以引起投保人注意的提示，并对该条款的内容以书面或者口头形式向投保人作出明确说明。"该义务的履行应采用提示加明确说明的方式。最高人民法院《关于适用〈中华人民共和国保险法〉若干问题的解释（二）》（以下简称《保险法司法解释（二）》）第十一条进一步明确了提示和明确说明的方式，提示的方式为"以足以引起投保人注意的文字、字体、符号或者其他明显标志作出提示的"，明确说明的方式为"对保险合同中有关免除保险人责任条款的概念、内容及其法律后果以书面或者口头形式向投保人作出常人能够理解的解释说明"。

第二，明确说明的对象。《保险法》第十七条规定了"对保险合同中免除保险人责任的条款，……作出明确说明"，明确说明的对象为免除保险人责任的条款，通常被称为免责条款。《保险法司法解释（二）》进一步明确免责条款，条款内容为："保险人提供的格式合同文本中的责任免除条款、免赔额、免赔率、比例赔付或者给付等免除或者减轻保险人责任的条款。"

第三，明确说明义务履行的标准。判断保险人是否已经履行明确说明义务，不仅涉及上述说明的对象和方式，还涉及如何证明说明义务得到履行。保险法司法解释采用"确认即为同意"规则，投保人对保险人履行了符合要求的明确说明义务在相关文书上签字、盖章或者以其他形式予以确认的，应当认定保险人履行了该项义务。

3. 违反明确说明义务的法律后果

《保险法》第十七条规定："未作提示或者明确说明的，该条款不产生效力。"也就是说，没有履行提示或者明确说明任何一项义务的，都产生免责条款不发生效力的情形，也就是发生免责条款中的情况，保险人应该承担保险责任。法学界对"不产生效力"的性质有不同认识，有的学者认为该条款不构成保险合同的组成部分，有的学者认为该条款是无效条款。值得注意的是，《保险法》第十九条规定："采用保险人提供的格式条款订立的保险合同中的下列条款无效：（一）免除保险人依法应承担的义务或者加重投保人、被保险人责任的；（二）排除投保人、被保险人或者受益人依法享有的权利的。"如果属于《保险法》第十九条规定的条款，保险人履行了明确说明义务，仍然会导致此类条款无效。所以，从体系解释来看，未履行明确说明义务的条款是属于双方意思表示未达成一致，无法成为合同的组成部分。

二、案例介绍

（一）基本案情介绍

原告付某卫通过手机客户端向被告中国人民财产保险股份有限公司上海市闸北支公司投保机动车驾驶人员意外伤害保险，保障项目包括：（1）意外身故、残疾给付、意外医疗费用补偿；（2）意外骨折津贴；（3）意外住院津贴。

该保单特别约定载明："本保险伤残保险金的赔付评定标准及计算方式参照《人身保险伤残评定标准》（标准编号为 JR/T0083-2013）。"该保单首部处载明："鉴于投保人已仔细阅读了本保险所适用的保险条款，并已知悉了保险条款中免除保险人责任的内容（包括但不限于责任免除、投保人被保险人义务、保险金申请与给付等），愿意按照上述保险条款的约定向保险人投保机动车驾驶人员意外伤害保险，并按本保险合同约定交付保险费，保险人同意按照本保险合同的约定承担保险责任，特立本保险单为凭。"

《机动车驾驶人员意外伤害保险条款》确定：（1）残疾给付标准：在保险期间被保险人遭受意外伤害，并自该意外伤害发生之日起180日内因该意外伤害造成本保险合同所附《人身保险伤残评定标准》所列伤残程度之一的，保险人按《人身保险伤残评定标准》所对应伤残等级的给付比例乘以保险金额给付残疾赔偿金……（2）意外医疗费用补偿标准：被保险人在每次意外伤害中所支出的必要且合理的，符合本保险合同签发地政府颁布的基本医疗保险报销范围的医疗费用，保险人在扣除社会基本医疗保险或任何第三方（包括任何商业医疗保险）已经补偿或给付部分，以及本保险合同约定的免赔额后，对其余额按本保险合同约定的比例和门诊限额、急诊限额给付意外医疗保险金。免赔额、赔付比例和门诊限额、急诊限额由投保人、保险人双方约定，并在保险单中载明……（3）骨折津贴标准：被保险人同时遭受《意外伤害事故骨折类别及医疗生活津贴给付日数对应表》所列两项以上（含两项）骨折时，保险人只给付较高一项的骨折津贴。

《人身保险伤残评定标准》规定："本标准对功能和残疾进行了分类和分级，将人身保险伤残程度划分为一至十级，最重为第一级，最轻为第十级。与人身保险伤残程度等级相对应的保险金给付比例分为十档，伤残程度第一级对应的保险金给付比例为 100%，伤残程度第十级对应的保险金给付比例为 10%，每级相差 10%。"

2019 年 6 月 29 日，原告从高处坠落，当日前往上海市同仁医院入院治疗，并于 2019 年 7 月 21 日出院。上海市同仁医院诊断为：（1）右侧跟骨骨折；（2）腰椎骨折；（3）右侧肘挫伤；（4）左侧创伤性急性硬膜下出血；（5）创伤性蛛网膜下出血。2020 年 12 月 29 日，原告为去除骨折内固定装置再次前往上海市同仁医院入院治疗，并于 2021 年 1 月 5 日出院。

事后，原告要求被告赔付包括意外医疗费用补偿、伤残给付保险金、意外骨折津贴，以及意外住院津贴四部分。针对原告主张的上述赔付项目及赔付标准，被告要求按照保险条款及保单特别约定条款进行认定。原告则认为，被告提供的保险条款及保单特别约定条款均系格式条款，被告未尽提示或说明义务，且原告未收到保单和保险条款，故应认定为无效。由此，双方产生争议，提起诉讼。

法院进一步查明：以上保险条款，原告表示未收到。手机投保的电子保单尾部处载明："本电子保单已嵌入数字签名。请访问 http：// www.epicc.com.cn/epolicvserver/checkverify.html 查看验证方法。"经查明，该网页无法查询到原告的签名，被告未提供证据证明原告本人在投保过程中已阅读并接受了相关保险条款。

（二）争议焦点与裁判结果

1. 争议焦点

（1）《机动驾驶人员意外伤害保险条款》《人身保险伤残评定标准》中争议的保险条款是否对原告产生效力。

（2）原告主张的意外医疗费用补偿、伤残给付保险金、意外骨折津贴、意外住院津贴及鉴定费应如何认定。

2. 裁判结果

（1）本案应适用《民法典》第四百九十六条规定，保险人应对"免除或者减轻其责任等与对方有重大利害关系"的格式条款履行提示和说明义务。被告在保单特别约定条款中均未能作出提示和说明，且被告提供的证据不能反映原告本人签字确认的情况，故被告援引的上述赔付项目所涉及的保险条款及保单特别约定条款均对原告不产生效力。关于残疾给付，被告要求按照《人身保险伤残评定标准》进行伤残等级鉴定和计算赔付标准；关于意外骨折津贴，被告要求按照《骨折津贴保险条款》计算相应的赔付天数；关于意外住院津贴，被告要求扣除免赔日。法院均不予认可。

（2）关于意外医疗费用补偿，确认原告实际产生与本次事故有关的医疗费金额为 132293.92 元，已超过保险限额 120000 元，法院认定医疗费为 120000 元。关于伤残给付保险金，参照伤残给付的认定标准，鉴于涉案意外事故并非第三人侵权行为引起，不能依据侵权责任标准计算伤残赔偿金，法院综合考量本案案情、合同约定及双方过错程度酌情认定残疾给付保险金为 150000 元。关于意外骨折津贴，结合原告提供的保单和三期鉴定意见书，法院确认意外骨折津贴为 360000 元。关于意外住院津贴，依据保单"保障项目"及原告住院天数，法院确认意外住院津贴为 6200 元。关于鉴定费，原告为查明伤残等级及营养期、护理期、休息期而支付鉴定费 6820 元，属于合理必要支付范畴，应由被告在保险限额范围内予以赔付。

三、案例分析

（一）保险条款效力问题的法律适用

如何认定《机动车驾驶人员意外伤害保险条款》《人身保险伤残评定标准》中有争议的保险条款的效力，法院适用了《民法典》，《民法典》第四百九十六条中有关于"免除或者减轻其责任等与对方有重大利害关系"的格式条款的规定，该规定比《保险法》第十七条及其司法解释的规定增加了"等与对方有重大利害关系"内容，扩展了应进行说明的条款范围。《保险法》有关保险合同的规定是商事特别法，而《民法典》合同编的规定是民事合同普通法，根据特别法优于普通法的规则，应优先适用《保险法》。但《民法典》是后法，根据后法优于前法的规则，应优先适用《民法典》。此时两个规则发生矛盾。免责条款的法定说明义务于 1995 年颁布的《保险法》就予以规定，1999 年的《合同法》规定了免除或者限制责任的格式条款说明义务。此时，《保险法》和《合同法》对于应该说明的条款均限于"免除或者减轻（限制）格式合同制定者责任条款"，两者的规范是一致的。《民法典》对《合同法》相关内容进行了修改，而在没有对《保险法》进行修改的情况下，根据后法优于前法的规则，应适用《民法典》的规定。

本案适用《民法典》还涉及一个问题：本案系争法律事实发生于《民法典》施行前，一般应适用法律事实发生时的法律规范。最高人民法院《关于适用〈中华人民共和国民法典〉时间效力的若干规定》第二条规定，系争法律事实发生于《民法典》施行前的，当时的法律、司法解释有规定，适用当时的法律、司法解释的规定，但是适用《民法典》更有利于保护民事主体合法权益，更有利于维护社会和经济秩序，更有利于弘扬社会主义核心价值观的除外。法院认为本案适用《民法典》更有利于保护投保人及被保险人的合法权益、更有利于规范保险人的提示和说明义务，应适用《民法典》上述规定。

(二) 保险人的说明义务

有关《机动车驾驶人员意外伤害保险条款》《人身保险伤残评定标准》中免除保险人责任、减轻保险人责任等与投保人有重大利害关系的保险条款，保险人应该履行提示和说明义务。本案中，电子保单有关提示内容未采用突出显示，并且在网页中亦无法查询到原告的签名，被告未提供证据证明原告本人在投保过程中已阅读了相关保险条款。因此，保险人既未履行提示义务，也未履行说明义务，相关条款不发生效力。《民法典》和《保险法》对于违反格式条款说明义务的，均规定未履行提示或者说明义务，对方可以主张该条款不成为合同的内容。

1. 有关伤残给付保险金计算依据问题

本案中，被告根据保单特别约定"本保险伤残保险金的赔付评定标准及计算方式参照《人身保险伤残评定标准》"确定赔付金额，原告根据法定的人身损害赔偿标准计算相应的赔付金额。法院最终既未依据《人身保险伤残评定标准》，也未依据人身损害赔偿标准确定伤残给付保险金，而是在综合考量案情、合同约定及双方过错程度的基础上酌情予以认定。

2. 计算依据的法律基础分析

伤残保险赔偿是通过分散被保险人损失的风险，对被保险人的损害进行合理补偿，而非责难或惩罚保险人，其主要的功能在于填补被保险人的人身损害和转移风险，降低被保险人因丧失相应劳动能力而遭受的损失。因而伤残保险赔偿是分散危险下的弥补损失，保险制定了自己的伤残赔偿标准。而人身侵权损害是权利人的身体权、健康权、生命权遭受第三人不法侵害时，以对第三人的不法行为进行否定性评价为基础，将损害赔偿作为一种纠错机制，平衡双方利益，在功能上实现填补损害、惩罚不法行为的目的。法定的人身损害赔偿在贯彻完全赔偿的原则基础上，根据我国居民实际生活水平，确定相应的计算标准。在本案中，虽然保险人对其自定的《人身保险伤残评定标准》未履行格式条款的说明义务，相关格式条款不发生法律效力，但对《侵权责任法》规定的人身损害赔偿和保险中的人身伤害保险赔偿应该予以区分，而非直接适用法定的人身损害赔偿标准。①

3. 法院说理的完善

法院认为，要对双方过错程度酌情考量，确定保险人说明义务的责任，失之偏颇。保险人身损害赔偿和侵权中的人身损害赔偿的原理、机制不同，应该是本案在保险伤残赔偿金认定上的主要理由。说明义务本身是保险人应该履行的义务，保险人履行该义务时无须投保人的辅助。根据现有证据，法院认定保险人未履行说明义务，对此投保人没有任何过错。被保险人因意外受伤，亦不是他的过错，即使是因被保险人的过错而受伤，正是合同中约定的保险人承担责任的条件，被保险人并不因此而减少保险赔偿金。因此，投保人不存在因过错要承担责任的基础。

4. 网络投保

随着互联网的普及，越来越多的保险通过网络以电子化的方式进行保险。本案保险即是通过手机移动互联网投保的，投保人的告知、保险人的说明、投保单、保险单等均以电子化文件的方式存在。作为互联网金融保险产品，保险人在销售保险产品的过程中亦应严格履行其法定义务，而且应该采用在电子化的条件下，能满足《保险法》及其司法解释的明确说明方式。中国银行保险监督管理委员会曾发布《关于规范互联网保险销售行为可回溯管理的通知》并要求销售页面应对保险产品进行充分说明，披露信息准确、完整，保障消费者知情权。本案证据显示，被告提供的网页无法查询到原告的签名，被告未提供证据证明原告本人在投保过程中已阅读了相关保险条款。电子化对保险人的说明义务提出了与纸质时代不同的要求，保险人要从管理和技术两个方面同时跟进。

---

① 张新宝. 工伤保险赔偿请求权与普通人身损害赔偿请求权的关系 [J]. 中国法学，2007 (2)：52-56.

✎ 四、课程思政解读

付某卫与中国人民财产保险股份有限公司上海市闸北支公司意外伤害保险合同纠纷的课程思政元素可以归纳出以下几个方面：第一，说明义务的诚信基础；第二，说明义务的正义基础；第三，数字化保险活动中的诚信与公平正义。

(一) 说明义务的诚信基础

诚实信用是一种道德标准，是人的一种修养，是一种能够为他人称颂的美好品质。孔子提出："诚者，天之道也；诚之者，人之道也。"诚实信用至今仍是我们在日常生活中应遵循的最基本的道德标准。将优秀传统文化中的诚信思想融入现代法治观念中，是我国社会主义法治的鲜明特点。

诚实信用原则，经历了从道德向法律的转变，法治化的诚实信用的形成，使得诚实信用原则兼具道德和法律的双重性质。1987年的《民法通则》就将诚实信用原则作为民事主体进行民事活动必须遵循的一项基本法律原则，后来的《民法总则》及现在的《民法典》始终将诚信原则作为民法的最基本原则，并在理论界和实务界确立了诚实信用原则"帝王规则"的地位。诚实信用原则作为"帝王规则"，它约束着民事主体在经济活动中诚实不欺，为一切市场经济参加者树立不得损害他人利益和社会公共利益的"诚实商人"的道德标准。①

诚信原则在古罗马时期表现为"裁判诚信"，裁判者运用自己的权威，按诚实、信义、善意等朴素理念，解决贸易往来中的争议，保障交易的公平顺利进行。而后，法学家将诚信分为两类，一是注重内在心理的主观诚信，二是注重外在行为的客观诚信。主观诚信是一种当事人确信自己未侵害他人权利和不知侵害了他人权利的心理状态，或者是因可以原谅的错误无意侵害了他人的权利。主观诚信主要将"善意"纳入其范畴。客观诚信将落脚点放在行为上，对外交往中不试图欺骗或损害任何人，也不以极端或不必要的方式行使权利或权能。客观诚信已成为诚实信用原则的主要内容。

《民法典》第七条规定了诚实信用原则："民事主体从事民事活动，应当遵循诚信原则，秉持诚实，恪守承诺。"在合同领域，从先合同义务到合

---

① 梁慧星. 诚实信用原则与漏洞补充 [J]. 法学研究，1994 (2)：22-29.

同的履行，诚信原则都得到了体现，如对附随义务的规范即是诚信原则的具体表现。《保险法》第五条规定："保险活动当事人行使权利、履行义务应当遵循诚实信用原则。"该法具体通过投保人的如实告知义务和保险人的说明义务的规范，贯彻保险活动中的诚实信用原则。

学界和司法实践中一般将保险的诚信原则表述为最大诚信原则。从字面就可以看出，最大诚信原则比诚信原则的要求更高、更严格。诚信原则要求民事主体在市场活动中不做虚假陈述、不得欺诈对方，但它并不否定民事主体利用自身信息优势获取合理利益，而保险的最大诚信原则排除投机行为与道德风险行为。保险是风险管理工具而非投机工具，投保人的如实告知义务排除投保人的投机和道德风险，使得投保人在遇到不可预知的危险时，获得保险保障。而保险人的说明义务能够排除保险人利用专业优势、信息优势不合理排除投保人获得保障的可能。

（二）说明义务的正义基础

保险人说明义务是保险合同最大诚信原则的具体化。诚实信用作为民法中的"帝王规则"，要求合同各方当事人在缔结合同时，意思表示真实，不欺诈。保险合同的最大诚信原则是民法诚信原则在部门法中的具体体现。民法中的诚信原则要求参与合同签订的每一方都有义务考虑对方的利益，并根据当时的情况提供适当的信息和建议，违反该义务将导致承担缔约过失责任的后果。

实现正义是法律的根本价值，正如罗尔斯所言："正义是社会制度的首要价值，真理是思想体系的首要价值一样。"① 跟随契约理论正义观的发展过程，可以拓展理解保险人说明义务的视野。契约法理论可以被划分为古典契约法理论、新古典契约法理论和关系契约理论三个阶段，三个阶段中正义观的内涵也在不断发生变化。

（1）古典契约法理论。古典契约法理论建立在"主体平等"和"完全自由市场"的假定基础上。通过理性"经济人"的假设确立"主体平等"的假设，以契约缔约者严格的相对性、充分的信息、足够的选择构成"完全自由市场"的假设，形成古典契约法理论中的契约自由即契约正义的思想。

① ［美］约翰·罗尔斯. 正义论［M］. 何怀宏，何包钢，廖申白，译. 北京：中国社会科学出版社，1988：3.

在私法领域采用意思自治和契约自由原则，严格遵守契约和形式正义的理念。英国大法官乔治爵士这样定义契约自由在司法中的认定：法律赋予有理解能力的成年人最完整充分的契约自由，他们在自由的意志下缔结的契约受法律的保护，视为神圣不可侵犯。此契约本身无须审查，即可成为法院强制执行的依据。[1] 此时正义观的表达主要为自由即正义。

（2）新古典契约法理论。随着市场和经济的发展、分工和交换的加强、竞争和垄断的加剧，完备契约订立的客观基础——"主体平等"和"完全自由市场"这两个古典契约法理论的前提发生了动摇，缔约双方地位产生了实质不平等。为避免弱势方受到损害，新古典契约法理论通过诚实信用等原则增加法律弹性，缓和了古典契约法理论的僵化之处，保护缔约弱势方尤其是消费者的合法权益。新古典契约法理论以强化缔约信息提供义务为重要手段，扩大了契约责任，并通过程序上的强制，解决缔约过程中信息不对称问题，以程序正义保障实质正义的实现。[2] 现代民法在价值取向上由安定性转向社会妥当性，实质正义占据主导地位。

（3）关系契约理论。该理论进一步脱离了合意这一单一范畴，认为契约根源于社会关系，存在着从个别性契约向关系性契约发展的阶段性谱系。[3] 在信息提供义务上，缔约双方力量强弱、社会关系、信息重要程度、企业组织结构等更广泛、更综合的因素被纳入考量。在关系契约论下，衡量正义的维度更为丰富，程序正义、分配正义、自由、平等及人的尊严等一系列因素均成为衡量缔约双方权利义务的因素。

梁慧星将近代民法向现代民法发展的理念归纳为形式正义向实质正义的转变。现代契约理论主张对契约自由的限制，并以实现契约的实质正义为目标。博登海默曾说过，正义具有一张普罗透斯式的脸，就如希腊海神一样具有变幻无常的面貌，随时可变化成不同形状，使人无法捉摸。[4] 正义具有含义的不确定性和价值的多元性，以秩序、自由、平等、安全、效率、公平等展示其多面性。基于正义的多维度，格式合同体现了权力不平等，可以通过程序与实体两方面制度来构造和维护实质公平正义，信息提供义务是从程序

① 何勤华. 英国法律发达史 [M]. 北京：法律出版社，1999：264.
② 钱思雯. 保险人说明义务之解构与体系化回归 [J]. 保险研究，2017（9）：107-119.
③ 钱思雯. 保险人说明义务之解构与体系化回归 [J]. 保险研究，2017（9）：107-119.
④ [美] 埃德加·博登海默. 法理学：法哲学及其方法 [M]. 邓正来，姬敬武，译. 北京：华夏出版社，1987：238.

角度对格式合同进行外部控制，无效条款的规定则从实体角度对格式合同进行内部控制。保险合同作为典型的格式合同，保险责任的内容及保险专业术语与常人的理解认识不一的，赋予保险人说明义务符合多元的实质正义观。

当然，随着科技和社会经济的发展，在社会中保险知识逐渐被普及，保险人的说明义务内容也应动态调整，以符合实质正义的要求。

（三）数字化保险活动中的诚信与公平正义

本案当事人通过网络投保，目前对于互联网保险并没有统一的定义，互联网保险的突出特点是以互联网平台为载体，有强烈的技术特性，体现在保险合同的签订、履行等各方面。不规范的网络保险进一步加剧了保险人和投保人之间的信息不对称现象。有学者通过实证研究进一步指出，互联网保险合同中保险人与投保人之间的信息不对称不仅没有降低，反而由于保险人利用技术手段隐瞒信息，加剧了信息不对称现象，造成信息利益失衡。① 互联网保险增强了保险人对于保险合同条款的制定、合同条款输出的信息优势，为平衡保险人和投保人各方的利益，更应该从最大诚信原则出发，以实现实质正义为目标，确定网络保险说明义务的履行方式和内容。

本案中，通过被告提供的网址，无法查询到原告的签名，被告解释该原因系被告系统升级。法院认定被告并未提供证据证明其向原告交付了无论何种形式的保险条款，亦未向原告提示阅读保险条款。中国银行保险监督管理委员会亦曾发布《关于规范互联网保险销售行为可回溯管理的通知》，其中第三条要求销售页面应对保险产品进行充分说明，披露信息准确、完整，保障消费者知情权。保险人作为拥有技术优势的一方，对于因技术发展过程中所产生的问题导致的对己方的不利，承担相应法律后果，反映了互联网保险下的最大诚信和实质正义。

五、问题拓展讨论

1. 结合最大诚信原则，谈谈如何评价《保险法》及司法解释在说明义务中所采用的方式。如何针对不同的免责条款、在不同签订形式下将说明义务具体化。

---

① 王鹏鹏. 互联网保险合同信息利益失衡的规制路径研究［D］. 厦门：厦门大学，2018.

2. 比较社会主义核心价值观的诚信与保险合同最大诚信原则的价值追求，谈谈法律的诚信与道德的诚信相互之间的关系。

👍 六、阅读文献推荐

1. 《商法学》编写组：《商法学》（第二版），高等教育出版社，2022 年。

2. 李玉泉：《保险法》（第三版），法律出版社，2019 年。

3. 贾林青：《保险法》（第六版），中国人民大学出版社，2020 年。

4. 郭宏彬：《保险法论》，中国政法大学出版社，2019 年。

5. 任自力、陈欣、李志强等译：《美国纽约州保险法：中译本（上）》，光明日报出版社，2020 年。

6，王前飞：《以案说法：揭开〈保险法〉的面纱（上）》，中国金融出版社，2023 年。

7. 韩长印、何新：《保险法疑难案例评注（2021 年卷）》，法律出版社，2022 年。

责任保险

案例28：广东翊德环保纸业有限公司
与北部湾财产保险股份有限公司广东省分公司保险纠纷案

一、知识点提要

（一）责任保险的含义

　　责任保险是指以被保险人对第三者依法应负的赔偿责任为保险标的的保险，属于财产保险的范畴。保险人对被保险人由于过失或意外事故造成第三者的人身伤亡或财产损失，根据法律或合同的规定，应由被保险人承担经济赔偿责任，保险人按照保险合同约定负责赔偿。责任保险中要注意两个责任，一是被保险人应承担的法律上的赔偿责任，二是保险人应承担的保险责任。前者是责任保险合同的保险标的，后者是责任保险合同中保险人的义务。责任保险的保险标的是责任风险，指公民和法人在经济、贸易、生产、经营、业务活动和日常生活中，因过失或者意外造成第三者的人身伤亡或财产损失，而依法应对受害者承担经济赔偿责任的可能性。作为保险标的的责任一旦产生，被保险人将因承担民事赔偿责任而遭受经济损失，如果被保险人没有民事赔偿责任，则保险人不会遭受经济损失。学习责任保险，首先要区分清楚作为保险标的的被保险人的赔偿责任和作为保险人义务的保险责任。

　　民事赔偿责任作为责任保险保险标的的责任，包括侵权责任和合同责任：（1）侵权责任，因过失造成第三者人身伤害或财产损失，依法应该承担的侵权民事赔偿责任是责任保险的保障对象。一般来说，因故意损害他人的人身和财产，由此产生的侵权损害赔偿责任，因为道德风险的存在，无法获得保险保障。（2）合同责任，因合同责任的分配或者违反合同义务而产生的对合同相对方的民事赔偿责任或者义务。一般来说，合同责任的保险比较少。

（二）责任保险的赔偿

责任保险的直接赔偿对象是被保险人，间接赔偿对象是第三者，即受害人。当保险事故发生后，受害人有权向被保险人索赔，被保险人有权向保险人索赔。保险人对被保险人的赔偿间接保护了受害人的利益。《保险法》第六十五条规定："保险人对责任保险的被保险人给第三者造成的损害，可以依照法律的规定或者合同的约定，直接向该第三者赔偿保险金。责任保险的被保险人给第三者造成损害，被保险人对第三者应负的赔偿责任确定的，根据被保险人的请求，保险人应当直接向该第三者赔偿保险金。被保险人怠于请求的，第三者有权就其应获赔偿部分直接向保险人请求赔偿保险金。"此规定赋予了第三者对保险人的保险金直接请求权。

保险人承担保险责任的不仅要确认民事损害赔偿责任属于保险责任范围内的风险，还应确认第三者向被保险人提出了赔偿请求。如果责任事故已经发生，第三者也受到了损害，但第三者不向被保险人请求赔偿，被保险人就无利益损失发生，保险人也不必对被保险人负责。只有在损害事故发生后，被保险人受到第三者的赔偿请求，并发出出险通知和索赔请求，保险人才需弥补被保险人承担对受害人的经济赔偿责任造成的损失。《保险法》第六十五条第三款规定："责任保险的被保险人给第三者造成损害，被保险人未向该第三者赔偿的，保险人不得向被保险人赔偿保险金。"

（三）责任保险的种类

随着现代社会城市化进程的加快、商业活动的增多，尤其是制造业和公共交通的增长，以及法治化水平的提高和社会观念的进步等，责任保险获得快速发展。责任保险涉及的种类繁多，包括公众责任险、雇主责任险、职业责任险、产品责任险等。

（1）公众责任险是以被保险人的公众责任为承保对象、适用范围最为广泛的一类责任保险，主要承保被保险人在公共场所进行生产、经营或其他活动时，因发生意外事故而造成的第三人人身伤亡或财产损失，依法应由被保险人承担的经济赔偿责任，如食品安全责任险、环境污染责任险、展览会责任险、校方责任险、旅行社责任险、物业管理责任险等。

（2）雇主责任险是指被保险人所雇佣的员工在受雇过程中从事与保险单所载明的与被保险人业务有关的工作而遭受意外或患与业务有关的国家规定的职业性疾病，所致伤、残或死亡，被保险人根据《中华人民共和国劳动法》（以下简称《劳动法》）及劳动合同应承担的医药费用及经济赔偿责任，包括应支出的诉讼费用，由保险人在规定的赔偿限额内负责赔偿的一种保险。雇主责任险可以作为工伤保险的补充。

（3）职业责任险是指专业技术人员因工作上的疏忽或过失所造成的依法应负经济赔偿责任，并且由保险人在保险责任范围内负责赔偿的一种责任保险。从事某些特定职业的投保人通常需要购买职业责任保险，如律师、会计师、保险经纪人、医生、建筑师等。

（4）产品责任险是指以生产者、销售者、修理者等因生产、销售、修理的产品存在缺陷，造成用户、消费者或公众的人身伤害或财产损失而依法应承担的经济赔偿责任为保险标的的保险。产品责任险与产品责任法律制度紧密相关，产品责任的归责制度是产品责任保险的法律基础。依据《中华人民共和国产品质量法》，我国采用严格责任和过错推定相结合的方式确定产品责任。

 二、案例介绍

（一）基本案情介绍

2017年3月28日，原告广东翊德环保纸业有限公司（以下简称翊德公司）向被告北部湾财产保险股份有限公司广东省分公司（以下简称北部湾保险）投保了雇主责任险，《雇主责任保险（A）保险单》载明："被保险人为原告，承保项目：伤亡责任，雇员工种：生产工人，雇员人数52人，每人赔偿限额40000元，累计赔偿限额20800000元，免赔额一栏没有注明相应额度；承保项目：医疗费用，雇员工种：生产工人，雇员人数52人，每人赔偿限额40000元，累计赔偿限额2060000元，免赔额100元/100%。保险有效期自2017年3月30日零时至2018年3月29日24时止。"《雇主责任保险（A）保险单》中的条款载明："第三条，本保险合同所称工作人员，是指与被保险人存在劳动关系（包括事实劳动关系）的各种用工形式、各种用工期限、年满十六周岁的劳动者及其他按国家规定和法定途径审批的劳动者。""第四条，在保险期间内，被保险人的工作人员在中华人民共和国境内（不包括港澳台地区）因下列情形导致伤残或死亡，依照中华人民共和国法律（不包括港澳台地区法律）应由被保险人承担的经济赔偿责任，保险人按照本保险合同约定负责赔偿……（八）在抢险救灾等维护国家利益、公共利益活动中受到伤害……""第六条，下列原因造成的损失、费用和责任，保险人不负责赔偿：（一）投保人、被保险人及其代表的故意行为或重大过失行为……"

2017 年 10 月 22 日凌晨，案外人某文化公司 C 栋厂房发生火灾，翊德公司职工赵某先自行参与救火，因火势较大，赵某先无法安全撤离，其在参与火灾救援的过程中不幸遇难。

原告与案外人某文化公司共同赔付赵某先继承人一次性丧葬补助金、供养亲属抚恤金、一次性工亡补助金共计人民币 1150000 元，其中翊德公司支付赔偿金 500000 元。

原告翊德公司要求被告北部湾保险依据《雇主责任保险（A）保险单》支付伤亡责任保险金 40000 元。

被告北部湾保险辩称，雇主责任险的保险标的为雇主依照中华人民共和国法律需要承担的经济赔偿责任。但在本案中，雇主没有法定的损害赔偿责任。首先，死者的死亡依法不能认定为工伤，原告无须承担相应的工伤赔偿责任；其次，死者的死亡不能被视同工伤，原告无须承担相应的工伤赔偿责任；最后，火灾的起因与原告无关，原告不属于侵权人。同时，死者救火的受益人也为案外人翊翔公司，因此原告既不是侵权人也不是受益人，无须承担相应的赔偿或补偿责任。依照相关法律，原告无须对死者的死亡承担经济赔偿责任，被告无须就雇主责任险承担赔偿责任。

（二）争议焦点

本案的主要争议焦点为：第一，赵某先的救火行为是否符合《雇主责任保险（A）保险单》第四条第八项中的抢险救灾等维护国家利益、公共利益的行为；第二，原告是否已实际履行本案的赔偿责任。

（三）裁判结果

一审法院从两方面考虑赵某先的行为是否属于抢险救灾等维护国家利

益、公共利益的行为。第一，赵某先的救火行为是主动救火还是被动救火？被告辩称，赵某先的救火行为是害怕因火势蔓延导致自己的住处受损，是一种自救行为。法院则认为，判断赵某先的救火行为是为了自救还是主动救火，需根据当时救火现场的具体情况综合判断。本案中的火灾发生在翊翔公司 C 幢厂房，而赵某先是住在翊翔公司 B 幢厂房，发生火灾的所在地点与宿舍地点并非同一幢厂房，且火灾发生在凌晨，赵某先亦并非翊翔公司的员工。因此，按照一般常理推断，法院认定赵某先主动参与了翊翔公司的救火。第二，赵某先帮翊翔公司救火的行为是否属于抢险救灾等维护国家利益、公共利益的行为？法院认为，赵某先并不属于翊翔公司的员工，只是借住在翊翔公司中，在发现火灾时并没有第一时间逃跑，而是和翊翔公司的其他职员一起参与到救火当中，其主动参与救火的行为符合社会主义核心价值观所弘扬的友善精神，在救火救灾中展现了互帮互助的精神，故赵某先的主动救火行为理应认定为抢险救灾中维护公共利益的行为。①

北部湾保险不服一审法院判决提起上诉，上诉理由：未经见义勇为评定委员会的审查确认，死者的行为不应当被认定为见义勇为，因非见义勇为而死亡不属于《工伤保险条例》第十五条第一款第二项规定的视同工伤的情形。事实上，赵某先的死亡并没有认定机构的工伤认定。

二审法院认同了一审法院的判决理由，并进一步指出：北部湾保险作为商业保险公司与翊德公司签订涉案保险合同，与翊德公司之间存在商业保险法律关系，其是否应承担本案赔付责任应以涉案保险合同条款为依据。该合同并未约定以劳动和社会保障部门的工伤认定程序作为赔付的前置条件。工伤认定并不是获得保险理赔的前置条件。②二审法院维持原判，驳回上诉。

三、案例分析

雇主责任保险是保险公司在雇主赔偿责任范围内，根据保险金的限额予以赔付的一类责任保险。雇主责任是以雇佣关系为前提的一种民事责任，雇员在受雇期间因发生意外事故或职业病而造成人身伤残或死亡时，雇主依法

① 参见广州市越秀区人民法院（2020）粤 0104 民初 6281 号判决书：广东翊德环保纸业有限公司与北部湾财产保险股份有限公司广东省分公司保险纠纷案。
② 参见广州市中级人民法院（2020）粤 01 民终 20967 号判决书：广东翊德环保纸业有限公司与北部湾财产保险股份有限公司广东省分公司保险纠纷案。

或按雇佣合同应承担的经济赔偿责任。雇主责任的构成必须具备一定的条件，例如：雇员与雇主存在雇佣关系，雇员从事与雇主经营业务有关的活动。本案中，翊德公司有无雇主责任是双方争议的焦点之一。

（一）好意施惠与雇主责任

原告翊德公司赔付赵某先继承人丧葬补助金、供养亲属抚恤金等赔偿金500000元，是好意施惠行为还是承担的雇主法律责任？雇主责任保险只对雇主的法律上的经济赔偿责任予以弥补，而不对雇主的好意施惠行为产生的经济损失进行弥补。

本案的核心争议点在于：死者赵某先因在非工作时间参与非受雇企业发生的火灾的救火而死亡，雇佣企业是否有赔偿义务？根据《劳动法》的规定，单位与职工建立劳动关系后，单位应该给职工办理工伤社会保险，如在工作过程中遭受意外造成自身损害，应该根据《工伤保险条例》承担工伤事故责任。《工伤保险条例》中的工伤一般是在工作时间工作场所因工作原因受到事故伤害，同时也包括因公外出工作期间受到的伤害，以及上下班途中发生的伤害。同时，《工伤保险条例》将在抢险救灾等维护国家利益、公共利益活动中受到伤害视同为工伤。

本案中，原告翊德公司投保商业雇主责任保险，该险种所确定的保险事故与《工伤保险条例》规定的工伤认定标准基本一致，也包含"在抢险救灾等维护国家利益、公共利益活动中受到伤害"。商业保险对保险事故的表述与《工伤保险条例》对工伤认定的表述一致。被告提出依据工伤认定的标准进行判断，以《最高人民法院行政审判庭关于非因工作原因对遇险者实施救助导致伤亡的情形是否认定工伤问题的答复》和最高人民法院审判委员会讨论通过 2018 年 6 月 20 日发布的指导案例 94 号①为依据，被告认为不应该认定为工伤保险所称的"在抢险救灾等维护国家利益、公共利益活动中受到伤害"，如要进行认定，应该先认定为见义勇为。被告的这一观点将行政机关认定工伤的程序性要求，类比适用到司法机关对"抢险救灾等维护国家利益、公共利益活动"的理解，不具有合法性和合理性。工伤是法律适用的结果，"抢险救灾等维护国家利益、公共利益活动"是一个法律事实的认定，

---

① 最高人民法院指导案例 94 号：重庆市涪陵志大物业管理有限公司诉重庆市涪陵区人力资源和社会保障局劳动和社会保障行政确认案。

司法审判机关有义务、有必要也有能力根据案件证据事实，作出是否存在相应法律事实的判断。因"抢险救灾等维护国家利益、公共利益活动受到伤害"，雇主应该给予雇员相应的工伤待遇，且对雇员有经济上的赔偿责任。因此，原告翊德公司对死者赵某先继承人的赔偿是承担法律上的责任，而非好意施惠。

此外，雇主责任保险合同条款列举的保险事故，包含"在抢险救灾等维护国家利益、公共利益活动中受到伤害"，因此也符合保险公司承担保险责任的条件。

(二) 雇主责任与工伤责任

本案中，被告北部湾保险强调以工伤的标准认定雇主责任是否存在，那么雇主责任是否等同于工伤责任呢？

工伤，从本质上而言是指由于工作原因引发的伤害事故从而导致的伤残、疾病甚至死亡。雇主责任通常是指雇主对其雇员在受雇期间完成工作任务过程中因发生意外事故或者职业病而引起自身的人身损害，或对他人造成人身损害，雇主所要承担的赔偿责任。其中包含了两层含义：一是雇员受害，即雇员在雇佣活动中自己遭受损害时雇主应当承担的责任；二是雇员致害，雇员在雇佣活动中致第三人损害时雇主应当承担的责任。

工伤责任与雇员受害的雇主责任大致相同，但是在理论上、立法上及司法实践中，工伤责任与雇主责任两者并不完全相同。

1. 理论学说

有关工伤责任和雇主责任的关系有四种学说——替代关系说、补充关系说、选择关系说和叠加关系说。对于选择关系说和叠加关系说，目前学者们关注度比较低，争议主要集中在替代关系说和补充关系说上。工伤责任和雇主责任的替代关系是指以工伤保险待遇取代侵权损害赔偿，即在工伤事故中雇主的一般民事侵权责任依法被免除，受工伤雇员只能请求工伤保险待遇。该关系原则上不支持劳动者对雇主提起侵权损害赔偿请求权。补充救济关系是指工伤事故受害职工可同时主张侵权行为损害赔偿和工伤保险待遇给付，但其最终所获得的赔偿不得超过其实际所受损害。①

---

① 雷涌泉. 论工伤事故的社会保险待遇与民事损害赔偿的适用关系：评《最高人民法院关于审理人身损害赔偿案件适用法律若干问题的解释》第 12 条 [J]. 法律适用，2004 (6)：64-66.

2. 立法规范

受伤的雇员以工伤责任还是以雇主民事损害赔偿责任获得赔偿，抑或两者互相补充，规范不一。2022 年修正后的《人身损害解释》第三条规定："依法应当参加工伤保险统筹的用人单位的劳动者，因工伤事故遭受人身损害，劳动者或者其近亲属向人民法院起诉请求用人单位承担民事赔偿责任的，告知其按《工伤保险条例》的规定处理。因用人单位以外的第三人侵权造成劳动者人身损害，赔偿权利人请求第三人承担民事赔偿责任的，人民法院应予支持。"根据此条规定，依法应当参加工伤保险统筹的用人单位的劳动者，对因用人单位造成的工伤事故所受损害，只能请求工伤保险待遇，不能请求民事侵权损害赔偿。而 2021 年修正后的《中华人民共和国安全生产法》第五十六条规定："因生产安全事故受到损害的从业人员，除依法享有工伤保险外，依照有关民事法律尚有获得赔偿的权利的，有权提出赔偿要求。"该条规定没有排除用人单位民事损害赔偿义务主体。2018 年修正后的《中华人民共和国职业病防治法》第五十八条规定"职业病病人除依法享有工伤保险外，依照有关民事法律，尚有获得赔偿的权利的，有权向用人单位提出赔偿要求"，明确指出劳动者可以向用人单位在工伤保险之外再主张民事损害赔偿。仅从字面意思我们就能发现，少部分工伤损害获得的赔偿不仅有工伤保险赔偿，还包含其他民事损害赔偿。

3. 司法实践

获得工伤损害赔偿后，是否还可以获得民事损害赔偿，对此司法实践中有不同的做法。东莞市中级人民法院在"粟某某、东莞志佳木业有限公司生命权、健康权、身体权纠纷案"[①] 中，认定根据损失填平的基本原则，东莞志佳木业有限公司对工伤待遇赔偿中不足以弥补的所有损失，应当承担赔偿责任。但工伤待遇赔偿与人身损害赔偿中存在本质上相同或类似的赔偿项目，对于覆盖项目可以抵扣。江门市中级人民法院在"张某与某集装箱公司工伤保险待遇纠纷案"[②] 中也认为，在目前工伤待遇较低的情况下，从高度重视劳动者生命健康、保障劳动者权益的角度出发，对遭受职业病特殊工伤伤害的劳动者，应实行工伤保险和民事赔偿双重保障，且赔偿项目宜区分不

[①] 参见广东省东莞市中级人民法院：(2015) 东中法民一终字第 1606 号判决书。

[②] 参见江门市人力资源和社会保障局、江门市中级人民法院联合发布 2015 年度江门市劳动争议十大典型案例中的第八个案例。

同情形，最大限度保护劳动者的权益。但还有大量的司法实践依据《人身损害解释》，仅按照《工伤保险条例》予以赔偿，如深圳市中级人民法院在"邹某香与深圳市东部公共交通有限公司、中国平安财产保险股份有限公司深圳分公司机动车交通事故责任纠纷"① 一案中认为，邹某香所受伤害已经确定为工伤，按照司法解释的规定，其所受伤害只能按照《工伤保险条例》进行处理。例如，南昌市中级人民法院在"黄某新、中国人寿财产保险股份有限公司南昌市中心支公司机动车交通事故责任纠纷"② 一案中认为，受害人和侵权人的用人单位发生竞合，作为竞合的主体相对应承担的是工伤事故责任和人身损害赔偿责任。南昌市中级人民法院依据"工伤事故责任与人身损害赔偿责任发生竞合情形，用人单位不应为其工作人员之间造成的工伤承担民事赔偿责任"的司法典型案例的裁判规则，判定用人单位仅承担相当于工伤的责任。值得注意的是，上述两个案件有一定的区别，判定工伤保险赔偿后可以获得民事损害赔偿的案件，法院适用了《中华人民共和国安全生产法》和《中华人民共和国职业病防治法》，而相反的案件无法适用这两部法。以上司法实践中将工伤事故分为涉及安全生产和职业病的工伤及其他工伤。

基于以上分析，工伤责任和雇主责任是两种不同类型的责任，工伤责任的关键是工伤事故的事实认定，而雇主责任不仅包含工伤认定，事实认定还部分涉及民事侵权损害赔偿责任的认定。而且，依照我国工伤保险和民事侵权责任所能获得的赔偿范围和赔偿金额也不尽相同。

四、课程思政解读

广东翊德环保纸业有限公司与北部湾财产保险股份有限公司广东省分公司保险纠纷案中蕴含的课程思政元素可以归纳为以下几个方面。

（一）救火行为弘扬的价值

本案为广东省高级人民法院发布弘扬社会主义核心价值观典型案例之一。一审法院认为，赵某先不是翊翔文化公司的员工，也不是对火灾负有法

---

① 参见广东省深圳市中级人民法院（2015）深中法民终 3139 号判决书。
② 参见江西省南昌市中级人民法院（2017）赣 01 民终 2458 号判决书。

定职责或者义务的主体，其主动参与救火的行为符合社会主义核心价值观所弘扬的友善价值，在救火救灾中发扬了互帮互助的精神，赵某先的主动救火行为应认定为在抢险救灾中维护公共利益的行为。二审法院认为，赵某先不是翊翔文化公司的员工，也不是对火灾负有法定职责或者义务的主体，无论其在实施该行为时是否掺杂有害怕火势蔓延导致自身住处受损的动机，其客观上具有不顾个人安危的情节，实施了抢险救灾的行为，维护了公共利益和集体利益，其救火行为属于抢险救灾等维护国家利益、公共利益的行为。公共利益关系到全体社会成员的利益，为社会公众所享有，为整个社会的存在和发展所需要。该案对弘扬社会主义核心价值观、传承中华传统美德起到了积极作用。通过公正裁判，对维护公共利益的行为予以认可和褒扬，有利于鼓励人们在现实生活中见义勇为、互帮互助，有利于树立"维护公共利益，人人有责"的社会理念，有利于传达尊重生命、鼓励见义勇为的价值导向。

（二）维护国家利益、社会公共利益的判断

国家利益和社会公共利益在公法领域和私法领域的实现有所不同。在私法领域，国家利益和社会公共利益作为限制民事主体的活动的事由，《民法典》第一百三十二条规定："民事主体不得滥用民事权利损害国家利益、社会公共利益或者他人合法权益。"在公法领域，国家利益和社会公共利益是国家权力直接保护的对象。如行政公益诉讼，基于国家利益或者社会公共利益受到侵害，检察机关有权提起公益诉讼。在公法和私法领域都存在国家利益、社会公共利益的判断。

社会公共利益是一个内涵和外延很不确定的概念，社会公共利益具有以下特性：第一，直接相关性。不能把与公共利益间接相关的事项都归为公共利益，只有直接涉及公共利益的事项才可以归为公共利益。第二，可还原性。社会公共利益最终能够被还原为特定类型、特定群体民事主体的私人利益。第三，内容的可变性。随着社会的发展及人们价值共识的改变，公共利益的内容也会随之发生变化。第四，类型的不可穷尽性。即使通过立法机构的立法行为、司法机构的司法行为两个途径确定公共利益，公共利益的类型仍然是无法穷尽的。[①] 为防止公共利益被滥用，需要对确认公共利益的主体

---

① 王轶，关淑芳. 认真对待民法总则中的公共利益 [J]. 中国高校社会科学，2017（4）：77-85，158-159.

进行限定：（1）立法机关或者立法机关授权的行政机关；（2）司法机关。

本案中，司法机关通过认定赵某先的救火行为属于维护国家利益、社会公共利益行为，既弘扬了中华传统优秀美德，又遵守了法律人对于国家利益、社会公共利益判断的严谨要求，体现了司法工作者以事实为依据、以法律为准绳依法裁判的职业精神。

(三) 见义勇为行为与维护社会公共利益行为

学界对见义勇为并没有统一的定义，但共性在于：其一，强调见义勇为者无约定或法定的救助义务；其二，认为见义勇为者非为自身利益。① 有学者认为，《民法典》第一百八十三条和第一百八十四条规定就是见义勇为规则的集中呈现。这两条规定能够解决在因保护他人民事权益使自己受到损害的情况下，加害人、受益人与见义勇为者责任分配和承担问题。对于见义勇为的公共利益属性，以及基于此为见义勇为者提供社会保障支持，应该在民法之外的规范中进行补充，如行政法规对见义勇为行为的鼓励和嘉奖。本案通过对赵某先救火行为属于维护社会公共利益行为的认定，确认赵某先救火的行为属于保险合同保障的范围，表达了司法实践对社会公众所认可的见义勇为行为的支持和保护。

责任保险是保险险种中发展较晚的一类保险，随着城市化的发展、商业活动的繁荣及科学技术的快速发展，人们在享受社会发展带来的便利和富裕的同时，也不可避免地面临各类责任风险。责任保险的发展体现了国家法治化水平的提升和社会观念的进步。充分认识工伤保险和雇主责任保险的宗旨，探索商业责任保险的保险责任，应当遵循公平公正原则，保护合同当事人的合法权益。

五、问题拓展讨论

1. 结合社会主义核心价值观，请谈谈你对国家利益、社会公共利益的理解。

2. 比较工伤保险与雇主责任保险的宗旨、目的，谈谈如何实现雇主责任保险，以及如何实现雇员在工伤保险之外的补充保障。

---

① 沃耘. 加快见义勇为规则的本土化建构 [J]. 探索与争鸣，2023 (8)：73-82, 178.

👍 **六、阅读文献推荐**

1.《商法学》编写组：《商法学》（第二版），高等教育出版社，2022 年。

2. 李玉泉：《保险法》（第三版），法律出版社，2019 年。

3. 贾林青：《保险法》（第六版），中国人民大学出版社，2020 年。

4. 郭宏彬：《保险法论》，中国政法大学出版社，2019 年。

5. 沈宗灵：《法理学》（第四版），北京大学出版社，2014 年。

6. 王轶、关淑芳：《认真对待民法总则中的公共利益》，《中国高校社会科学》，2017 年第 4 期。

7. 颜运秋：《论法律中的公共利益》，《中国人民公安大学学报（社会科学版）》，2004 年第 4 期。

8. 王逸舟：《国家利益再思考》，《中国社会科学》，2002 年第 2 期。

9. 程潇淑：《雇主责任保险纠纷审理的困境与突破——以 277 件司法案件为样本》，《保险职业学院学报》，2023 年第 1 期。

票据无因性

案例 29：天津谷川再生资源回收利用有限公司诉
华农世纪投资有限公司、张某某、天津象利恒泰物资回收有限公司、
青海省西海煤炭开发有限责任公司、青海省投资集团有限公司、
唐山市路南华谊物资经销处票据纠纷案

⚠ 一、知识点提要

票据是商品经济发展的产物，具有支付、汇兑、结算、融资和信用等功能，被称为"商品交易的血管中流动的血液"。《中华人民共和国票据法》（以下简称《票据法》）即以保障票据流通为基本价值目标，而票据无因性是该票据法价值目标实现的基本条件。各国票据法普遍确立了票据无因性。学习票据无因性，需要准确掌握票据无因性的含义、分类及表现。

（一）票据无因性的含义

在市场交易中，直接当事人之间授受票据总是基于一定的基础关系，该基础关系可能是当事人之间为达成某种交易的原因关系，也可能是存在一定的资金关系或及预约关系。按照通常的逻辑，法律行为的效力直接受其产生原因之前因事实效力的影响，当原因事实不存在、有瑕疵或者消灭时，法律行为也不发生法律上的效果。[①] 在票据交易中如果也遵循此原则，则第三人受让票据时必须核实其前手当事人取得票据时的基础关系的状态，这必然会导致受让人在受让票据时投入巨大的信息成本，该原则违背了商法的效率原

---

① 贾海洋. "二阶段说"视域下的票据行为无因性理论 [J]. 当代法学，2012（6）：82-87.

则，同时也导致受让票据的效力处于不确定的状态，不利于票据的流通，影响票据功能的发挥。因此，为保障票据流通，需要在关系上切割票据与其基础关系之间效力上的关联，也就是实现票据无因性。票据上的债务是基于票据行为自身而发生和存在的，与作为票据授受原因的法律行为（如买卖、消费借贷等）存在或有效与否无任何关系。即使买卖契约无效或被解除，由此产生的票据债务也不受影响。① 所谓票据无因性，是指票据关系一经形成即与基础关系相分离。基础关系是否存在、是否有效，对票据关系的存在及有效与否不产生影响。② 票据无因性实质上是票据行为的无因性，坚持票据关系与基础关系各自独立，原则上在效力上不具有牵连性。一方面，票据是否有效取决于票据的形式要件，持票人是否享有票据权利取决于票据的形式要件是否完备和持票人接受票据时的行为和主观心态（善意或者恶意）；另一方面，票据行为与票据原因（如买卖、借贷等）相脱离，其原因关系的存在与否、是否有效对票据关系不产生影响。③ 这样，票据持有人在行使票据权利时，只需要向付款人展示票据即可，无须证明其取得票据的原因，义务人也无审查的权利，当事人之间的权利与义务仅依据上述票据所载明的文义来确定，票据义务人不得以自己与出票人或者自己与持票人前手之间存在的抗辩事由来对持票人进行抗辩。票据理论上又称无因证券，"无因证券者，以票据执票人得不明示其原因所在而主张享有证券上之权利谓也。票据如已具备法定条件，其权利即行成立，至于其法律行为发生之原因如何，在所不问"④。票据无因性有效降低了持票人的负担与风险，有助于票据的流通并充分发挥票据的经济功能。

学者们还依据法律行为无因性原则的基本原理，认为票据无因性包括票据内在无因性与票据外在无因性两个方面。票据行为的外在无因性指票据行为的效力独立存在，其效力完全取决于该行为在形式上是否符合票据法的要求，而不受基础关系（特别是实质原因关系）中当事人法律行为的效力的影响。因此，持票人不承担证明票据债务给付原因的责任，只要符合票据法的规定，能够证明票据行为在形式上符合票据法的要求，如我国票据法所规定的"票据背书的连续"，就可以行使票据权利。票据行为的内在无因性是指

---

① ［日］龙田节. 商法略说［M］. 谢次昌，译. 兰州：甘肃人民出版社，1985：24.
② 谢怀栻. 票据法概论［M］. 增订2版. 北京：法律出版社，2017：40.
③ 王小能. 中国票据法律制度研究［M］. 北京：北京大学出版社，1999：94.
④ 梁宇贤. 票据法理论与实用［M］. 台北：台湾五南图书出版公司，1980：32.

引起票据行为、产生票据关系的实质原因从票据行为中抽离，不构成票据行为的自身内容。所以，一旦形成票据债权债务关系，原则上票据债务人不得以基础关系所生的抗辩事由对抗票据债权的行使。①

(二) 票据无因性的分类

一般认为，票据无因性理论源于物权行为无因性理论。② 无因性理论在票据领域得到全面贯彻，为各个国家的票据立法、学说及实务所公认，已成为票据领域的一项公理性原则。③ 目前，根据是否承认票据行为的直接当事人之间可以依票据基础关系提出抗辩，学者们将票据无因性划分为票据绝对无因性与票据相对无因性。

（1）票据绝对无因性。票据绝对无因性认为，票据直接当事人之间也适用票据行为的无因性，义务人仍须履行票据义务，只是在基础关系不存在的情况下，受益人须将不当得利返还给票据义务人。④ 按照票据绝对无因性的观点，票据是否有效不受基础原因关系影响，只取决于票据的形式要件。直接当事人之间亦应主张票据关系有效。不过，持票人是否可以行使票据权利，还取决于其取得票据时的行为和主观心态。⑤ 可见，在票据绝对无因性中，票据直接当事人之间也适用票据行为的无因性，不承认票据行为的直接当事人之间可以依据票据基础关系提出抗辩。

（2）票据相对无因性。该观点认为，票据行为的无因性并非绝对的无因性，因为在票据行为的直接当事人之间，票据行为的无因性的特征所能发挥的功能似乎并不强，在票据的直接当事人之间仍可以原因关系的无效、撤销和消灭等事由进行抗辩，故票据行为的无因性是相对的。⑥ 对于直接当事人之间的票据行为不适用无因性，因为"无因性原则有例外，即在直接当事人之间，如出票人和第一受票人、背书人和被背书人之间的票据关系取决于基

---

① 于莹. 论票据的无因性原则及其相对性：票据无因性原则"射程距离"之思考 [J]. 吉林大学社会科学学报，2003（4）：102-107.
② 迪特尔·梅迪库斯. 德国民法总论 [M]. 邵建东，译. 北京：法律出版社，2000：169.
③ 陈自强. 无因债权契约论 [M]. 北京：中国政法大学出版社，2002：56.
④ 李新天，李承亮. 论票据不当得利的返还与抗辩：兼论票据的无因性 [J]. 法学评论，2003（4）：36-43.
⑤ 王小能. 票据法教程 [M]. 2版. 北京：北京大学出版社，2001：99.
⑥ 赵新华. 票据法问题研究 [M]. 北京：法律出版社，2002：49.

础关系，如果他们之间的基础关系无效，则票据关系亦无效"①。

（三）票据无因性的表现

促进商品流通乃是法律对票据的最根本要求，流通即法律上对于票据所采用之最高原则，票据法规定之一切制度，无不以此为出发点。② 为回应商事实践对票据流通的需要，票据无因性顺势而生并被各国确立为票据法的一项基本原则。基于票据无因性的基本内涵，纵观各国票据法的实践，票据无因性主要表现为以下几个方面。

（1）在票据权利发生上的表现。票据关系的发生是基于有效的票据行为。③ 票据是设权证券，只要出票行为完成就发生票据权利，即票据做成并由出票人交付给受票人，票据与票据权利就同时产生。换言之，行为人只要按照票据法规定的形式要件作出票据行为，就能产生有效的票据关系。票据行为的生效要件与一般法律行为相比，其合法性的要件更关注形式合法性的要求，至于是否存在原因关系，以及原因关系是否有效，都不会影响票据行为的效力。票据法在票据行为与其原因关系之间的效力上进行隔离，使票据行为目的的完成与瑕疵的程度都不会影响到票据行为本身的效力及其运行，也就不会影响到票据权利的发生。即使票据原因关系无效或者被撤销，只要出票、背书等行为合法成立，票据关系也就不会受到影响，出票人、背书人仍须承担票据责任，持票人仍享有票据权利。同样，在票据预约关系上，只要票据行为合法成立，票据关系就成立，即使票据预约关系未得到履行或者票据预约关系被消灭，对已经生效存在的票据关系也不产生影响。

在票据权利发生方面，《票据法》第十条第一款规定："票据的签发、取得和转让，应当遵循诚实信用的原则，具有真实的交易关系和债权债务关系。"第十条第二款规定："票据的取得，必须给付对价，即应当给付票据双方当事人认可的相对应的代价。"《票据法》要求票据权利的取得要有真实的交易关系和债权债务关系，并支付相应的对价。学者们根据该规定将我国票据立法对无因性原则的态度解释为绝对否定、绝对肯定和有条件肯定三种

---

① 谢怀栻. 票据法概论 [M]. 增订2版. 北京：法律出版社，2017：45.
② 刘心稳. 票据法 [M]. 北京：中国政法大学出版社，1997：219.
③ 赵威. 票据权利研究 [M]. 北京：法律出版社，1997：31.

立场。① 但 2000 年最高人民法院通过的《关于审理票据纠纷案件若干问题的规定》（以下简称《审理票据的规定》）第十四条规定："票据债务人以票据法第十条、第二十一条之规定为由，对业经背书转让之票据的持票人进行抗辩的，人民法院对此不予支持。"该司法解释对票据行为无因性进行肯定，弥补了《票据法》第十条在无因性原则规定上不明确的不足。此外，《票据法》第四条关于"票据签章效力"的规定、《票据法》第二十二条与第八十四条关于"无条件支付的委托"的规定、《票据法》第七十五条关于"无条件支付的承诺"的规定等，均可视为立法对无因性原则的承认。

此外，根据票据法的规定，持票人除采取票据法所明确禁止的不法行为或基于恶意、重大过失而取得票据不能享有票据权利外②，一般而言，可以通过其他行为取得票据权利，如通过企业合并等。但根据票据法所规定的票据无因性优先保护善意取得的法旨，持票人无论通过交易行为还是通过非交易行为，无论支付对价还是不以相当对价取得票据，均合法地享有票据权利。只不过所取得的票据权利因法律的规定不同而质量有所不同，如无对价或不以相当对价取得票据者不得享有优于其前手的票据权利。③

（2）在票据权利行使上的表现。基于票据无因性原则，票据权利人在行使票据权利时，只要持有票据并按照票据法的要求行使即可，不用证明其取得票据的原因。即使票据上记载的内容与票据原因关系的内容不一致或者不完全一致，票据关系中的权利义务内容仍应当按照票据文义决定，而不能以票据外的事实来改变票据关系的内容。例如，《票据法》第三十一条规定："以背书转让的汇票，背书应当连续。持票人以背书的连续，证明其汇票权利；非经背书转让，而以其他合法方式取得汇票的，依法举证，证明其汇票权利。"由此可知，通过背书受让票据的持票人在行使票据权利时，只需要持有背书连续的票据即可，不需要举证证明其持票的原因，票据债务人也无须对持票人取得票据的原因进行实质上的审查，即可依法向持票人履行义

① 张澄. 试论票据行为的无因性及其相对性：兼评我国《票据法》第十条 [J]. 政治与法律，2006（1）：84-88.
② 《票据法》第十二条：以欺诈、偷盗或者胁迫等手段取得票据的，或者明知有前列情形，出于恶意取得票据的，不得享有票据权利。持票人因重大过失取得不符合本法规定的票据的，也不得享有票据权利。
③ 《票据法》第十一条：因税收、继承、赠与可以依法无偿取得票据的，不受给付对价的限制。但是，所享有的票据权利不得优于其前手的权利。

务。只有在非通过背书受让票据的情况下，方需要证明其取得票据的原因，但这是例外的情形。

此外，在票据权利行使中，法律对票据债务人的抗辩权进行了限制。《票据法》第十三条规定："票据债务人不得以自己与出票人或者与持票人的前手之间的抗辩事由，对抗持票人。但是，持票人明知存在抗辩事由而取得票据的除外。"因此，票据债务人不能因为原因关系无效或者可撤销对抗无直接关系的持票人。这意味着持票人在行使票据权利时，不需要以出票人与付款人之间有资金关系为条件，付款人可自行选择是否承兑或者付款，但也不能将资金关系的瑕疵作为拒绝付款或者承兑的理由。当然，这也存在例外，如果出票人签发了空头支票，付款人可以出票人签发的支票金额超过其付款时在付款人处实有的存款金额为由进行抗辩。

二、案例介绍

（一）基本案情介绍

2020年1月2日，天津象利恒泰物资回收有限公司（以下简称天津象利公司）将电子商业承兑汇票一张背书转让给天津谷川再生资源回收利用有限公司（以下简称天津谷川公司），用于支付货款。该汇票的正面记载：票据号码为2310××××6595，票据金额为1000000元，出票日期为2019年1月8日，汇票到期日为2020年1月7日，出票人、承兑人均为青海省西海煤炭开发有限责任公司（以下简称西海煤炭公司），承兑保证人为青海省投资集团有限公司（以下简称青海省投公司），收票人为华农世纪投资有限公司（以下简称华农投资公司），付款人为上海浦东发展银行股份有限公司西宁分行（以下简称浦东银行西宁分行），票据备注可转让，票据背面记载的背书人依次为华农投资公司、唐山市路南华谊物资经销处（以下简称华谊物资经销处）、天津慧丰国际商贸有限公司（以下简称天津慧丰公司）、天津象利公司、天津谷川公司，天津谷川公司是最后的被背书人。天津谷川公司于2020年1月2日提示付款，2020年1月8日票据被拒绝签收和付款，拒付理由为商业承兑汇票承兑人账户余额不足。天津谷川公司遂提起诉讼，要求票据出票人、背书人、承兑人和保证人承担连带责任。另查明，张某某系票据背书人天津慧丰公司的100%持股股东，天津慧丰公司已于2020年3月

9 日注销。

西海煤炭公司辩称：一是天津谷川公司提前提示付款，西海煤炭公司有权拒绝付款；二是天津谷川公司在案涉汇票到期后，并未提示付款，其无权行使追索权；三是西海煤炭公司与华农投资公司之间没有发生真实的交易关系，西海煤炭公司不承担票据责任。

华农投资公司、华谊物资经销处共同辩称：一是本案票据是以欺骗手段取得的，其不应承担该案件的票据责任；二是天津谷川公司无证据证明其与天津象利公司存在真实的对价交易，且未支付对价，故其不享有票据权利，华农投资公司、华谊物资经销处亦不应承担责任。

天津象利公司称：愿意承担连带付款责任。

张某某辩称：其系天津慧丰公司法定代表人一人股东，天津慧丰公司系帮忙代收承兑，其与本案票据无关，不应承担责任。

(二) 争议焦点

本案争议焦点：天津谷川公司作为通过背书受让票据的持票人，是否可向其前手主张票据权利；几位被告的抗辩能否成立。

(三) 裁判结果

法院经审理认为，华农投资公司已将案涉票据背书转让给天津谷川公司，且天津象利公司对于与天津谷川公司之间的交易关系不持异议并愿意承担付款责任。华农投资公司关于天津象利公司与天津谷川公司之间不存在买卖合同关系，其不应承担票据责任的上诉理由不符合《审理票据纠纷的规定》第十四条规定，不予支持。关于华农投资公司主张本案张某某涉嫌欺诈的问题，根据《票据法》第十三条规定和《审理票据纠纷的规定》第十五条规定，票据债务人对持票人以欺诈方式取得的票据享有抗辩权，票据债务人不得以与持票人的前手之间的抗辩事由对抗持票人。本案中，华农投资公司未主张持票人天津谷川公司以欺诈方式取得票据，无论张某某是否违法取得案涉票据，该票据业经背书转让，对于已经背书转让的票据，华农投资公司对持票人天津谷川公司不享有抗辩权。案涉票据真实、记载事项完整、背书连续，票据形式合法，华农投资公司无证据证明持票人天津谷川公司明知存在规定的抗辩事由而取得票据的情形，故天津谷川公司作为持票人有权向票据债务人主张票据权利。

该案经过两级法院审理，最终判决西海煤炭公司、青海省投公司、华农投资公司、华谊物资经销处、张某某、天津象利公司于判决生效之日起 10 日内向天津谷川公司连带支付汇票金额 1000000 元，并支付以 1000000 元为基数，按照同期全国银行间同业拆借中心公布的贷款市场报价利率计算自 2020 年 2 月 7 日起至汇票金额 1000000 元实际付清之日止的利息。

三、案例分析

本案的争议焦点是天津谷川公司作为通过背书受让票据的持票人，是否可向其前手主张票据权利。

（一）天津谷川公司是否享有票据权利

我们知道，票据权利作为票据关系的内容，是通过票据行为产生的，票据行为可能是出票等基本票据行为，也可能是背书等非基本票据行为。但根据票据无因性的理论，票据关系一经产生，便与其基础关系特别是原因关系分离，在判断票据关系的效力时，不以基础关系的法律效力为条件，而只要符合票据法规定的票据行为的形式要件即可生效，从而产生相应的票据权利。当然，根据票据法的规定，受让人取得票据权利还需要符合善意原则与对价原则。首先，《票据法》第十二条规定了票据权利取得的善意原则：以欺诈、偷盗或者胁迫等手段取得票据的，或者明知有前列情形，出于恶意取得票据的，不得享有票据权利，以及持票人因重大过失取得不符合本法规定的票据的，也不得享有票据权利。其次，《票据法》第十条第二款规定了"票据的取得，必须给付对价，即应当给付票据双方当事人认可的相对应的代价"，确立了对价原则。但与违反恶意原则的法律后果不同，违背代价原则只涉及所取得的票据权利的质量，即《票据法》第十一条规定："因税收、继承、赠与可以依法无偿取得票据的，不受给付对价的限制。但是，所享有的票据权利不得优于其前手的权利。"所谓不优于前手的权利，即处于与前手同等的待遇，前手如果不能取得票据权利，则持票人不能取得票据权利，如果前手取得的权利受到抗辩，则该抗辩也能对持票人行使。在本案中，天津谷川公司通过票据背书从天津象利公司处受让该票据，其原因关系为货款给付关系。根据票据的无因性，天津谷川公司取得该票据时支付了对价，且天津象利公司对于与天津谷川公司之间的交易关系不持异议并愿意承担付款责任，符合对价原则，这就意味着天津谷川公司具有优于其前手天津象利公司的权利，即其不受天津象利公司的权利影响，也不存在《票据法》第十三条所规定的恶意取得票据权利的情形，符合善意原则。因此，天津谷川公司享有票据权利，包括付款请求权和追索权，其享有向付款人浦东银行西宁分行提示付款，并在对方拒绝付款的时候向其前手追索的权利。案中所提到的付款人浦东银行西宁分行对天津谷川公司于 2020 年 1 月 2 日提示付款的拒付理由为商业承兑汇票承兑人账户余额不足，这在《票据法》中是不成立的，这种行为违反了付款人不得以与出票人之间的资金关系为由对抗出票人请求付款的票据无因性原则。

（二）对天津谷川公司的抗辩是否成立

票据无因性的存在维护了持票人这一债权人的权利，同时，基于平衡原则，立法也赋予了债务人相应的抗辩权，包括基于票据本身瑕疵的物的抗辩权（如票据的记载不符合票据法关于票据行为形式的要求而无效），以及基于持票人的原因（如恶意取得、未按照要求行使权利等）的抗辩权。另外，基于票据流通性的需要，票据无因性也对票据抗辩进行了限制，从而将因抗辩造成的票据流通的障碍降到最低水平。例如，《票据法》第十三条规定："票据债务人不得以自己与出票人或者与持票人的前手之间的抗辩事由，对抗持票人。但是，持票人明知存在抗辩事由而取得票据的除外。票据债务人可以对不履行约定义务的与自己有直接债权债务关系的持票人，进行抗辩。"据此可知，在人的抗辩中一般限于直接当事人之间，持票人不受其前手抗辩事由的限制，除非持票人明知存在抗辩事由仍取得票据权利，这属于自己甘冒风险，法律不进行干预。《审理票据纠纷的规定》第十三条规定："票据债务人以票据法第十条、第二十一条的规定为由，对业经背书转让票据的持票人进行抗辩的，人民法院不予支持。"此规定是对票据无因性在票据抗辩方面内容的细化。在该案中，华农投资公司抗辩其直接后手天津象利公司取得票据形式违法，华农投资公司与天津象利公司之间系直接前后手关系，若华农投资公司有证据证明天津象利公司取得票据违法，则天津象利公司不得享有该票据权利；但天津象利公司业已将该票据背书转让给天津谷川公司，天津谷川公司系案涉持票人，若华农投资公司无证据证明天津谷川公司在取得该票据时存在违法行为，或明知天津象利公司存在上述违法行为仍取得该票据，则无论天津象利公司取得该票据的方式是否违法，均不影响天津谷川公司作为持票人向其主张票据权利。因此，案中所涉债务人对天津谷川公司的抗辩不能成立。

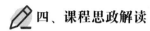 **四、课程思政解读**

天津谷川再生资源回收利用有限公司诉华农世纪投资有限公司等票据纠纷案所涉及的课程思政元素至少体现在以下几个方面：一是如何通过该案所涉及的法律规则理解票据无因性的价值；二是如何将票据无因性的价值用于指导对票据法规则的理解与适用；三是如何用票据无因性的价值为优化制度提供指引。票据无因性引入票据法的基本动因是保障票据的流通性和提高交易的安全性。在该案中，根据《票据法》第十二条和第十三条的规定，天津谷川公司作为票据背书的最后被背书人，是适格的持票人，享有付款请求权和追索权，享有在付款请求权遇到障碍时向其前手进行追索的权利，而无论其前手是如何取得该票据权利的。这有助于该票据的流通，也使天津谷川公司作为最后持票人的交易预期得到了保障。

（一）效率价值

票据交易效率是票据流通性的基本体现，为推动票据流通，需切实保障票据交易的简易、迅捷，票据无因性正是对其的积极回应。根据票据无因性，票据行为的效力与其基础关系相分离，票据行为的效力不受其基础交易关系无效、被撤销或者履行瑕疵等的影响，这样，在判断票据行为效力时，只需要根据票据法对票据行为的效力要件给予研判。而且，与一般法律行为的效力要件规定不同，票据法基于推动票据流通的目的，对票据行为的效力要件采取的是形式合法性的要求，只要票据行为在形式上是合法的，满足了票据形式上的要求，就能产生票据权利，从而避免了票据行为受其原因关系的羁绊。例如，票据转让背书，根据票据法的要求，只要在票据背面及其票据背面或者粘单上记载有关事项并签章，背书行为即完成并产生票据权利转让的效果，不需要履行一般债券让与所需要的通知债务人的手续要求，简单快捷，最后的持票人只要持有的背书是连续的，即可享有票据权利，极大提升了票据交易的效率。本案中，天津谷川公司通过票据背书从天津象利公司处受让该票据，并且支付了对价，不需要通知包括华农投资公司等在内的票据债务人，即背书受让该票据的行为发生预期的法律效力，至于天津象利公司作为天津谷川公司的前手,其取得票据权利的行为是否违法等不影响天津谷川公司持票人的权利,降低了取得票据权利的成本和风险,与一般债权让与的法律规定相比,更便捷。

(二)安全价值

英国法学家霍布斯有一句著名的法律格言:"人的安全乃是至高无上的法律。"安全作为法律的基本价值取向之一,可以分为保护静的安全和动的交易安全。在票据关系中,保护债权人的权利属于动的安全价值。如前所述,票据制度建立的初衷是为了推动票据流通,从而发挥票据的结算、融资和信用等经济功能,而功能实现的前提是在交易中债权人愿意接受票据。因此,如何最大限度地保护票据债权人的权利就成为票据制度的重要内容之一。保护票据债权人的权利,就需要降低票据债权人在行使权利时所面临的各种不确定性风险,限制债务人的抗辩是其中的主要措施之一。票据无因性一方面可以切断票据行为与基础关系的牵连性,使债务人不得以基础关系中的问题抗辩票据权利人的请求,排除了这方面的不确定性风险;另一方面,作为流通证券,同一张票据上会存在多个票据行为,每个票据行为各依照其在票据上所载明的文义分别、独立地发生效力。其中一行为无效,并不能影响其他票据行为的效力,这也切断了因一个票据行为导致其他票据行为的效力,从而不利于票据债权人权利实现的不确定性。在本案中,该票据经过了多个背书,还有票据保证,即使华农投资公司抗辩其直接后手天津象利公司取得票据形式违法成立,但天津象利公司业已将该票据背书转让给天津谷川公司,若华农投资公司并无证据证明天津谷川公司在取得该票据时存在上述违法情形,或明知天津象利公司存在上述违法情形仍取得该票据,则无论天津象利公司取得该票据的方式是否违法,基于票据行为的独立性,均不会影响天津谷川公司作为持票人向付款人主张票据权利。因此,本案中所涉债务人对天津谷川公司的抗辩不能成立,应向天津谷川公司承担票据追索责任。

(三)利益平衡

为了推动票据的流通,从而发挥票据的经济功能,《票据法》以优先选择保护票据债权人的利益为本,加大了债务人的风险,这也是在票据的无因性理论下对票据关系当事人利益关系的安排。但根据民法的权益保护立法宗旨与平等原则,债务人的利益也受到法律的保护。为此,根据利益平衡理念，《票据法》通过票据的无因性保护票据债权人利益，同时又规定了持票人取得票据权利必须是善意的，否则无法取得票据权利，所有的债务人均可对该持票人进行抗辩①；取得票据权利必须是支付对价的，否则不具有优于其前手的权利②，以及直接当事人之间可以基础关系的瑕疵为由进行抗辩，这都有效地关注到了债务人的利益。在本案中，如果有证据证明天津象利公司取得票据形式违法，华农投资公司又有证据证明天津谷川公司在取得该票据时存在违法情形或明知天津象利公司存在上述违法情形仍取得该票据，或者天津谷川公司是无偿取得票据的，华农投资公司以天津谷川公司违反善意原则为票据行为，从而不能取得票据权利为由进行抗辩，或者以无支付代价不具有优于其前手天津象利公司（天津象利公司因取得该票据的方式违法从而不能取得票据权利）为由进行抗辩，进而得以维护其作为债务人的利益。但从案情介绍可知，由于华农投资公司没有以上证据，故华农投资公司抗辩不成立，案中所涉债务人均应向持票人天津谷川公司承担票据责任。因此，票据无因性不是绝对的，而是受到一定的限制的，这种限制正是利益平衡的结果。

五、问题拓展讨论

1. 请谈谈你对《票据法》票据无因性与票据流通性之间的关系的认识，以及如何在债权人与债务人之间实现利益平衡。

2. 请谈谈《票据法》你对票据无因性的规定存在哪些不足，如何改进。

3. 谈谈《票据法》在票据无因性中是如何实现安全与效率价值的。

六、阅读文献推荐

1.《商法学》编写组：《商法学》（第二版），高等教育出版社，2022 年。

---

① 《票据法》第十二条规定：以欺诈、偷盗或者胁迫等手段取得票据的，或者明知有前列情形，出于恶意取得票据的，不得享有票据权利。持票人因重大过失取得不符合本法规定的票据的，也不得享有票据权利。

② 《票据法》第十一条规定：因税收、继承、赠与可以依法无偿取得票据的，不受给付对价的限制。但是，所享有的票据权利不得优于其前手的权利。前手是指在票据签章人或持票人之前签章的其他票据债务人。

2. 曹守晔：《票据法律适用指南：审理票据纠纷案件规定理解与适用》，法律出版社，2022 年。

3. 刘心稳：《票据法》（第四版），中国政法大学出版社，2018 年。

4. 谢怀栻：《票据法概论》（增订二版），程啸增订，法律出版社，2022 年。

5. 董安生：《票据法》（第三版），中国人民大学出版社，2009 年。

6. 董惠江：《票据抗辩、票据行为理论及中国票据法的修改》，北京大学出版社，2023 年。

7. 黎章辉：《票据纠纷案件裁判规则》，人民法院出版社，2022 年。